R

1º 165

OEUVRES
DIVERSES
DE
MONSIEUR
LOCKE.

Nouvelle Edition confidérablement augmentée.

TOME PREMIER.

A AMSTERDAM,
Chez JEAN FREDERIC BERNARD.
M. DCC. XXXII.

OEUVRES
DIVERSES
DE
MONSIEUR
LOCKE.

Nouvelle Edition considerablement augmentée.

TOME PREMIER.

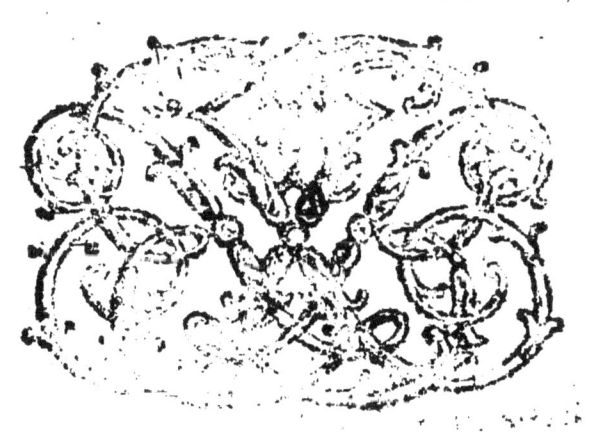

A AMSTERDAM,
Chez JEAN FREDERIC BERNARD.
M DCC XXXII.

AVERTISSEMENT.

LEs Ouvrages de feu Mr. Locke, qu'on a traduits en François, ont été si bien reçus du Public, qu'ils font espérer le même accueil à ceux qui n'ont pas encore paru en cette Langue. On lira sans doute avec beaucoup de plaisir une partie de ses Oeuvres Posthumes. Mr. LE CLERC en a donné un Extrait dans le XII. Tome de sa *Bibliotheque Choisie*, & l'on peut voir par ce que cet habile Commentateur en dit, qu'on a bien fait de substituer à la traduction des deux principales Pièces qu'elles renferment, dont l'une regarde *la Conduite de l'Esprit dans la Recherche de la Vérité*, & l'autre est un *Discours sur les Miracles*. Ce ne sont proprement que des matériaux, que ce grand Philosophe avoit ramassez, pour en former à loisir un édifice plus vaste & plus régulier; quoiqu'il soit facile de les mettre en œuvre, pour peu qu'on

AVERTISSEMENT.

qu'on ait l'esprit tourné à la méditation, & qu'on suive les régles qu'il nous prescrit lui-même. On reconnoit d'abord, par les transpositions & le dérangement qu'il y a dans la première de ces Piéces, que c'étoient des pensées détachées, qu'il couchoit sur le papier, à mesure qu'elles lui venoient dans l'esprit ; mais on a remédié à ce défaut, en remettant chaque article dans sa place naturelle.

D'ailleurs, on a cru rendre service aux Curieux, si l'on joignoit ici la fameuse *Lettre de Mr. LOCKE, sur la Tolérance*, qui n'avoit pas encore paru en notre Langue. Il l'écrivit en Latin, & la publia en 1689. sous ce titre : * *Epistola de Tolerantia, ad Clarissimum Virum T. A. R. P. T. O. L. A. scripta P. A. P. O. I. L. A.* Les premières lettres initiales signifient, *Theologiae apud Remonstrantes Professorem, Tyrannidis Osorem,*

---

* Elle se trouve à Amsterdam chez les WAEBERGE.

AVERTISSEMENT.

LIMBURGIUM *Amstelodamensem*, & les secondes, *Pacis Amico, Persecutionis Osore*, JOANNE LOCKIO *Anglo*. Elle n'eut pas plutôt vu le jour, qu'un de ses Amis la traduisit en Anglois, & il s'en fit deux éditions à *Londres* en 1690. Cette même année, un Théologien d'*Oxford*, qui ne se nommoit point, y publia une brochure en guise de réponse, datée du 27. *Mars.* (v. s.) Mr. LOCKE ne tarda pas à se défendre dans une seconde *Lettre*, écrite sur le même sujet, en date du 27. *Mai* suivant, & quoiqu'il y eût répondu à toutes les objections de cet Anonime d'une maniére capable de satisfaire, ou du moins d'embarrasser les plus rigides Persécuteurs, le Théologien y répliqua par une *lettre*, où il continuoit à soutenir l'Intolérance mitigée. Dans la persuasion où étoit Mr. LOCKE que ce qu'il avoit déja dit suffisoit pour ramener les Esprits dociles & raisonnables, il n'auroit jamais repris les armes, si quelques uns de

*3 ses

AVERTISSEMENT.

Oeuvres Posthumes, fait voir que cet habile Philosophe conserva le calme & la vivacité de son esprit jusques au dernier soupir.

On avoit d'abord résolu de traduire la seconde & la troisiéme de ces *Lettres* sur *la Tolérance*; mais après avoir consideré que cela formeroit un gros volume, qu'une trop longue dispute ennuye toujours un Lecteur, qu'il y a souvent des répétitions inutiles, & qu'il faudroit même, pour plus d'exactitude, traduire les Piéces de *Proast* aussi; on a jugé qu'il valoit mieux s'en tenir à la premiére, qui établit cette doctrine sur des fondemens inébranlables, & qu'on peut regarder comme une source féconde de solutions à toutes les difficultez que les Persecuteurs y opposent.

On a joint encore ici, pour la satisfaction du bien des personnes curieuses, l'*Eloge* de feu Mr. LOCKE, qui se trouve dans le VI. Tome de la *Bibliothéque Choisie*, avec son *Epitaphe*, qu'il avoit composée lui-même,

VIII **AVERTISSEMENT.**
me, & qu'un de ses Amis a bien voulu communiquer; outre les *Mémoires pour servir à la Vie du Comte de* SHAFTESBURY, qu'on avoit envoyez à Mr. le CLERC, & qui sont insérez dans le VII. Tome de la *Bibliothéque Choisie*; enfin la *Méthode nouvelle de dresser des Recueils*, que cet illustre Philosophe avoit inventée, & que Mr. LE CLERC, avoit déja publiée dans le II. Tome de la *Bibliothéque Universelle*.

Voila ce que comprenoient les premiéres Editions Françoises des œuvres diverses de Mr. Locke. Celle-ci est augmentée de trois morceaux importans, dont les deux premiers ont été traduits de l'Anglois & le troisiéme du Latin.

Le prémier est une Dissertation où l'on prouve que pour bien entendre les Epitres de S. Paul, il faut les expliquer par S. Paul même. On ne sauroit mieux faire sentir les causes de l'obscurité de ce divin livre que l'a fait Mr. Locke; les unes viennent du fonds même de ces Epitres & celles-là ne peuvent

être

AVERTISSEMENT.

être dissipées que par la priére & par une méditation continuelle de tout ce que l'Apôtre a écrit. Les autres qu'on peut appeller extérieures, & qui ont leur source dans la mauvaise méthode des interprétes ou dans la disposition vicieuse des lecteurs, sont en plus grand nombre & plus difficiles à déraciner. Certes, si quelque chose est capable de faire impression sur les esprits que les préjugez n'obsédent pas sans espérance de guérison, on peut dire que la dissertation de Mr. Locke est toute propre à produire ce bon effet. On y trouve des vûes sublimes & des avis proportionnés à la portée des lecteurs les plus simples, des réflexions pieuses & cet esprit de charité & de douceur, en quoi Mr. Locke a toûjours fait consister l'essence du Christianisme.

Cette Dissertation est suivie d'une assez longue réfutation du sentiment du P. Mallebranche, *nous voyons tout en Dieu*: si la Métaphysique toute brillante de ce pére a encore quelques partisans, on seroit bien aise de savoir ce que

PAGINATION DECALEE

AVERTISSEMENT.

que ces Messieurs peuvent répondre aux objections de Mr. Locke, qui ne s'est pas même battu contre eux à armes égales; puisqu'ayant eu soin d'écrire d'une maniére que tout le monde pût l'entendre, tout le monde peut aussi le réfuter; au lieu qu'il avoit affaire à un bel esprit qui s'éléve souvent si haut qu'on le perd de vue, & qui dans les endroits où il se sert de termes connus assortit ces termes d'une façon si particuliére que la phrase qui en resulte est inintelligible.

Enfin, XXIII. des lettres que se sont écrites M: M. Locke & de Limborch terminent le Recueil & les additions. Ces lettres roulent sur deux sujets très importans, l'unité de Dieu & la liberté de l'homme, l'on peut les considérer comme des éclaircissemens utiles sur les matiéres les plus graves qui sont traitées dans l'*Essai concernant l'Entendement*. Mr. le Clerc a prétendu que Mr. Locke n'avoit jamais entendu la question de la liberté (*). On sera plus en état d'en juger par la lecture des Lettres de ce Philosophe, que par toutes les réflexions à quoi un jugement aussi dur pourroit donner lieu. Mais en général il est difficile de concevoir comment un homme qui définit exactement tous les termes dont il se sert, & qui de l'aveu de son adversaire découvre le foible des objections & démêle l'ambiguité des expressions de ceux qui ont des sentimens différens des siens, il est, dis-je, difficile de concevoir comment un tel homme ignore l'état d'une controverse qui l'a occupé une bonne partie de sa vie.

(*) *Biblioth. Choisie* Tom. XII. p. 83. & XXVII. p. 240.

ELOGE

ELOGE HISTORIQUE
DE FEU
Mr. LOCKE,
PAR
Mr. JEAN LE CLERC.

C'est un usage établi depuis longtems, parmi ceux qui écrivent de ce qui se passe dans la République des Lettres, de publier des Eloges des Savans Hommes, qui ont travaillé pour le bien public avec succès; quoi qu'on sache bien que ces Eloges sont très bien reçus des Lecteurs, lorsqu'ils ne sont pas outrez, & qu'il s'agit de gens qui méritent que l'on conserve la memoire de leurs personnes, aussi bien

*5 que

que de leurs Ecrits. Le Journal des Savans de Paris contient quantité de ces Eloges, qui font plaisir à ceux qui les lisent. Mais quand cela ne seroit pas, ayant eu l'honneur d'avoir quelque part dans l'amitié de feu Mr. LOCKE, & ayant beaucoup profité dans sa conversation, pendant qu'il a été en Hollande, & dans la lecture de ses Livres; les devoirs de l'amitié & de la reconnoissance m'obligeroient de faire reconnoitre la personne de cet excellent homme, & d'en conserver la mémoire, autant qu'il est en ma puissance. Je le fais d'autant plus volontiers, que c'est un exemple propre à fermer la bouche à ceux qui s'imaginent que la piété n'est pas compatible avec cette justesse de raisonnement, & l'étude de la Philosophie. Comme si les Philosophes ne pouvoient faire quelque usage de leur esprit, qu'en le tournant contre la Religion. On verra ici une vie chrétienne, & une étude profonde de la Nature, qui paroissent à quelques-uns une fausse dévotion, & à d'autres une frivole

de extraordinaire de raisonnement, & l'on comprendra que la plus solide piété ne se trouve qu'avec la Raison la plus épurée.

Je voudrois pouvoir donner une vie complette de Mr. LOCKE, & le peindre par là si bien aux yeux des Lecteurs, qu'ils n'eussent besoin que de considérer sa conduite, pour s'en former une juste idée. C'est, selon moi, la meilleure maniére de louer, aussi bien que de blâmer, lorsqu'il y a sujet de le faire. Mais comme je n'ai pu recouvrer assez de mémoires, pour entreprendre d'écrire la vie de Mr. LOCKE, je tâcherai de suppléer à cela le mieux qu'il me sera possible, par ce qui est venu à ma connoissance, & sur-tout, par ce que j'en ai pu apprendre de MYLORD Comte de SHAFTESBURY, à l'éducation de qui Mr. LOCKE a autrefois beaucoup contribué, & de MADAME MASHAM, Epouse de Mr. le Chevalier FRANÇOIS MASHAM, chez qui il a demeuré les derniéres années

nées de sa vie. Cette illustre Dame, digne fille d'un des plus grands hommes d'Angleterre, & dont les Ouvrages m'ont fourni jusqu'à présent de quoi embellir cette Bibliothéque Choisie, (je veux dire de Mr. CUDWORTH) a eu le tems de connoitre Mr. LOCKE à fonds, pendant qu'il a été chez elle; & comme elle est parfaitement capable de juger des gens, les lumiéres que j'ai reçues d'elle me serviront beaucoup à faire le portrait de ce grand homme. Je voudrois m'être avisé, pendant sa vie, de prier cette Dame de tirer de lui-même des mémoires plus complets de ce qui lui est arrivé. Mais il faudra que le Public se contente de ce que l'on a pu tirer de ses Amis, aprés sa mort. A l'égard du tems auquel il fit connoissance avec le Grandpére de MYLORD SHAFTESBURY d'à-présent, & de la considération que l'on a eue depuis dans sa maison pour Mr. LOCKE, j'en dois la connoissance à ce Seigneur, par lequel on peut voir de quelle utilité il est,

est, même à ceux sur qui la Providence a le plus répandu de dons naturels, d'être élevez par les soins d'un homme qui ait une idée droite de la manière dont on doit élever la Jeunesse.

JEAN LOCKE étoit fils d'un homme du même nom, de la ville de Pensford, dans le Comté de Sommerset, à l'Ouest de l'Angleterre. Sa famille étoit originaire d'un lieu nommé Channon-court, dans la Province de Dorset. Il étoit né à * Wrington, & il paroit par le Registre public des enfans baptisez dans cette paroisse, qu'il fut baptizé le 29. d'Aout 1632. Son père avoit hérité beaucoup plus de bien de ses parens, qu'il n'en laissa à son fils ; & fut Capitaine dans l'armée du Parlement, du tems des guerres civiles sous CHARLES I. Il y a apparence que ce fut dans ce tems-là, & par les malheurs de la guerre, qu'il perdit une partie de son bien ; car son fils parloit de lui comme d'un homme

* A sept ou huit milles de Bristol, au Midi.

me de probité & de conduite. Cet illustre fils a toujours parlé de ses parens, avec beaucoup de respect & de tendresse. Quoique mariez assez jeunes, ils n'eurent que deux enfans, desquels Mr. Locke dont nous parlons, fut l'aîné. Le second fut aussi un fils, qui mourut d'Enfin il y a plus de quarante ans. Le père de Mr. Locke l'éleva avec soin, & tint à son égard une conduite, dont son fils a souvent parlé avec beaucoup d'éloge. Il fut fort sévère envers son fils, pendant qu'il étoit enfant, & le tint dans un très grand respect; mais à mesure que son fils devint grand, il se familiarisa avec lui, jusqu'à ... plus éclairé, ils vécurent ensemble plutôt comme des amis qu'autrement. Son père, dans l'âge avancé, avoit des égards du respect... que les fois son fils ... lui, qu'il lui ... excuses de l'avoir une fois frappé dans son enfance, plûtôt par colère, que parcequ'il le meritoit.

Mr. Loc-

Mr. LOCKE fit ses premiéres études jusqu'en 1651, à Londres, dans l'École de Westminster, d'où il alla au Collège de l'Eglise de Christ à Oxford, où il eut une place de Socius, comme l'on parle en ce pays-là. Mr. TYRRELL, petit-fils du fameux JAQUES USHER, Archevêque d'Armagh, & assez connu par ses Ouvrages, se souvient que l'on regardoit alors Mr. LOCKE, comme le plus habile & le plus ingénieux jeune homme, qui fût dans ce Collége.

Mais quoique Mr. LOCKE eût acquis cette réputation à l'Université, je lui ai souvent oui dire des premières années qu'il y fut, qu'il trouvoit peu de satisfaction dans la manière dont on y étudioit alors, & qu'il eût souhaité que son pére eût pensé à toute autre chose qu'à l'envoier à Oxford. Comme il s'appercevoit que ce qu'il y apprenoit servoit peu à lui éclaircir l'esprit & à le rendre plus étendu & plus juste, il s'i-
magi-

maginoit que cela venoit de ce qu'il n'etoit pas propre pour les études. Je l'ai moi-même oui se plaindre de ses premieres études, dans une conversation que j'eus un jour avec lui là-dessus; & comme je lui disois que j'avois eu un Professeur, qui étoit dans les sentimens de DESCARTES, & qui avoit une très grande netteté d'esprit, il me dit qu'il n'avoit pas eu ce bonheur, quoique d'ailleurs il ne fût pas Cartesien, comme l'on sait; & qu'il avoit perdu beaucoup de tems au commencement de ses études, parcequ'on ne connoissoit alors à OXFORD qu'un Péripatétisme embarassé de mots obscurs & de recherches inutiles.

Etant ainsi, en quelque sorte, découragé de la maniere d'étudier qu'on y suivoit, il lia commerce avec quelques personnes d'un esprit aisé & agréable, plutot que savantes, & se divertit à s'entretenir avec elles & leur écrire. Il avouoit qu'il avoit employé quelques années à cet amusement,

sement, & quoiqu'il n'y ait pas d'apparence qu'il écrivît alors aussi bien qu'il le faisoit lorsqu'il eut plus vu le monde, on peut croire qu'il y auroit beaucoup de plaisir à lire les Lettres qu'il écrivoit, si on les avoit conservées. Au moins des gens de bon gout ont jugé en Angleterre, depuis qu'il a eu des emplois qui l'attachoient à autre chose, que dans ce genre de Lettres il n'étoit point inférieur à VOITURE, à l'égard du tour fin & délicat; quoique son stile ne soit ni si pur, ni si recherché en Anglois, que celui de VOITURE en François. On peut voir dans ses deux derniéres Lettres de la Tolérance, dans ses défenses du Christianisme Raisonnable, & dans ses réponses à Mr. STILLINGFLEET Evêque de Worcester, des traits qui en sont une assez bonne preuve. Dans les endroits où la matiére lui a permis d'employer l'ironie & la raillerie, il l'a fait avec une finesse peu commune; sans jamais

* *

sortir

sortir du caractére serieux qui regne dans ces piéces, & sans perdre en aucune maniére le respect qui étoit dû à Mr. l'Evêque de WORCESTER.

Quoique Mr. LOCKE eût beaucoup de réputation à Oxford, il ne l'avoit pas acquise, comme le disoit Mr. TYRRELL, par le moyen de la dispute publique, qui étoit fort en usage dans l'Université, car il assuroit que Mr. LOCKE n'avoit jamais aimé les disputes publiques de l'Ecole, & qu'il avoit toujours soutenu que c'est une maniére de se quereller, ou de faire une vaine ostentation de son esprit, mais qu'elle ne servoit point à découvrir la vérité.

Les premiers livres qui donnérent quelque goût de l'étude de la Philosophie à Mr. LOCKE, comme il l'a raconté lui-même, furent ceux de DESCARTES; parcequ'encore qu'il ne goutât pas tous ses sentimens, il trouvoit qu'il écrivoit avec beaucoup de clarté; ce qui lui fit croire

croire que s'il n'avoit pas entendu d'autres livres philosophiques, c'étoit peut-être par la faute des Auteurs, & non par la sienne.

Ayant alors recommencé à étudier plus sérieusement, il s'attacha particulièrement à la Médecine, science néanmoins dont il ne se servit jamais depuis pour en tirer du profit, parcequ'il ne se trouvoit pas assez robuste pour supporter la fatigue, à laquelle s'exposent ceux qui veulent avoir une pratique un peu considérable. Mais quoiqu'il n'ait jamais pratiqué la Médecine, il n'a pas laissé d'être très-estimé par les plus habiles Médecins de son tems. C'est de quoi on voit un illustre témoignage, dans la Dédicace du beau livre touchant les Maladies aigues, que le fameux THOMAS SYDENHAM mit au jour en 1675. où il parle ainsi : ,, Vous savez outre cela combien ,, ma méthode a été approuvée par ,, un homme qui l'avoit connue à ,, fonds, & qui est notre ami com-
,, mun,

„ *mun; je veux dire par Mr.* JEAN
„ LOCKE, *qui, soit à l'égard de*
„ *l'esprit & du jugement pénétrant*
„ *& exact, soit à l'égard des mœurs*
„ *sages & réglées, n'a peut-être*
„ *personne qui le surpasse entre ceux*
„ *qui vivent à présent, mais qui a*
„ *au moins très peu de gens qui l'é-*
„ *galent ,,.* C'est là le jugement de
l'un des plus grands Praticiens, &
de l'un des plus honnêtes hommes,
qui ayent été à Londres au siécle
passé; dont je mettrai ici les propres
termes, parcequ'ils sont encore plus
forts en Latin: Nosti prætereà quàm
huic meæ methodo suffragantem ha-
beam, qui eam intimiùs per omnia
perspexerat, utrique nostrûm conjunc-
tissimum, Dominum JOANNEM
LOCKE; quo quidem viro, sive in-
genio judicioque acri & subacto, sive
etiam antiquis, hoc est, optimis mo-
ribus, vix superiorem quemquam,
inter eos qui nunc sunt homines,
repertum iri confido, paucissimos cer-
tè pares. On voit, après la Préface

face de ce livre des vers élégiaques de Mr. LOCKE, qui sont à la vérité pleins d'esprit & d'invention, mais dont le stile n'est pas tout-à-fait exact, ni poëtique. Aussi faisoit-il trop peu de cas des Poëtes, pour perdre beaucoup de tems à les lire, & à se donner la peine de les imiter. Il signe ces vers de cette maniére, J. LOCKE, Artium Magister, ex Æde Christi Oxon. Il se contenta d'être Maitre ès Arts, sans se faire jamais passer Docteur en Médecine, quoique ceux qui ne le savoient pas le nommassent le Docteur LOCKE. C'est ce qu'il m'apprit, lorsque je lui dédiai une partie de ma Philosophie en 1692.

En 1664. il sortit d'Angleterre, & alla en Allemagne avec le Chevalier GUILLAUME SWAN, comme son Sécretaire; car ce Chevalier alloit en ce pays-là en qualité d'Envoyé du Roi d'Angleterre chez l'Electeur de Brandebourg, & chez quelques autres Princes d'Allemagne.

gne. *En moins d'un an il fut de retour en* Angleterre, *& se mit, comme auparavant, à étudier dans l'U*niversité *d'*Oxford, *où entre autres études il s'appliquoit à la* Physique, *comme il paroit par un Regiſtre des changemens de l'air, qu'il tint en cette ville depuis le* 24. *de* Juin 1666. *juſqu'au* 28. *de* Mars 1667. *Il ſe ſervit pour cela d'un Baromêtre, d'un Thermométre & d'un Hygrométre. On trouve ce Regiſtre dans l'hiſtoire générale de l'Air, par* Mr. BOYLE, *qui parut à* Londres *en* 1692.

Pendant qu'il étoit à Oxford *en* 1666. *il vint à connoitre le* LORD ASHLEY, *qui fut depuis Comte de* SHAFTESBURY, *& Grand Chancelier d'*Angleterre. MYLORD ASHLEY *avoit été incommodé depuis longtems après une chute, dans laquelle il s'étoit ſi rudement heurté la poitrine, qu'il s'y forma un abcès, qui parut par une enflure ſous l'eſtomac. On lui avoit conſeillé pour cela de boire les eaux médecinales d'*Aſtrop, d'Aſtrop, *ce qui l'engagea à écrire à Mr.* Thomas, *Médecin d'*Oxford, *de lui en faire apporter en cette ville; enſorte qu'elles fuſſent prêtes, quand il y arriveroit. Ce Médecin étant obligé de ſortir d'*Oxford *en ce tems-là, chargea Mr.* Locke *ſon ami de la commiſſion qu'on lui avoit donnée. Mais il arriva que les eaux ne ſe trouvérent pas prêtes le lendemain de l'arrivée de* Mylord Ashley, *par la faute de celui qu'on avoit envoyé les chercher. Mr.* Locke *fut obligé d'aller à ſon logis pour lui en faire excuſe, & Mr.* Bennet, *qui étoit venu avec ce Seigneur dans ſon carroſſe, le lui préſenta.* Mylord Ashley *le reçut très civilement, ſelon ſa coutume, & fut ſatisfait de ſes excuſes. Comme il voulut ſe retirer, Mylord, qui avoit déja pris beaucoup de plaiſir dans ſa converſation, le retint à ſouper; & ſi ce Seigneur prit du gout aux diſcours de Mr.* Locke, *ce dernier fut tout-à-fait charmé de*

** 4 My-

MYLORD ASHLEY, *qui étoit un homme très distingué par son esprit & par ses maniéres, même parmi les personnes de son rang.*

C'étoit un Seigneur qui avoit une vivacité & une pénétration d'esprit tout-à-fait extraordinaires, un jugement solide & exact, une mémoire excellente, des sentimens nobles & généreux, & avec tout cela un tempérament gai & enjoué, qu'il conserva même dans les tems ausquels il eut de fâcheuses affaires. Il avoit beaucoup lu, mais il avoit encore plus d'usage du monde. Ainsi il acquit en peu de tems une très grande expérience, & devint le plus grand homme d'Etat qu'il y eût en Angleterre, à un âge auquel les autres commencent à peine à prendre quelque connoissance des affaires. Les occupations qu'il eut, dès que le Roi CHARLES II. *commença à se servir de lui, l'empêchérent de pouvoir s'appliquer à la lecture; mais il avoit tant de promptitude d'esprit, qu'en*

li-

lisant un livre à la hâte, il en découvroit le fort & le foible, quelquefois mieux que ceux qui le lisoient à loisir. D'ailleurs c'étoit un Seigneur, dont les maniéres étoient aisées & ouvertes, ennemi des grands complimens, & nullement formaliste ; de sorte que l'on n'étoit point gêné avec lui, & que l'on y avoit toute la liberté que l'on pouvoit souhaiter. Il se familiarizoit avec tout le monde, sans bassesse & sans rien faire qui fût au dessous de son rang. Il ne pouvoit souffrir ce qui ressentoit tant soit peu l'esclavage, non seulement en lui-même, mais encore dans ses inférieurs.

Aussi Mr. LOCKE a rappellé pendant toute sa vie, avec beaucoup de plaisir, la mémoire de la satisfaction qu'il avoit eue dans la conversation de ce Seigneur ; & lorsqu'il parloit de ses bonnes qualitez, non seulement il en parloit avec estime, mais encore avec admiration. Si ceux qui ont bien connu la pénétration & la sincérité de Mr. LOCKE, conçoivent par là là une haute idée de Mylord Ashley, ceux qui ont eu quelque commerce avec ce dernier, ne peuvent pas douter que Mr. Locke ne fût un homme d'un génie peu commun, lorsqu'ils penfent à l'eftime que ce Seigneur avoit pour lui.

Après cela, il n'y a pas fujet d'être furpris fi deux hommes de ce caractére firent fi facilement amitié enfemble, & fi elle dura toute leur vie. Auffi, pour reprendre maintenant le fil de ma narration, Mylord Ashley engagea Mr. Locke à aller diner le lendemain avec lui, & même à prendre auffi les eaux comme il en avoit eu quelque deffein, pour jouir plus longtems de fa compagnie. Etant forti d'Oxford, pour aller à Sunning-hill où il but les eaux, il fit promettre à Mr. Locke d'y aller auffi, * comme il le fit, l'Eté de l'an 1667. Ce Seigneur alla enfuite à Londres, &

---

* C'eft ce qui paroit par le Regiftre dont on a parlé.

& tira promesse de lui qu'il viendroit loger chez lui, & qu'il ne quitteroit pas sa maison. Mr. LOCKE y alla, & quoiqu'il n'eût jamais pratiqué la Médecine, ce Seigneur se fia entiérement à ses avis pour l'opération qu'il fallut lui faire, en ouvrant l'abcès qu'il avoit à la poitrine; ce qui lui sauva la vie. Cet abcès fut toujours ouvert depuis, parceque Mr. LOCKE & d'autres Médecins, qui avoient assisté à l'opération, crurent qu'il y avoit du danger à le refermer.

Après cette cure, MYLORD ASHLEY conçut tant d'estime pour Mr. LOCKE, qu'encore qu'il eût éprouvé sa grande habileté en matiére de Médecine, il la regarda desormais comme la moindre de ses qualitez. Il l'exhorta à tourner ses pensées d'un autre côté, & ne voulut pas souffrir qu'il exerçat la Médecine hors de sa maison, à moins que ce ne fût chez quelcun de ses amis particuliers. Il voulut qu'il s'appliquat plutot à l'étude des choses qui concernent l'Etat

& l'*Eglise* d'Angleterre, & de ce qui peut avoir quelque rapport aux soins d'un Ministre d'Etat; & il devint si habile en cette sorte de choses, que MYLORD ASHLEY commença à le consulter en toutes les occasions qui s'en présentoient. Non seulement, il vouloit qu'il fût avec lui dans sa bibliothéque & dans son cabinet, mais il le menoit encore dans la compagnie du Duc de BUCKINGHAM, de MYLORD HALIFAX, & d'autres Seigneurs, qui avoient de l'esprit & de la lecture, & qui se plaisoient à sa conversation, autant que MYLORD ASHLEY. Car quoiqu'il eût l'air sérieux, & qu'il parlat toujours à ces Seigneurs d'une maniére modeste & respectueuse, il mêloit à sa conversation mille traits agréables & pleins d'esprit.

La liberté qu'il prenoit avec des personnes de ce rang, avoit je ne sai quoi qui s'accommodoit fort bien avec son caractére. Un jour trois ou quatre de ces Seigneurs s'étant don-

donné rendez-vous chez Mylord Ashley, plutôt pour s'entretenir ensemble, que pour affaires; après quelques complimens, on apporta des cartes pour jouer, sans que l'on eût eu presque aucune conversation. Mr. Locke regarda ces Messieurs jouer pendant quelque tems, après quoi, ayant tiré ses tablettes de sa poche, il se mit à y écrire je ne sai quoi, avec beaucoup d'attention. Un de ces Seigneurs y ayant pris garde, lui demanda ce qu'il écrivoit. ,, Mylord,
,, dit-il, je tâche de profiter autant
,, que je puis en votre compagnie ;
,, car ayant attendu avec impatience
,, l'honneur d'être présent à une as-
,, semblée des plus sages & plus spi-
,, rituels hommes de notre tems, &
,, ayant eu enfin ce bonheur, j'ai cru
,, que je ne pouvois mieux faire que
,, d'écrire votre conversation ; & en
,, effet j'ai mis ici en substance ce qui
,, s'est dit depuis une heure ou deux".
Il ne fut pas besoin que Mr. Locke, lût beaucoup de ce dialogue, ces il-

lustres Seigneurs en sentirent le ridicule, & se divertirent à le retoucher & à l'augmenter. Ils quittérent le jeu, ils entrérent dans une conversation qui leur étoit mieux séante, & passérent ainsi le reste du jour.

En 1668. le Comte & la Comtesse de NORTHUMBERLAND ayant résolu d'aller en France, ils souhaitérent que Mr. LOCKE fût de la partie. Il y consentit, & il demeura en France avec Madame la Comtesse, pendant que Mr. le Comte alla à Rome. Ce Seigneur tomba malade en chemin & mourut; ce qui fit que son Epouse retourna plutot en Angleterre, qu'elle n'auroit fait. Mr. LOCKE eut sans doute beaucoup d'agrémens dans ce voyage, parceque cette Dame étoit parfaitement bien faite, qu'elle faisoit beaucoup de dépense, & qu'on lui fit de grands honneurs par tout où elle passa.

Mr. LOCKE après son retour en Angleterre, logea comme auparavant chez MYLORD ASHLEY, qui étoit

toit Chancellier de l'Echiquier. Néanmoins il retint toujours sa place dans le Collége de l'Eglise de Christ à Oxford, * *où il alloit faire quelque résidence de tems en tems. Quand il étoit entré dans la maison de* MYLORD ASHLEY, *le fils unique de ce Seigneur n'avoit que quinze ou seize ans, &* Mr. LOCKE *fut chargé de qui restoit à faire pour son éducation, dont il s'aquita avec beaucoup de soin. Comme ce jeune Seigneur étoit d'une santé assez foible, son pére pensa à le marier de bonne heure; de peur que, s'il venoit à mourir, sa famille ne s'éteignît. Il étoit trop jeune & avoit trop peu d'expérience, pour choisir lui-même une femme.* MYLORD ASHLEY *n'avoit pas alors le tems de faire ce choix pour lui, & il souhaita que* Mr. LOCKE *s'en chargeat. Ce n'étoit néanmoins pas une chose fort facile,*
car

---

* Voyez le Registre des changemens de l'air qu'il tint à Oxford, p. 116. & suiv.

car encore que Mylord Ashley ne voulût pas chercher une grande fortune pour son fils, néanmoins il souhaitoit qu'il épousat une personne de bonne famille, d'un naturel doux, d'une bonne complexion, & sur tout bien élevée, & aussi éloignée, qu'il étoit possible, des maniéres des Dames de Londres & de la Cour. Mr. Locke accepta pourtant une commission aussi délicate que celle-là, & s'en aquita très heureusement ; puisqu'il est sorti de ce mariage Mylord Shaftesbury d'à-présent, avec six autres enfans, qui se portent tous bien, quoique la santé du feu Comte de Shaftesbury ne fût pas fort bonne, & qu'il soit mort depuis quelques années. Comme Mr. Locke avoit eu soin d'une partie de l'éducation de ce Seigneur, il fut aussi chargé de celle de son Fils ainé, que nous avons eu l'honneur de voir ici en Hollande, & dont le bon sens, la pénétration, l'esprit, la lecture, les maniéres douces & obligeantes, très éloi-

éloignées de toutes fortes de formalitez & l'expreſſion vive & aiſée, font bien voir qu'il a été élevé par une auſſi excellente main que celle de Mr. LOCKE. Auſſi ce Seigneur lui a-t-il témoigné en toute occaſion une très grande reconnoiſſance, & en parle-t-il encore à préſent avec une eſtime extraordinaire.

L'année 1670. & la ſuivante Mr. LOCKE commença à penſer aux premiers commencemens de ſon Ouvrage touchant l'entendement, à la ſollicitation de Mr. TYRRELL, de Mr. THOMAS, & d'autres de ſes amis, qui ſe trouvoient quelquefois dans ſa chambre pour y parler enſemble, comme il me l'a dit à moi-même. Mais ſes occupations & ſes voyages l'empêchérent de le pouvoir achever en ce tems-là. Je ne ſai pas bien ſi ce fut en ce tems-ci qu'il fut fait Membre de la Société Royale de Londres.

L'année 1672. MYLORD ASHLEY fut fait non ſeulement Comte de

de SHAFTESBURY, *mais encore Grand-Chancellier* d'Angleterre, & *donna à* Mr. LOCKE *l'office de Sécretaire de sa présentation des Bénéfices, qu'il garda jusqu'à la fin de* 1673 *que* MYLORD SHAFTESBURY *rendit le Grand Sceau au Roi.* Mr. LOCKE, *à qui ce grand homme avoit fait part de ses plus secrettes affaires, fut disgracié aussi bien que lui, & dans la suite contribua à quelques Ecrits que ce Seigneur fit publier, pour exciter la* Nation Angloise *à veiller sur la conduite des Catholiques Romains, & à s'opposer aux desseins de ce Parti.*

A cette occasion, je ne puis pas passer sous silence une chose remarquable, qui se passa dans le Parlement d'Angleterre en 1672. *On sait que le Roi* CHARLES II. *fit alors la guerre aux Provinces-Unies, conjointement avec la* France. *Mais comme l'argent que la* France *lui donnoit pour cela n'étoit pas suffisant, il voulut essayer d'en tirer de son Parlement.*

ment. Pour cela, on fit dans le Conseil du Roi un projet de ce que le Chancellier devoit dire, après que le Roi auroit parlé, pour exhorter le Parlement à approuver la guerre, que ce Prince avoit déclarée aux Provinces-Unies. Le premier projet parut trop foible au Roi & au Conseil, & l'on trouva à propos de le changer, malgré le conseil du Chancellier, & d'y insérer ces mots de CATON, delenda est Carthago; comme s'il avoit été de l'intérêt de l'Angleterre de ruiner entiérement la Hollande. Cela ayant été résolu, il fallut que le Chancellier prononçat ce discours, comme on l'avoit dressé. MYLORD SHAFTESBURY en témoigna un très grand chagrin à Mr. LOCKE, & à un autre homme de ses amis qui l'a témoigné depuis par un Ecrit. Néanmoins le Chancellier étant regardé comme la bouche du Roi, & ne parlant pas en son propre nom, & souvent même contre ses sentimens particuliérs ; Mr. le Comte de SHAFTES-

TESBURY fut obligé de l'appredre par cœur, & quoiqu'il eût beaucoup de facilité à parler, & une grande présence d'esprit, il étoit si fort ému, qu'il fit tenir Mr. LOCKE derriére lui, avec le discours qu'il devoit prononcer à la main ; pour aider sa mémoire en cas qu'il vînt à hésiter. Cela fit grand bruit en Hollande, & ceux qui ne savoient pas quelle est la fonction du Chancellier, ni quels étoient les sentimens de MYLORD SHAFTESBURY, conçurent mauvaise opinion de lui.

Cependant ce Seigneur s'étant bientôt après apperçu des desseins de la Cour, & ayant même découvert, par le moyen du Duc de BUCKINGHAM, que non seulement le Duc d'YORK, mais même le Roi étoit Catholique, quoiqu'il se cachat en faisant l'Esprit fort, & en ne témoignant que de l'indifférence pour la Religion; il quitta le parti de la Cour *, qui fit en vain

* C'est ce qui est connu de tous ceux qui sont un peu instruits de ce qui s'est passé en Angleterre sous le

vain tout ce qu'elle put pour le retenir. Ce Seigneur, quoique d'ailleurs très modéré, † étoit intraitable sur la Religion Romaine, pour laquelle il

le Regne de CHARLES II.: mais ceux qui pourroient révoquer en doute cette particularité qui fait tant d'honneur au Comte de SHAFTESBURY, & qui rendra sa mémoire precieuse à tous les *Anglois* qui aiment sincérement leur Patrie, n'ont qu'à lire les *Mémoires du Chevalier* TEMPLE que son Chapelain Mr. SWIFT publia l'année passée (1709.) en *Anglois*. Ils y verront que ce Chevalier, ennemi découvert du Comte de SHAFTESBURY, déclare expressément, & dans le dessein de le rendre odieux, que *depuis que ce Seigneur fut entré dans les affaires publiques, il s'opposa constamment au Roi* CHARLES II. *& à son frére le Duc d'*YORK, *sans qu'ils pussent jamais l'engager dans leur Parti*. Un tel temoignage ne sauroit être suspect. *Mémoirs*, Part. III. *from the Peace concluded* 1679. *to the time of the Authors Retirement from publick business. By Sir* WILLIAM TEMPLE *Baronet*. pag. 25. & 26.

† Témoin les mouvemens qu'il se donna, & les dangers qu'il courut, pour faire exclure le Duc d'YORK de la succession à la Couronne. Mais que ce fut uniquement pour le bien de son Pays, qu'il se déclara si hautement dans cette affaire, le Chevalier TEMPLE a eu soin de nous l'apprendre, dans le même tems qu'il tâche de faire un crime à ce Seigneur de ce qu'il s'opposoit ainsi aux desseins de la Cour. Les deux Chambres du Parlement, *dit-il*, craignoient tout de la part du Duc d'YORK s'il parvenoit à la Couronne; & le Comte de SHAFTESBURY tâchoit par toute sorte de voyes d'augmenter leurs soupçons. Enfin on s'avi-

il avoit une aversion invincible. Il n'étoit pas mieux disposé à l'égard du Pouvoir arbitraire & tirannique. C'est une chose connue de tous ceux qui ont eu quelque commerce avec lui, ou

sa de certains expédiens dans le Conseil du Roi, qu'on proposeroit au Parlement pour le satisfaire s'il étoit possible, le Roi étant d'ailleurs fortement résolu de ne rien changer dans les Loix qui regardoient la succession. Ces expédiens, *ajoute le Chevalier* TEMPLE, furent approuvez par tout le Conseil, excepté MYLORD SHAFTESBURY & moi: mais nous les rejettions sur des fondemens fort différens. Je les rejettois, *dit-il*, pour deux raisons; l'une, que dans l'état où étoient les choses, la Chambre des Communes n'approuveroit, sur cet article, quoi que ce fût qui vînt directement du Roi: & l'autre, que si les deux Chambres acceptoient ces expédiens, le Roi n'en seroit pas plus à son aise; & que la Couronne se trouveroit dans les fers non seulement durant le regne du Duc d'YORK, mais longtems après. *Pour la raison*, poursuit-il, *qui déterminoit le Comte de* SHAFTESBURY *à ne prêter l'oreille à aucune sorte d'accommodement sur ce point, elle étoit fort évidente; & il la publioit lui-même sans façon en toute rencontre. C'étoit qu'il ne croyoit pas que l'Angleterre pût être en sureté contre les entreprises du Duc d'*YORK, *s'il étoit une fois sur le thrône. Et ces soupçons que les Amis du Comte de* SHAFTESBURY *eurent soin d'inspirer à la Chambre des Communes, furent cause que cette Chambre rejetta avec opiniâtreté les expédiens qui étoient offerts par le Roi.* Ce passage n'a pas besoin de Commentaire. L'événement a fait assez voir qui raisonnoit mieux du Comte ou du Chevalier, & qui des deux étoit le plus zélé pour les véritables intérêts de son Pays, *Memoirs* &c. p. 34. 35. & 36.

ou qui en ont ouï parler à ceux qui l'ont connu.

Cependant le Chevalier TEMPLE a parlé désavantageusement de lui dans ses Mémoires, & a insinué qu'il étoit l'un des auteurs de la guerre de 1672. contre les Provinces-Unies. Mais on doit savoir qu'il n'aimoit pas MYLORD SHAFTESBURY, parceque ce dernier étant Chancellier de l'Echiquier, s'étoit opposé à un présent en vaisselle d'argent qu'il demandoit au Roi au retour de son Ambassade, selon un usage que le Chancellier jugeoit très préjudiciable aux finances du Roi. Cette raison est assez forte, pour ne pas se fier à Mr. TEMPLE, sur le chapitre de MYLORD SHAFTESBURY.

Pour revenir à Mr. LOCKE, il avoit été fait Sécretaire, au mois de Juin en 1673. d'une Commission touchant le Commerce; emploi qui lui devoit rendre cinq cens livres sterling par an; mais cette Commission fut dissoute au mois de Décembre 1674.

L'Eté

L'Eté de l'année suivante * 1675. MYLORD SHAFTESBURY *trouva à propos de faire voyager Mr.* LOCKE, *qui avoit du penchant à tomber dans l'Etisie; & il alla à* Montpellier, *où il demeura assez longtems. Ce fut là qu'il fit connoissance avec Mr. le Comte de* PEMBROKE; *qui se nommoit alors Mr.* HERBERT, *du nom de sa famille, parcequ'on son ainé étoit encore en vie. Il conserva ensuite toujours cette amitié, & je l'ai oui parler de ce Seigneur, à qu'il il dédia depuis son livre* de l'Entendement, *avec une très grande estime. De* Montpellier *il alla à* Paris, *où il fit connoissance avec Mr.* JUSTEL, *la maison duquel étoit alors le rendez-vous des Gens de Lettres. Il y vit aussi Mr.* GUENELON, *célébre Médecin d'*Amsterdam, *qui y tenoit des conférences Anatomiques avec beaucoup de réputation. Il prit son nom & le lieu de sa demeure à* Amsterdam *sur ses tablettes; & son amitié lui fut quelques années après*

---

* Voyez le Registre nommé ci dessus, p. 121.

après très utile, comme on le verra dans la suite. Il lia encore une amitié particuliére avec Mr. Toinard, qui lui confia son Harmonie Evangélique, qu'il n'a jamais voulu rendre publique de son vivant *, & dont il n'avoit que cinq ou six Exemplaires complets. Mr. Locke y fit plusieurs remarques qu'on a trouvé écrites de sa propre main entre les lignes de son Exemplaire. Et ce livre ne lui a pas été d'un petit secours pour ranger harmoniquement *les miracles & les instructions de* Jesus-Christ, *& de ses Apôtres, dans son Traité* de la Religion Chrétienne raisonnable. Mr. Locke *avoit fait une étude particuliére du Nouveau Testament, dont on verra quels furent les fruits, dans la suite.*

Mr. le Comte de Shaftesbury s'étant raccommodé avec la cour, dans le dessein apparemment d'être le plus utile qu'il pourroit à sa patrie, fut

* Elle a été imprimée après sa mort à *Paris* en 1708.

fut fait Président du Conseil l'an 1679., ce qui l'obligea de rappeller Mr. LOCKE à Londres. Il y retourna, mais comme il n'étoit pas entièrement remis, & qu'il se sentoit attaqué d'un Asthme, il ne pouvoit pas demeurer longtems à Londres, où le charbon de pierre qu'on y brule l'incommodoit. Il étoit obligé d'aller passer de tems en tems quelques semaines à la campagne, pour y respirer un air qui ne fût pas gâté par les vapeurs de charbon, dont la ville de Londres est pleine. Il alloit aussi quelquefois à Oxford, où il avoit conservé sa place dans le Collége de l'Eglise de Christ.

Comme le Comte de SHAFTESBURY étoit rentré, comme je l'ai dit, dans le Conseil, plutot pour le bien de la Nation Angloise, que pour favoriser les desseins de la Cour, qui tendoient à établir en Angleterre la Religion Romaine, & le Pouvoir arbitraire; on lui fit bientot des affaires, & le Roi l'envoya à la Tour. Ce-

Cependant il fut absous, malgré les intrigues de la Cour, & il se retira en Hollande *au mois de* Décembre 1682. *Comme le Prince d'*Orange, *d'alors, qui a depuis été Roi d'*Angleterre, *savoit que ce Seigneur n'étoit coupable, que parcequ'il s'opposoit aux desseins de la Cour, il fut bien reçu en* Hollande; *où il se fit recevoir Bourgeois d'*Amsterdam, *de peur que le Roi ne le demandat à la République, qui, par un Traité, est obligée de remettre les criminels d'Etat à la Couronne d'*Angleterre, *pourvû qu'ils ne se soient pas fait passer Bourgeois de quelque ville de* Hollande: *comme la Couronne d'*Angleterre *est obligée d'en faire autant, à l'égard des Etats.*

Mr. LOCKE *ne se crut pas non plus en sureté en* Angleterre; *car quoiqu'il sût qu'on ne lui pouvoit rien faire selon les Loix, on l'auroit pu faire mettre en prison pour quelque tems; ce qui auroit mis sa santé & sa vie en danger. Ainsi il suivit* MYLORD SHAF-

SHAFTESBURY, *qui mourut bientôt après en* Hollande. *C'est un honneur pour cette Province & pour la ville d'*Amsterdam *en particulier, d'avoir reçu & d'avoir protégé un si illustre Réfugié, sans avoir égard aux sinistres impressions qu'on avoit voulu donner de lui, à cause du discours qu'il avoit prononcé, comme Chancellier, dans le Parlement de* 1672. *Les descendans de ce Seigneur en conservent une mémoire pleine de reconnoissance; comme Mr. le Comte de* SHAFTESBURY, *son petit-fils, me l'a témoigné plus d'une fois. Puisse cette ville être l'asyle assuré de l'innocence, autant que le monde durera, & s'attirer, par une si généreuse conduite, les louanges & la bénédiction de tous ceux qui aiment la vertu, non seulement lorsqu'elle est heureuse, mais encore lorsqu'elle est persécutée.*

Mr. LOCKE *étant à* Amsterdam *en* 1683. *sur la fin de l'année, il renouvella avec Mr.* GUENELON *la connoissance qu'il avoit faite avec lui*

à

à Paris, & vint aussi à connoitre Mr. VEEN son beau-pére, Doyen des Médecins de cette ville, & l'un des plus habiles & des plus heureux Praticiens qu'elle ait eus. Au mois de Janvier de l'année 1684 comme Mr. GUENELON faisoit chez lui la dissection d'une Lionne, qui étoit morte du froid qui fut excessif cette année là, Mr. LOCKE s'y trouva, & y fit connoissance avec d'autres Médecins. Il y vit aussi Mr. de LIMBORCH, Professeur en Théologie parmi les Remontrans, avec lequel il lia une amitié qui a duré jusqu'à sa mort, & qu'il a entretenue avec soin dès qu'il a été en Angleterre. J'eus aussi l'honneur de le connoitre quelque tems après, & j'ai passé bien des heures utilement & agréablement avec lui, pendant qu'il a été ici; sur tout dès qu'il s'ouvrit avec moi touchant ses sentimens de Philosophie, sur lesquels nous eumes de longues conversations. Comme il se porta mieux en Hollande, qu'il n'avoit fait *en* Angleterre *ni à* Montpellier, *il y travailla à son Ouvrage de l'*Entendement, *qu'il y acheva, & dont il me fit lire quelques chapitres en* Manuscrit.

Il n'y avoit pas un an que Mr. LOCKE *étoit sorti d'*Angleterre, *lorsqu'on l'accusa à la Cour d'avoir fait certains petits livres contre le Gouvernement, que l'on disoit être venus de* Hollande, *mais que l'on reconnut dans la suite avoir été faits par d'autres. Ce fut là toute la raison, comme l'on dit, qui fit que le Roi envoya ordre à Mr.* FELL, *qui étoit alors Evêque d'*Oxford *& Doyen de l'Eglise de* Christ, *d'ôter à Mr.* LOCKE *la place qu'il avoit dans ce Collége. Cet Evêque, qui étoit un homme savant & vertueux, & qui avoit toujours eu de la considération & de l'amitié pour Mr.* LOCKE, *reçut cet ordre avec beaucoup de chagrin, comme on l'a sû depuis. Il envoya querir sur le champ Mr.* TYRRELL, *ami de Mr.* LOCKE, *pour en parler avec lui, & il fut si fort* con-

convaincu de l'innocence de Mr. LOCKE, *qu'au lieu d'exécuter l'ordre, il lui écrivit le* 8. *de* Novembre *de venir répondre pour lui-même le* 1. *de* Janvier *de l'année suivante. En même tems il écrivit ce qu'il venoit de faire à* Mylord *Comte de* SUNDERLAND, *qui étoit alors Sécretaire d'Etat, en ces termes, qui serviront à faire mieux connoitre le caractére de Mr.* LOCKE: Mr. LOCKE étant un homme, *dit-il*, en qui le feu Comte de SHAFTESBURY avoit beaucoup de confiance, & étant soupçonné de n'être pas bien intentionné pour le Gouvernement, j'ai eu l'œil sur lui pendant plusieurs années; mais il a toujours été si fort sur ses gardes, qu'après plusieurs recherches exactes, je puis assurer avec confiance qu'il n'y a personne dans le Collége, quelque familier qu'il soit avec lui, qui lui ait rien ouï dire contre le Gouvernement, ni même rien qui le concernat. Quoiqu'on l'ait souvent mis dans des discours publics & parti culiers, à dessein, sur le chapitre du Comte de SHAFTESBURY, en parlant mal de lui, de son Parti & de ses desseins, on n'a jamais pû l'obliger de témoigner par son discours, ou par ses regards, qu'il s'y intéressoit en aucune maniére; de sorte que nous croyons qu'il n'y a pas un homme au monde, qui soit si maitre de sa langue & de ses passions que lui.

Cela est d'autant plus surprenant, que Mr. LOCKE *étoit naturellement un peu prompt; mais comme il voyoit qu'on lui dressoit des embuches, il s'étoit fait une loi inviolable de se taire. Il lui étoit facile de voir qu'en parlant devant ceux qui tâchoient de l'engager dans ces discours, il ne rendroit aucun service à son Bienfacteur, & qu'il s'attireroit des affaires à lui-même.*

*Il semble que ce que l'Evêque d'*OXFORD *écrivoit, n'étoit que pour lui rendre service; mais une seconde Lettre du Roi étant venue, il fut*

fut contraint d'ôter à Mr. LOCKE, la place qu'il avoit dans le Collège de l'Eglise de Christ à Oxford.

Après la mort du Roi CHARLES II. qui arriva le 16. de Février 1685. Mr. PENN, que Mr. LOCKE avoit connu dans l'Université, & qui employa avec beaucoup de générosité le crédit qu'il avoit alors auprès du Roi JAQUES, entreprit d'en obtenir un pardon pour lui ; & l'auroit en effet obtenu, si Mr. LOCKE n'avoit répondu qu'il n'avoit que faire de pardon, puisqu'il n'avoit commis aucun crime.

Au printems de l'année 1685. le Duc de MONMOUTH étoit en Hollande, avec plusieurs Anglois mécontens du Gouvernement, & il se préparoit à l'entreprise qui lui réussit si mal. Le Roi d'Angleterre en étant averti, fit demander aux Etats par Mr. SKELTON, son Envoyé à la Haye, le 17. May, quatre vingts quatre personnes, entre lesquelles étoit Mr. LOCKE, que l'on qualifioit ainsi : ci-devant Sécretaire de MYLORD SHAFTESBURY, quoiqu'il n'ait jamais eu cet emploi, ni ce titre dans la maison de ce Seigneur, où il étoit comme un ami. Il étoit le dernier de tous; & je me souviens d'avoir ouï dire alors que son nom n'étoit point dans la liste venue d'Angleterre; mais que le Consul Anglois, qui étoit alors ici, le fit ajouter. Je crois au moins que l'on peut assurer que Mr. LOCKE n'avoit aucune liaison avec le Duc de MONMOUTH, qu'il n'estimoit pas assez, pour s'en promettre aucun bien. Il n'étoit d'ailleurs aucunement brouillon, & plutôt timide que courageux.

Il avoit été sur la fin de l'année 1684. à Utrecht, & il étoit revenu au printems à Amsterdam, à dessein de retourner à Utrecht; où il retourna effectivement, parcequ'il ne craignoit pas qu'on pût l'accuser de tremper dans l'entreprise du Duc de MONMOUTH. Il avoit eu auparavant quelque envie de loger chez Mr. GUENELON, qui s'étoit excusé de le recevoir dans sa maison, parceque ce n'est guéres l'usage de cette ville de loger des étrangers chez soi, quoique

d'aild'ailleurs il le vît de très bon œil, & reçût très agréablement ses visites. Mais dès que Mr. GUENELON vit qu'il étoit en danger, il comprit qu'il étoit tems de lui rendre service, comme il le fit avec beaucoup de générosité. Il en parla avec Mr. VEEN, & l'engagea à le recevoir chez lui. Il lui écrivit pour cela à Utrecht, & Mr. de LIMBORCH en fit de même, de la part de Mr. VEEN. Mr. LOCKE se rendit donc à Amsterdam, où il demeura caché chez Mr. VEEN deux ou trois mois. Cependant Mr. de LIMBORCH prit soin de lui faire tenir les lettres qu'on lui écrivit, & garda même le testament de Mr. LOCKE qui le chargea de l'envoyer à quelques uns de ses parens, qu'il lui nomma, s'il venoit à mourir. On eut soin cependant de consulter un des principaux Magistrats de cette ville, pour savoir s'il y pouvoit demeurer en sureté; & ce Magistrat répondit qu'on ne pouvoit pas le protéger, si le Roi d'Angleterre le faisoit demander, mais qu'au moins on ne le livreroit pas,

pas, & qu'on ne manqueroit pas de faire avertir son hôte.

Cela lui mit en quelque sorte l'esprit en repos, & il demeura chez Mr. VEEN, jusqu'au mois de Septembre, sans sortir que la nuit, de peur d'être reconnu. Cependant quelcun lui persuada d'aller plutot à Cléves; où il alla; mais il en revint, vers le commencement de Novembre, & logea de nouveau chez Mr. VEEN. Ce fut chez lui qu'il composa la lettre latine de la Tolérance, qui fut ensuite imprimée à * Tergou, & qui est intitulé, Epistola de Tolerantiâ, ad Clarissimum Virum *T. A. R. P T. O. L. A.* scripta à *P. A. P. O. J. L. A. Les premiéres lettres signifient,* Theologiæ apud Remonstrantes Professorem, tyrannidis osorem, LIMBURGIUM, Amstelodamensem; *& les secondes,* pacis amico, persecutionis osore, JOANNE LOCKIO, Anglo. On traduisit ce petit Ouvrage en Anglois, & il fut imprimé deux fois à Londres en 1690. On en a donné un ex-

* En 1689.

extrait dans la Bibliothéque Univerfelle, *Tom.* XV. *Art.* 14. *Mr.* Locke *lut auſſi en ce tems-là quelques Traitez d'*Episcopius, *qu'il trouva excellens; car juſqu'alors il ne connoiſſoit les* Remontrans *que par oui dire, & par quelques converſations qu'il avoit eues ici. Il fut ſurpris de les trouver dans des ſentimens beaucoup plus aprochans des ſiens, qu'il n'avoit cru, & il fit dans la ſuite un excellent uſage des lumiéres qu'il put tirer d'eux.*

A la fin de l'année, Mr. Locke *alla loger chez Mr.* Guenelon, *où il fut auſſi la ſuivante.*

En 1686. *il commença de nouveau à paroitre, parcequ'on fut aſſez informé qu'il n'avoit aucune part dans l'entrepriſe du Duc de* Monmouth; *& il me donna alors* la Nouvelle Méthode de dreſſer des Recueils, *qui eſt dans le* 2. *Tome de la* Bibliothéque Univerfelle. *Il me fit auſſi quelques Extraits, comme celui du livre de Mr.* Boyle, *touchant les Remé-*

des Spécifiques, qui est dans le même Tome, & quelques autres dans la suite. Je lui envoyai à Utrecht, où il étoit allé en Automne, quelques exemplaires de sa Méthode, que j'avois fait tirer à part, & il me chargea d'en envoyer quelques uns à Mr. TOINARD, à qui elle étoit adressée, quoique son nom n'y soit pas.

A la fin de l'année, Mr. LOCKE revint à Amsterdam, & logea chez Mr. GUENELON, comme auparavant.

En 1687. il voulut que Mr. de LIMBORCH & moi & quelques autres de nos amis fissions des Conférences, pour lesquelles on s'assembleroit tour à tour, une fois la semaine, tantot chez les uns & tantot chez les autres, & où l'on proposeroit quelque question, sur laquelle chacun diroit son avis dans l'assemblée suivante. J'ai encore les Loix qu'il souhaitoit qu'on observat, écrites de sa main en Latin. Mais nos Conférences furent interrompues par son absence, parcequ'il qu'il alla à Rotterdam, *où il logea chez Mr.* FURLY. *Il revint encore à* Amsterdam, *mais pour peu de tems.*

Sur la fin de cette année il composa lui-même un Abrégé en Anglois, *de son Livre de l'Entendement Humain, qui étoit encore en manuscrit. Je le traduisis en* François, *& le publiai dans le VIII. Tome de la* Bibliothéque Universelle, *au mois de* Janvier *de l'an* 1688. *J'en fis tirer aussi quelques exemplaires à part, où il joignit une petite dédicace à Mr. le Comte de* PEMBROKE. *Cet Abrégé plut à une infinité de gens, & leur fit souhaiter de voir l'Ouvrage entier. Il y eut néanmoins des gens, à qui le nom de Mr.* LOCKE *n'étoit pas encore connu, qui ne voyant cet Abrégé que dans la* Bibliothéque Universelle, *crurent que c'étoit là le projet d'un Ouvrage qui n'étoit pas encore fait, & que j'attribuois à un* Anglois, *pour voir ce qu'on en diroit; mais ils furent bientot desabusez.*

En-

Enfin l'heureuse révolution, qui arriva en Angleterre *sur la fin de* 1688. *& au commencement de* 1689, *par le courage & la sage conduite du Prince d'*ORANGE, *lui ouvrit le retour en son pays, & il y alla au mois de* Février 1689. *sur la même flotte qui y conduisit la Princesse d'*ORANGE. *Il travailla à* Londres *à obtenir d'être rétabli dans son droit du Collége de l'Eglise de Christ à* Oxford; *non qu'il eût dessein d'y retourner, mais seulement afin qu'il parût par là qu'on lui avoit fait tort. On le lui auroit accordé, mais voyant que l'on ne pouvoit se résoudre dans cette Société à déposséder celui qu'on avoit mis en sa place, & qu'on le retiendroit comme surnuméraire, il s'en désista.*

Comme il étoit estimé & considéré de plusieurs Seigneurs qui avoient du crédit, après la révolution il lui auroit été facile d'avoir un emploi considérable; mais il se contenta d'être l'un des Commissaires des Appels, charge qui rend deux cens livres sterling

ling par an, & qui l'accommodoit, parcequ'elle ne demande pas une grande assiduité. Elle est à la disposition des Seigneurs de la Thréforerie, & le Lord Mordant, qui étoit de leur nombre, & qui a été depuis Comte de Monmouth, & ensuite de Peterborough, l'ayant demandée pour lui, les autres Seigneurs y consentirent. Vers le même tems, on offrit à Mr. Locke un caractére public, & il fut à son choix d'aller chez l'Empereur, ou chez l'Electeur de Brandebourg, en qualité d'Envoyé, ou en une autre Cour, où il croiroit pouvoir résider dans un air plus propre à sa santé qui étoit foible; mais craignant que si l'air ne lui convenoit pas où il seroit allé, le service du Roi n'en souffrît, ou que sa vie ne fût en danger, à moins qu'il ne revînt promptement, il refusa un emploi de cette nature.

Cependant il ne perdoit pas son tems, puisqu'un Théologien ayant attaqué sa premiére Lettre de la Toléranrance, il y répondit en 1690. par une seconde Lettre, dont on a publié un Abrégé dans le XIX. Tome de la Bibliothéque Univerfelle, *Art. 2. Il n'y mit pas fon nom, pour ne s'attirer pas des querelles perfonnelles; qui lui auroient pu nuire, fans fervir à l'avancement de la Vérité. Mais dès que fa maniére d'écrire fut connue, on le reconnut affez.* Ce fut auffi la même année que fon Ouvrage de l'Entendement *parut* in folio, *pour la premiére fois, en* Anglois. *Il a été publié en cette même Langue trois fois depuis, en* 1694. *en* 1697. *& en* 1700. *Cette derniére année, on le publia en* François à Amsterdam, *chez* H. Schelte. Mr. COSTE, *qui demeuroit alors dans la même maifon que l'Auteur, le traduifit avec beaucoup de foin, de fidélité & de netteté, fous fes yeux, & cette verfion eft très eftimée. Elle a fait connoitre fes fentimens deçà la mer, avec plus d'étendue que l'Abrégé, qui avoit paru en* 1688., *ne pouvoit le faire.*

re. Comme l'Auteur étoit présent, il corrigea divers endroits de l'Original, pour les rendre plus clairs & plus faciles à traduire, & revit la Version avec soin; ce qui fait qu'elle n'est guére inférieure a l'Anglois, & qu'elle est souvent plus claire. Cet ouvrage a aussi été traduit en Latin en 1701. par BURRIDG. Il y en a encore un petit Abregé en Anglois par Mr. WYNNE. La quatriéme Edition Angloise est la meilleure & la plus augmentée. Ceux qui les ont comparées, ont pû remarquer un effet de la sincérité & de l'amour de la Vérité, dont l'Auteur faisoit profession, dans le Chapitre XXI. du Livre second, où il traite du Pouvoir, ou de la Faculté; puisque, conformement à l'avis de ses Amis, il y a changé plusieurs choses dans l'idée qu'il avoit donnée de la maniére dont nous nous déterminons à vouloir. Peu de Philosophes sont capables de se résoudre à corriger leurs pensées, & il n'y a rien qu'ils ne fissent plutot que d'avouer qu'ils se sont trompez. Mr. LOCKE

ai-

aimoit trop la *Vérité*, *pour les imiter*, & *il avoue lui-même*, *dans sa Préface*, *qu'après un plus mûr examen, il avoit changé de sentiment*.

Il publia aussi la même année, son livre du Gouvernement Civil, *dont on a parlé dans le XIX. Tome de la* Bibliothéque Universelle, *Art.* 8. *Ce livre parut ensuite en* François *à* Amsterdam; & *a été rimprimé en* Anglois *en* 1694 & *en* 1698. *Nous en aurons bientot une* Edition Angloise *beaucoup plus correcte que les précédentes, aussi bien qu'une meilleure* Version Françoise. *Mr.* Locke *n'y avoit pas mis son nom, parceque les principes, qu'il y établit, sont contraires à ceux que l'on soutenoit communément en* Angleterre *avant la révolution*, & *qui alloient à établir le Pouvoir arbitraire, sans avoir égard à aucunes Loix. Il renverse entiérement cette* Politique Turque, *que bien des gens soutenoient sous des prétextes de Religion, pour flatter ceux qui aspi-*

aspiroient à un pouvoir, qui est au dessus de la nature humaine. Mr. LOCKE vécut à Londres *plus de deux ans après la révolution, dans l'estime générale de tous ceux qui le connoissoient. Il voyoit familiérement des personnes du premier ordre; mais rien ne lui pouvoit donner plus de plaisir, que les conversations qu'il avoit réglément, toutes les semaines, avec Mr. le Comte de* PEMBROKE, *qui étoit alors Garde du Sceau Privé, & qui a été depuis Président du Conseil du Roi; poste qu'il occupe encore, avec l'approbation générale, aussi bien que celle de Sa Majesté. Quand sa poitrine commençoit à se ressentir de l'air de* Londres, *il se retiroit à une maison de campagne de Mr. le Comte de* PETERBOROUGH, *près de cette ville, pour quelques jours, & il y étoit toujours parfaitement bien venu. Mais il fut obligé ensuite de penser à quitter* Londres, *au moins tout l'hiver, & à s'en éloigner davantage.*

Il

Il avoit rendu quelques visites, en divers tems, à Mr. Chevalier MASHAM, qui demeure à Oates, lieu qui est à un peu plus de vingt milles de Londres; où il trouva l'air si bon, qu'il crut qu'il n'y en avoit point qui lui pût être meilleur. D'ailleurs l'agréable compagnie qu'il y trouvoit dans la famille de Mr. le Chevalier MASHAM, & capable d'embellir le lieu le plus triste, contribua sans doute beaucoup à le déterminer à prier ce Gentilhomme de le recevoir chez lui, pour y fixer sa demeure ordinaire, & y attendre la mort, en s'appliquant à ses études, autant que sa foible santé le lui pouvoit permettre. On l'y reçut à telles conditions qu'il voulut, afin qu'il y eût une entiére liberté, & qu'il se regardât comme chez lui; & ce fut dans cette douce société qu'il passa le reste de sa vie, & d'où il ne sortoit que le moins qu'il pouvoit; parceque l'air de Londres lui devenoit toujours plus insupportable. Il y alloit seulement

en

en Eté pour trois ou quatre mois, & s'il en revenoit incommodé, l'air de la campagne le rétablissoit bien-tot.

En 1692. il publia sa troisiéme Lettre de la Tolérance, pour répondre aux nouvelles objections qu'on lui avoit faites, & il le fit avec tant de force & d'exactitude qu'il ne fut pas nécessaire qu'il y revint depuis. Il est étrange que les hommes étant naturellement convaincus qu'ils sont sujets à se tromper, qu'ils ne savent que très peu de choses avec clarté ; & ne voulant pas d'ailleurs que ceux qui sont dans d'autres sentimens qu'eux, & qui ont les mêmes droits, les maltraitent à cause de la diversité des opinions, lorsqu'ils sont les plus foibles, veuillent persécuter les autres pour la même raison, dès qu'ils en ont le pouvoir ; & cela sous prétexte de Religion, quoique la Religion le défende expressément. Cela ne peut venir que de l'orgueil & d'un esprit

de

de tirannie ; qui se cache sous je ne sai quel voile de piété : à peu près comme l'envie de jouir du Pouvoir arbitraire se couvre du prétexte du bien de l'Etat, quelque contraire qu'il lui soit.

Mais ce n'est pas ici le lieu de déplorer ces desordres de l'esprit humain. L'Angleterre a cette obligation à Mr. LOCKE, qu'il y a desabusé bien du monde, qui, faute d'attention, approuvoit les maximes des persécuteurs, & qui les détestent à présent. En ce tems-là, la monnoye d'Angleterre, comme l'on sait, se trouvoit dans un très mauvais état, parcequ'elle avoit été si fort rognée sous les Regnes précédens, qui avoient négligé d'y apporter du reméde, qu'elle étoit diminuée de plus du tiers de son véritable poids. Cela faisoit que l'on croyoit avoir ce qu'on n'avoit point ; car quoique la monnoye n'eût été haussée par aucune autorité publique, elle valoit néanmoins dans le commerce un tiers de plus que
son

son poids ne permettoit ; ce qui ruinoit le commerce en diverses maniéres, que je ne dirai pas ici. Mr. LOCKE *avoit remarqué ce desordre, dès qu'il étoit revenu en* Angleterre, *& en parloit souvent, pour engager la Nation à y mettre quelque reméde. Il disoit dès lors,* qu'il y avoit un mal en *Angleterre*, auquel personne ne prenoit garde, & qui causeroit plus de dommage à la Nation, que ceux desquels on avoit le plus de peur; & que si on ne remédioit au desordre de la monnoye, on seroit ruiné par cela seul, quand même tout le reste iroit bien. *Un jour qu'il paroissoit fort inquiet là-dessus, & qu'on le railloit, comme s'il n'avoit été troublé que d'une peur chimérique; il répondit,* que l'on en pouvoit rire si l'on vouloit, mais que dans peu, si l'on n'y mettoit ordre, on manqueroit d'argent en *Angleterre*, pour acheter du pain. *C'est ce qui arriva en* 1695., *& qui obligea le Parlement à y mettre ordre,*

****

des

dès le commencement de l'année suivante. Pour exciter la Nation Angloise à y prendre garde, Mr. LOCKE publia en 1692. un petit Traité, intitulé: Considérations de conséquence sur la diminution de l'intérêt de l'argent, & l'augmentation du prix de la monnoye. On y trouve quantité de remarques curieuses, touchant l'une & l'autre de ces choses, & le commerce de l'Angleterre. Il reprit ensuite cette matiére en 1695., lorsque l'accomplissement de sa prédiction obligea le Parlement à y penser sérieusement. Il parut par là qu'il n'étoit pas moins capable de raisonner des affaires ordinaires de la vie, que des choses les plus abstraites; & qu'il n'étoit nullement comme ces Philosophes, qui consument leur vie à la recherche des véritez purement spéculatives, & qui ne sauroient donner aucun bon avis dans les choses qui regardent le bien de l'Etat.

En 1693. il publia ses Pensées touchant l'éducation des Enfans, &
il

il s'en fit encore deux autres Editions en 1694. & 1698. qui font augmentées. Ce livre fut aussi traduit en Hollande, en François & en Flamand. Quoiqu'il y ait beaucoup de choses, qui regardent les fautes que l'on fait communément en Angleterre dans l'éducation de la Jeunesse, il y a quantité de remarques utiles pour toute sorte de Nations.

En 1695. Mr. Locke fut fait Commis du Commerce & des Colonies. Ceux qui sont de cette Commission, composent un Conseil, qui prend soin de ce qui regarde le Commerce & les Colonies Angloises, & ils ont chacun mille livres sterling par an. Il s'aquita de cet emploi avec beaucoup de soin & d'approbation, jusqu'à l'an 1700. auquel il le quitta, parcequ'il ne pouvoit plus faire de séjour à Londres, comme il avoit accoutumé auparavant. Il ne dit à personne qu'il avoit dessein de renoncer à cet emploi, avant que de remettre sa Commission entre les mains du Roi;

Roi; qui la reçut avec beaucoup de peine, & qui lui dit que quelque peu d'assiduité qu'il y apportât, son service lui étoit agréable, & qu'il ne souhaitoit pas qu'il demeurât dans la ville un seul jour au préjudice de sa santé. Mais il répondit au Roi qu'il ne pouvoit pas retenir une charge, à laquelle un gage considérable étoit attaché, sans en faire les fonctions, & qu'il le prioit très humblement de l'en décharger. Bien des gens n'auroient pas été si scrupuleux que lui, & auroient profité de la permission que le Roi lui accordoit ; ou au moins auroient tâché de résigner avantageusement un emploi, comme celui-là.

Dans le fonds, il méritoit de jouir de la pension qui y étoit attachée, même sans en faire aucune fonction ; quand ce ne seroit que parcequ'il fut l'un ceux qui travaillérent le plus à faire comprendre au Parlement, qu'il n'y avoit point de moyen de sauver le Commerce de l'Angleterre,

qu'en

qu'en faisant refondre la monnoye, sans en hausser le prix, aux dépens du Public. Pour cela, il composa un petit livre qui renfermoit de nouvelles considérations touchant l'augmentation du prix de la Monnoye, qu'il publia en 1695. Ce Traité & quelques autres furent rimprimez l'année suivante sous le titre de Papiers touchant la Monnoye, l'Intérêt, & le Commerce. Le Parlement, ayant suivi ses sentimens, fit, au milieu d'une terrible guerre, une réformation dans la monnoye, que bien des Etats auroient de la peine à entreprendre dans la paix. L'on sait qu'il y a des Royaumes, où l'on hausse & baisse la monnoye, seulement pour attirer l'argent des Particuliers dans le trésor du Prince; sans se mettre en peine de la perte que l'Etat y fait, ce qui est bien éloigné des maximes de l'Angleterre.

La même année 1695. Mr. LOCKE publia son livre, intitulé en Anglois, The Reasonableness of Chris-
tia-

tianity, *où il fait voir qu'il n'y a rien de plus raisonnable que la Religion Chrétienne, telle qu'elle se trouve dans l'Ecriture Sainte. On a parlé du dessein de ce livre, dans la* Bibliotheque Choisie, *Tom. II. Art. 8. Il fut bientot après traduit en* François *&* en Flamand, *& attaqué en* Angleterre *par un Théologien fort aigre & fort emporté, mais à qui l'Auteur répondit & repliqua encore l'an* 1696. *d'une maniére si forte, quoique sans se fâcher, que l'on avoit sujet d'attendre de son Adversaire une réparation publique, si cette espéce de gens avoit quelque sorte de honte & d'équité.* Mr. BOLD, *Ministre de* Steeple, *dans la Province de* Dorset, *défendit aussi très bien Mr.* LOCKE, *sans le connoitre, en deux petits discours qui parurent en* 1697. *aussi bien que sa seconde Réponse, dont on a parlé dans la* Bibliothéque Choisie, *Tom. II. Art. 8.*

Avant cela, il avoit paru à Londres

dres *un livre intitulé* le Chriſtianiſme non myſtérieux, *où l'Auteur prétendoit montrer qu'il n'y a rien dans
la* Religion Chrétienne, *non ſeulement* qui ſoit contraire à la Raiſon,
mais même qui ſoit au deſſus d'elle.
*Cet Auteur, en voulant montrer ce
que c'eſt que la Raiſon, s'étoit ſervi de quelques raiſonnemens ſembla-
bles à quelques-uns de ceux de* Mr.
Locke, *dans ſon Traité* de l'Entendement Humain. *Il étoit auſſi arrivé que quelques* Unitaires Anglois
*avoient publié divers petits livres
depuis quelque tems, où ils avoient
beaucoup parlé de la Raiſon, & de
ce qui lui eſt oppoſé, & ſoutenu qu'il
n'y a rien de tel dans le* Chriſtianiſme. *Mr.* Locke *avoit auſſi en-
ſeigné avec raiſon qu'il n'y a rien
dans la Révélation, qui ſoit contraire à aucune notion aſſurée de la Raiſon. Tout cela joint enſemble engagea feu Mr.* Stillingfleet,
Evêque de Worceſter, *à mêler Mr.*
Locke *avec ces gens-là, dans une*
dé-

défense qu'il fit contre eux de la doctrine de la Trinité, & qu'il publia en 1697. Il attaqua, dans ce livre*, quelques pensées de Mr. Locke touchant la connoissance des substances, & quelques autres choses; dans la crainte mal fondée que ces pensées n'allassent à favoriser des hérésies. Mr. Locke lui répondit, & Mr. Stillingfleet repliqua, la même année. Cette replique fut réfutée par une seconde Lettre de Mr. Locke; ce qui lui en attira aussi une seconde de ce savant Evêque en 1698., à laquelle Mr. Locke opposa une troisiéme réponse en 1699. où il traita plus au long de la certitude qu'on peut avoir par la Raison ou par les Idées, de la certitude de la Foi, de la Résurrection du même corps, & de l'immatérialité de l'Ame, & montra que ces principes s'accordent très bien avec la Foi, & ne tendent nullement

* Chap. X.

ment au Scepticisme, *comme Mr.* Stillingfleet *le difoit. Cet Evêque mourut quelque tems après; & la difpute finit ainfi.*

On remarqua deux chofes, dans cette difpute, dont l'une regarde le fujet, & l'autre la maniére, dont il eft traité. On admira la folidité de la doctrine de Mr. Locke, *fa netteté, & fon exactitude, non feulement à expliquer fes penfées, mais encore à développer celles de fon Adverfaire; & l'on fut furpris qu'un homme auffi favant que Mr.* Stillingfleet, *fe fût engagé dans une difpute, où il avoit tort à tous égards; puisqu'il n'entendoit ni les penfées de fon Adverfaire, ni la chofe même, & qu'il n'étoit nullement en état de fe foutenir contre lui. Cet illuftre Prélat avoit confumé fa vie principalement à étudier les Antiquitez Eccléfiaftiques, & à lire une infinité de Livres; mais il n'avoit que très peu de connoiffance de la Philofophie, & n'étoit pas* accoutumé à penser ni à écrire fort exactement ; & c'étoit là le fort de Mr. LOCKE. Cependant cet excellent Philosophe, quelque avantage qu'il eût dans cette dispute, & quelque sujet qu'il eût de se plaindre de Mr. STILLINGFLEET, qui l'avoit attaqué injustement & sans connoissance de cause, n'a jamais abusé de sa supériorité, & a toujours relevé les fautes de son Adversaire avec douceur & avec respect. Il est vrai qu'il fait voir qu'il n'entendoit point la matiére, & qu'il s'exprimoit avec très peu d'exactitude ; mais il le montre plutot en produisant ses paroles, qu'en le lui reprochant ; & il garde si bien le caractére ironique qui regne dans ses réponses, qu'il n'y a que ceux qui entendent le sujet dont il s'agit, qui sentent ses railleries. J'avoue que je n'ai jamais lu une dispute ménagée avec tant de sang froid, tant d'art & tant de finesse, d'un côté ; & de l'autre d'une maniére si *injuste, si embrouillée, & si peu propre à faire honneur à l'Auteur.*

J'ai aussi été surpris de la censure que Mr. STILLINGFLEET *fait de Mr.* DE COURCELLES, *dans le Chap. VI. de sa défense, & comment il a cru le pouvoir réfuter si facilement. Il faut néanmoins avouer de bonne foi qu'il reprend avec raison Mr.* DE COURCELLES, *de ce qu'en citant un endroit de S.* HILAIRE, *tiré de son livre* * *des Synodes, il a cru qu'il s'adressoit aux Evêques des* Gaules *& de la* Germanie, *au lieu qu'il parle aux* Orientaux. *Mais il faut aussi reconnoitre que dans le fonds celui qu'il censure a exposé très fidélement, dans sa Dissertation, des mots de* Trinité, *&c. le sentiment de S.* HILAIRE. Mr. STILLINGFLEET *n'avoit pas lu fort attentivement ce livre de S.* HILAIRE, *ou il ne s'en souvenoit pas assez distincte-*

---

* Num. 81. Ed Benedict.

stinctement; car il n'y a guéres de livre, par lequel on puisse prouver plus clairement que les Orthodoxes *de ce tems-là croyoient un seul Dieu* en espéce, *& trois* en nombre. S. HILAIRE *un peu avant* * *l'endroit, qui a donné lieu à Mr.* STILLINGFLEET *d'accuser Mr.* DE COURCELLES *d'une* grossiére méprise, *explique comment on peut dire que le Pére & le Fils ont* une essence semblable, *comme le disoient les* Demis Ariens, *& renferme en ces mots ce qu'il en pense:* Caret igitur, fratres, similitudo naturæ contumeliæ suspicione; nec potest videri Filius idcircò in proprietate paternæ naturæ non esse, quia similis est, cum similitudo nulla sit, nisi ex æqualitate naturæ; æqualitas autem naturæ non potest esse, nisi una sit; una verò non † personæ unitate, sed GENERIS. *Il faut être bien peu attentif, pour ne pas*
com-

---

* Num. 76. Ejusd. Ed.

† Par *persona* il faut entendre une substance & non un mode, que l'on nomme *personalité*.

comprendre que supposé l'unité numérique de la nature divine, on ne peut pas dire que la nature du Fils est semblable, ou est égale à celle du Pére; mais qu'on peut parler ainsi, si l'on croit qu'ils sont un en espéce ou en genre, comme parle S. HILAIRE. Voyez encore le 15. Article, dans l'Edition des Bénédictins. On pourroit montrer la même chose très évidemment, par ses livres de la Trinité. Si Mr. STILLINGFLEET eût examiné le seul S. HILAIRE, avec soin & sans préjugé, il seroit tombé d'accord que Mr. DE COURCELLES avoit raison; & il n'auroit pas querellé sur un petit incident, puisque dans le fonds il ne disoit rien que de véritable touchant la doctrine des Péres. Je n'en dirai pas davantage là-dessus, & j'espére qu'on ne trouvera pas mauvais que j'aye fait cette petite remarque, pour défendre en même tems & la Vérité & l'honneur de feu Mr. DE COURCELLES, qui étoit frére de ma

**** 7 Grand

Grand' Mére, contre un aussi savant homme que feu Mr. STILLINGFLEET; dont j'estime d'ailleurs les Ouvrages, autant qu'ils le méritent.

Pour revenir à Mr. LOCKE, il est surprenant qu'il pût tant travailler, dans un âge aussi avancé, & dans une santé aussi foible, que l'étoit la sienne, à cause de son incommodité de poitrine. Il commença principalement à en sentir toute la grandeur en 1697. où il fut obligé d'aller à Londres dans un tems froid, parceque le Roi souhaitoit de lui parler. Il en fut si incommodé qu'il ne put point se coucher, pendant trois jours qu'il fut à Londres, & je me souviens qu'il m'écrivit alors qu'il avoit été réduit à une véritable Orthopnée. Il s'en retourna à Oates si abatu, que depuis il n'a jamais été si bien qu'auparavant. Mr. LOCKE dit que le Roi (qui étoit lui-même asthmatique, & qui avoit apris l'habileté de Mr. LOCKE en Médecine) avoit souhaité de s'entretetenir de son incommodité avec lui; & je me souviens d'avoir oui dire peu de tems aprés, qu'il avoit donné quelques avis au Roi sur cette incommodité, comme de s'abstenir de vin, & de viandes chargeantes. Le Roi ne changea néanmoins pas la maniére de vivre, à laquelle il étoit accoutumé; quoiqu'il témoignat à quelques-uns de ceux qui approchoient de lui, qu'il estimoit beaucoup Mr. Locke.

Quelques années avant sa mort, il s'appliqua entiérement à l'étude de l'Ecriture Sainte, & il y trouva tant de satisfaction, qu'il témoignoit être fâché de ne s'y être pas appliqué plutot. Le Public a vu des fruits de cette étude, dans son livre du Christianisme Raisonnable, dont on a déja parlé, & qui est un des plus excellens Ouvrages, qui ait été fait depuis longtems sur cette matiére, & dans cette vue. On vient aussi de publier une Paraphrase sur l'Epitre aux Galates, qui sera bientot suivie

vie de celles qu'il a faites sur les Epitres aux ROMAINS, *aux* CORINTHIENS *& aux* EPHESIENS*.

Plus d'une année avant qu'il mourût, il tomba dans une si grande foiblesse, qu'il ne pouvoit s'appliquer fortement à rien, & qu'il ne pouvoit même écrire une lettre à un de ses amis, qu'avec peine. Auparavant il avoit toujours écrit de sa main tout ce qu'il avoit eu à écrire; & comme il ne s'étoit pas accoutumé à dicter, il ne pouvoit pas se servir d'un Copiste, pour se soulager. Quoique son corps s'affoiblit, son humeur ne changea point, & si sa poitrine lui avoit permis de parler, il auroit toujours été le même dans la conversation. Peu de semaines avant sa mort, il prévit qu'il ne vivroit pas long-

---

* Elles ont toutes été imprimées à *Londres* en 1. Vol. *in* 4. chez A. & J. CHURCHILL en 1707., & l'on en trouve l'Extrait dans le XIII. Tom. de la *Bibliothéque Choisie.*

longtems, mais il ne laiſſa pas d'être auſſi gai qu'auparavant, & quand on en témoignoit de la ſurpriſe, il avoit accoutumé de dire: Vivons, pendant que nous vivons.

L'étude de l'Ecriture Sainte avoit produit en lui une piété très vive & très ſincére, quoique très éloignée de toute affectation. Comme il demeura longtems ſans pouvoir aller à Egliſe, il trouva à propos, quelques mois avant ſa mort, de communier dans la maiſon, comme l'on fait en Angleterre; & deux de ſes amis communiérent avec lui. Quand le Miniſtre eut achevé d'officier, il lui dit: qu'il étoit dans les ſentimens d'une parfaite charité envers tous les hommes; & d'une union ſincére avec l'Egliſe de Jesus-Christ, de quelque nom qu'on la diſtinguât. Il étoit trop éclairé, pour prendre la Communion pour un ſimbole de ſckiſme & de diviſion; comme le font bien des perſonnes mal inſtruites, qui, en communiant dans leur
Egli-

Eglise, condamnent toutes les autres Sociétez Chrétiennes. Il étoit entiérement pénétré d'admiration pour la sagesse de Dieu, dans la maniére dont il a voulu sauver les hommes; & quand il s'entretenoit là-dessus, il ne pouvoit s'empêcher de s'écrier: ô profondeur des richesses de la sagesse & de la connoissance de Dieu! Il étoit persuadé qu'on s'en convaincroit, en lisant l'Ecriture sans préjugé, & c'est à quoi il exhortoit très souvent ceux à qui il parloit, sur la fin de sa vie. L'application qu'il avoit apportée à cette étude, lui avoit donné une idée de la Religion Chrétienne *plus noble & plus étendue, que celle qu'il en avoit eue auparavant*; & s'il avoit eu assez de force pour commencer de nouveaux Ouvrages, il y a bien de l'apparence qu'il en auroit composé quelques-uns, pour faire passer dans l'esprit des autres cette grande & sublime idée, dans toute son étendue.

 Quelques semaines avant sa mort,

comme il ne pouvoit plus marcher, on l'avoit porté dans une chaise à bras par la maison ; mais MADAME MASHAM l'étant allé voir le 27 d'Octobre 1704. (stile ancien) au lieu de le trouver dans son Etude, où il avoit accoutumé d'être, elle le trouva au lit. Comme elle en témoigna quelque surprise, il lui dit qu'il avoit résolu de demeurer au lit, parcequ'il s'étoit trop fatigué en se levant le jour précédent, qu'il ne pouvoit pas souffrir cette fatigue, & qu'il ne savoit pas s'il pourroit jamais se relever. Il ne put point diner ce jour-là, & l'après diné ceux qui lui tenoient compagnie étant allez en sa chambre, on lui proposa de lui lire quelque chose pour occuper son esprit, mais il le refusa. Néanmoins quelcun ayant apporté quelques papiers dans sa chambre, il voulut savoir ce que c'étoit, & on les lui lut, après quoi, il dit que ce qu'il avoit à faire ici, s'en alloit fait, & qu'il en remercioit Dieu. Là-des-

dessus, on s'approcha de son lit, & il ajouta qu'il souhaitoit qu'on se ressouvînt de lui dans la Priére du soir. *On lui dit que, s'il le vouloit, toute la famille viendroit prier Dieu dans sa chambre; & il y consentit. On lui demanda s'il croyoit être prêt de mourir; & il répondit* que cela arriveroit peut-être cette nuit-là, mais que cela ne pouvoit pas tarder trois, ou quatre jours. *Il eut alors une sueur froide, mais il en revint bientot après. On lui offrit un peu de* Mom (c'est une biere forte, qui se fait à Brunswik) *qu'il avoit pris avec plaisir une semaine auparavant. Il croyoit que c'étoit le moins nuisible des breuvages forts, comme je le lui ai oui dire moi-même. Il en prit quelques cueillerées, & but à la santé de la compagnie, en disant:* Je vous souhaite à tous du bonheur, quand je m'en serai allé. *Les personnes, qui étoient dans la chambre étant sorties, excepté* MADAME MASHAM *qui demeura assise auprès*

près de son lit, il l'exhorta à regarder ce monde seulement comme un état de préparation pour un meilleur. *Il ajouta*, qu'il avoit vécu assez longtems, & qu'il remercioit Dieu d'avoir passé heureusement sa vie; mais que cette vie ne lui paroissoit qu'une pure vanité. *Après soupé, la famille monta dans sa chambre, pour y prier Dieu, & entre onze heures & minuit il parut un peu mieux.* MADAME MASHAM *ayant voulu veiller auprès de lui, il ne le voulut pas permettre, & dit que peut-être il dormiroit; mais que s'il lui arrivoit quelque changement, il la feroit appeller. Il ne dormit point, mais il résolut d'essayer de se lever le lendemain, comme il le fit. On le porta dans son étude, & on le plaça sur une chaise plus commode, où il dormit assez longtems, à plusieurs reprises. Paroissant un peu remis, il voulut qu'on l'habillat comme il avoit accoutumé de l'être, & demanda de la petite bierre, qu'il*
gou-

goutoit très rarement, après quoi il pria MADAME MASHAM, qui lisoit tout bas dans les Pseaumes pendant qu'on l'habilloit, de lire haut. Elle le fit, & il parut fort attentif, jusqu'à ce que les approches de la mort l'en empêchérent. Il pria alors cette Dame de ne plus lire, & peu de minutes après il expira, le 28. d'Octobre, (vieux stile) 1704. vers les trois heures après midi, dans sa soixante & treiziéme année.

C'est ainsi que mourut l'un des plus excellens Philosophes de nos jours, qui après avoir pénétré presque toutes les parties de la Philosophie, & en avoir développé les mystéres les plus cachez, avec une finesse & une exactitude peu communes, tourna heureusement son esprit du côté de la Religion Chrétienne, qu'il examina dans sa source, avec la même liberté qu'il avoit fait les autres Sciences, & qu'il trouva si raisonnable & si belle, qu'il lui consacra le reste de sa vie, & tâcha d'inspirer aux

au-

autres la haute estime qu'il en avoit conçue. Il ne se mêla à cèla aucune mélancolie, ni aucune superstition; comme il est arrivé quelquefois à des gens, qui ne se sont jettez dans la dévotion que par chagrin. La même lumière, qui l'avoit conduit dans ses études philosophiques, le conduisit dans celle du *Nouveau Testament*, & alluma dans son cœur une piété toute raisonnable & digne de celui qui ne nous a donné la Raison, que pour profiter de la Révélation ; & dont la volonté révélée suppose que nous nous servions de tout le Bon-Sens qu'il nous a donné, pour la reconnoitre, pour l'admirer & pour la suivre.

Il n'est pas besoin que je fasse ici l'éloge de l'esprit de Mr. LOCKE, & que je parle de son étendue, de sa pénétration, & de sa justesse; ses Oeuvres, que l'on peut lire en plusieurs Langues, en sont une preuve & un monument éternel. J'ajouterai seulement ici le portrait, que j'en j'en ai reçu d'une personne illustre, à qui il étoit parfaitement connu.

„ C'étoit, dit-elle, (& je puis con-
„ firmer son témoignage en grande
„ partie, par ce que j'ai vu moi
„ même ici) un profond Philosophe,
„ & un homme propre pour les plus
„ grandes affaires. Il avoit beau-
„ coup de connoissance des Belles
„ Lettres, & des maniéres pleines
„ de politesse & tout-à-fait enga-
„ geantes. Il savoit quelque chose
„ de presque tout ce qui peut être
„ utile au genre humain, & possé-
„ doit à fonds ce qu'il avoit étu-
„ die; mais il étoit au dessus de tou-
„ tes ces connoissances, en ce qu'il
„ ne paroissoit pas avoir meilleure
„ opinion de lui-même, à cause de
„ tant de lumiéres. Personne ne pre-
„ noit moins l'air de maitre, ni n'é-
„ toit moins dogmatique que lui, &
„ il ne s'offensoit nullement qu'on
„ n'entrat pas dans ses opinions. Il
„ y a néanmoins une espéce de chi-
„ caneurs, qui, après avoir été ré-
„ fu-

„ futez plusieurs fois, reviennent
„ toujours à la charge, & ne font
„ que dire la même chose. Il ne pou-
„ voit souffrir ces gens-là, & il en
„ en parloit quelquefois avec un peu
„ de chaleur; mais il étoit le pre-
„ mier à reconnoitre ses légers em-
„ portemens.

„ Dans les moindres choses de
„ la vie, aussi bien que dans les o-
„ pinions spéculatives, il étoit prêt
„ de se rendre à la Raison, qui que
„ ce fût qui l'avertît. Il étoit le
„ fidéle serviteur, ou, si l'on veut,
„ l'esclave de la Vérité, qu'il n'a-
„ bandonnoit jamais, pour quoi que
„ ce fût, & qu'il aimoit pour elle-
„ même.

„ Il s'accommodoit à la portée des
„ plus médiocres esprits, & en dis-
„ putant avec eux, il ne diminuoit
„ point la force de leurs raisons con-
„ tre lui même, quoiqu'elles n'eus-
„ sent pas été assez bien exprimées
„ par ceux qui les avoient emplo-
„ yées. Il conversoit avec plaisir a-

*****

„ vec

„ vec toutes sortes de personnes, &
„ tâchoit de profiter de leurs lumié-
„ res, ce qui venoit non seulement de
„ la bonne maniére dont il avoit été
„ élevé, mais de l'opinion où il étoit
„ qu'il n'y a personne dont on ne
„ puisse apprendre quelque chose de
„ bon. Aussi avoit-il appris tant de
„ choses concernant les Arts & le
„ Négoce, par-là, qu'il sembloit en
„ avoir fait une étude particuliére;
„ & que ceux qui en faisoient pro-
„ fession profitoient souvent de ses
„ lumiéres, & le consultoient avec
„ plaisir.

„ S'il y avoit quelque chose à quoi
„ il ne pouvoit pas s'accommoder,
„ c'étoient les mauvaises maniéres,
„ qui lui donnoient du dégout, lors-
„ qu'il voyoit qu'elles venoient, non
„ d'avoir peu vu le monde, mais
„ d'orgueil, de fierté, de mauvais
„ naturel, de stupidité brutale, &
„ d'autres semblables vices. Autre-
„ ment, il étoit très éloigné de mé-
„ priser qui que ce soit, parcequ'il
„ avoit

„ avoit un extérieur desagréable. Il
„ regardoit la civilité, non seule-
„ ment comme quelque chose d'a-
„ gréable & de propre à gagner les
„ cœurs, mais comme un devoir du
„ Christianisme, que l'on devoit pres-
„ ser davantage, que l'on ne faisoit
„ communément. Il recommandoit à
„ cette occasion un Traité de Mrs.
„ DE PORT-ROYAL, sur les mo-
„ yens de conserver la paix avec les
„ hommes, & il approuvoit beaucoup
„ les sermons qu'il avoit oui faire
„ à Mr. WICHKOT, Docteur en
„ Théologie, sur ce sujet, & qui
„ ont été imprimez depuis.
„ Sa conversation étoit fort agréa-
„ ble à toutes sortes de personnes,
„ & même aux Dames; & person-
„ ne n'étoit mieux reçu que lui par-
„ mi les gens de la plus haute qua-
„ lité. Aussi n'étoit il nullement mé-
„ lancolique, & comme la conversa-
„ tion des personnes bien faites est
„ ordinairement plus aisée, plus dé-
„ gagée & moins embarrassée de for-
„ ma-

„ *malitez, fi* Mr. Locke *n'avoit*
„ *pas naturellement ces talens, il*
„ *les avoit aquis par le commerce*
„ *du monde; & cela le rendoit d'au-*
„ *tant plus agréable, que ceux qui*
„ *ne le connoissoient pas ne s'atten-*
„ *doient point de trouver ces ma-*
„ *niéres dans un homme aussi atta-*
„ *ché à l'étude qu'il l'étoit. Ceux*
„ *qui recherchoient le commerce de*
„ Mr. Locke, *pour apprendre de*
„ *lui ce qu'on pouvoit apprendre d'un*
„ *homme de son savoir, & qui en*
„ *approchoient avec respect, étoient*
„ *surpris de trouver en lui, non seu-*
„ *lement les maniéres d'un homme*
„ *bien-né, mais encore toute la po-*
„ *litesse que l'on pouvoit demander.*
„ *Il parloit souvent contre la rail-*
„ *lerie, qui est ce qu'il y a de plus*
„ *délicat dans la conversation, &*
„ *qui est dangereuse si elle n'est pas*
„ *bien ménagée. Il ne laissoit pas de*
„ *railler mieux que personne : mais il*
„ *ne disoit rien de choquant, ou qui*
„ *pût porter aucun préjudice. Il sa-*
„ *voit*

,, voit adoucir tout ce qu'il difoit, &
,, le tourner agréablement. S'il rail-
,, loit fes Amis, c'étoit fur quelque
,, faute peu confidérable, ou fur quel-
,, que chofe qu'il leur étoit même a-
,, vantageux que l'on fût. Comme il
,, étoit extraordinairement civil, mê-
,, me lorfqu'il commençoit à railler,
,, on étoit comme affuré qu'il diroit
,, en fuitte quelque chofe d'obligeant.
,, Il ne railloit jamais un malheur,
,, ou un défaut naturel.

,, Il étoit fort charitable envers les
,, pauvres, pourvû que ce ne fuffent
,, pas des fainéans, ou des libertins,
,, qui ne fréquentoient aucune Eglife,
,, ou qui alloient au cabaret le Di-
,, manche. Il avoit fur tout pitié de
,, ceux qui, après avoir travaillé au-
,, tant qu'ils avoient pu pendant leur
,, jeuneffe, tomboient dans la pauvre-
,, té fur leurs vieux jours. Il difoit
,, que ce n'étoit pas affez que de les
,, empêcher de mourir de faim, mais
,, qu'on devoit les faire vivre avec
,, quelque douceur. Auffi cherchoit-il

,, les

„ les occasions de faire du bien à ceux
„ qui le méritoient, & souvent, en
„ se promenant, il visitoit les pau-
„ vres du voisinage, & leur donnoit
„ de quoi soulager leurs nécessitez,
„ ou acheter les remédes qu'il leur
„ prescrivoit, s'ils étoient malades,
„ & s'ils n'avoient point de Médecin.
  „ Il ne vouloit pas qu'on perdît
„ quoi que ce fût de ce qui pouvoit
„ être utile à quelcun, ou que l'on
„ fît aucun dégat dont personne ne
„ profitoit. C'étoit, selon lui, perdre
„ le bien dont Dieu ne nous a fait
„ que les économes. Aussi étoit-il
„ un homme d'ordre & qui tenoit des
„ comptes exacts de tout.
  „ S'il avoit quelque passion à la-
„ quelle il fût sujet, c'étoit à la co-
„ lére ; mais il s'en étoit rendu le
„ maitre par la Raison, & elle ne
„ lui faisoit que très rarement aucun
„ tort, non plus qu'aux autres. Il en
„ faisoit voir parfaitement bien le ri-
„ dicule. Il disoit qu'elle ne servoit
„ à rien du tout, ni à l'éducation des
                 „ en-

„ enfans, ni à tenir les serviteurs
„ dans l'ordre, & qu'elle faisoit mê-
„ me perdre l'autorité que l'on avoit
„ sur eux. Il étoit bon envers ses ser-
„ viteurs, & se donnoit même la
„ peine de les instruire avec douceur
„ de la maniére dont ils devoient le
„ servir.
„ Non seulement il gardoit exacte-
„ ment un secret qu'on lui avoit con-
„ fié, mais il ne redisoit jamais ce
„ qui pouvoit nuire, quoiqu'on ne lui
„ eût pas recommandé de n'en rien
„ dire, ni n'avoit aucune sorte d'in-
„ discrétion, ni d'inadvertence qui
„ pût faire tort à ses Amis. Il étoit
„ exact à tenir sa parole, & ce qu'il
„ promettoit étoit sacré. Il étoit scru-
„ puleux à recommander les gens qu'il
„ ne connoissoit pas, & il ne pouvoit
„ se résoudre à louer ceux qu'il ne
„ croyoit pas louables. Si on lui disoit
„ que ses recommandations n'avoient
„ pas fait l'effet que l'on en attendoit,
„ il disoit, que cela venoit de ce qu'il
„ n'avoit jamais trompé personne, en
„ di-

disant plus qu'il ne savoit; que ce
,, dont il répondoit, devoit se trou-
,, ver tel qu'il le disoit, & que s'il
,, en usoit autrement, ses recomman-
,, dations ne seroient desormais d'au-
,, cun poids.

,, Son plus grand divertissement é-
,, toit de parler avec des gens raison-
,, nables, & il recherchoit leur con-
,, versation. Il avoit toutes les qua-
,, litez, qui pouvoient entretenir une
,, agréable amitié. Il ne jouoit que
,, par complaisance, quoique s'étant
,, souvent trouvé parmi des gens qui
,, le faisoient, il ne jouoit pas mal,
,, quand il s'y mettoit. Autrement il
,, ne le proposoit jamais, & il disoit
,, que ce n'étoit qu'un amusement,
,, pour ceux qui n'ont point de con-
,, versation.

,, Dans ses habits, il étoit pro-
,, pre, sans affectation, ni singularité.

,, Il étoit naturellement fort actif,
,, & il s'occupoit, autant que sa san-
,, té pouvoit le permettre. Quelquefois
,, il prenoit plaisir à travailler dans
,, un

,, un jardin, ce qu'il entendoit par-
,, faitement bien. Il aimoit à se pro-
,, mener, mais son incommodité de
,, poitrine ne lui permettant pas de
,, marcher beaucoup, il se promenoit
,, à cheval l'après-diné, & quand il
,, ne put plus supporter le cheval,
,, dans une chaise roulante; & il vou-
,, loit toujours avoir compagnie,
,, quand ce n'auroit été que d'un en-
,, fant; car il se plaisoit à s'entrete-
,, nir avec les enfans bien élevez.

,, La foiblesse de sa santé ne cau-
,, soit de l'incommodité qu'à lui-mê-
,, me & l'on ne voyoit rien en lui, qui
,, fit de la peine, sinon de le voir souf-
,, frir. Sa maniére de se nourrir étoit
,, la même que celle des autres, ex-
,, cepté qu'il ne buvoit ordinairement
,, que de l'eau; & il croyoit que c'é-
,, toit ce qui lui avoit conservé la vie
,, si longtems, quoiqu'il fût d'un tem-
,, pérament si foible. Il attribuoit à
,, la même chose la conservation de
,, sa vue, qui n'étoit pas fort dimi-
,, nuée à la fin de sa vie; car il pou-
,, voit

,, *voit lire à la chandelle toutes sor-*
,, *tes de livres, à moins qu'ils ne fuſ-*
,, *ſent en très petits caractéres, & il*
,, *ne s'eſt jamais ſervi de lunettes. Il*
,, *n'eut pas d'autre incommodité que*
,, *ſon Aſthme, ſinon que quatre ans*
,, *avant ſa mort, il devint fort ſourd;*
,, *mais cela ne dura guéres plus de*
,, *ſix mois. Se trouvant par là privé*
,, *du plaiſir de la converſation, il ne*
,, *ſavoit s'il ne valoit pas mieux être*
,, *aveugle que ſourd, comme il l'écri-*
,, *vit alors à un de ſes Amis. D'ail-*
,, *leurs il ſouffroit fort patiemment*
,, *ſes incommoditez".*

C'eſt là un portrait de ce grand homme, tiré d'après le naturel, & qui n'eſt nullement flatté. Je voudrois qu'il fût en mon pouvoir non ſeulement de rendre ſa mémoire immortelle, mais encore de faire vivre éternellement ſon eſprit, en portant les Gens de Lettres à rechercher la Vérité, à l'aimer & à la défendre, comme il l'a fait. Mais c'eſt ce que la lecture de ſes Ecrits fera mieux, que toutes mes louanges

&

& *toutes mes exhortations; & sur tout, son Traité posthume* de la conduite de l'Esprit dans la Recherche de la Vérité*.

Il faut que j'ajoute seulement qu'on lui a attribué quelques livres, qu'il n'avoit pas faits; & qu'il a reconnu, par un Codicille, les enfans de son Esprit, qui ne portoient pas son nom, & dont j'ai déja parlé. On lui a donné, par exemple, un Traité Anglois de l'Amour Divin, *qui est d'une personne de grand mérite, & qu'il considéroit beaucoup*†. *Ce Traité a été traduit en* François *par Mr.* COSTE*.

On trouvera dans la Page suivante l'*Epitaphe* de Mr. LOCKE, faite par lui-même.

* *C'est la seconde Pièce de ce* Recueil.
† De MADAME MASHAM, *morte en* 1708.
* *Il a été imprimé à* Amsterdam *chez* H. SCHELTE *en* 1705.

HIC

HIC JUXTA SITUS EST
JOANNES LOCKIUS.
SI QUALIS FUERIT ROGAS,
MEDIOCRITATE SUA CONTENTUM
SE VIXISSE RESPONDET.
LITTERIS INNUTRITUS EOUSQUE
TANTUM PROFECIT,
UT VERITATI UNICE LITARET.
HOC EX SCRIPTIS ILLIUS DISCE
QUAE QUOD DE EO RELIQUUM EST
MAJORI FIDE TIBI EXHIBEBUNT,
QUAM EPITAPHII SUSPECTA ELOGIA.
VIRTUTES SI QUAS HABUIT,
MINORES SANE QUAM SIBI LAUDI
DUCERET,
TIBI IN EXEMPLUM PROPONERET;
VITIA UNA SEPELIANTUR.
MORUM EXEMPLUM SI QUAERAS
IN EVANGELIO HABES,
VITIORUM UTINAM NUSQUAM.
MORTALITATIS CERTE (QUOD PROSIT)
HIC ET UBIQUE.
NATUM ANNO DOMINI MDCXXXII.
MORTUUM XXVIII. OCTOBRIS MDCCIV.
MEMORAT HAEC TABELLA
BREVI ET IPSA INTERITURA.

LETTRE
SUR LA
TOLÉRANCE.

MONSIEUR,

Puisque vous jugez à propos de me demander quelle est mon opinion sur la Tolérance, que les diférentes Sectes des Chrétiens doivent avoir les unes pour les autres, je vous répondrai en peu de mots qu'elle doit être universelle, & que c'est, à mon avis, le principal caractére de la véritable Eglise. Les uns ont beau se vanter de l'antiquité de leurs charges & de leurs titres, ou de la pompe de leur culte extérieur; les autres, de la réformation de leur discipline, & tous en général, de l'Orthodoxie de leur Foi; (car chacun se croit Orthodoxe :) tout cela, dis-je, dis-je, & mille autres avantages de cette nature, sont plutot des preuves de l'envie que les hommes ont de dominer les uns sur les autres, que des marques de l'Epouse de Jesus-Christ. Quelque justes prétensions que l'on ait à toutes ces prérogatives, si l'on manque de charité, de douceur, & de bienveillance pour tout le Genre Humain en général, même pour ceux qui ne sont pas Chrétiens, à coup sûr l'on est fort éloigné d'être Chrétien soi-même. * *Les Rois des Nations les dominent*, disoit notre Seigneur à ses Disciples, *mais il n'en doit pas être de même parmi vous*. Le dessein de la vraye Religion est tout différent. Elle n'est pas établie pour ériger une vaine pompe extérieure, ni pour mettre les hommes en état de parvenir à la domination ecclésiastique, ni pour contraindre par la force; mais elle nous est donnée plutot pour nous engager

à

* Luc. XXII. 25 26.

SUR LA TOLE'RANCE. 3
à vivre suivant les régles de la vertu & de la piété. Tous ceux qui veulent s'enroler sous l'étendart de JESUS-CHRIST, doivent d'abord déclarer la guerre à leurs vices & à leurs passions. C'est en vain que l'on prend le titre de Chrétien, si l'on ne travaille à se sanctifier & à corriger ses mœurs, si l'on n'est doux, affable & debonnaire.

Lors donc que vous serez revenu à vous même, disoit notre Sauveur à St. Pierre, *affermissez vos fréres*. En effet un homme, à qui je vois négliger son propre salut, auroit de la peine à me persuader qu'il s'intéresse beaucoup au mien. Car il est impossible que ceux qui n'ont pas embrassé le Christianisme du fond du cœur, travaillent de bonne foi à y amener les autres. Si l'on peut compter sur ce que l'Evangile & les Apôtres nous disent, l'on ne sauroit être Chrétien
sans

* *Luc.* XXII. 32.

sans la *Charité*, & sans cette * *Foi qui agit par la Charité*, & non point par le fer & par le feu. J'en apelle ici à la conscience de ceux qui persécutent, qui tourmentent, qui ruinent & qui tuent les autres sous prétexte de Religion, & je leur demande s'ils les traitent de cette maniére par un principe d'amitié & de tendresse. Pour moi, je ne le croirai jamais, si ces furieux zélateurs n'en agissent de même envers leurs parens & leurs amis, pour les corriger des péchez qu'ils commettent à la vue de tout le monde, contre les préceptes de l'Evangile : lorsque je les verrai poursuivre par le fer & par le feu les Membres de leur propre Communion qui sont entachez de vices énormes, & en danger de périr éternellement, s'ils ne se repentent; quand je les verrai employer les tourmens, les suplices & toute sorte de cruautez, comme des marques de leur amour & du zéle qu'ils

* Gal. V. 6.

qu'ils ont pour le salut des ames; alors, & pas plutôt, je les croirai sur leur parole. Car enfin, si c'est par un principe de charité & d'amour fraternel qu'ils dépouillent les autres de leurs biens, qu'ils leur infligent des peines corporelles, qu'ils les font périr de faim & de froid dans des cachots obscurs, en un mot qu'ils leur ôtent la vie; & tout cela, comme ils le prétendent, pour les rendre Chrétiens, & leur procurer le salut; d'où vient qu'ils souffrent que **l'injustice, la fornication, la fraude, la malice*, & plusieurs autres crimes de cette nature, qui au jugement de l'Apôtre *méritent la mort*, & sont la livrée du Paganisme, dominent parmi eux & infectent leurs troupeaux? Sans contredit tous ces déréglemens sont plus opposez à la gloire de Dieu, à la pureté de l'Eglise, & au salut des Ames, que de rejetter par un principe de conscience quelques décisions ecclé-

* *Rom.* 1. 29, &c.

cléfiaſtiques, ou de s'abſtenir du culte public, ſi ces démarches ſe trouvent accompagnées de la vertu & des bonnes mœurs. Pourquoi eſt-ce que ce zéle brulant pour la gloire de Dieu, les intérêts de l'Egliſe, & le ſalut des Ames; ce zéle, dis-je, qui brule à la lettre & qui employe le fagot, & le feu, pourquoi ne punit-il pas ces vices & ces deſordres, dont tout le monde reconnoit l'oppoſition formelle au Chriſtianiſme; & d'où vient qu'il met tout en œuvre pour introduire des cérémonies, ou pour établir des opinions, qui roulent pour la plupart ſur des matiéres épineuſes & délicates, qui ſont au deſſus de la portée du commun des Hommes? L'on ne ſaura qu'au dernier Jour, lorsque la cauſe de la ſéparation qui eſt entre les Chrétiens viendra à être jugée, lequel des Partis oppoſez a eu raiſon dans ces diſputes, & lequel d'eux a été coupable de Schiſme ou d'Héréſie; ſi c'eſt le Parti dominant, ou celui qui ſouffre. Aſſurément ceux qui

qui suivent JESUS-CHRIST, qui embrassent sa Doctrine, & qui portent son joug, ne seront point alors jugez Hérétiques, quoiqu'ils ayent abandonné Pére & Mére, & qu'ils ayent renoncé aux assemblées publiques & aux cérémonies de leur Pays, ou à toute autre chose qu'il vous plaira.

D'ailleurs, suposé que les divisions qu'il y a entre les Sectes, forment de grands obstacles au salut des Ames; l'on ne sauroit nier avec tout cela que * *l'adultére, la fornication, l'impureté, l'idolatrie, & autres choses semblables ne soient des œuvres de la chair*, & que l'Apôtre n'ait déclaré en propres termes, que *ceux qui les commettent ne posséderont point le Royaume de Dieu*. C'est pourquoi toute personne qui s'intéresse de bonne foi pour le Royaume de Dieu, & qui croit qu'il est de son devoir d'en étendre les bornes parmi les Hommes, doit s'appliquer avec autant de soin

&

* *Gal.* V. 19, &c.

& d'industrie à déraciner tous ces vices, qu'à extirper les Sectes. Mais s'il en agit d'une autre maniére, & si pendant qu'il est cruel & implacable envers ceux qui ne sont pas de son opinion, il a de l'indulgence pour les vices & les déréglemens, qui vont à la ruine du Christanisme, que cet Homme se pare, tant qu'il voudra, du nom de l'Eglise, il fait voir par ses actions, qu'il a tout autre avancement en vue que celui du Regne de Jesus-Christ.

J'avoue qu'il me paroit fort étrange, & je ne crois pas d'être le seul de mon avis, de voir qu'un Homme, qui souhaite avec ardeur le salut de son Prochain, le fait expirer au milieu des tourmens, lors même qu'il n'est pas converti. Mais il n'y a Personne, je m'assure, qui puisse croire qu'une telle conduite parte d'un fond de charité, d'amour ou de bienveillance. Si quelqu'un soutient qu'on doit contraindre les Hommes par le fer & par le feu, à recevoir de certains

tains Dogmes, & à se conformer à tel ou à tel culte extérieur, sans qu'il ait aucun égard à leur maniére de vivre ; si pour convertir à la Foi ceux qu'il en supose éloignez, il les réduit à professer de bouche ce qu'ils ne croyent pas, & qu'il leur permette la pratique des mêmes choses que l'Evangile défend ; on ne sauroit douter que ce Zélateur n'ait envie d'avoir une assemblée nombreuse de son Parti: mais que son but principal soit de composer par là une Eglise vraiment Chrétienne, c'est ce qui est tout-à-fait incroyable. On ne sauroit donc s'étonner si ceux qui ne travaillent pas de bonne foi à l'avancement de la vraye Religion & de l'Eglise de JESUS-CHRIST, employent des armes contraires à l'usage de la milice Chrétienne. Si, à l'exemple du Capitaine de notre salut, ils souhaitoient avec ardeur de sauver les Hommes, ils marcheroient sur ses traces, & ils imiteroient la conduite de ce Prince de paix ; qui, lorsqu'il envoya ses

Sol-

Soldats pour subjuguer les Nations & les faire entrer dans son Eglise, ne les arma ni d'épées, ni d'aucun instrument charnel, mais les revêtit de l'Evangile de paix, & de la sainteté des mœurs. C'étoit là sa méthode, & il n'en avoit pas d'autre : nous n'ignorons pas même que, si les Infidéles devoient être convertis par la force, si les aveugles ou les obstinez devoient être amenez à la Vérité par des armées de Soldats, il lui étoit beaucoup plus facile d'en venir à bout avec des Légions célestes, qu'aucun *des Fils de l'Eglise*, quelque puissant qu'il soit, avec tous *ses Dragons*.

La Tolérance en faveur de ceux qui différent des autres en matiére de Religion, est si conforme à l'Evangile de JESUS-CHRIST, & au sens commun de tous les Hommes, qu'on peut regarder comme des monstres ceux qui sont assez aveugles, pour n'en voir pas la nécessité & l'avantage, au milieu de tant de lumiére qui les en-

environne. Je ne m'arrêterai pas ici à taxer l'orgueil & l'ambition des uns, la paſſion & le zéle peu charitable des autres. Ce ſont des vices, dont il eſt preſqu'impoſſible qu'on ſoit jamais délivré à tous égards ; mais ils ſont d'une telle nature, qu'il n'y a perſonne qui en veuille ſoutenir le reproche, ſans les pallier de quelque couleur ſpécieuſe ; & qui ne prétende mériter des éloges, lors même qu'il eſt entrainé par la violence de ces paſſions déréglées. Quoi qu'il en ſoit, afin que les uns ne couvrent pas leur eſprit de perſécution & leur cruauté Anti-Chrétienne, des belles apparences de l'intérêt public, & de l'obſervation des Loix, & que les autres, ſous prétexte de Religion, ne cherchent pas l'impunité de leur libertinage & de leur licence effrenée ; en un mot, afin qu'aucun ne ſe trompe lui-même ou qu'il n'abuſe les autres, ſous prétexte de fidélité envers le Prince ou de ſoumiſſion à ſes ordres, & de tendreſſe de conſcience ou de ſincérité

dans

dans le culte divin; je croi qu'il est d'une nécessité absolue de distinguer ici avec toute l'exactitude possible *ce qui regarde le Gouvernement civil, de ce qui appartient à la Religion, & de marquer les justes bornes qui séparent les droits de l'un & de l'autre.* Sans cela, il n'y aura jamais de fin aux disputes qui s'éléveront entre ceux qui s'intéressent, ou qui prétendent s'intéresser, d'un côté au salut des Ames, & de l'autre, au bien de l'Etat.

L'ETAT, selon mes idées, *est une Société d'Hommes établie dans la seule vue de se procurer les uns aux autres la conservation & l'avancement de leurs* INTE'RETS CIVILS.

J'appelle *Intérêts civils*, la vie, la liberté, la santé du corps; la possession des biens extérieurs, tels que sont l'argent, les terres, les maisons, les meubles, & autres choses de cette nature.

Il est du devoir du Magistrat Civil d'assurer, par l'exacte exécution
de

de Loix équitables, à tout le Peuple en général & à chacun des Sujets en particulier, la possession légitime de toutes les choses qui regardent cette vie. Si quelcun se hasarde de violer les Loix de la Justice publique, établies pour la conservation de tous ces biens, sa témérité doit être réprimée par la crainte du châtiment, qui consiste à le dépouiller, ou en tout ou en partie, de ces biens ou intérêts civils, dont il auroit pu & même dû jouir sans cela. Mais comme il n'y a personne qui souffre volontiers d'être privé d'une partie de ses biens, & encore moins de sa liberté ou de sa vie; c'est aussi pour cette raison que le Magistrat est armé de la force réunie de tous ses Sujets, afin de punir ceux qui violent les droits des autres.

Pour être convaincu que la jurisdiction du Magistrat se termine à ces biens temporels, & que tout pouvoir civil est borné à l'unique soin de les maintenir & de travailler à leur augmentation, sans qu'il puisse ni qu'il doive

doive en aucune maniére s'étendre jufques au falut des Ames; il n'y a qu'à examiner les raifons fuivantes, qui me paroiffent démonftratives.

Premiérement. Parceque Dieu n'a pas commis le foin des Ames au Magiftrat civil, plutot qu'à toute autre perfonne, & qu'il ne paroit pas qu'il ait jamais autorifé aucun Homme, pour forcer les autres à recevoir fa Religion. Le *Confentement du Peuple* même ne fauroit donner ce pouvoir au Magiftrat, puisqu'il eft comme impoffible d'abandonner le foin de fon falut, jufques à devenir aveugle foi-même, & à laiffer au choix d'un autre, foit Prince ou Sujet, de nous prefcrire la Foi ou le culte que nous devons embraffer. Car il n'y a perfonne qui puiffe, quand il le voudroit, mouler fa Foi fur la confcience d'un autre. Toute la vertu & la force de la vraye Religion confifte dans la perfuafion intérieure de l'efprit: & la Foi n'eft plus Foi, fi l'on ne croit point. Quelques Dogmes que l'on fuive, suive, à quelque culte extérieur que l'on se joigne, si l'on n'est pleinement convaincu que ces Dogmes sont vrais, & que ce culte est agréable à Dieu, bien loin que ces Dogmes & ce culte contribuent à notre salut, ils y mettent de grands obstacles. En effet, si nous servons le Créateur d'une maniére que nous savons lui être desagréable, au lieu d'expier nos péchez par ce service, nous en commettons de nouveaux, & nous ajoutons à leur nombre l'hypocrisie, & le mépris de Sa Majesté souveraine.

En second lieu. Le soin des Ames ne sauroit apartenir au Magistrat Civil, parceque son pouvoir est borné à la force extérieure : mais la vraye Religion consiste, comme nous venons de le remarquer, dans la persuasion intérieure de l'esprit, sans laquelle il est impossible de plaire à Dieu. Ajoutez à cela que notre entendement est d'une telle nature, qu'on ne sauroit le porter à croire quoi que ce soit par la contrainte. On auroit beau y employer

ployer la confiscation des biens, les cachots, les tourmens & les suplices; il n'y a rien de tout cela qui puisse altérer ou anéantir le jugement fixe & déterminé que nous faisons des choses.

On me dira sans doute, que ,, le ,, Magistrat peut se servir de raisons, ,, pour faire entrer les Hérétiques ,, dans le chemin de la vérité, & leur ,, procurer le salut ''. Je l'avoue : mais il a ceci de commun avec tous les autres Hommes. S'il instruit & s'il corrige, par de bonnes raisons, ceux qui se trouvent dans l'erreur, il ne fait que ce que tout honnête Homme doit faire. La Magistrature ne le dépouille ni des principes de l'humanité, ni des devoirs du Christianisme. Mais persuader ou contraindre, employer des argumens ou des peines, sont deux choses bien différentes. Le pouvoir civil tout seul a droit à l'une, & la bienveillance suffit pour autoriser tout Homme à l'autre. Nous avons tous la commission d'avertir notre prochain

chain que nous le croyons dans l'erreur, & de l'amener à la connoissance de la vérité par de bonnes preuves. Mais de donner des Loix, d'exiger la soumission, & de contraindre par la force, tout cela n'apartient qu'au Magistrat seul. C'est aussi sur ce fondement que je soutiens que le pouvoir du Magistrat ne s'étend pas jusques à établir, par ses Loix, des articles de Foi ni des formulaires de culte religieux. Car les Loix n'ont aucune vigueur sans les peines, & les peines sont tout-à-fait inutiles, pour ne pas dire, injustes, dans cette occasion; puisqu'elles ne sauroient convaincre l'esprit. Il n'y a donc aucune profession de tels ou de tels articles de Foi, ni aucune conformité à tel ou à tel culte extérieur, (comme nous l'avons déja dit) qui puissent procurer le salut des Ames, si l'on n'est bien persuadé de la vérité des uns, & que l'autre est agréable à Dieu. Mais les peines ne sauroient absolument produire cette persuasion. Il n'y a que
la

la lumiére & l'évidence qui ait le pouvoir de changer les opinions des Hommes : & cette lumiére ne peut jamais être excitée par les souffrances corporelles, ni par aucune autre peine extérieure.

En troisiéme lieu. Le soin du salut des Ames ne sauroit apartenir au Magistrat, parceque, si la rigueur des Loix & l'efficace des peines ou des amendes pouvoient convaincre l'esprit des Hommes & leur donner de nouvelles idées, tout cela ne serviroit de rien pour le salut de leurs Ames. En voici la raison, c'est que la vérité est unique, & qu'il n'y a qu'un seul chemin qui conduise au Ciel. Mais quelle espérance y a-t-il qu'on y améne plus de monde, si l'on n'a d'autre régle à suivre que la Religion de la Cour ; si l'on est obligé de renoncer à ses propres lumiéres, de combattre le sentiment intérieur de sa conscience, & de se soumettre en aveugles à la volonté de ceux qui gouvernent, & à la Religion, que l'ignorance,

rance, l'ambition ou la superstition même ont peut-être établie dans le Pays, où l'on est né ? Si nous avons égard à la différence & à la contrariété des sentimens qu'il y a sur le fait de la Religion, & à ce que les Princes ne sont pas moins partagez là-dessus, que dans leurs intérêts temporels, il faut avouer que le chemin du salut est rendu bien étroit. Il n'y auroit plus qu'un seul Pays qui suivît cette route, & tout le reste du monde se trouveroit engagé à suivre ses Princes dans le chemin qui conduit à la perdition. Ce qu'il y a de plus absurde encore, & qui s'accorde fort mal avec l'idée d'une Divinité, c'est que les Hommes devroient leur bonheur ou leur malheur éternel aux lieux de leur naissance.

Ces raisons seules, sans m'arrêter à bien d'autres que j'aurois pu alléguer ici, me paroissent suffisantes pour conclure que tout le pouvoir du Gouvernement civil ne se raporte qu'à l'intérêt temporel des Hommes;

qu'il

qu'il est borné au soin des choses de ce monde ; & qu'il ne doit pas se mêler de ce qui regarde le siécle à venir.

Examinons à présent ce qu'on doit entendre par le mot d'EGLISE. *Par ce terme j'entens une Société d'Hommes, qui se joignent volontairement ensemble, pour servir Dieu en public, & lui rendre le culte qu'ils jugent lui être agréable, & propre à leur faire obtenir le salut.*

Je dis que c'est une Société *libre & volontaire*, puisqu'il n'y a personne qui soit membre né d'aucune Eglise. Autrement la Religion des Péres & des Méres passeroit aux Enfans, par le même droit que ceux-ci héritent de leurs biens temporels, & chacun tiendroit sa Foi par le même titre qu'il jouit de ses terres ; ce qui est la plus grande absurdité du monde. Voici donc de quelle maniére il faut concevoir la chose. Il n'y a personne, qui par sa naissance soit attaché à une certaine Eglise ou à une certaine Secte plutôt

plutôt qu'à une autre, mais chacun se joint volontairement à cette Société, dont il croit que le culte est agréable à Dieu. Comme l'espérance du salut a été la seule cause qui l'a fait entrer dans cette Communion, c'est aussi par ce seul motif qu'il continue d'y demeurer. Car s'il vient dans la suite à y découvrir quelque erreur dans la Doctrine, ou quelque chose d'irrégulier dans le culte ; pourquoi ne lui seroit-il pas aussi libre d'en sortir, qu'il a eu le choix d'y entrer ? Les Membres d'une Société religieuse ne sauroient y être attachez par d'autres liens, que ceux qui naissent de l'attente assurée où ils sont de la vie éternelle. Une Eglise donc est une Société de personnes unies volontairement ensemble pour arriver à cette fin.

Il faut examiner ensuite quel est le Pouvoir de cette Eglise, & à quelles Loix elle est assujettie.

Tout le monde avoue qu'il n'y a point de Société, quelque libre qu'elle soit, où pour quelque légére occasion qu'elle qu'elle se soit formée, (soit qu'elle soit composée de Philosophes pour vaquer à l'étude, de Marchands pour négocier, ou d'Hommes de loisir pour converser ensemble,) qu'il n'y a point, dis je, d'Eglise ou de Compagnie, qui puisse durer longtems, & qui ne soit bientot détruite, si elle n'est gouvernée par quelques Loix, & si tous les Membres ne consentent à l'observation de quelque ordre. Il faut convenir du lieu & du tems des Assemblées. Il faut établir des régles pour admettre ou exclure certains Membres. On ne doit pas négliger non plus la distinction des offices, ni la régularité dans la conduite des affaires, ni rien de tout ce qui regarde la bienséance & les autres choses de cette nature. Mais comme nous avons déja prouvé que l'union de plusieurs Membres, pour former un Corps d'Eglise, est tout-à-fait libre & volontaire, il s'ensuit de là nécessairement que le droit de se faire des Loix ne peut apartenir qu'à la Société même,

SUR LA TOLE'RANCE. 23
me, ou qu'à ceux du moins qu'elle autorife pour y travailler; ce qui revient à la même chofe.

Quelques-uns objecteront peut-être, ,, qu'une pareille Société ne fauroit ,, avoir le caractére d'une vraye Eglife, ,, à moins qu'elle n'ait un Evêque, ou ,, un Prêtre, qui la gouverne avec ,, une autorité dérivée des Apôtres, ,, & continuée jufques à ce jour par ,, une fucceffion non interrompue ,,.

Je leur réponds, 1. Qu'ils me faffent voir l'ordre, par lequel JESUS-CHRIST a impofé cette Loi à fon Eglife. Je ne crois pas même que l'on puiffe me traiter d'impertinent, fi dans une affaire de cette conféquence, je demande que les termes de cet ordre foient exprès & pofitifs. Car la promeffe qu'il nous a faite, que † *par tout où il y auroit deux ou trois perfonnes affemblées en fon nom, il feroit au milieu d'eux*, femble fignifier toute autre chofe. Je les prie donc d'examiner fi une pareille affemblée
man-

† *Matth.* XVIII. 20.

manque de quelque chose qui lui soit nécessaire pour la rendre une vraye Eglise. Pour moi, je suis persuadé qu'elle ne manque de rien pour obtenir le salut; & cela nous doit suffire, si je ne me trompe.

2. Si l'on prend garde aux divisions qu'il y a toujours eu entre ceux-là même qui ont tant fait valoir l'institution divine & la succession continuée d'un certain Ordre de Conducteurs dans l'Eglise, on trouvera que cette dissension nous engage de toute nécessité à l'examen; & nous donne par conséquent la liberté de choisir ce qui nous paroit le meilleur.

3. Enfin, je consens que ces Messieurs ayent un Gouverneur de leur Eglise, établi par une aussi longue succession qu'il leur plaira; pourvû qu'ils me laissent en même tems la liberté de me joindre à la Société, où je crois trouver tout ce qui est nécessaire au salut de mon ame. Alors tous les Partis jouiront de la Liberté Ecclésiasti-

cléfiaftique, & ils n'auront d'autre Légiflateur que de leur propre choix.

Mais puisque vous êtes fi fort en peine de favoir quelle eft la vraye Eglife, je vous demanderai ici en paffant, s'il n'eft pas plus du caractére de l'Eglife de JESUS-CHRIST, d'exiger pour conditions de fa Communion les feules chofes que l'Ecriture Sainte déclare en termes exprès être néceffaires au falut; que d'impofer aux autres fes propres inventions, ou fes explications particuliéres, comme fi elles étoient apuyées fur une autorité divine; & d'établir par des Loix Eccléfiaftiques, comme abfolument néceffaires à la profeffion du Chriftianifme, des chofes dont l'Ecriture ne dit mot, ou du moins qu'elle ne commande pas en termes clairs & pofitifs. Tous ceux qui, pour admettre quelcun à leur Communion Eccléfiaftique, exigent de lui la créance de certains dogmes, que JESUS-CHRIST n'a point requife pour obtenir la vie éternelle, peuvent

B bien

bien former une Société qui s'accorde avec leurs opinions & leur avantage temporel; mais je ne conçois pas qu'on lui puisse donner le titre d'Eglise de Jesus-Christ, puisqu'elle n'est pas fondée sur ses Loix, & qu'elle exclut de sa Communion des Personnes, qu'il recevra lui-même un jour dans le Royaume des Cieux. D'ailleurs, sans m'arrêter ici à examiner quelles sont les marques de la vraye Eglise, je me contenterai d'avertir ces rigides Défenseurs des dogmes de leur société, qui crient sans relâche, l'Eglise, l'Eglise, avec autant de force, & peut-être dans la même vue que les Orfévres de la ville d'*Ephése* exaltoient leur *Diane*, Act. xix, de les avertir, dis-je, que l'Evangile témoigne par tout que les véritables Disciples de Jesus-Christ souffriroient de grandes persécutions : mais je ne sache pas d'avoir lu dans aucun endroit du N. Testament que l'Eglise de ce Divin Sauveur doive persécuter les autres, & les contraindre par le fer

…er & par le feu à recevoir ses dogmes & sa créance.

Le but de toute Société Religieuse, comme nous l'avons déja dit, est de servir Dieu en public, & d'obtenir par ce moyen la vie éternelle. C'est donc là que doit tendre toute la discipline, & c'est dans ces bornes que toutes les Loix Ecclésiastiques doivent être renfermées. Il ne s'agit point ici de la jouissance de biens temporels, qui sont soumis à la jurisdiction du Magistrat civil, ni d'employer, pour quelque raison que ce soit, aucune force extérieure, qui n'apartient qu'à lui seul.

Vous me demanderez peut-être : ,, Quelle vigueur donc restera-t-il aux ,, Loix Ecclésiastiques, & comment ,, sera-t-il possible de les faire exécu- ,, ter, si l'on en bannit toute sorte de ,, contrainte,,? Je réponds, qu'il leur restera la même force, qui convient aux choses, dont l'observation extérieure est inutile, si elle n'est accompagnée de la persuasion du cœur; en un mot, les exhortations, les avis & les conseils sont les seules armes que cette Société employe, pour retenir ses Membres dans le devoir. Si tout cela n'est pas capable de ramener les égarez, & qu'ils persistent dans l'erreur ou dans le crime, sans donner aucune espérance de leur retour, il ne lui reste alors d'autre parti à prendre, qu'à les éloigner de sa Communion. C'est le plus haut degré, où le pouvoir Ecclésiastique puisse atteindre, & toute la peine qu'il inflige, se réduit à rompre la relation qu'il y avoit entre le Corps & le Membre qui a été retranché, ensorte que celui-ci ne fait plus partie de cette Eglise.

Cela posé, *examinons quels sont les devoirs où la Tolérance engage.* 1. Il me semble qu'aucune Eglise n'est obligée de nourrir dans son sein un Membre, qui, après en avoir été averti, continue à pécher contre ses Loix; parcequ'elles sont les conditions de sa Communion, & l'unique lien qui la conserve, & que s'il étoit permis de les

les violer impunément, elle ne sauroit plus subsister. Avec tout cela, il faut prendre garde que l'Acte d'excommunication ne soit pas accompagné de paroles injurieuses, ni d'aucune violence qui blesse le corps, ou qui porte aucun préjudice aux biens de la personne excommuniée. Une pareille violence n'est que du ressort du Magistrat, comme nous l'avons déja dit plus d'une fois, & n'est permise aux Particuliers que pour leur propre défense. L'excommunication ne peut ôter à l'Excommunié aucun des biens civils qu'il possédoit, parcequ'ils regardent l'Etat civil, & qu'ils sont soumis à la protection du Magistrat. Toute la force de l'excommunication se réduit à ceci, c'est qu'après avoir déclaré la résolution de la Société, l'union qu'il y avoit entre ce Corps & l'un de ses Membres est rompue, & que de cette maniére la participation à certaines choses que cette Société accorde à ses Membres, & auxquelles il n'y a personne qui ait un droit civil, vient aussi à discontinuer. Du moins l'Excommunié ne reçoit aucune injure civile, si dans la célébration de la Cêne du Seigneur, le Ministre d'une Eglise lui refuse du Pain & du Vin, qui n'ont pas été achetez de son propre argent.

2. Il n'y a point de Particulier qui ait droit d'envahir, ou de diminuer en aucune maniére les biens civils d'un autre, sous prétexte que celui-ci n'est pas de sa Religion, & qu'il ne suit pas les mêmes Rites. Il faut conserver inviolablement à ce dernier tous les droits que l'humanité & la Société civile demandent : la Religion n'en souffre aucun préjudice, & l'on doit s'abstenir de toute violence & de toute injure, soit à l'égard des Chrétiens, ou même des Payens. Bien plus, il ne faut pas s'arrêter dans les simples bornes de la justice, il faut exercer la bienveillance & la charité envers tout le monde. C'est ce que l'Evangile ordonne, que la Raison persuade, & que la Société, que la Nature a établie

blie entre les hommes, exige. Si votre Frére s'égare du droit chemin, il en portera seul la peine: il ne vous en revient aucun mal; & vous ne devez pas le dépouiller des biens de cette vie, parceque vous croyez qu'il ne jouira pas de celle qui est à venir.

Ce que je viens de dire de la Tolérance mutuelle que les Particuliers, qui différent sur le chapitre de la Religion, doivent avoir les uns pour les autres, se doit aussi entendre de toutes les Eglises, qu'on peut regarder en quelque maniére comme des personnes. Il n'y en a point qui ait aucun droit sur les autres, non pas même lorsque le Magistrat civil se trouve de son côté; parceque l'Etat ne peut donner aucun nouveau privilége à l'Eglise, non plus que l'Eglise à l'Etat. L'Eglise demeure toujours la même qu'elle étoit auparavant, c'est-à-dire, une Société libre & volontaire, soit que le Magistrat se joigne à sa Communion, ou qu'il l'abandonne; & qui plus est, elle ne sauroit aquérir

rir par là ni le droit du glaive, ni perdre celui qu'elle avoit d'inſtruire ou d'excommunier. Ce ſera toujours un droit immuable de toute Société volontaire, de pouvoir bannir de ſon ſein ceux de ſes Membres qui ne ſe conforment pas à ſes ordres, ſans aquérir pourtant aucune juriſdiction ſur les perſonnes qui en ſont dehors, quelque Magiſtrat qui embraſſe ſon parti. C'eſt pourquoi les différentes Egliſes doivent toujours entretenir la paix, la juſtice & l'amitié entre elles, de même que les ſimples Particuliers, ſans prétendre à aucune ſupériorité ni juriſdiction les unes ſur les autres.

Pour rendre la choſe plus claire par un exemple, ſupoſons qu'il y eût deux Egliſes à *Conſtantinople*, dont l'une fût compoſée de *Calviniſtes*, & l'autre d'*Arminiens*. Dira-t-on que les uns ont droit de priver les autres de leur liberté, de les dépouiller de leurs biens; de les envoyer en exil, ou de les punir même de mort, (comme on l'a vu pratiquer ailleurs:) par-cequ'ils ce qu'ils différent entr'eux à l'égard de quelques dogmes ou de quelques cérémonies ? Le *Turc* ne demeureroit-il pas les bras croisez à la vue de ce spectacle, & ne se divertiroit-il pas à voir les Chrétiens exercer la cruauté & le carnage les uns contre les autres ? Mais je voudrois bien savoir lequel de ces deux Partis a le droit de maltraiter ses fréres. L'on me répondra sans doute que les Orthodoxes ont ce privilége sur les Hérétiques. Mais ce sont là de grands mots & des termes fort spécieux, qui ne signifient rien au bout du compte. Chaque Eglise est orthodoxe à son égard, quoiqu'elle soit hérétique à l'égard des autres; elle prend pour la vérité ce qu'elle croit, & traite d'erreur l'opinion qui est contraire à la sienne. De sorte que la dispute entre ces deux Eglises, sur la vérité de la doctrine & la pureté du culte, est égale de part & d'autre, & qu'il n'y a point de Juge vivant à *Constantinople*, ni même dans toute la terre, qui la puisse dé-

déterminer. Cette décision n'apartient qu'au souverain Juge de tous les hommes, & c'est lui seul qui a droit de punir les Hérétiques. Je laisse donc à penser quel est le crime de ceux qui joignent l'injustice à l'orgueil, si ce n'est pas même à l'erreur, pendant qu'ils persécutent & qu'ils déchirent, avec autant d'insolence que de témérité, les Serviteurs d'un autre Maitre, qui ne relévent point d'eux à cet égard.

Bien plus, suposé qu'on pût découvrir laquelle de ces deux Eglises est véritablement orthodoxe, cet avantage ne lui donneroit pas le droit de ruiner l'autre, parceque les Sociétez Ecclésiastiques n'ont aucune jurisdiction sur les biens temporels, & que le fer & le feu ne sont pas des instrumens propres pour convaincre les hommes de leurs erreurs, & les amener à la connoissance de la vérité. Suposons même que le Magistrat civil prête main forte à cette Eglise orthodoxe, & qu'il lui permette d'en agir

agir avec l'autre de la maniére qu'il lui plaira. Peut-on dire que cette permission donne le droit à des Chrétiens de persécuter leurs fréres ? Le *Grand-Turc* lui-même n'a pas droit de les punir à cause de la Religion qu'ils professent, & comment donneroit-il ce qu'il n'a pas? D'ailleurs, il faut entendre ceci de tous les Etats Chrétiens. Le pouvoir civil est par tout le même, en quelques mains qu'il se trouve, & un Prince Chrétien ne sauroit donner plus d'autorité à l'Eglise, qu'un Prince infidéle, c'est-à-dire, aucune. Peut-être aussi qu'il ne sera pas mal à propos de remarquer en passant, que tous ces zélez Défenseurs de la vérité, tous ces ennemis jurez des erreurs & du schisme, ne font presque jamais éclater le zéle qui les ronge pour la gloire de Dieu que dans les endroits où le Magistrat les favorise. Dès qu'ils ont obtenu la protection du gouvernement civil, & qu'ils sont devenus supérieurs à leurs ennemis, il n'y a plus de paix, ni de

cha-

charité Chrétienne ; mais ont-ils le dessous, ils ne parlent que de Tolérance mutuelle. S'ils n'ont pas la force en main, ni le Magistrat de leur côté, ils sont paisibles, & ils endurent patiemment l'idolatrie, la superstition & l'hérésie, dont le voisinage leur fait tant de peur en d'autres occasions. Ils ne s'amusent point à combattre les erreurs que la Cour adopte; quoique la dispute soutenue par de bonnes raisons, & accompagnée de douceur & de bienveillance, soit l'unique voye de répandre la vérité.

Il n'y a donc aucune personne, ni aucune Eglise, ni enfin aucun Etat, qui ait le droit, sous prétexte de Religion, d'envahir les biens d'un autre, ni de le dépouiller de ses avantages temporels. S'il se trouve quelqu'un qui soit d'un autre avis, je voudrois qu'il pensât au nombre infini de procès & de guerres qu'il exciteroit par là dans le monde. Si l'on admet une fois que l'Empire est fondé sur la grace, & que la Religion se doit
éta-

établir par la force & par les armes, on ouvre la porte au vol, au meurtre, & à des animositez éternelles; il n'y aura plus ni paix ni sureté publique, & l'amitié même ne subsistera plus entre les hommes.

3. *Voyons à présent quel est le devoir que la Tolérance exige de ceux qui ont quelque emploi dans l'Eglise, & se distinguent de ceux qu'il plait de nommer* LAÏQUES, *par les titres d'*EVEQUES, *de* PRETRES, *de* DIACRES, *de* MINISTRES, *& par de tels autres noms.* Ce n'est pas ici le lieu de rechercher l'origine du pouvoir ou de la dignité du Clergé; mais d'où que lui vienne ce pouvoir, comme il est Ecclésiastique, il faut sans doute qu'il soit renfermé dans les bornes de l'Eglise, & il ne sauroit s'étendre aux affaires civiles : puisque l'Eglise elle-même est séparée de l'Etat, & n'a nul droit sur ce qui regarde le civil. Les bornes sont fixes & immuables de part & d'autre. C'est confondre le ciel avec la terre, que de vouloir unir

ces deux Sociétez, qui sont tout-à-fait distinctes, soit par raport à leur origine, ou à leur but, ou à leurs intérêts. Quelque charge Ecclésiastique qu'ait donc un homme, il n'en sauroit punir un autre qui n'est pas de son Eglise, ni lui ôter, sous prétexte de Religion, aucune partie de ses biens temporels, ni le priver de sa liberté, & encore moins de la vie. D'ailleurs, ce qui n'est pas permis à toute l'Eglise en corps, ne sauroit devenir légitime, par le droit Ecclésiastique, dans aucun de ses Membres.

Il ne suffit pas aux Ecclésiastiques de s'abstenir de toute violence & de toute persécution: puisqu'ils se disent les Successeurs des Apôtres, & qu'ils se chargent d'instruire les Peuples, il faut qu'ils leur enseignent à conserver la paix & l'amitié avec tous les hommes; & qu'ils exhortent à la charité, à la douceur & à la Tolérance mutuelle les Hérétiques & les Orthodoxes, tant ceux qui se trouvent de leur

leur opinion, que ceux qui en diffèrent; tant les Particuliers que les Magistrats, s'il y en a quelcun qui soit Membre de leur Eglise. En un mot, il faut qu'ils travaillent à éteindre cette animosité, qu'un zéle indiscret, ou que l'adresse de certaines gens allume dans l'esprit des différentes Sectes qui partagent le Christianisme. Si l'on prêchoit la paix & la tolérance, quel fruit n'en reviendroit-il pas à l'Eglise & à l'Etat, pour ne rien dire de plus fort contre des Personnes, dont je voudrois que tout le monde respectat la dignité, & qu'ils n'y fissent eux-mêmes aucune tache? Il est toujours certain que c'est leur devoir, & si quelcun de ceux qui se disent les Ministres de la Parole de Dieu & les Prédicateurs de l'Evangile de Paix, enseigne une autre doctrine, il ignore sa commission, ou il la néglige, & il en rendra compte un jour au Prince de la Paix. S'il faut exhorter les Chrétiens à s'abstenir de la vangeance, quand même on les auroit irritez par

des

des injustices réitérées jusques à sept fois soixante dix fois ; combien plus doit-on s'abstenir de toute colére & de toute action violente envers des Personnes, de qui l'on n'a reçu aucun mal, ou qui même ne pensent qu'à leurs véritables intérêts, & qu'à servir Dieu de la maniére qui leur paroit lui être la plus agréable, ou qui enfin embrassent la Religion, où ils croyent pouvoir mieux faire leur salut ? Lorsqu'il s'agit de la disposition des biens temporels & de la santé du corps, il est permis à chacun de se gouverner à cet égard, comme il le juge à propos. Il n'y a personne qui se mette en colére de ce que son voisin gouverne mal ses affaires domestiques, ou de ce qu'il n'a pas semé son champ dans la bonne saison, ou de ce qu'il a marié sa fille à un malhonnête homme. On ne s'inquiéte point pour ramener un homme qui se ruine à la débauche & au cabaret; qu'il édifie, ou qu'il renverse, qu'il prodigue son bien à tort & à travers; tout cela est

est permis, & on ne lui dit mot. Mais s'il ne fréquente pas certains lieux, où l'on exerce le culte public; s'il n'y fait pas les génuflexions & les autres postures du corps que l'usage a introduites; s'il n'offre pas ses enfans pour être initiez dans les mystéres de telle ou de telle Eglise, alors on n'entend que murmures, que clameurs & qu'accusation, chacun est prêt à vanger un crime si énorme, & peu s'en faut que les zélez n'en viennent au pillage & à la violence, pendant que le prétendu criminel est trainé devant le Juge, mis en prison, & condamné à la mort, ou à la perte de ses biens. Il est permis aux Ministres de toutes les Sectes de combattre les erreurs qui sont opposées à leur créance, & d'y employer toute la force du raisonnement dont ils sont capables; mais ils doivent aussi épargner les Personnes. S'ils manquent de preuves solides, ils ne doivent pas recourir à des moyens illégitimes & qui ne sont pas du ressort

fort des Ecclésiastiques; ils ne doivent pas appeller au secours de leur éloquence & de leur doctrine le glaive du Magistrat, de peur que l'amour de la vérité, dont ils se parent, ne serve à cacher leur hypocrisie, & que ce zéle trop ardent qui met en usage le fer & le feu, ne découvre qu'ils affectent la domination plutot que toute autre chose. Du moins on auroit de la peine à persuader à des hommes de bon sens, qu'on souhaite avec ardeur le salut de ses fréres, & qu'on travaille de bonne foi à les garantir des flames éternelles de la gêne, pendant qu'on les expose ici bas à être brulez tout vifs par la main du bourreau, & qu'on regarde ce triste spectacle d'un œil sec & d'un air content.

4. *Il faut examiner en dernier lieu, quels sont les devoirs* DU MAGIS-TRAT *à l'égard de* LA TOLE-RANCE, *& nous verrons qu'ils sont très considérables.*

Nous avons déja prouvé que le
soin

soin des ames n'apartient pas au Magistrat; c'est-à-dire, qu'il n'a nul droit de leur imposer des Loix; ni de les contraindre par la force; mais que tout le monde peut exercer la charité envers ses fréres, les instruire, les avertir & les persuader par de bonnes raisons. Ainsi chacun est en droit d'avoir soin de son ame, & on ne sauroit le lui ôter. Vous me direz peut-être qu'il la néglige. Mais s'il néglige la santé de son corps, & ses affaires domestiques, où la Société civile est beaucoup plus intéressée, faudra-t-il que le Magistrat publie une Ordonnance, pour lui défendre de s'apauvrir & de tomber malade? Tant qu'il se peut, les Loix mettent les biens & la santé des Sujets à couvert de toute insulte & de toute fraude étrangére, mais elles ne sauroient les garantir contre leur propre négligence & leur mauvaise conduite. On ne sauroit forcer personne à se bien porter, ou à devenir riche, bon gré, malgré qu'il en ait. Dieu même ne
sau-

sauvera pas les hommes contre leur volonté. Supofons, avec tout cela, qu'un Prince veuille obliger ses Sujets à aquérir des richesses, & à se conserver la force & la santé du corps : faudra-t-il qu'il ordonne par une Loi qu'on ne consulte que les Médecins de *Rome*, & qu'on n'ait à suivre pour sa diéte que les régles qu'ils prescriront ? Faudra-t-il qu'on ne prenne aucun reméde ni aucune viande, que ce qu'on aura préparé au *Vatican*, ou à *Genéve*; & afin que les Sujets vivent chez eux dans l'abondance & dans les délices, seront-ils tous obligez à être marchands ou à devenir musiciens ? Faudra-t-il qu'ils deviennent tous rotisseurs, ou charpentiers, parcequ'il y en a quelques-uns qui se sont enrichis à faire ces métiers-là, & que leurs familles vivent au large ? Vous me direz sans doute qu'il y a mille moyens de gagner de l'argent, & qu'il n'y a qu'un seul chemin qui conduit au salut. Cela est très bien remarqué, sur tout
pour

pour ceux qui veulent contraindre à suivre des routes opoſées, les uns celle-ci, les autres celle-là : car s'il y en avoit pluſieurs, il ne reſteroit pas le moindre prétexte d'y employer la force & la violence. Si, par exemple, je veux aller à *Jéruſalem*, & que ſuivant la Carte géographique de la Terre Sainte, je prenne le droit chemin, où je marche de toutes mes forces; pourquoi me maltraite-t-on parceque je ne ſuis pas monté ſur des brodequins, ou que je n'ai pas fait certaines ablutions, & reçu quelque tonſure; ou parceque je mange de la viande en chemin, & que je me ſers de la nourriture qui eſt propre à mon eſtomac & à l'état foible & débile de ma ſanté; ou parceque j'évite quelques détours qui me paroiſſent conduire dans des précipices ou des brouſſailles; qu'entre pluſieurs ſentiers, qui aboutiſſent au même endroit, je choiſis celui de tous qui me paroit le moins tortu & le moins ſale; que je préfére la compagnie de ceux qui

me

me semblent les plus modestes & de la meilleure humeur; ou parce enfin que j'ai ou que je n'ai pas pour mon guide un homme paré d'une mitre ou couvert d'une robe blanche? Car si l'on examine les choses de près, il se trouvera que ce qui divise aujourd'hui la plupart des Chrétiens, & qui les anime avec tant d'aigreur les uns contre les autres, n'est guéres plus considérable que tout ce que je viens de raporter, & qu'on peut le recevoir ou le négliger, pourvû que la superstition & l'hypocrisie ne s'en mêlent pas; sans aucun préjudice à la Religion & au salut des ames.

Mais accordons aux zélez, qui blâment tout ce qui n'est pas conforme à leurs opinions, que de toutes les circonstances que j'ai déja marquées, il en nait autant de chemins opposez, qui ont différentes issues; qu'avanceront ils par là? Est-ce que de tous ces chemins, il n'y en a qu'un seul qui conduise au salut? Et bien, soit. Mais de ce nombre infini de routes que

que les hommes prennent, il s'agit de savoir quelle est la véritable: & je ne crois pas que le soin du Gouvernement public, ni le droit de faire des Loix, serve au Magistrat à decouvrir le chemin qui conduit au ciel, avec plus de certitude, que la recherche & l'application n'en donnent à un Particulier. Si je suis attaqué d'une rude maladie, qui me fait trainer une vie languissante, & qu'il n'y ait pour me guérir qu'un seul moyen, qui est inconnu; faut-il que le Magistrat me prescrive ce reméde, parcequ'il est unique en son espéce, & que tout le monde ne le découvre pas dans la foule des autres, dont il est accablé? Sera-t-il sûr pour moi de suivre l'ordonnance du Magistrat, parcequ'il ne me reste qu'un seul expédient à prendre, si je veux éviter la mort? Ce que tous les hommes doivent rechercher avec tout le soin, l'étude, l'aplication & la sincérité, dont ils sont capables, ne doit pas être regardé comme le partage de quelques Personsonnes, qui tiennent un certain rang dans le monde. Si la naissance éléve les Princes au dessus des autres hommes, la nature les rend tous égaux; & le droit ou l'art de gouverner les Peuples n'enferme pas la connoissance de toutes choses, & beaucoup moins celle de la vraye Religion. S'il en étoit autrement, d'où viendroit, je vous prie, que les Rois & les Souverains de la terre sont si opposez sur cet article-là? Mais accordons, si l'on veut, que le chemin qui méne à la vie éternelle, est plus connu du Prince que de ses Sujets : ou que du moins, dans l'incertitude où l'on se trouve à cet égard, il est plus commode & plus sûr d'obéir à ses ordres. Cela posé, me direz-vous, si le Prince vous commandoit de vous attacher au négoce pour gagner votre vie, est-ce que vous refuseriez de lui obéir, sous prétexte que vous êtes incertain si vous y réussirez, ou non? Point du tout, au contraire, je lui obéirois de bon cœur; parceque si le succès ne ne répondoit pas à mon attente, il est assez puissant pour me dédommager d'un autre côté, & que s'il a bonne envie de me tirer de la misére, comme il veut me le persuader, il lui est facile d'en venir à bout, quand même j'aurois eu le malheur de perdre tout mon bien dans le négoce. Mais il n'en est pas de même pour ce qui regarde la vie éternelle. Si je n'ai pas pris le chemin qui peut y conduire ; si j'ai fait naufrage à cet égard ; il n'est pas au pouvoir du Magistrat de réparer ma perte, ni en tout, ni en partie.

L'on me dira peut-être, ,, que ce
,, n'est pas au Magistrat civil que l'on
,, attribue un *jugement infaillible*
,, sur les matiéres de la Foi & du
,, salut, mais à l'Eglise ; que le Ma-
,, gistrat ne fait qu'ordonner l'obser-
,, vation de ce que l'Eglise a défini,
,, & qu'il empêche seulement par son
,, autorité que l'on croye, ou que l'on
,, enseigne autre chose que la pure
,, doctrine de l'Eglise ; ensorte que

C ,, la

„ la décision est toujours au pou-
„ voir de celle-ci, & que le Magis-
„ trat ne fait qu'obéir lui-même, &
„ qu'exiger l'obéissance des autres „.
Mais qui ne voit que ce nom d'*Eglise*, qui étoit si vénérable du tems des Apôtres, n'a servi bien des fois dans les siécles suivans qu'à jetter de la poussiére aux yeux du Peuple? Quoi qu'il en soit, il ne nous est d'aucun secours dans l'affaire dont il s'agit. Je soutiens que le chemin étroit qui conduit au ciel, n'est pas plus connu au Magistrat qu'aux simples Particuliers; & qu'ainsi je ne saurois le prendre pour mon guide infaillible dans cette route, puisqu'il ne la sait peut-être pas mieux que moi; & que d'ailleurs il n'y a nulle aparence qu'il s'intéresse à mon salut plus que moi-même. Entre tous les Rois des *Juifs*, combien n'y en eut-il pas qui abandonnérent le culte du vrai Dieu, & qui auroient engagé dans l'idolatrie & la perdition tous les *Israëlites*, qui auroient eu la foiblesse de leur rendre une

une obéiffance aveugle ? Cependant vous m'exhortez à avoir bon courage, & vous m'affurez même qu'il n'y a point de rifque ; parcequ'aujourd'hui le Magiftrat n'ordonne pas au Peuple de fuivre fes réglemens fur le chapitre de la Religion, & qu'il ne fait qu'autorifer par une Loi civile les Decrets de l'Eglife. Mais de quelle Eglife me parlez-vous, je vous prie? N'eft-ce pas de celle que le Prince adopte, & ne juge-t-il pas de la Religion, lui qui me contraint par les Loix & par la violence de me joindre à une telle, ou à une telle Eglife? Qu'importe, s'il me guide lui-même, ou s'il me remet à la conduite des autres? Je dépens toujours de fa volonté, & de quelque maniére qu'on le prenne, il décide de mon falut. Si un *Juif*, par l'ordre de fon Roi, avoit facrifié à *Baal*, s'en feroit-il mieux trouvé, quand on lui auroit dit que le Roi ne pouvoit rien établir de fon chef fur la Religion, ni ordonner aucune forte de culte à fes

Sujets, qu'avec l'aprobation des Prêtres & des Docteurs de la Loi? Si la doctrine d'une Eglife eft vraye & falutaire, parceque fes Prêtres, fes Miniftres & fes devots en parlent avec de grands éloges, & l'élévent jufques aux nues, où fera la doctrine erronée, fauffe & pernicieufe? Le dogme des *Sociniens* me paroit douteux; le culte des Catholiques *Romains* & des *Luthériens* m'eft fufpect; en ferai-je plus en fureté, fi, par l'ordre du Magiftrat, j'entre dans l'une ou l'autre de ces Eglifes, parcequ'il ne commande & n'établit rien fur la Religion, que de l'avis & par l'autorité des Eccléfiaftiques? Quoiqu'à dire le vrai, il arrive fouvent que l'Eglife (fi l'on peut du moins donner ce titre à une affemblée d'Eccléfiaftiques, qui dreffe des articles de foi) s'accommode plutot à la Cour, que la Cour à l'Eglife. Tout le monde fait de quelle humeur étoit autrefois l'Eglife, fous les Princes Orthodoxes, ou *Arriens*. Mais fi cet exemple eft trop éloigné de de notre tems, l'histoire d'*Angleterre* nous en fournit de beaucoup plus modernes. Sous les regnes d'*Henri* VIII. d'*Edouard* VI. de *Marie* & d'*Elizabeth*, avec quel zéle & quelle promtitude les Ecclésiastiques ne changérent-ils pas leurs articles de foi, le culte, & toutes choses en un mot, suivant le bon plaisir de ces Princes? Cependant ces Rois & ces Reines avoient des idées si différentes sur la Religion, qu'à moins que d'être fou, pour ne pas dire impie, on ne sauroit prétendre qu'un honnête homme, & qui craint Dieu, auroit pu, en bonne conscience, obéir aux ordres opposez qu'ils donnoient à cet égard. En un mot, soit qu'un Prince suive ses propres lumiéres, ou l'autorité de l'Église, pour déterminer la Religion des autres, tout cela revient à la même chose. Le jugement des Ecclésiastiques, dont les disputes & les animositez ne sont que trop connues dans le monde, n'est ni plus sûr, ni plus infaillible que le sien : & tous leurs suf-

suffrages réunis ensemble ne sauroient donner la moindre force au pouvoir civil. Outre que les Princes ne s'avisent guéres de consulter les Ecclésiastiques, qui ne sont pas de leur Religion.

Mais ce qu'il y a de capital & qui tranche le nœud, c'est qu'à supposer que la doctrine du Magistrat est la meilleure, & que le chemin qu'il ordonne de suivre, est le plus conforme à l'Evangile, malgré tout cela, si je n'en suis pas persuadé moi-même du fond du cœur, mon salut n'en est pas plus avancé. Je n'arriverai jamais au séjour des Bienheureux par une route que ma conscience désaprouve. Je puis m'enrichir à faire un métier qui me déplait, & opérer ma guérison par l'usage de certains remédes, dont la vertu m'est suspecte; mais je ne saurois obtenir le salut par la voye d'une Religion que je soupçonne être fausse, ni par la pratique d'un culte que j'abhorre. Un incrédule a beau affecter un extérieur

rieur honnête & bien réglé, il n'y a que la foi & la sincérité du cœur qui puissent plaire à Dieu. C'est en vain qu'on me vante les effets merveilleux d'une médecine, si mon estomac la rejette d'abord; & l'on ne doit pas forcer un homme à prendre un reméde, que son intempérie ne manquera pas de changer aussitot en poison. Quelques doutes que l'on puisse avoir sur les différentes Religions qu'il y a dans le monde, il est toujours certain que celle que je ne crois pas véritable, ne sauroit m'être d'aucune utilité. C'est donc en vain que les Princes forcent leurs Sujets à entrer dans la Communion de leur Eglise, sous prétexte de sauver leurs ames; si les derniers croyent la Religion du Prince bonne, ils l'embrasseront d'eux-mêmes, & s'ils ne la croyent pas telle, ils ont beau s'y joindre, leur perte n'en est pas moins assurée. Quelque empressement que vous témoigniez pour le salut d'un autre, quelque peine que vous vous donniez pour l'y amener, vous ne fauriez jamais en venir à bout, malgré lui; & à la fin il faudra que vous vous en raportiez à lui-même & à fa propre conscience.

Après avoir ainsi délivré les hommes de la tyrannie qu'ils exercent les uns sur les autres en fait de Religion, nous allons voir ce qu'ils doivent faire ensuite. Ils tombent tous d'accord qu'il faut servir Dieu en public, & si cela n'étoit, pourquoi nous contraindroit-on de nous trouver aux assemblées publiques? Puis donc qu'ils sont libres au premier égard, ils doivent établir quelque Société Religieuse, afin de se trouver ensemble, non seulement pour leur édification mutuelle, mais aussi pour témoigner à tout le monde qu'ils adorent Dieu, & qu'ils n'ont pas honte de lui rendre un culte, qu'ils croyent lui être agréable; afin d'engager les autres, par la pureté de leur doctrine, la sainteté de leurs mœurs, & la bienséance des cérémonies, à aimer la Religion

gion & la vertu; en un mot, afin de se pouvoir aquiter en corps de tous les actes religieux, dont les Particuliers ne sont pas capables.

J'appelle ces Sociétez Religieuses, des *Eglises*, & je dis que le Magistrat les doit tolérer; parcequ'elles ne font autre chose que ce qui est permis à tous les hommes en particulier; c'est-à-dire, d'avoir soin du salut de leurs ames : & il n'y a point en ceci de distinction entre l'Eglise de la Cour, & les autres qui en différent.

Mais comme dans toute Eglise, il y a deux choses principales à considérer, savoir, le culte extérieur, ou les rites, & la doctrine, ou les articles de foi; nous traiterons séparément de l'une & de l'autre, afin de donner une idée plus exacte de la Tolérance.

I. A l'égard de la premiére, je soutiens que le Magistrat n'a nul droit d'établir aucunes cérémonies religieuses dans son Eglise, & encore moins dans les assemblées des autres; non seulement parceque ces Sociétez sont libres, mais aussi parceque tout ce qui regarde le culte de Dieu, ne peut être aprouvé, qu'autant que ses adorateurs croyent qu'il lui est agréable. Tout ce qui se fait sans cette persuasion, ne sauroit lui plaire, & devient illégitime. N'est-ce pas d'ailleurs une contradiction manifeste, si vous accordez à un homme la liberté du choix sur la Religion, dont le but est de plaire à Dieu, & que vous lui commandiez en même tems de lui déplaire par un culte qu'il croit indigne de sa majesté souveraine? Mais vous me direz peut-être que si je prive le Magistrat du pouvoir, que tout le monde lui accorde dans les choses indifférentes, il ne lui restera plus rien sur quoi il puisse exercer son pouvoir législatif. Point du tout, je lui abandonne de bon cœur les choses indifférentes; mais il ne doit pas les étendre au delà de leurs justes bornes.

1. Il

1. Il ne s'enfuit pas de cette concession, qu'il foit permis au Magistrat d'ordonner ce qu'il lui plait fur tout ce qui eft indifférent. Le bien du public eft la régle & la mefure des Loix. Si une chofe eft inutile à l'Etat, quoiqu'elle foit indifférente en elle-même, on ne doit pas d'abord en faire une Loi.

2. Quelque indifférentes que foient les chofes de leur nature, elles ne relévent point du Magiftrat, auffitot qu'elles regardent l'Eglife & le culte de Dieu ; parcequ'alors elles n'ont aucune liaifon avec les affaires civiles. Il ne s'agit dans l'Eglife que du falut des ames, & il n'importe point à l'Etat ni à Perfonne que l'on y fuive tels ou tels rites. L'obfervance ou l'obmiffion de quelques cérémonies ne peut faire aucun préjudice à la vie, à la liberté, ou aux biens des autres. Par exemple, fupofé que ce foit une chofe indifférente de laver un enfant qui vient de naitre, & qu'il foit permis au Ma-

Magistrat d'établir cette coutume par une Loi, sous prétexte que cette ablution est utile aux enfans, pour les guérir d'une maladie à laquelle ils sont sujets, ou les en garantir; me dirat-on là-dessus que le Magistrat a le même droit d'ordonner aux Prêtres de batiser les enfans sur les sacrez fonts, pour la purification de leurs ames, ou de les initier à quelques mystéres ? Qui ne voit du premier coup d'œil que ce sont des choses tout-à-fait oposées ? L'on n'a qu'à mettre dans ce cas l'enfant d'un *Juif*, & la chose parlera d'elle-même. D'ailleurs rien n'empêche qu'un Prince Chrétien n'ait des *Juifs* au nombre de ses Sujets. Si vous croyez donc qu'il est injuste d'en agir de cette maniére avec un *Juif* dans une chose qui est indifférente de sa nature, & qu'on ne doit pas le contraindre à pratiquer un culte religieux, qu'il desaprouve ; d'où vient que vous exigez cette soumission d'un Chrétien ?

3. Il

3. Il n'y a point d'autorité humaine qui puisse introduire des choses indifférentes de leur nature dans le culte qu'on rend à Dieu, par cela même qu'elles sont indifférentes; qu'elles n'ont ainsi aucune vertu propre & naturelle d'appaiser la Divinité & de nous la rendre favorable, & que tout le pouvoir des hommes joint ensemble ne sauroit leur donner cette efficace. Dans tout ce qui regarde la vie civile, l'usage des choses indifférentes, que Dieu n'a pas expressément défendues, nous est permis, & en ce cas l'autorité humaine peut avoir lieu; mais il n'en est pas de même lorsqu'il s'agit de la Religion. Dans le culte divin, les choses indifférentes ne deviennent permises, que par l'institution de Dieu, qui a jugé à propos de les élever à cette dignité, & qui en ses grandes compassions pour nous misérables pécheurs, les veut bien recevoir comme des marques de notre obéissance. Lorsque ce Juge suprême nous deman-

mandera un jour, *Qui a requis cela de vos mains?* il ne suffira pas de lui répondre que le Magistrat l'a commandé. Si le pouvoir civil s'étend jusques-là, qu'y a-t-il qu'on ne puisse introduire dans la Religion ? Quel amas confus de cérémonies, quelles inventions superstitieuses n'appuyera-t-on pas sur l'autorité du Magistrat, pour en accabler la conscience des adorateurs de Dieu, puisque la plus grande partie de ces rites ne consiste que dans l'usage religieux de certaines choses qui sont indifférentes de leur nature, & qu'il ne devient criminel que parceque Dieu n'en est pas l'auteur. Il n'y a rien de plus indifférent de sa nature, ni de plus commun dans la vie ordinaire que l'usage de l'eau, du pain & du vin: s'ensuit-il de là qu'on les pouvoit introduire dans le culte religieux sans l'institution expresse de la Divinité? Si cela dépendoit du Magistrat, d'où vient qu'il ne pourroit pas aussi commander qu'on mangeat du poisson & qu'on bût de

la

la bierre dans la célébration de l'Eucharistie; qu'on immolât des bêtes & qu'on en répandît le sang dans les temples; qu'on fît des lustrations & plusieurs autres choses de cette nature, qui bien qu'indifférentes en elles-mêmes, sont aussi abominables à Dieu, que l'étoit autrefois le sacrifice d'un chien, lorsqu'on les introduit dans son culte, sans qu'il en ait donné un ordre positif ? Car quelle différence y a-t-il entre un chien & un bouc par raport à la nature divine, qui est également éloignée de toute sorte de matiére, si ce n'est qu'elle vouloit admettre le dernier de ces animaux dans le culte qu'on lui rendoit, & en bannir l'autre ? Vous voyez par là, que les choses indifférentes en elles-mêmes, quoique soumises en général au pouvoir du Magistrat civil, ne sauroient, sous ce prétexte, être incorporées dans le service divin, ni être enjointes aux Sociétez religieuses, parcequ'elles ne sont plus indifférentes, d'abord qu'on les tourne à
un

un usage sacré. Celui qui adore Dieu, le fait dans la vue de lui plaire & d'obtenir sa faveur; mais il ne sauroit en venir à bout, si par l'ordre du Magistrat il offre un culte à Dieu, qu'il croit lui être desagréable, parcequ'il ne l'a pas commandé lui-même. Bien loin de lui plaire & d'apaiser son indignation, c'est l'irriter par un mépris manifeste, qui est incompatible avec la nature du culte qu'on lui doit.

Mais si les hommes, m'objecterez-vous, *ne peuvent rien prescrire dans le culte religieux, d'où vient qu'on permet aux Eglises de fixer le tems, le lieu & plusieurs autres choses qui regardent le culte public?* Je réponds, qu'il faut distinguer ici ce qui fait partie du culte, d'avec ce qui n'en est qu'une simple circonstance. Tout ce qu'on croit être exigé de Dieu même & lui être agréable, fait partie de son culte & devient par là nécessaire. Mais les circonstances, quoiqu'on ne puisse pas
les

les séparer absolument du culte, ne sont point fixes ni déterminées, & c'est ce qui les rend indifférentes. Par exemple, le lieu où l'on doit adorer, le tems auquel on doit se trouver aux assemblées publiques, les habits & la posture des adorateurs sont des circonstances de cet ordre, lorsque Dieu ne les a point prescrites. Mais chez les *Juifs*, tout cela faisoit partie de leur culte, & s'il venoit à y manquer la moindre chose, ou qu'il y eût quelque défaut, ils ne pouvoient pas se flater qu'il seroit agréable à Dieu. Il n'en est pas de même à l'égard des Chrétiens, que l'Evangile a délivrez du joug des cérémonies; ce ne sont pour eux que de simples circonstances, qu'il est permis à chaque Eglise de régler de la manière qui lui paroit la plus séante, & la plus propre à l'édification de ses Membres : quoiqu'à l'égard de ceux qui sont persuadez que Dieu a institué le Dimanche pour lui être consacré, ce jour

jour n'est plus une circonstance inutile, mais fait partie du culte divin, qu'ils ne peuvent changer ni violer sans crime.

II. Je soutiens que le Magistrat n'a nul droit d'empêcher aucune Eglise de suivre les cérémonies & le culte qu'elle juge à propos d'établir: parcequ'autrement il détruiroit l'Eglise même, dont le but est de servir Dieu avec liberté & à sa maniére.

Mais vous me direz peut-être, *Est ce donc que, si les Membres d'une Eglise vouloient immoler un enfant, & s'abandonner, hommes & femmes, à un mélange criminel, ou à d'autres impuretez de cette nature,* (comme on le reprochoit autrefois, sans aucun sujet, aux premiers Chrétiens) *est-ce que le Magistrat devroit les tolérer, parceque cela se feroit dans une assemblée religieuse ?* Point du tout ; puisque de telles actions doivent toujours être défendues dans la vie civile même, soit en public ou en particulier, & qu'ainsi l'on ne doit
jamais

jamais les permettre dans le culte religieux d'aucune Société. Mais si l'envie prenoit à quelques personnes d'immoler un veau, je ne croi pas que le Magistrat eût droit de s'y opposer. Par exemple, *Melibée* a un veau qui lui apartient en propre, il lui est permis de le tuer chez lui, & d'en bruler telle portion qu'il lui plait, sans faire tort à personne, ni diminuer le bien des autres. De même l'on peut égorger un veau dans le culte qu'on rend à Dieu ; mais de savoir si cette victime lui est agréable, cela n'intéresse que ceux qui la lui offrent : le Magistrat doit seulement empêcher que le Public ne reçoive aucun dommage, & qu'on ne porte aucun préjudice à la vie ou aux biens d'autrui. Du reste, ce qu'on pourroit employer à un festin, peut être aussi destiné à un sacrifice. D'ailleurs, s'il arrivoit par hasard qu'il fût de l'intérêt du Public de s'abstenir pour quelque tems de la tuerie des bœufs, pour en laisser croître le nombre, qu'une grande

grande mortalité auroit fort diminué, qui ne voit qu'alors il feroit permis au Magiſtrat d'interdire à tous ſes Sujets de tuer aucun veau, quelque uſage qu'ils en vouluſſent faire ? Mais en pareil cas, la Loi ne regarde pas la Religion, mais la Politique; & le Magiſtrat ne défend pas d'immoler des veaux, mais de les tuer.

Vous voyez à preſent quelle différence il y a entre l'Egliſe & l'Etat. La Loi ne ſauroit empêcher aucune aſſemblée religieuſe, ni les Prêtres d'aucune Secte de tourner à un ſaint uſage, ce qui eſt permis à tous les autres Sujets dans la vie ordinaire & civile. Si l'on peut manger du pain chez ſoi, ou boire du vin, aſſis ou à genoux, ſans qu'il y ait du crime; le Magiſtrat ne ſauroit défendre cette pratique dans l'Egliſe, quoique le pain & le vin y ſoient deſtinez à un tout autre uſage qu'à la nourriture du corps. Tout ce qui peut préjudicier au Public, & que les Loix défendent pour le bien commun de la Société,

ciété, ne doit pas être souffert dans l'Eglise, à quelque usage sacré qu'on l'employe, ni demeurer impuni. Mais il faut que le Magistrat prenne bien garde à n'abuser pas de son pouvoir, & à ne point opprimer la liberté d'aucune Eglise, sous prétexte du bien public.

Vous me demanderez sans doute, *si le Magistrat doit tolérer une Eglise qui est idolâtre.* Mais je vous demanderai à mon tour, si le même pouvoir qui autorise le Magistrat à supprimer cette Eglise idolâtre, ne lui donnera pas le droit en tems & lieu de ruiner celle qui est Orthodoxe. Du moins il faut vous souvenir que le pouvoir du Magistrat est par tout le même, & que la Religion du Prince est toujours l'Orthodoxe à son égard. De sorte que, si le Magistrat civil a droit de se mêler de ce qui concerne la Religion ; celui de *Genéve*, par exemple, pourra extirper les Sectes qu'il croit hérétiques & idolâtres ; pendant que son

voi-

voisin aura le même droit de persécuter les Orthodoxes, & qu'on opprimera le Christianisme dans les *Indes*. Il n'y a point de milieu : ou le Prince peut ordonner tout ce qu'il lui plait sur la Religion, ou il n'y peut rien changer. S'il lui est permis de faire des Loix, d'employer la force & les tourmens, pour introduire quelques dogmes ou quelques cérémonies dans l'Eglise, quelles bornes lui prescrira-t-on, & ne pourra-t-il pas avec autant de droit & les mêmes armes imposer tout ce qu'il s'imagine être véritable ? Il n'y a personne que l'on doive priver de ses biens temporels, à cause de la Religion. Les Peuples même de l'*Amérique*, assujettis à un Prince Chrétien, ne doivent pas être dépouillez de leur vie & de leurs terres, parcequ'ils n'embrassent pas le Christianisme. S'ils comptent de plaire à Dieu & d'obtenir le salut par la pratique des cérémonies qu'ils ont héritées de leurs Ancêtres, nous devons les abandonner à eux-mêmes

&

& à la miséricorde divine. Mais, pour mieux aprofondir cette matiére, supofons qu'un petit nombre de Chrétiens, foibles & dénuez de tout, se retirent dans quelque pays d'Infidéles; qu'ils les prient d'abord, par les droits de l'humanité, d'avoir compassion d'eux, & de leur fournir ce qui est nécessaire à la vie : qu'ils l'obtiennent, qu'on leur donne des habitations, & qu'enfin ils s'unissent avec les Naturels du pays, & ne forment qu'un seul peuple. Supofons ensuite que la Religion Chrétienne y jette de profondes racines, qu'elle s'y répande au long & au large, que durant ses progrès insensibles, on voit regner entr'eux la paix, l'union, la bonne foi, & la justice ; mais que nos Etrangers devenus les plus forts, par la conversion du Magistrat au Christianisme, ne pensent qu'à fouler aux piez les droits les plus inviolables & les traitez les plus solennels, sous prétexte d'extirper l'idolatrie. Alors, si les Naturels du pays, quoique rigides
ob-

observateurs de l'équité naturelle, & quoiqu'ils n'ayent rien fait contre les bonnes mœurs ni contre les loix de la Société civile; si ces pauvres malheureux, dis-je, ne veulent pas abandonner leur ancien culte, pour en adopter un nouveau, l'on est en droit de les dépouiller de leurs biens & de la vie même. Qu'est-ce enfin que le zéle pour l'Eglise, accompagné du desir de la domination, n'est pas capable de produire? Et qui ne voit que, sous prétexte de Religion & du salut des ames, on ouvre la porte aux meurtres, à la rapine, aux brigandages & à une licence effrenée?

Si vous croyez pourtant qu'on doit extirper l'idolatrie, par la rigueur des loix, des amendes & des suplices, en un mot par le fer & par le feu, vous n'avez qu'à vous apliquer la suposition que je viens de faire; elle s'adresse à vous. Du moins, il n'y a pas plus de justice à ravir aux Infidéles de l'*Amérique* leurs biens, qu'à les ôter en *Europe* aux Sectaires, qui

ne

ne fuivent pas la Religion dominante du Pays où ils vivent; & il ne faut jamais, fous ce prétexte, violer ici non plus que là les droits les plus légitimes de la Nature & de la Société.

Mais l'idolatrie, me direz-vous, *est un péché, & par conséquent on ne doit pas la fouffrir.* Si vous difiez, il faut donc l'éviter avec foin, votre conféquence feroit jufte ; mais il ne s'enfuit pas que le Magiftrat la doive punir, parceque c'eft un péché: autrement il auroit droit d'employer le glaive contre tout ce qu'il regarde comme des péchez envers Dieu. L'avarice, la dureté pour les pauvres, l'oifiveté, & plufieurs autres défauts de cette nature font des péchez de l'aveu de tout le monde ; mais qui s'eft jamais avifé de dire que le Magiftrat a droit de les punir ? Comme ces défauts ne portent aucun préjudice aux biens des autres, & qu'ils ne troublent point le repos public, les Loix civiles ne les condamnent pas,

pas, dans les lieux mêmes où ils font reconnus pour des péchez. Ces Loix ne difent mot non plus contre le menfonge ni le parjure, à moins que ce ne foit en certains cas, où l'on n'a nul égard à la turpitude du crime, ni à la Divinité offenfée, mais à l'injuftice faite au Public ou aux Particuliers. D'ailleurs, fi un Prince Payen ou *Mahométan* croit que la Religion Chrétienne eft fauffe & defagréable à Dieu, ne poura-t-il pas l'extirper avec le même droit, que vous prétendez avoir pour abolir la fienne?

Vous m'objecterez peut-être ici, que *la Loi Mofaïque ordonnoit d'exterminer les Idolâtres*. Je l'avoue, mais les Chrétiens ne font nullement foumis à cette Loi, & vous ne croyez pas vous-même que nous foyons obligez de fuivre tout ce qu'elle impofoit aux *Juifs*. Vous auriez beau diftinguer ici, avec nos Théologiens, entre la Loi *morale*, la Loi *judiciaire* & la Loi *cérémonielle*; cette diftinction

tinction commune vous seroit tout-à-fait inutile dans le cas présent, puisqu'aucune Loi positive n'oblige que ceux à qui elle est donnée. Ces premiers mots du Decalogue, *Ecoute Israël*, font assez voir que la Loi de *Moïse* ne regardoit que la Nation des *Juifs*. Quoique cette considération toute seule pût suffire, pour répondre à ceux qui fondent la persécution des Idolâtres sur la Loi *Mosaïque*, vous ne trouverez pas mauvais que je develope un peu plus cet argument, & que je le mette dans tout son jour.

Les Idolâtres peuvent être considerez dans un double état à l'égard de la République des *Juifs*. 1. Il y en avoit, qui après avoir été initiez dans les rites de *Moïse*, & incorporez dans cette République, abandonnoient le culte du vrai Dieu d'*Israël*. Ceux-ci étoient poursuivis comme des traitres, & des criminels de Léze-Majesté. La République des *Juifs* fort différente de toutes les autres, étoit

étoit une pure *Théocratie*, & il n'y avoit aucune distinction entre l'Eglise & l'Etat, comme il est arrivé depuis la venue de JESUS-CHRIST. Les Loix, qui ordonnoient à cette Nation le culte d'un seul Dieu, tout puissant & invisible, étoient politiques, & faisoient partie du Gouvernement civil, dont Dieu lui-même étoit l'auteur. Si vous pouvez me produire une autre République au monde, que Dieu ait ainsi établie, j'avouerai que les Loix ecclésiastiques y doivent être confondues avec les civiles, & que le Magistrat y a droit d'empêcher par la force que ses Sujets embrassent un culte différent du sien. Mais sous l'Evangile, il n'y a point, à la rigueur, de République Chrétienne. Les divers Peuples & Royaumes qui ont embrassé le Christianisme, n'ont fait que retenir l'ancienne forme de leur Gouvernement, sur lequel JESUS-CHRIST n'a rien du tout ordonné. Content de montrer aux hommes le chemin du salut,

salut, il n'a fixé à ses Disciples aucune espéce de Gouvernement, & il n'a point armé le Magistrat du glaive, pour contraindre les hommes à quitter leurs opinions, & à recevoir sa doctrine.

2. Les Etrangers, qui n'étoient pas membres de la République d'*Israël*, n'étoient pas forcez à observer les rites de la Loi de *Moïse*. Au contraire, dans le même endroit de l'*Exode* XXII. 20 21 où il est dit que tout *Israëlite* Idolâtre seroit mis à mort, il est défendu de vexer & d'opprimer les Etrangers. Il est vrai qu'on devoit exterminer & mettre à l'interdit les sept Nations qui possédoient la Terre promise aux *Israëlites*. Mais leur idolatrie n'en fut pas la cause; autrement, pourquoi auroit-on épargné les *Moabites* & d'autres Nations idolâtres? Voici donc ce qui en est. Dieu, qui étoit le Roi des *Juifs* d'une maniére toute particuliére, ne pouvoit pas souffrir qu'on adorat dans son Royaume, c'est-à-dire

dans

dans le Pays de *Canaän*, un autre Souverain. Ce crime de Léze-Majesté au premier chef étoit absolument incompatible avec le Gouvernement politique & civil, que Dieu exerçoit dans l'étendue de ce Pays-là. Il faloit donc en éloigner toute idolatrie, qui portoit les Sujets à reconnoitre un autre Dieu pour leur Roi, contre les Loix fondamentales de l'Empire. Il faloit aussi en chasser les habitans, afin que les *Israëlites* en eussent une pleine & entiére possession. C'est pour cela même que la postérité d'*Esaü* & de *Loth* extermina les *Emins* & les *Horiens*, dont Dieu lui avoit destiné les terres par le même droit, comme il sera facile de s'en apercevoir, si on lit le 11. Chapitre du *Deuteronome*. Mais quoiqu'on bannît de cette maniére toute idolatrie du Pays de *Canaan*, l'on ne fit pas mourir néanmoins tous les Idolâtres. La famille de *Rahab*, & les *Gabaonites* obtinrent bonne composition de *Josué*, & il

y

y avoit quantité d'Esclaves idolâtres parmi les *Hébreux*. *David* & *Salomon* poussérent leurs conquêtes au delà des bornes de la Terre promise, & ils soumirent à leur obéissance divers Pays, qui s'étendoient jusques à l'*Euphrate*. Cependant, de tout ce nombre infini de captifs, de tous ces Peuples subjuguez, nous ne lisons point qu'aucun d'eux fut châtié à cause de l'idolatrie, dont ils étoient assurément tous coupables; ni qu'on les forçat par des suplices & des gênes, à embrasser la Religion de *Moïse* & le culte du vrai Dieu. D'ailleurs, si un Proselyte vouloit devenir membre de la République d'*Israël*, il faloit qu'il se soumît aux Loix de l'Etat, c'est-à-dire, à la Religion de ce Peuple: mais il recherchoit ce privilége de son bon gré, sans y être contraint par aucune violence, ni par les ordres d'un Supérieur. D'abord qu'il avoit aquis ce droit de bourgeoisie, il étoit sujet aux Loix de la République, qui défendoient

l'idolal'idolatrie dans l'étendue de la Terre de *Canaän*; mais qui n'établiſſoient rien à l'égard des Peuples, qui ſe trouvoient hors de ces bornes.

J'ai parlé juſques ici du culte extérieur, j'en viens à préſent AUX ARTICLES DE FOI.

Les *Dogmes* de chaque Egliſe regardent la *pratique*, ou la *ſpéculation*: & quoique les uns & les autres ayent la vérité pour objet, ceux-ci ſont renfermez dans l'entendement, au lieu que les premiers influent en quelque maniére ſur la volonté & ſur les mœurs. Pour ce qui eſt des dogmes ſpéculatifs, qu'on appelle *Articles de foi*, & qui n'exigent autre choſe de nous que la créance, il n'y a point d'autorité civile qui les puiſſe introduire dans aucune Egliſe. Car à quoi bon établir par une Loi ce qui n'eſt pas en notre pouvoir d'exécuter, quand même nous le voudrions, puiſqu'il ne dépend pas de nous de croire tout ce qu'il nous plait? Mais, ſans répéter

ce

ce que j'ai dit là-dessus, me soutiendra-t-on qu'une profession extérieure de ces articles suffit ? Si cela est, Oh, la belle Religion, qui permet aux hommes d'être hypocrites pour le salut de leurs ames ! Si c'est ainsi que le Magistrat leur veut procurer la vie éternelle, il me semble qu'il n'en connoit guéres le chemin ; ou s'il n'agit pas dans cette vue, pourquoi se mêle-t-il de faire des Loix pour l'établissement de certains dogmes ?

D'ailleurs, le Magistrat n'a nul droit d'empêcher qu'une Eglise croye ou enseigne des dogmes de spéculation, parceque cela ne regarde point les intérêts civils des Sujets. Si un *Papiste* croit que ce qu'un autre appelle du pain, est le véritable corps de JESUS-CHRIST, il ne fait aucune injure à son Prochain. Si un *Juif* ne croit pas que le Nouveau Testament soit la Parole de Dieu, les autres en jouissent-ils moins de tous leurs droits civils ?

Et si un Payen rejette le Vieux & le Nouveau Testament, faut-il le punir comme un mauvais citoyen, qui est indigne de vivre ? Soit que l'on croye, ou que l'on ne croye pas ces choses, le pouvoir du Magistrat & les biens des Sujets sont à couvert & en sureté. J'avoue que ces opinions sont fausses & absurdes; mais les Loix ne décident pas de la vérité des dogmes ; elles n'ont en vue que le bien & la conservation de l'Etat, & des Particuliers qui le composent. Ce n'est pas tout, il seroit à souhaiter qu'on permît un jour à la vérité de se défendre & de se soutenir par elle-même. Le pouvoir des Grands, qui ne la connoissent guéres, & à qui elle n'est pas toujours fort agréable, ne lui a jamais donné, & il est à craindre qu'il ne lui donnera jamais qu'un foible secours. Elle n'a pas besoin de la violence, pour s'insinuer dans l'esprit des hommes, & les Loix civiles ne l'enseignent pas. Si elle n'illumine l'enl'entendement par son propre éclat, la force extérieure ne lui sert de rien. Les erreurs au contraire ne dominent que par le secours étranger, qu'elles empruntent. Mais ceci doit suffire pour le coup ; passons aux dogmes qui regardent la pratique.

Les bonnes mœurs, qui ne sont pas la moindre partie de la Religion & de la véritable piété, se raportent aussi à la vie civile, & le salut de l'Etat n'en dépend guéres moins que celui des Ames ; de sorte que *les actions morales* relévent de l'une & de l'autre jurisdiction, de la civile & de la domestique, je veux dire, du Magistrat & de la Conscience. Il est même à craindre que l'une n'empiéte sur les droits de l'autre, & qu'il n'y ait un conflict entre le Conservateur de la paix & la Protectrice des Ames. Mais si l'on pése bien ce que nous avons déja dit sur les bornes de ces deux Cours, il n'y a point du tout de risque.

Tous les hommes ont une Ame immor-

immortelle, capable d'un bonheur ou d'un malheur éternel, & dont le salut dépend de l'obéissance qu'ils auront rendue dans cette vie aux ordres de Dieu, qui leur a prescrit de faire & de croire certaines choses. Il s'ensuit de là, 1. Que l'homme est obligé sur tout à l'observation de ces ordres, & qu'il doit employer tous ses soins & toute la diligence possible, pour les connoitre & s'y assujettir; puisque l'état de cette vie mortelle n'a rien de comparable avec l'Eternité. Il s'ensuit en 2. lieu, Que si un homme vient à se tromper dans le culte qu'il rend à Dieu, ou dans les dogmes spéculatifs de la Religion, il ne fait aucun tort à son Prochain; que sa perte n'entraine point celle des autres, & qu'ainsi chacun a droit tout seul de travailler au salut de son Ame. Ce n'est pas que je veuille bannir de la Société les avis charitables, & les efforts honnêtes pour tirer de l'erreur ceux qui s'y trou-

trouvent engagez, puisque ce font les principaux devoirs du Chrétien. On peut employer tant d'avis & de raisons que l'on voudra, pour contribuer au falut de fon frére; mais la violence & la contrainte ne doivent jamais être de la partie, & l'autorité n'a point ici de lieu. Auffi nul n'eft obligé en cette occafion d'obéir aux confeils d'un égal ou aux ordres d'un Supérieur, qu'autant qu'ils fe trouvent conformes à fes lumiéres. Chacun doit juger ici pour foi-même en dernier reffort, parcequ'il ne s'agit que de fon propre intérêt, & que les autres ne peuvent recevoir aucun préjudice, de quelque côté qu'il fe détermine.

Outre l'Ame, qui eft immortelle, les hommes ont un corps, qui les attache à cette vie périffable & dont la durée eft incertaine, & qui a befoin pour s'entretenir de plufieurs commoditez, que ce monde leur fournit, & qu'ils doivent aquérir, ou conferver, par leur travail & leur induftrie. Du moins, la terre ne produit pas d'elle-
même

même tout ce qui est néceſſaire, pour nous rendre la vie douce & agréable. C'eſt ce qui engage les hommes dans de nouveaux ſoins, & à s'occuper des choſes qui regardent la vie préſente. Mais leur corruption eſt ſi grande, qu'il y en a pluſieurs qui aiment mieux jouir du travail des autres; que de s'y adonner eux-mêmes. Deſorte que pour ſe conſerver la jouiſſance de leurs biens & de leurs richeſſes, ou de ce qui leur ſert à les aquérir, comme ſont la force & la liberté du corps, ils ſont obligez de s'unir enſemble, afin de ſe prêter un ſecours mutuel contre la violence, & que chacun puiſſe jouir ſurement de ce qui lui apartient en propre. Mais ils doivent laiſſer à chaque Particulier le ſoin de faire ſon ſalut, puisque l'aquiſition de ce bonheur éternel dépend de ſon induſtrie, & non pas de celle d'un autre; qu'il n'y a point de force extérieure, qui lui puiſſe ravir l'eſpérance qu'il en a conçue, & que ſa perte ne fait aucun préjudice aux intérêts d'autrui. D'ailleurs,

leurs, quoique les hommes ayent formé des Sociétez, pour se protéger mutuellement, & s'assurer la possession de leurs biens temporels, ils en peuvent être dépouillez, soit par la fraude & la rapine de leurs concitoyens, ou par les entreprises de leurs ennemis. Pour remédier au premier de ces desordres, ils ont fait des Loix, & pour prévenir ou repousser l'autre mal, ils employent les armes, les richesses & les bras de leurs compatriotes, & ils ont remis l'exécution & le maniment de toutes les choses au Magistrat civil. C'est là l'origine & le but du pouvoir législatif, qui constitue la Souveraineté de chaque Etat, ce sont les bornes où il est renfermé; c'est-à-dire, que le Magistrat doit faire en sorte que chaque Particulier possède surement ce qu'il a; que le Public jouisse de la paix & de tous les avantages qui lui sont nécessaires; qu'il augmente en force & en richesses, & qu'il ait la vigueur, autant qu'il est possible, de

se

se défendre par lui-même, contre l'invasion des Etrangers.

Cela posé, il est clair que le Magistrat ne peut faire des Loix que pour le bien temporel du public; que c'est l'unique motif qui a porté les hommes à se joindre en société les uns avec les autres, & le seul but de tout Gouvernement civil. On voit aussi par là, que chacun a pleine liberté de servir Dieu de la maniére qu'il croit lui être la plus agréable, puisque c'est du bon plaisir du Créateur que dépend le salut des hommes. Il faut donc qu'ils obéissent premiérement à Dieu, & ensuite aux Loix.

Mais si le Magistrat, me direz-vous, *ordonne des choses qui repugnent à la conscience des Particuliers, que doivent-ils faire en pareil cas?* Je réponds que cela ne peut arriver que rarement, si les affaires sont administrées de bonne foi, & pour le bien commun des Sujets; mais si par malheur il y a un tel Edit, alors chaque Particulier doit s'abs'abstenir de l'action qu'il condamne en son cœur, & se soumettre à la peine que la Loi ordonne, & qu'il lui est permis de subir. Du moins le jugement que chacun porte d'une Loi politique, faite pour le bien du public, ne dispense pas de l'obligation où elle nous met, & ne mérite aucun égard. D'ailleurs, si la Loi exige de certaines choses qui ne sont pas du ressort du Magistrat ; comme par exemple que tous les Sujets, ou une partie d'entr'eux, embrassent une autre Religion ; ceux qui desaprouvent ce culte, ne sont pas tenus d'obéir à la Loi, parceque la Société politique ne s'est formée que pour la conservation des biens temporels de cette vie, & que chacun s'est reservé le soin de son Ame, qui n'a pu jamais dépendre du Gouvernement civil. Ainsi la protection de la vie & de toutes les choses qui la regardent, est l'affaire du Public, & il est du devoir du Magistrat d'en conserver la jouissance à ceux qui les possédent. Il ne peut donc

donc les ôter ni les donner à qui il lui plaît, ni en dépouiller quelques-uns sous prétexte de leur Religion, qui, soit qu'elle se trouve fausse ou vraye, ne porte aucun préjudice aux biens temporels des autres concitoyens.

Mais, ajouterez-vous, *si le Magistrat croit qu'une pareille ordonnance tourne au bien du public, ne doit-il pas la faire?* Voici ma réponse en peu de mots. Comme le jugement de chaque Particulier, s'il est faux, ne l'exemte pas de l'obligation où il se trouve à l'égard des Loix; de même le jugement particulier, pour ainsi dire, du Magistrat ne lui aquiert pas un nouveau droit d'imposer des Loix au Peuple, que l'intérêt de la Société civile n'a pu lui accorder; sur tout, s'il en agit de cette manière, pour enrichir ceux de sa Secte aux dépens du bien des autres. *Mais*, continuerez-vous, *si le Magistrat croit que ce qu'il commande, est en son pouvoir & utile au Public, & que les Sujets en ayent une toute autre idée,*

idée, qui sera le Juge de leur différend? Je vous réponds que c'est Dieu seul, parcequ'il n'y a point de Juge ici bas entre le Législateur & le Peuple. C'est Dieu, dis-je, qui est le seul arbitre dans ce cas, & qui au dernier Jour rendra à chacun selon ses œuvres, selon que nous aurons travaillé sincérement & de bonne foi à procurer le bien & la paix du public, à exécuter la justice, & à suivre la vertu. *Que faire donc, me direz-vous, & quel reméde y a-t-il?* Il faut que chacun tourne ses premiers soins du côté de son Ame, & qu'il évite autant qu'il lui sera possible de troubler la paix de l'Etat; mais il y a peu de personnes qui s'imaginent de voir regner la paix dans les lieux, où tout est réduit à une triste solitude. Les hommes ont deux voyes pour terminer leurs différends, celle de la justice & celle de la force; mais il arrive d'ordinaire que l'une commence là où l'autre finit. Il ne m'apartient pas d'examiner jusqu'où s'étendent les

droits

droits des Magistrats dans chaque Nation: je vois seulement ce qui se pratique dans le monde, lorsqu'il n'y a point de Juge, pour décider les controverses. *De sorte, me direz-vous, que le Magistrat, qui a toujours la force en main, ne manquera pas de faire valoir ses intérêts, & de venir à bout de ceux qui s'y opposent.* Cela est vrai: mais il s'agit ici de la régle du droit & de l'équité, & non pas du bon ou du mauvais succès que peut avoir une entreprise douteuse.

Cependant, pour en venir à un détail plus particularisé, je dis *en premier lieu*, que le Magistrat ne doit tolérer aucun dogme, qui soit contraire au bien de l'Etat, & aux bonnes mœurs si nécessaires pour la conservation de la Société civile. Mais il y a peu d'Eglises, où l'on trouve quelque exemple d'une pareille doctrine. En effet, quelle Secte porteroit la folie jusques à ce point, que d'enseigner, comme articles de foi, des dogmes, qui tendent non seulement
à

à la ruine de la Société civile, & sont combatus par l'opinion générale de tous les hommes; mais qui vont aussi à la priver elle-même de son repos, de ses biens, de sa réputation & de tout ce qu'elle a de plus cher au monde?

2. Il y a un autre mal plus caché & plus dangereux que celui-là : je veux dire le privilége que certaines gens s'attribuent contre toute sorte de droit, & qu'ils couvrent d'une belle apparence & sous l'envelope de grands mots propres à éblouir. Vous ne trouverez presque jamais aucune part des personnes qui enseignent ouvertement qu'ils ne sont pas obligez de tenir leur parole ; qu'ils peuvent détrôner le Prince qui n'est pas de leur Religion, & qu'ils doivent eux seuls gouverner tout le reste du monde. S'ils proposoient la chose d'une maniére si crue, il ne faut pas douter qu'ils n'excitassent d'abord le Magistrat & la République à prévenir les suites de ce poison mortel, qu'ils couvent dans leur sein. Cependant on voit des personnes

nes qui difent la même chofe en d'autres termes. Car que veulent dire ceux qui enfeignent, qu'*on ne doit pas garder la foi aux Hérétiques ?* Ne demandent-ils pas en effet qu'on leur accorde le privilége de manquer de parole aux autres, puisqu'ils tiennent pour hérétiques tous ceux qui ne font pas de leur communion, ou qu'ils les peuvent déclarer tels toutes les fois que bon leur femble? Quel eft le but de ceux qui avancent, qu'*un Roi excommunié eft déchu de fon trône*, fi ce n'eft de faire voir qu'ils s'attribuent le droit de dépouiller les Rois de leurs couronnes, puisqu'ils foutiennent que le droit d'excommunication n'apartient qu'à leur Hiérarchie? Ceux qui fupofent que *la domination eft fondée fur la Grace*, ne prétendent-ils pas jouir en maitres de tous les biens que les autres poffédent; puisqu'il ne font pas affez ennemis d'eux-mêmes, pour ne pas croire, ou ne pas dire du moins, qu'ils font les vrais fidéles & le peuple de Dieu? Ces gens-là donc & tous

ceux

ceux qui accordent aux fidéles & aux Orthodoxes; c'est-à-dire, qui s'attribuent à eux-mêmes un pouvoir tout particulier dans les affaires civiles, & qui sous prétexte de la Religion, veulent dominer sur la conscience des autres, ne peuvent attendre aucune tolérance de la part du Magistrat: non plus que ces demis Chrétiens qui refusent de prêcher ce suport mutuel en faveur de tous ceux qui ne sont pas de leur communion. Qu'est-ce en effet qu'enseignent ces Intolérans? Leur doctrine n'insinue-t-elle pas qu'ils n'attendent qu'une occasion favorable pour envahir les droits de la Société, les biens & les priviléges de leurs compatriotes; & qu'ils ne demandent la tolérance du Magistrat, que pour en priver les autres, dès qu'ils auront les moyens & la force d'en venir à bout?

3. Cette Eglise, dont tous les Membres qui s'y joignent, passent en même tems sous le pouvoir d'un autre Prince, n'a nul droit à être tolérée par le Magistrat; puisque celui-ci permettroit

troit alors qu'une jurisdiction étrangére s'établît dans son propre pays, & qu'on employat ses Sujets à lui faire la guerre. On a beau distinguer ici entre la Cour & l'Eglise; c'est une distinction vaine & trompeuse, qui n'aporte aucun reméde à ce mal; puisque l'une & l'autre est soumise à l'empire absolu du même homme, qui dans tout ce qui regarde le spirituel, & dans tout ce qui peut y avoir quelque raport, insinue tout ce qu'il veut aux Membres de son Eglise, ou le leur commande même sous peine de la damnation éternelle. Ne seroit-il pas ridicule qu'un *Mahométan* prétendît être bon & fidéle Sujet d'un Prince Chrétien, s'il avouoit d'un autre côté qu'il doit une obéissance aveugle au Moufti de *Constantinople*, qui est soumis lui-même aux ordres de l'Empereur *Ottoman*, dont la volonté lui sert de régle dans tous les faux oracles qu'il prononce sur le chapitre de sa Religion? Mais ce *Turc* ne renonceroit-il pas plus ouvertement à la Société Chrétientienne où il se trouve, s'il reconnoissoit que la même personne est tout à la fois le Souverain de l'Etat & le Chef de son Eglise ?

4. Enfin, ceux qui nient l'existence d'un Dieu, ne doivent pas être tolérez, parceque les promesses, les contrats, les sermens, & la bonne foi, qui sont les principaux liens de la Société civile, n'engagent point les Athées à tenir leur parole ; & que si l'on bannit du monde la créance d'une Divinité, on ne peut qu'introduire aussi-tot le desordre & une confusion générale. D'ailleurs, ceux qui professent l'Athéïsme, n'ont aucun droit à la tolérance sur le chapitre de la Religion, puisque leur système les renverse toutes. Pour ce qui est des autres opinions qui regardent la pratique, quoiqu'elles ne soient pas exemtes de toute sorte d'erreur, si elles ne tendent point à faire dominer un parti, ni à secouer le joug du Gouvernement civil, je ne voi pas qu'il y ait aucun lieu de les exclure de la tolérance.

Il me reste à parler de ces assemblées, qu'on croit former le plus grand obstacle au dogme de la tolérance, je veux dire *ces Eglises qu'on nomme des Conventicules, & les pepinières des factions & des revoltes.* J'avoue qu'elles peuvent en avoir produit quelquefois; mais l'on doit plutot en attribuer la cause à la liberté opprimée ou mal établie, qu'à l'humeur particuliére de ces gens-là. Si toutes les Eglises, qui ont droit à la tolérance, étoient obligées d'enseigner & de poser comme le fondement de la liberté dont elles jouissent, qu'elles se doivent suporter les unes les autres, & qu'il ne faut contraindre personne sur la Religion, toutes ces accusations s'évanouiroient d'abord, & la conscience ne serviroit plus de pretexte aux querelles & aux tumultes. Mais voyons un peu de quoi il s'agit.

Vous me direz sans doute que *ces Conventicules, où il se trouve tant de monde, sont dangereux à l'Etat & à la tranquillité publique.* Mais si ce-

cela est, pourquoi permet-on, je vous prie, que le peuple se rende en foule aux marchez publics & dans les Cours de judicature? Pourquoi souffre-t-on qu'il y ait des colléges & des citoyens même dans les villes? Vous me repliquerez que ces dernières assemblées ne regardent que le civil, au lieu que les autres, dont il s'agit, ont en vue le spirituel. Est-ce donc que plus on s'éloigne du maniment des affaires civiles, plus on est disposé à les embrouiller & à y causer du desordre? Ce n'est pas cela, me direz vous; mais les hommes, qui s'assemblent pour traiter de leurs intérêts civils, sont de différente Religion, au lieu que les membres des assemblées ecclésiastiques professent tous la même créance. Que concluez-vous de là, s'il vous plait? Ne peut-on pas être de la même opinion sur le culte de Dieu & le salut de l'Ame, sans conspirer d'abord contre l'Etat, & ne voit-on pas tous les jours que moins les Sectes ont la liberté de s'assembler en public, plus elles sont unies à l'égard de leurs sentimens? Mais il est permis à tout le monde, ajouterez-vous, de se trouver aux assemblées, où il ne s'agit que de la police & du civil, au lieu qu'il n'y a que les Sectaires qui se rendent à leurs Conventicules, où il est ainsi facile de tramer des machinations secrettes au préjudice de l'Etat. Ce que vous avancez là, n'est pas trop sûr; puisqu'il y a des assemblées, où l'on ne parle que du temporel, & où l'on n'admet point toute sorte de gens. Par exemple, celles qui se font dans les maisons qui apartiennent au corps des metiers, sont de cette nature. D'un autre côté, si quelques personnes font des assemblées clandestines, pour servir Dieu à leur maniére, qui doit-on blâmer, je vous prie, ou ceux qui les célébrent, ou ceux qui s'y opposent? Mais la communion du même culte, insisterez-vous, unit étroitement les esprits, & c'est ce qui la

rend

rend beaucoup plus dangereuse. Je vous dirai à mon tour; si cela est, d'où vient que le Magistrat n'apréhende pas la même chose de la part de son Eglise, & qu'il ne lui défend pas de s'assembler? Est-ce parcequ'il en est le chef & l'un de ses membres ? Mais n'est-il pas aussi le chef & l'un des membres de tout le peuple? Avouons la vérité, il craint les Eglises Non-Conformistes, & non pas la sienne, parcequ'il protége celle-ci & la comble de ses faveurs, pendant qu'il maltraite & opprime les autres: parcequ'il caresse les uns comme les enfans de la maison, & qu'il a pour eux une indulgence presqu'aveugle, pendant qu'il regarde les autres comme des esclaves, qui ne doivent attendre le plus souvent pour toute récompense d'une vie innocente, que la prison, les fers, l'exil, la perte de leurs biens & la mort même: parce enfin qu'il souffre tout aux uns, & que les autres sont punis pour le moindre petit sujet. Qu'il prenne de nouvelles mesures, ou que les Non-Conformistes jouissent des mêmes priviléges civils que leurs concitoyens, & l'on verra bientot qu'il n'y a rien à craindre des assemblées ecclésiastiques. Si les hommes pensent à la revolte, ce n'est pas à leur Religion, ni à leurs Conventicules que l'on en doit attribuer la cause, mais plutot aux châtimens & à l'oppression qu'ils endurent. La tranquillité regne par tout où le Gouvernement est doux & modéré; au lieu que l'injustice & la tyrannie causent presque toujours le trouble & le désordre. Je ne doute pas qu'il n'y ait des séditieux, qui couvrent leurs mauvais desseins du beau prétexte de la Religion: mais aussi combien de personnes ne punit-on pas injustement pour la Religion même qu'ils professent? Croyez moi, cet esprit de revolte, dont on fait tant de bruit, n'est pas attaché à quelques Eglises particuliéres, ou à certaines Sociétez religieuses; il est commun à tous les hom-

hommes, qui n'oublient rien pour secouer le joug, sous le poids duquel ils gémissent. Que diriez-vous, la Religion mise à part, si un Prince s'avisoit de distinguer ses Sujets, selon la différence du teint ou des traits de leur visage; ensorte que ceux qui auroient les cheveux noirs & les yeux bleus, ne pussent faire aucun commerce, ni exercer aucun metier; qu'on les dépouillat du soin & de l'éducation de leurs enfans, & qu'on ne leur rendît aucune justice: ne croiriez-vous pas que le Prince auroit autant à craindre de la part de ces hommes, que leur ressemblance envelope dans la même disgrace, que de la part de ceux que la même Religion associe ? Le desir du gain & des richesses excite les uns à former des Sociétez pour le trafic; l'envie de se divertir fait que les autres ont leur rendez-vous; le voisinage produit la liaison de ceux-ci, & la Religion porte ceux-là à se rendre dans la même temple, pour adorer la Divinité: mais il n'y a que l'oppression toute seule qui engage le peuple à s'atrouper, à exciter la revolte, & à courir aux armes.

Quoi donc, me direz-vous, *faut-il que le peuple célébre des assemblées religieuses contre la volonté du Magistrat?* Oui sans doute, puisque le dernier défend une chose qui doit être permise, & qui est même nécessaire. Si l'on est réduit à violer ses ordres, c'est sa propre faute, c'est cela même dont je me plains, c'est la source de tout le mal, & la calamité de notre patrie. D'où vient que le concours des hommes dans une Eglise choque plus, qu'au théatre ou à la promenade? Sont-ils moins vicieux & moins turbulens ici que là? Non sans doute, mais l'affaire est qu'on les maltraite lorsqu'ils s'assemblent pour prier Dieu, & qu'on conclut de ce procédé qu'ils ne méritent aucune tolérance. Qu'on change les Loix établies à l'égard de certaines sectes, qu'on leur rende la même justice qu'à tous les autres Sujets; qu'on les délivre des peines &

des

des amendes; & l'on verra bientôt le calme succéder à l'orage, la paix & la tranquillité publique aux murmures & aux séditions. Plus les Non-Conformistes trouveront de la douceur sous un Gouvernement, plus ils travailleront à maintenir la paix de l'Etat; & toutes ces différentes Eglises qui le composent, persuadées qu'elles ne peuvent jouir aucune autre part des mêmes avantages, seront comme les gardes fidéles du repos public, & s'observeront les unes les autres, pour empêcher les troubles & les revoltes. Que si cette Eglise, qui est de la Religion du Souverain, est regardée comme le plus ferme apui du Gouvernement civil, par cela seul que les Loix & le Magistrat la favorisent; quelle ne doit pas être la force d'un Etat, lorsque tous ses bons citoyens jouissent également de la faveur du Prince & de la protection des Loix, sans qu'il ait aucun égard à la différence de leur Religion, & que la sévérité des Loix n'est à craindre que pour les criminels & pour ceux qui cherchent à troubler le repos public?

Enfin, pour dire la chose en un mot, tout aboutit à donner les mêmes droits à tous les citoyens d'un Etat. Est-il permis aux uns de servir Dieu selon les rites de l'Eglise *Romaine*? Qu'il soit permis aux autres de l'adorer à la maniére de *Généve*. L'usage de la Langue Latine est-il reçu en public? Qu'on le permette aussi dans les temples. Peut-on se mettre à genoux chez soi, se tenir debout, demeurer assis, ou faire quelque autre posture, ou tels, ou tels gestes, porter un habit blanc ou noir, une robe longue ou une courte? Qu'on souffre tout cela dans les Eglises, pourvû qu'on ne choque point les régles de la bienséance, qu'il soit permis d'y manger du pain, d'y boire du vin, d'y faire des ablutions, si quelcune de leurs cérémonies le demande, & tout ce, en un mot, qui est légitime dans l'usage ordinaire de la vie. Que pour toutes

tes ces choses ou d'autres semblables, on ne fasse jamais aucun tort à la santé ni aux biens de personne. Vous est-il permis de suivre la discipline Presbytérienne ¿ dans votre Eglise ; pourquoi ne voudriez-vous pas que les autres eussent la liberté de recevoir l'Episcopale ? Le Gouvernement ecclésiastique, soit qu'un seul l'administre, ou que plusieurs y tiennent la main, est par tout le même; il n'a nul droit sur les affaires civiles, ni le pouvoir de contraindre, & il n'a pas besoin, pour se soutenir, de gros revenus annuels. La coutume autorise les assemblées religieuses, & si vous les accordez à une Eglise ou à une Secte, pourquoi les déferdriez-vous aux autres ? Si l'on machine dans quelcune de ces assemblées contre le bien de l'Etat, ou que l'on y tienne des discours séditieux, il faut punir cette action de la même maniére, que si elle s'étoit passée dans un lieu public. Les Eglises ne doivent pas servir d'azile aux rebelles

& aux criminels; mais le concours des hommes y doit être aussi libre que dans une foire, ou ailleurs; & je ne voi pas pour quelle raison l'un seroit plus blâmable que l'autre. Chacun doit porter la peine de son crime, & l'on ne doit pas rendre un homme odieux ni suspect, pour la faute qu'un autre a commise. Qu'on châtie rigoureusement les séditieux, les meurtriers, les brigands, les voleurs, les adultéres, les injustes, les calomniateurs, en un mot toute sorte de criminels, de quelque Religion qu'ils soient : mais qu'on épargne & qu'on traite avec la même douceur, que les autres citoyens, ceux dont la doctrine est pacifique, & dont les mœurs sont chastes & innocentes. Si l'on permet aux uns de célébrer des assemblées solemnelles & certains jours de fête, de prêcher en public, & d'observer d'autres cérémonies religieuses, on ne peut refuser la même liberté aux *Remontrans*, aux *Contre-Remontrans*, aux *Luthériens*, aux *Anabap-*

baptistes ni aux *Sociniens*. Pour dire même franchement la vérité, & eu égard à ce que les hommes se doivent les uns aux autres, l'on ne doit pas exclure de la Société civile ni les *Payens*, ni les *Mahométans*, ni les *Juifs*, à cause de la Religion qu'ils professent. Du moins, l'Evangile ne commande rien de pareil ; l'Eglise, qui ne juge point ceux qui sont dehors, comme il est dit 1 *Cor.* v. 12, 13. ne le souhaite pas non plus ; & l'Etat, qui embrasse & reçoit les hommes, entant que tels, pourvû qu'ils soient honnêtes, paisibles & industrieux, ne l'exige pas. Quoi, vous permettriez à un Payen de négocier chez vous, & vous l'empêcheriez de prier Dieu & de l'honorer à sa maniére ! Les *Juifs* peuvent séjourner au milieu de vous, & habiter dans vos maisons, pourquoi donc leur refuseroit-on des Synagogues ? Leur doctrine est-elle plus fausse, leur culte est-il plus abominable, & leur union est-elle plus dangereuse en public qu'en qu'en particulier? Si l'on doit accorder toutes ces choses aux *Juifs* & aux *Infidéles*, la condition des Chrétiens sera-t-elle pire que la leur, dans un Etat qui professe l'Evangile de Jesus-Christ?

"Peut-être, me direz-vous, "qu'il "n'y a point de mal dans cette con- "duite, parceque les derniers ont "plus de penchant aux factions, aux "tumultes & aux guerres civiles". Mais est-ce la faute, je vous prie, du Christianisme? Si cela est, nous devons reconnoitre que c'est la plus dangereuse de toutes les Religions du monde, & bien loin que vous deviez l'embrasser, elle ne mérite pas qu'aucun Magistrat la tolére. Si elle est ennemie du repos public & qu'elle soit d'un esprit turbulent, l'Eglise, que le Souverain protége, court grand risque de n'être pas toujours innocente. Mais à Dieu ne plaise que nous ayons une telle idée de la Religion Chrétienne, qui combat l'avarice, l'ambition, les querelles, les animositez, &

tous

tous les desirs criminels de la chair &
du sang, & qui ne respire que la paix,
la douceur & la modération. Il faut
donc chercher une autre cause des
maux qu'on lui impute, & si nous
examinons la chose de près, mon
sujet nous y conduira comme par la
main. Ce n'est pas la diversité des
opinions qu'on ne sauroit prévenir,
mais le refus de la tolérance qu'on
pourroit accorder, qui a été la source de toutes les guerres & de tous les
démélez qu'il y a eu parmi les Chrétiens sur le chapitre de la Religion.
Que pouvoit-on attendre, lorsque les
conducteurs de l'Eglise, remplis d'avarice & du desir de dominer, excitoient les Souverains presque toujours
enivrez des fumées de l'ambition, &
les peuples inconstans & superstitieux,
contre les hérétiques; pendant qu'au
préjudice des Loix de l'Evangile &
de la charité Chrétienne, ils les animoient dans leurs sermons à poursuivre les schismatiques, & à les exterminer

miner à la façon de l'interdit, & que par un étrange renversement, ils venoient à confondre deux jurifdictions tout-à-fait oppofées, je veux dire l'Eglife & l'Etat? Où font les hommes qui fouffrent avec patience qu'on les dépouille des biens qu'ils ont aquis par leur induftrie, & que, contre toute forte de Loix, divines & humaines, on les expofe à la fureur de leurs compatriotes; fur tout lorfqu'ils font d'ailleurs très innocens, & qu'on les maltraite pour une affaire de confcience, qui ne reléve que de Dieu? N'eft-il pas à craindre qu'ennuyez de tous les maux dont on les accable, ils ne viennent enfin à fe perfuader qu'il leur eft permis de repouffer la force par la force, & de prendre les armes pour la défenfe des droits que Dieu & la Nature leur accordent, convaincus que le crime feul les en doit priver, & non pas la Religion qu'ils profeffent? L'hiftoire ne témoigne que trop qu'on en eft venu jufques ici à cette cruelle extrêmité,

&

& il n'y a nul doute que cela ne continue dans la suite, pendant que les Magistrats & les peuples croiront qu'il faut persécuter les hérétiques, & que les Ministres de l'Evangile, qui devroient être les hérauts de la paix & de la concorde, crieront aux armes à plein gosier, & seront les impitoyables auteurs des croisades. L'on pourroit s'étonner de voir que les Princes ayent laissé agir ces incendiaires & ces perturbateurs du repos public, si l'on n'étoit bien informé qu'ils ont eu bonne part à la proye, & qu'ils ont abusé de l'avarice & de l'orgueil de certaines gens, pour augmenter leur pouvoir. En effet, qui ne s'apercevroit d'abord que ces bons Ecclésiastiques ont plutot servi de Ministres d'Etat que de Ministres de l'Evangile ; que par une lâche complaisance, ils ont flatté l'ambition & le despotisme des Princes & des Grands de la terre ; & qu'ils ont mis tout en œuvre pour établir dans l'Etat la même tyrannie qu'ils vouloient introduire

ne dans l'Eglise? L'on a presque toujours vu ce concert entre ces deux sortes de Gouverneurs; au lieu que si chacun se tenoit dans ses justes bornes, il n'y auroit pas la moindre occasion de trouble & de discorde, puisque les uns ne doivent travailler qu'au bien temporel de leurs Sujets, & que les autres ne doivent chercher que le salut éternel des ames. Mais j'aurois honte de pousser plus loin mes tristes réflexions là-dessus. Dieu veuille que l'Evangile de paix soit enfin anoncé, que les Magistrats civils ayent plus de soin de se conformer à ses préceptes, que de lier la conscience des autres par des Loix humaines; & qu'en bons péres de la patrie, ils tournent toute leur aplication à procurer le bonheur temporel de tous leurs enfans, excepté de ceux qui sont revêches, malins & injustes envers leurs fréres. Dieu veuille que les Ecclésiastiques, qui se vantent d'être les successeurs des Apôtres, marchent sur les traces de ces premiers hérauts de
l'Evan-

l'Evangile; qu'ils ne se mêlent jamais des affaires d'Etat; qu'ils soient modestes & paisibles dans toute leur conversation, & qu'ils s'occupent uniquement du salut des ames, dont ils doivent un jour rendre compte. Je suis &c.

Peut-être qu'il ne sera pas mal à propos d'ajouter ici quelque chose sur ce qu'on appelle *Héréfie* & *Schifme*. Un *Mahométan*, par exemple, ne sauroit être hérétique ni schismatique à l'égard d'un *Chrétien* : & si quelcun passe de la Religion Chrétienne au Mahométisme, il ne devient pas non plus schismatique ou hérétique; mais c'est un perfide & un apostat. Il n'y a personne qui doute de ceci : de sorte qu'il n'y peut avoir ni hérétiques ni schismatiques entre des hommes de différente Religion.

Il faut donc examiner qui sont ceux qui professent ou ne professent pas la même Religion; & il est clair que les premiers sont ceux qui admettent la même régle dans le culte

&

& dans la foi : au lieu que les autres en suivent une différente à ce double égard. Ainsi, puisque tout ce qui apartient à une Religion, est contenu dans une certaine régle, il s'enfuit de toute nécessité que ceux qui reçoivent la même régle, sont de la même Religion, & tout au contraire les autres. Sur ce pié-là, les *Turcs* & les *Chrétiens* sont de différente Religion, parceque les uns suivent l'*Alcoran*, & les autres l'*Ecriture Sainte* pour la régle de leur salut. De même, parmi les Chrétiens il peut y avoir différentes Religions ; les *Catholiques Romains*, par exemple, & les *Luthériens*, quoique les uns & les autres professent le Christianisme, ne sont pas pour cela de la même Religion : parceque ceux-ci n'admettent que l'*Ecriture Sainte* pour la régle de leur foi, au lieu que les premiers y ajoutent les traditions des péres & les decrets des Pontifes. Ainsi les Chrétiens, qu'on appelle de St. *Jean*, & ceux de *Genéve*, sont de différente te Religion ; parceque les derniers ne reçoivent que l'Ecriture Sainte pour leur guide dans le chemin du falut, au lieu que les autres y joignent je ne fai quelles traditions incertaines & ridicules. Cela pofé, il s'enfuit,

1. Que l'héréfie eft une féparation de la communion eccléfiaftique entre des hommes qui profeffent la même Religion, à caufe de certains dogmes qui ne font pas contenus dans leur régle.

2. Qu'entre ceux qui ne reconnoiffent que l'Ecriture Sainte pour la régle de leur foi, l'héréfie eft la féparation de la communion Chrétienne, pour certains dogmes qui ne fe trouvent pas dans l'Ecriture en termes clairs & pofitifs. Cette féparation peut arriver en deux maniéres:

1. Quand la plus nombreufe, ou celle qui eft la plus forte partie d'une Eglife à caufe de la faveur du Magiftrat, abandonne les autres, & les exclut de fa communion, parcequ'ils ne

ne veulent pas profeſſer la créance de certains dogmes, qui ne ſont pas exprimez dans les termes de l'Ecriture. Mais ni le petit nombre de ces derniers, ni l'autorité du Magiſtrat, ne ſauroit jamais rendre une perſonne hérétique : celui-là ſeul mérite ce titre, qui, à cauſe de pareils dogmes, déchire les entrailles de l'Egliſe, introduit des épithétes & des marques de diſtinction, & ſe ſépare volontairement des autres.

2. Quand on s'éloigne de la communion de l'Egliſe, parcequ'on n'y fait pas une profeſſion publique de certains dogmes, qui ne ſe trouvent pas dans l'Ecriture Sainte en termes clairs & poſitifs.

Les uns & les autres ſont hérétiques, parcequ'ils errent dans ce qu'il y a de fondamental, & de propos délibéré. En effet, après avoir admis l'Ecriture Sainte pour l'unique fondement de leur créance, ils en poſent un autre, je veux dire, certaines propoſitions qui ne ſe trouvent dans aucun

aucun endroit de l'Ecriture ; & sur ce que leurs fréres ne veulent pas recevoir ces dogmes comme fondamentaux ou nécessaires pour le salut, ils font secte à part, ou ils les chassent de leur communion. Il seroit inutile de dire que leurs symboles & les articles de leur créance sont conformes à l'Ecriture Sainte, & à l'analogie de la Foi : car s'ils sont conçus en termes de l'Ecriture, il n'y a point de dispute ; parceque tous les Chrétiens avouent que ce livre est inspiré, & qu'ainsi tout ce qu'il nous enseigne, est fondamental. D'ailleurs, si vous prétendez que vos articles sont de justes conséquences tirées de l'Ecriture Sainte, vous faites bien d'y ajouter foi : mais vous en agissez très mal, si vous les imposez à ceux qui ne les trouvent pas conformes à l'Ecriture, & vous êtes vous-même un hérétique, si pour des dogmes qui ne sauroient être fondamentaux, vous venez à causer une séparation. Du moins, je ne croi pas qu'il y ait un seul Chrétien,

tien, qui ose prétendre que ses explications de l'Ecriture Sainte, & les conséquences qu'il en tire, sont divinement inspirées, ni qui veuille égaler à l'autorité de ce même livre les articles de foi qu'il en a composez, selon l'étendue & les foibles lumières de son esprit. Il est vrai qu'il y a de certaines propositions si évidentes, quoiqu'elles ne soient pas conçues dans les termes de l'Ecriture, qu'il est facile de s'apercevoir qu'elles en découlent : ce n'est pas aussi de celles-là, dont l'on dispute. Mais vous ne devez pas imposer à un autre, comme des articles de foi, tout ce qui vous paroit être une conséquence légitime des expressions de l'Ecriture Sainte ; à moins que vous n'admettiez aussi qu'on a droit d'en user de même à votre égard, & qu'on peut vous contraindre à recevoir en même tems les dogmes opposez des *Luthériens*, des *Calvinistes*, des *Remontrans*, des *Anabaptistes*, & de toutes les autres sectes

sectes Chrétiennes, qui regardent leurs symboles, leurs systêmes, & leurs confessions de foi, comme un abrégé de la doctrine que l'Ecriture Sainte nous aprend, ou qui en est tirée par des conséquences légitimes & nécessaires. Pour moi, je ne puis qu'admirer l'audace & la témérité de ces personnes, qui croyent de pouvoir exprimer les dogmes nécessaires à salut plus clairement, que le Saint Esprit lui-même, quoique revêtu d'une sagesse infinie.

Après avoir fait ces courtes remarques sur ce qu'on appelle *Héréfie*, qui, à suivre la signification ordinaire de ce mot, ne regarde que les dogmes: voyons en passant ce qu'emporte le mot de *Schisme*, qui n'en est pas fort éloigné. Du moins il me semble que l'un & l'autre de ces termes signifient *une séparation malfondée à l'égard de la communion ecclésiastique pour des choses qui ne sont pas nécessaires au salut.* Mais puisque l'usage, qui est le tyran des Langues,

gues, a établi qu'on nommeroit *Hérésie*, les erreurs dans la foi, & *Schisme*, celles qui regardent le culte & la discipline, je prendrai ces mots dans le même sens.

Le Schisme donc n'est autre chose, qu'une séparation faite dans la communion de l'Eglise pour quelque rite qui n'est pas d'une absolue nécessité dans le culte divin ou dans la discipline ecclésiastique. Mais on ne peut rien exiger à l'un ou à l'autre de ces égards, que ce que JESUS-CHRIST lui-même, notre souverain législateur, a établi, ou ce que ses Apôtres ont ordonné par l'inspiration du Saint Esprit.

En un mot, celui qui ne nie rien de tout ce qui est contenu en termes exprès dans l'Ecriture Sainte, & qui n'abandonne aucune Eglise à cette occasion, ne peut être schismatique ni hérétique, de quelque nom odieux qu'on le charge d'ailleurs, & quand même toutes les sectes chrétiennes en corps le déclareroient déchu du Christianisme.

Je

Je pourrois mettre ceci dans un plus grand jour, & m'y étendre davantage ; mais ces deux mots doivent suffire pour une personne aussi éclairée, & qui a autant de pénétration que vous.

F I N.

DE LA CONDUITE DE L'ESPRIT DANS LA RECHERCHE DE LA VÉRITÉ.

INTRODUCTION.

§ L'Entendement de l'homme est le dernier juge auquel il a recours, pour se déterminer. Car, quoique l'on distingue les facultez de l'esprit, & que l'on donne l'empire suprême à la volonté, comme à un agent;

agent; il est pourtant vrai que l'homme, qui est l'agent, se détermine lui-même à faire ceci ou cela, sur quelque connoissance, vraye ou fausse, qui est déja dans l'entendement. Il n'y a point d'homme qui entreprenne aucune chose, sans avoir un but qui lui sert de motif à faire ce qu'il fait : & quelques facultez qu'il employe, l'entendement avec la lumiére qu'il a, bien ou mal informé, lui sert toujours de guide, & c'est par cette lumiére, vraye ou fausse, que toutes ses puissances actives sont dirigées. La volonté elle-même, quelque absolue & indépendante qu'on la croye, ne manque jamais d'obéir aux décisions de l'entendement. Les temples ont leurs images consacrées, & nous voyons quelle influence elles ont toujours eue sur une grande partie du genre humain. Mais il faut avouer que les idées & les images peintes dans l'esprit des hommes, sont les puissances invisibles qui les gouvernent, & que c'est à elles qu'ils rendent tous en
géné-

général une soumission aveugle. Il est donc de notre intérêt le plus essentiel d'avoir un soin extrême de l'entendement, pour le bien conduire dans la recherche de la vérité, & dans les jugemens qu'il porte.

La Logique, qui est aujourd'hui en usage, a été depuis si longtems en possession de toutes les chaires des écoles, où on l'enseigne comme l'unique moyen de diriger l'esprit dans l'étude des arts & des sciences, qu'on court risque de passer pour un homme qui affecte de la singularité, si l'on soupçonne que ces régles, qu'on a suivies depuis deux ou trois mille ans, & que les Savans ont adoptées sans se plaindre de leurs défauts, ne suffisent pas pour guider l'entendement. Je craindrois même que cette entreprise ne fût taxée de vanité ou de présomption, si l'autorité du fameux Chancelier *Bacon* ne la justifioit. Fort éloigné de croire d'une maniére servile, qu'on ne pouvoit porter les sciences au delà du point
où

où elles étoient montées alors, parcequ'on n'y avoit fait aucun progrès depuis plusieurs siécles; ce vaste génie ne s'arrêta pas à une lâche aprobation de ce qui étoit déja connu, mais il étendit ses vues jusques à ce qui se pouvoit encore découvrir. Voici en quels termes il parle de la Logique dans sa préface à son Novum Organum. * *Ceux*, dit-il, *qui avoient une si haute opinion de la Logique, & qui cruyoient qu'on en pouvoit tirer de grands secours pour les sciences, se sont très bien apercus qu'il n'étoit pas sûr de se fier à l'entendement humain, sans le munir de quelques régles. Mais le reméde qu'on*

y

* Qui summas Dialecticæ partes tribuerunt, atque inde fidissima Scientiis præsidia comparari putarunt, verissimè & optimè viderunt Intellectum humanum sibi permissum meritò suspectum esse debere. Verùm infirmior omnino est malo medicina; nec ipsa mali expers. Siquidem Dialectica, quæ recepta est, licet ad civilia & artes, quæ in sermone & opinione positæ sunt, rectissimè adhibeatur; naturæ tamen subtilitatem longo intervallo non attingit; & prensando quod non capit, ad errores potiùs stabiliendos & quasi figendos, quàm ad viam veritati aperiendam valuit.

y a employé, au lieu de guérir le mal, en a fait lui-même une partie. Car la Logique, qui est en usage, quoiqu'elle puisse bien servir dans les affaires civiles & dans les arts, où il ne s'agit que du discours & des opinions, n'aproche pas cependant de la subtilité des ouvrages de la Nature, & ne faisant que courir après ce qu'elle ne peut atteindre, elle sert plutôt à établir & à confirmer l'erreur, qu'à montrer le chemin qui conduit à la Vérité. Il ajoute un peu après * qu'il est absolument nécessaire d'en venir à une méthode plus sure & plus exacte, pour guider l'esprit & l'entendement humain.

Des Talens naturels.

§ 2. Tout le monde reconnoit qu'il y a une vaste différence entre les esprits des hommes, & que les uns sont

natu-

---

* Necessariò requiritur ut melior & perfectior mentis & intellectûs humani usus & adoperatio introducatur.

naturellement si fort au dessus des autres, qu'il n'y a point d'art, ni aucune industrie, qui puisse rendre ceux-ci capables de ce que les premiers font sans peine. On voit une grande inégalité de talens entre des hommes qui ont eu la même éducation. Les forêts de l'*Amérique*, aussi bien que les écoles d'*Athènes*, ou nos académies d'aujourd'hui, produisent des hommes de différentes capacitez dans le même genre, ou à l'égard des mêmes choses. Quoique cela soit vrai, il me semble pourtant que la plupart des hommes ne vont pas aussi loin qu'ils pourroient aller, parcequ'ils négligent de cultiver leur esprit. On s'imagine qu'un petit nombre de régles de Logique suffisent pour ceux-là mêmes qui aspirent au plus haut degré de perfection ; mais je trouve qu'il y a plusieurs défauts naturels dans l'entendement, qu'on pourroit corriger, & auxquels on ne prend pas garde. Il est aisé de s'apercevoir que les hommes sont coupables de

bien

bien des fautes dans l'exercice & la culture de cette faculté de l'esprit, ce qui les empêche de faire des progrès, & les retient toute leur vie dans l'ignorance & dans l'erreur. Je remarquerai quelques-uns de ces défauts, & j'indiquerai dans la suite de ce discours les remédes qui me paroissent les plus propres pour s'en délivrer.

Du Raisonnement.

§ 3. Outre le manque d'idées fixes & déterminées, d'exercice & de sagacité pour en trouver de moyennes, & les mettre en ordre, il y a trois défauts où les hommes tombent à l'égard de leur Raison; ce qui l'empêche de leur rendre le service qu'ils en pourroient tirer, & auquel Dieu l'avoit destinée. On n'a qu'à réfléchir un peu sur les actions & sur les discours des hommes, pour s'apercevoir que leurs bévues à cet égard sont fréquentes & fort sensibles. Je les distinguerai donc en trois classes.

1. La

1. La premiére est de ceux qui ne raisonnent presque jamais, qui ne pensent & qui n'agissent que sur l'exemple des autres, soit de leurs parens, de leurs amis, de leurs voisins, de leurs ministres, ou de toute autre personne qu'il leur plait de choisir pour leur guide, dans la vue de s'épargner le soin & l'embarras de penser & d'examiner pour eux-mêmes.

2. La seconde classe renferme ceux qui ne suivent que leur passion, sans vouloir écouter leur Raison ni celle des autres, résolus de ne rien admettre que ce qui flate leur caprice, qui s'accommode avec leur intérêt, ou qui favorise leur parti. Les gens de ce caractére se payent presque toujours de mots qui n'ont aucune idée distincte, quoiqu'à l'égard de certaines choses, sur lesquelles ils ne sont pas prévenus, & où leur inclination secrette n'est point intéressée, ils ne manquent ni d'habileté pour raisonner juste, ni de patience pour entendre raison.

3. La

3. La troisiéme classe est de ceux qui sont prêts à écouter de bonne foi la Raison, mais qui faute de l'étendue d'esprit nécessaire, d'un jugement exquis & solide, n'embrassent pas tout ce qui se raporte à la question, & qui peut être de conséquence pour la décider. Nous avons tous la vue courte, & nous ne voyons souvent qu'un seul côté d'une chose, sans pouvoir découvrir tout ce qui se trouve y avoir quelque liaison. Il n'y a personne, à ce que je croi, qui soit exemt de ce défaut. Nous ne voyons qu'en partie, nous ne connoissons qu'en partie; de sorte qu'on ne doit pas s'étonner si de nos vues imparfaites nous tirons des conséquences peu justes. Ceci pourroit faprendre à l'homme le plus entêté de son mérite, qu'il est fort utile de consulter les autres, même ceux qui n'aprochent pas de son savoir, ni de sa pénétration. Puisqu'un seul ne voit pas tout, & que nous avons différentes idées de la même chose, selon

lon le différent point de vue d'où nous la regardons, il n'eſt pas indigne d'aucun homme d'eſſayer ſi un autre a quelques notions particuliéres qui lui ont échapé, & dont il auroit fait uſage lui-même, ſi elles lui étoient venues dans l'eſprit. La Raiſon ne trompe preſque jamais ceux qui ſe fient à ſes lumiéres; les conſéquences qu'elle tire de ce qu'elle admet pour principes, ſont évidentes & certaines; mais ce qui nous fait égarer le plus ſouvent, ou plutot l'unique ſource de nos erreurs, c'eſt que les principes ſur leſquels nous bâtiſſons nos raiſonnemens, ſe trouvent défectueux, qu'on oublie d'y joindre quelque choſe qui devroit être miſe en ligne de compte pour les rendre juſtes & exacts. A cet égard, les Anges & les Eſprits ſéparez de la matiére peuvent avoir ſur nous un avantage preſqu'infini. A meſure qu'ils ſont élevez au deſſus de nous, ils peuvent avoir des facultez plus nobles & qui s'étendent plus loin.

Peut-

Peut-être y en a-t-il quelques-uns qui ont une vue exacte & parfaite de tous les Etres finis qu'ils contemplent, & qui peuvent, pour ainsi dire, d'un coup d'œil, rassembler toutes leurs relations dispersées & presque sans nombre. Un esprit de cette capacité, n'a-t-il pas raison de s'appuyer sur la certitude des conséquences qu'il tire?

On voit par là quelle est la cause que des gens de lettres, accoutumez à réfléchir, qui raisonnent juste en bien des choses & qui aiment la vérité, font si peu de progrès dans leurs découvertes. L'erreur & la vérité sont si entremêlées dans leur esprit, que leurs décisions ne peuvent qu'être chancelantes & défectueuses. Cela vient de ce qu'ils ne conversent qu'avec une sorte d'hommes, qu'ils ne lisent qu'une sorte de livres, & qu'ils ne veulent admettre qu'une sorte d'idées. Ils se choisissent, pour ainsi dire, une petite *Goscen* dans le monde intellectuel, & ils se flatent d'y jouir
tout

tout feuls de la lumiére du foleil, pendant que tout le refte de cette vafte étendue eft couvert de ténébres, dont ils n'ofent pas aprocher. On peut les comparer auffi à des négocians qui font un trafic avantageux avec les habitans de quelque petite anfe, où ils bornent tout leur commerce : ils ont affez d'induftrie pour tirer bon parti des denrées de ce petit coin ; mais ils ne veulent pas fe hafarder dans le vafte océan de la nature, pour découvrir les richeffes qu'elle a répandues en d'autres lieux, & qui ne font ni moins bonnes, ni moins folides, ni moins utiles, que ce qui leur eft tombé en partage dans leur petit territoire, dont ils admirent l'abondance, & qu'ils croyent renfermer tout ce qu'il y a de bon dans l'univers. Ceux qui demeurent ainfi enclavez dans l'enceinte de leur pays; qui ne veulent pas jetter les yeux au delà des bornes que le hafard, la fantaifie, ou la pareffe a mifes à leurs recherches; &
qui

qui ne daignent pas s'informer des notions, des discours & des progrès du reste du genre humain, peuvent être comparez à juste titre aux habitans des Iles *Marianes*, qui séparez du continent par une vaste étendue de mer, se croyoient le seul peuple qu'il y eût au monde. Ces Insulaires étoient si nouveaux à l'égard des commoditez de la vie, qu'ils ignoroient l'usage du feu, jusqu'à ce que les *Espagnols* le leur aprirent, il n'y a pas bien des années, dans leurs voyages d'*Acapulco* à *Manilha*. Mais ce qui paroit plus étonnant, c'est qu'au milieu de tous leurs besoins & de l'ignorance presque de toutes choses, lors même qu'ils furent de la bouche des *Espagnols* qu'il y avoit plusieurs autres nations, où les arts & les sciences florissoient, & où l'on trouvoit toutes les commoditez de la vie, ils se regardoient comme le peuple le plus heureux & le plus sage de l'univers. Avec tout cela, je ne croi pas que per-

personne s'imagine qu'ils sont de grands Philosophes, ou de profonds Métaphysiciens ; ni que les plus habiles d'entr'eux portent fort loin les préceptes de la morale, ou de la politique, ni qu'aucun des plus éclairez étende ses connoissances au delà du petit nombre de choses que son Ile & celles du voisinage lui fournissent tous les jours. Au contraire, on avouera sans doute qu'ils n'aprochent pas de cette étendue d'esprit, qui fait l'ornement d'un homme dévoué à la vérité, secouru par l'étude des belles lettres, & accoutumé à un examen libre des différentes opinions de tous les partis. Que ceux-là donc qui aspirent à découvrir la vérité dans toute son étendue, ne bornent pas leurs regards à ce qui les environne de si près, & qu'ils ne s'imaginent point qu'elle ne se trouve que dans les sciences qu'ils étudient, & dans les livres qu'ils lisent. Condamner les notions des autres, avant que de les avoir exa-

examinées, ce n'est pas montrer qu'elles sont obscures, mais c'est se crever les yeux, pour n'y pas voir.
* *Eprouvez toutes choses, retenez ce qui est bon*, est un précepte qui vient du Pére de la lumiére & de la vérité. Il n'y a pas d'autre moyen, si l'on veut jouir de ce trésor & de ce riche métail, que de fouiller dans les entrailles de la terre, & de remuer bien de l'ordure. Le sable & les cailloux accompagnent presque toujours cette mine, mais l'or n'en est pas moins or pour cela, & tout homme qui se donne la peine de le chercher, ne peut que devenir riche. Il n'est pas même à craindre que le mélange nous trompe; puisque nous avons tous une pierre de touche, si nous voulons nous en servir, pour distinguer le véritable or du clinquant, & la verité de ce qui n'en a que les apparences. Si nous perdons l'usage de cette pierre de touche, je veux

* 1. *Thess.* v. 21.

veux dire de la Raison, & qu'elle se gâte, cela ne vient que des préjugez dont on se coëffe, de l'orgueil qui nous aveugle, & des bornes étroites où nous renfermons notre esprit. Faute de l'exercer dans toute l'étendue des choses intelligibles, sa lumiére s'affoiblit peu-à-peu, & s'éteint presque tout-à-fait. Vous n'avez qu'à parcourir les différens états des hommes, & vous verrez que je n'avance rien que de juste. L'ouvrier à la journée d'un village n'a d'ordinaire qu'une petite provision de connoissances, parcequ'il a retenu ses idées dans les bornes étroites d'une conversation maigre & d'un emploi bas & abjet. L'artisan d'une ville de province va un peu plus loin; les crocheteurs & les savetiers des grandes villes les surpassent l'un & l'autre. Un Gentilhomme de la campagne, après avoir laissé tout son Latin & toute sorte d'érudition à l'Université, se retire dans son domaine, & s'associe avec ses voisins de la même trempe, qui

n'ont

n'ont du gout que pour la chasse & pour le vin. Il employe tout son tems avec ses amis, il ne converse qu'avec eux, & il ne peut souffrir aucune compagnie où l'on parle d'autre chose que de bon vin & de débauche. Un tel patriote que celui-ci, formé dans une si bonne école, ne peut, comme l'on voit, que prononcer des sentences bien graves, lorsqu'il se trouve assis entre les juges, & donner des preuves éclatantes de son habileté en politique, lorsque le poids de ses guinées & la force de son parti l'ont élevé à un poste plus remarquable. Il est certain qu'un nouvelliste qui fréquente les maisons à caffé de la ville, est un grand homme d'Etat, comparé avec ce Gentilhomme, & qu'il l'emporte autant au dessus de lui, qu'un Courtisan fait mieux les intrigues de la Cour qu'un simple boutiquier. Portons notre vue plus loin, & nous trouverons que l'un, brulant de zéle pour sa secte, & prévenu de l'infaillibilité qu'il lui at-
tri-

ribue, ne veut pas toucher un livre du parti oppofé, ni entrer en difpute avec une perfonne qui révoque en doute aucune de ces chofes, qu'il regarde comme facrées ; pendant que l'autre examine les controverfes de Religion avec un efprit équitable & defintéreffé, & trouve qu'il n'y a point de fecte qui n'ait quelque défaut. Il remarque d'ailleurs que ces divifions & tous les fyftêmes viennent de la part des hommes, qui font fujets à fe tromper ; & à mefure qu'il approfondit les chofes, il voit qu'il y a plus à dire en faveur de quelque fentimens de fes adverfaires, qu'il ne fe l'étoit d'abord imaginé. Lequel de ces deux hommes, je vous prie, paroit le mieux difpofé, pour juger fainement des difputes de Religion, & faire plus de progrès dans la recherche de la vérité, qui eft le but que nous avons tous en vue, s'il faut nous en croire ? Au refte, je fuppofe que tous ceux, dont je viens de parler, &

qui

qui font fi inégaux à l'égard de leurs connoiffances, ont à peu près les mêmes talens naturels, & que toute la différence qu'il y a entr'eux, ne vient que de la différence de leur éducation, & des moyens qu'ils ont eus de fe remplir la tête d'idées & d'obfervations, pour exercer leur efprit & fe former l'entendement.

Si l'on me demande, qui peut fuffire à toutes ces chofes ? Je réponds qu'il y en a beaucoup plus qu'on ne s'imagine. Chacun fait quel eft fon devoir, & ce que le monde attend de lui, felon le caractére qu'il fe donne ; il trouvera même affez de tems & d'occafions, pour fe munir de tout ce qu'il lui faut pour répondre à cette idée, fi, par une petiteffe d'efprit il ne renonce lui-même aux fecours qu'il a en main. Je ne dis pas que pour être bon Géographe, il faille qu'un homme parcoure toutes les montagnes, les riviéres, les promontoires, les bayes & les ports qui font fur la face de notre Globe ; ni qu'il vifite les bâ-

bâtimens, & qu'il arpente les terres, comme s'il en vouloit faire une aquifition. Mais l'on m'avouera qu'un homme, qui voyage fouvent dans un pays, & qui le traverfe de tous les côtez, le connoitra mieux qu'un autre, qui femblable à un cheval attaché à une roue, fuit toujours le même fentier, & fe renferme dans les bornes étroites d'un ou de deux champs qui lui plaifent. Tout homme qui s'informera des meilleurs livres qu'on trouve fur chaque fcience, & des principaux auteurs de la plûpart des fectes, foit en Philofophie, ou fur la Religion, trouvera que ce n'eft pas un ouvrage infini de s'inftruire des fentimens du genre humain fur les matiéres les plus importantes. Qu'il exerce fa Raifon en toute liberté auffi loin que ces objets peuvent la conduire, & fon efprit aquerrera de nouvelles forces, fa conception en deviendra plus aifée, & toutes fes facultez en recevront de l'avantage. Le jour, que les parties éloignées de la vé-

vérité se communiquent les unes aux autres, l'aidera si bien à juger solidement des choses, qu'il ne se trompera guéres, ou que du moins il donnera des marques d'un esprit net, & d'une connoissance universelle. Je ne sache pas qu'il y ait d'autre voye, pour éclairer l'entendement, & l'élargir dans toute l'étendue de sa capacité; non plus que pour distinguer les deux caractéres les plus opposez que je connoisse au monde, je veux dire un Logicien ergoteur d'un Philosophe qui raisonne juste. Mais tout homme qui donne ainsi l'essor à son esprit, & qui cherche la vérité de toutes parts, doit prendre garde à se faire des idées distinctes de tout ce qu'il embrasse, & ne manquer jamais de juger sans prévention de ce tout qu'il reçoit des autres, soit qu'il le tire de leurs écrits ou de leurs discours. Il ne faut pas que le respect, ou le préjugé, rende les opinions des autres belles ou difformes.

De

De l'exercice de l'esprit & des habitudes.

§ 4. Nous sommes nez avec des facultez capables de nous mener beaucoup plus loin qu'on ne pense; mais il n'y a que leur exercice qui nous rende habiles en quoi que ce soit, & qui nous aproche de la perfection.

Il seroit difficile qu'un laboureur âgé de trente ou quarante ans pût recevoir l'éducation & les maniéres polies d'un Gentilhomme, quoiqu'il ait le corps aussi bien proportionné & les jointures aussi souples, & qu'il ne lui céde en rien pour les talens naturels de l'esprit. Les jambes d'un maitre de dance, & les doigts d'un joueur d'instrumens, forment, sans qu'ils y pensent & qu'ils se donnent presque aucune peine, des mouvemens réguliers & admirables. Commandez leur de changer de rôles, ils essayeront en vain d'en venir à bout; il faut du tems & une longue

pra-

pratique pour arriver à quelques degrez de leur habileté. A quelle souplesse étonnante & incroyable les danceurs de corde & les sauteurs n'accoutument-ils pas leurs corps, quoique dans la plupart des arts méchaniques il y ait des ouvrages de la main aussi merveilleux que ces tours-là; mais je nomme ceux que le monde admire, & qui pour cela coutent de l'argent, lorsqu'on souhaite de les voir. Tous ces mouvemens extraordinaires, qui surpassent presque l'imagination des spectateurs qui n'y entendent rien, ne sont autre chose que l'effet de l'habitude & de l'industrie de certains hommes, dont les corps n'ont rien de particulier qui les distingue de ceux de la populace, qui en est enchantée.

Il en est de l'esprit à cet égard comme du corps, & si l'on examine les choses de près, l'on trouvera que la plupart de ces grandes & belles qualitez, qui passent pour des dons de la nature, ne sont que le fruit de l'exerl'exercice, & qu'elles n'arrivent à quelque degré de perfection que par des actes réiterez. Il y a des hommes, par exemple, qui savent railler agréablement, & d'autres qui s'entendent à faire de petits contes fort à propos & d'une manière plaisante. On croit d'ordinaire que c'est un pur effet de la nature, d'autant plus qu'on n'aquiert point ces talens par des régles, & que ceux qui excellent dans l'un ou l'autre, ne s'apliquent jamais à les aprendre comme un art. Mais si l'on aprofondit la chose, on verra qu'un bon mot, ou un petit conte, qui a eu le bonheur de réussir & de gagner l'aprobation de quelcun, a excité le diseur à y revenir de nouveau, & a tourné ses pensées & ses efforts de ce côté-là, jusqu'à ce qu'enfin il s'y est aquis peu à peu une si grande facilité, qu'on attribue au sens naturel, ce qui vient plutot de l'usage & de la pratique. Je ne nie pas que la disposition naturelle n'en puisse être souvent la première cause; mais elle ne conduit jamais un homme fort loin sans l'exercice ; & il n'y a que la pratique seule qui amène les facultez de l'esprit aussi bien que les qualitez du corps à leur perfection. Plus d'une veine poëtique demeure ensevelie sous un vil metier, & ne produit jamais rien, faute de culture. Nous voyons que la maniére de discourir & de raisonner est très différente à la Cour & à l'Université, quoiqu'à l'égard du même sujet. Si l'on passe de la salle de *Westminster* à la bourse, on y trouve un tout autre langage, & un génie tout différent, quoique ceux dont le sort les attache à la ville, ne soient pas nez avec des qualitez différentes de ceux qui ont eu leur éducation à l'Université, ou dans les colléges en droit.

Tout ce que j'ai dit jusques ici sert à montrer que les différentes capacitez qu'on voit entre les hommes à l'égard de l'esprit, ne viennent pas tant de leurs facultez naturelles que des habitudes qu'ils ont aquises. On se se moqueroit d'un homme qui prendroit un chartier de la campagne âgé de cinquante ans, pour en faire un habile danseur. Mais celui qui tâcheroit d'apprendre à un homme de cet âge, sans étude & sans éducation, à raisonner juste ou à s'exprimer noblement, n'en viendroit pas plutôt à bout, quand même il lui donneroit un recueil de tous les préceptes de la Logique ou de l'Art de parler. On ne devient pas habile pour avoir entendu prononcer quelques régles, ou les avoir mises dans sa mémoire; c'est l'usage qui forme l'habitude, sans réfléchir sur la régle, & vous ferez aussitôt un bon peintre ou un habile musicien par une leçon que vous donnerez de ces arts, qu'un raisonneur juste par certaines régles, où vous lui montrerez en quoi consiste le bon raisonnement.

Puis donc que les défauts & la foiblesse de l'entendement humain, aussi bien que des autres facultez, viennent de ce que les hommes ne font pas un bon usage de leur esprit, je panche beaucoup à croire qu'on a tort d'en mettre la faute sur la Nature, & de se plaindre de ses talens naturels, lorsque tout le mal vient de ce qu'on ne s'aplique pas à les faire valoir. On voit souvent des hommes qui sont fort adroits & fort habiles à conclure un marché, & qui sur le chapitre de la Religion, si l'on veut en raisonner avec eux, paroissent tout-à-fait stupides.

D'un autre côté, quoique les facultez de l'esprit aquiérent de l'étenduë par l'exercice, on ne doit pas les pousser au delà de leurs justes bornes. Il faut que chacun essaye * jusqu'où peuvent aller ses forces, & qu'il prenne ses mesures là-dessus, s'il veut du moins entretenir la vigueur de son esprit, & ne le rebuter point par des occupations trop difficiles. L'esprit engagé dans une tâche au dessus de sa portée, de même que le corps,
épuisé

* *Quid valeant humeri, quid ferre recusent.*

épuisé pour avoir levé un fardeau trop lourd, perd souvent sa force, & se met ainsi hors d'état de faire à l'avenir aucune action vigoureuse. Un nerf foulé ne se rétablit qu'avec peine, ou du moins il lui reste une grande foiblesse pour longtems, & le souvenir en est si vif, qu'on ne se hasarde guéres à le mettre d'abord à un rude exercice. Il en est de même de l'esprit, s'il est une fois accablé sous le poids d'une contention trop forte, il n'y est plus propre à l'avenir, ou du moins il ne s'attache qu'avec peine à un sujet qui demande une profonde & sérieuse méditation. Il faut conduire l'esprit insensiblement & par degrez à ce qu'il y a de plus abstrus & de relevé dans les sciences, & de cette maniére il n'y trouve presque rien, dont il ne puisse venir à bout. On m'objectera peut-être qu'avec cette lenteur il est impossible d'aprofondir certaines sciences qu'il y a. Mais l'exercice est capable de mener plus loin qu'on ne s'imagine; outre qu'il vaut mieux marcher à pas comptez dans un chemin scabreux & difficile, que de se rompre une jambe & de s'estropier pour le reste de ses jours. Celui qui s'accoutume de bonne heure à porter un veau, peut à la fin porter un bœuf; mais s'il veut essayer du premier coup à porter un bœuf, il court risque de se mettre hors d'état de porter un veau dans la suite. Lorsque l'esprit s'est habitué peu-à-peu à réfléchir & à se rendre attentif, il n'y a presque point de difficultez qu'il ne surmonte, sans qu'il lui en revienne aucun préjudice, & il peut continuer toujours sur le même pié. Ce ne sera pas toute sorte de problèmes abstrus, & de questions embrouillées qui lui feront perdre courage, ou qui épuiseront ses forces. Mais si l'on doit éviter une trop grande contention d'esprit, de peur de l'accabler; il ne faut pas aussi qu'il s'amuse à des bagatelles, qui ne demandent aucune aplication. C'est ce qui l'énerve, & le rend paresseux, incapable de la

moin-

moindre fatigue. Accoutumé à voltiger autour de la superficie des choses, sans pénétrer jusques à l'intérieur, il se met hors d'état de les aprofondir, pour déveloper les beautez que la Nature y cache.

On ne doit pas s'étonner que la méthode, que les étudians ont suivie dès leur plus tendre jeunesse, influe sur leur esprit le reste de leurs jours, sur tout si elle se trouve établie par un usage universel. Puisque les écoliers sont d'abord obligez de croire tout ce qu'on leur dit, & que les régles de leurs maitres passent chez eux pour des axiomes, faut-il être surpris qu'ils s'égarent, & qu'ils n'osent pas se détourner du chemin battu?

Des Idées.

§ 5. Je ne répéterai pas ici que, pour bien conduire son esprit dans la recherche de la vérité & y faire des progrès, il faut se munir d'idées claires & déterminées ; réfléchir sur ces idées mêmes, plutôt que sur les sons qu'on met à leur place; & fixer la signification des termes, soit par raport à nous ou à l'égard des autres. J'ai déja beaucoup insisté là-dessus dans mon *Essai sur l'Entendement Humain*; de sorte qu'il seroit inutile de m'y étendre davantage.

Des Principes.

§ 6. Il y a une autre faute qui empêche les hommes de s'avancer dans leurs connoissances, ou qui même les détourne du droit chemin. J'en ai dit aussi quelque chose dans le livre que je viens de citer; mais il est à propos de l'examiner ici à fonds, & de pénétrer jusques à la source du mal; je veux dire de la coutume qu'on a de recevoir pour principes ce qui n'est point d'une entière évidence, ou qui souvent même se trouve faux. Il est assez ordinaire de voir des hommes bâtir leurs opinions sur des fondemens, qui n'ont pas plus de certitude

tude où de solidité que les propositions qu'ils élévent dessus, & qu'ils embrassent à cause des principes. Par exemple, voici de quelle maniére ils raisonnent. Les fondateurs ou les chefs de mon parti sont d'honnêtes gens, donc leurs dogmes sont véritables : c'est l'opinion d'une secte erronée, donc elle est fausse. Ceci a été reçu longtems dans le monde, donc il est vrai : ou bien, cela est nouveau, donc il est faux.

Ce sont de tels principes, fort éloignez d'être la mesure de la vérité & de la fausseté, que la plupart des hommes prennent pour les modéles de leurs jugemens. Accoutumez à des mesures si fausses, on ne doit pas s'étonner s'ils embrassent l'erreur pour la vérité, & s'ils prononcent d'un ton si positif sur bien des choses qu'ils n'entendent pas.

Mais aussitôt qu'on vient à l'examen de ces fausses maximes, il n'y a personne, qui sache tant soit peu raisonner, qui ne tombe d'accord qu'elles sont incertaines, & qui ne les desaprouve dans ceux qui différent de lui ; cependant, après avoir été convaincu de leur incertitude, il ne laisse pas de s'en servir, & dès la première occasion qui s'offre, il bâtit sur les mêmes principes. A voir une si pitoyable conduite, ne seroit-on pas tenté de croire que les hommes cherchent à se tromper eux-mêmes, & à s'aveugler ? Mais ils ne sont pas aussi criminels à cet égard qu'ils le paroissent d'abord ; il n'y a nul doute que plusieurs d'entre eux ne raisonnent de cette maniére fort sérieusement, & qu'ils n'ont point du tout en vue de s'en imposer à eux-mêmes, ni aux autres. Ils sont persuadez de ce qu'ils disent, & ils s'imaginent qu'il y a de la solidité, quoiqu'en pareil cas ils ayent vu le contraire ; mais les hommes se rendroient insuportables à eux-mêmes, & ils s'attireroient le mépris des autres, s'ils embrassoient des opinions sans aucun fondement, & sans en pouvoir donner quelque raison,

bonne

bonne ou mauvaife. Il faut toujours que l'efprit s'appuye fur quelque fondement, vrai ou trompeur, folide ou ruineux. Il n'a pas plutot admis une propofition, qu'il fe hâte, comme je l'ai remarqué dans un autre endroit, de la fonder fur quelque hypothéfe, & il n'eft point fixe ni tranquille, jufqu'à ce qu'il en foit venu à bout. Tant il eft vrai que la Nature même nous difpofe à faire un bon ufage de nos facultez, fi nous voulions fuivre fes mouvemens.

Les hommes ne fauroient floter dans l'incertitude à l'égard de quelques matiéres importantes, fur tout en ce qui touche la Religion. Il faut qu'ils fe déterminent là-deffus, & qu'ils embraffent quelque parti. Ce feroit une efpéce de honte, ou plutot une contradiction trop groffiére, pour la pouvoir foutenir toujours, fi un homme prétendoit être convaincu de la vérité d'un dogme, & qu'il ne fût pas en état d'en rendre compte, ni d'alléguer aucune rai-

raison, pourquoi il le préfére à un autre. C'est ce qui oblige la plupart des hommes à recevoir sans examen quelques principes généraux, & à les défendre du mieux qu'ils peuvent. Il ne suffit pas de dire qu'ils n'en sont pas bien persuadez; c'est aller contre l'expérience, & les disculper de l'égarement que nous leur reprochons.

Si cela est ainsi, l'on me demandera peut-être d'où vient que les hommes ne font pas usage de principes surs & indubitables, plutot que de bâtir sur des fondemens ruineux, & qui peuvent servir à défendre l'erreur de même que la vérité?

Je réponds à ceci, qu'ils n'employent pas de meilleurs principes, parcequ'ils ne sauroient: mais cette incapacité ne vient pas du défaut des talens naturels, (car on doit excuser le petit nombre de ceux qui se trouvent dans le cas) mais plutot manque de les exercer & de les mettre en œuvre. Il y a peu d'hommes qui soient accoutumez dès leur jeunesse à raisonner

sonner juste, à remonter par une longue suite de conséquences jusques aux premiers principes d'où dépend une vérité, & à observer la liaison qu'ils ont avec elle. Si l'on ne s'est aquis de bonne heure cette habitude par des actes réitérez, l'on n'en vient guéres à bout dans un âge plus avancé : on n'aprend pas tout d'un coup à graver ou à designer, à danser sur la corde, ou à bien écrire : il faut de l'exercice en toutes choses.

Cependant la plupart des hommes cultivent si peu leur esprit, qu'ils ne croyent pas même d'en avoir besoin : ils expédient par routine ce qui regarde leur profession, & s'il leur arrive quelquefois de s'y tromper, ils l'attribuent à toute autre chose qu'à leur manque de réflexion & d'habileté. Ils s'imaginent d'être parfaits à cet égard, & qu'ils ne sauroient aller plus loin; mais si leur intérêt ou quelque fantaisie attache leurs pensées à un objet particulier, ils en raisonnent à leur mode, bien ou mal, n'importe,

porte, ils en font contens, & cela suffit. Ils ont beau commettre quelque grosse bévue, ils en rejettent toute la faute sur autrui, ou ils l'imputent à quelque accident qui est venu à la traverse, plutôt qu'à leur manque de jugement. C'est un défaut que tout le monde cache, & dont personne ne se blâme. Satisfaits du maigre usage qu'ils font de leur esprit, ils ne se mettent pas en peine de chercher de nouveaux moyens, pour lui donner plus d'étendue; & ils passent toute leur vie sans avoir aucune idée de ce qu'on apelle un raisonnement juste, fondé sur des principes solides, d'où on le tire par une longue enchaînure de propositions, qui dépendent les unes des autres. Cette méthode est absolument nécessaire pour démontrer certaines véritez de spéculation, que la plupart des hommes admettent, & où ils sont le plus intéressez : outre qu'en divers cas ce n'est pas une seule chaîne, pour ainsi dire, de conséquences qui suffit, fuffit, mais il faut examiner & raffembler différentes déductions, fouvent même oppofées les unes aux autres, avant que l'on puiffe porter un jugement folide fur le point qui eft en queftion. Que peut-on donc attendre de la plupart des hommes, qui ne fentent pas qu'on a befoin d'une pareille méthode pour raifonner jufte, ou s'ils le voyent, qui ne favent pas de quelle maniére s'y prendre pour en venir à bout? Vous pourriez auffi-tôt employer un payfan, qui connoît à peine les figures des nombres, & qui n'a jamais en fa vie additionné trois différentes fommes; vous pourriez, dis-je, l'employer auffitôt à regler les livres d'un marchand, & à en faire un bilan exact.

Quel reméde y a-t-il donc à ceci? Je réponds, le même que j'ai déja infinué plus d'une fois, c'eft-à-dire l'exercice & la pratique. Il en eft des facultez de nos ames, comme des actions & des mouvemens de nos corps. Il n'y a perfonne qui prétende

de qu'un homme sache bien écrire ou peindre, dancer ou faire des armes, ou exceller en toute autre opération manuelle, quelque vigueur, quelque activité, quelque adresse ou disposition naturelle qu'il y ait, à moins qu'il n'ait employé du tems & de la peine pour y réussir. On peut dire la même chose de l'esprit. Voulez-vous qu'un homme raisonne juste, vous devez l'y accoutumer de bonne heure, & l'exercer à remarquer la liaison des idées & à les suivre par ordre. Il n'y a rien qui aide plus à ceci que les Mathématiques; c'est pourquoi je serois d'avis qu'on les enseignat à tous ceux qui ont le loisir & la commodité de faire cette étude, non pas tant pour les rendre Mathématiciens, que pour les rendre des créatures raisonnables; car quoique nous prenions tous ce titre, parceque la Nature nous le donne si nous voulons en profiter, avec tout cela on peut dire qu'elle ne nous en fournit que les semences, & qu'il n'y a que le seul usage ge & l'exercice, l'industrie & l'application qui nous rendent tels. Aussi lorsqu'il s'agit de raisonnemens ausquels on n'est pas accoutumé, il est facile de voir que les conséquences qu'on admet, ne sont point du tout raisonnables.

On a pris d'autant moins garde à ce foible, que chacun dans ses propres affaires employe quelque sorte de raison, bonne ou mauvaise ; ce qui suffit pour être nommé raisonnable. Mais le malheur est que celui qu'on trouve raisonnable en une chose, passe pour l'être en tout, & qu'on regarde comme un afront si cruel, & une censure si mal fondée, de penser ou de soutenir le contraire, qu'il n'y a personne qui se hasarde à porter ce jugement. Il sembleroit que ce fût dégrader un homme de la dignité de sa nature. Il est vrai que celui qui raisonne bien sur une chose, est capable de bien raisonner sur d'autres, & même avec plus de justesse & de force, s'il avoit tourné son esprit de
ce

ce côté-là. Mais il n'est pas moins vrai que celui qui raisonne bien aujourd'hui sur une certaine matiére, n'est pas en état de bien raisonner sur d'autres choses, quoique peut-être il le sera dans une année. En un mot, par tout où la faculté raisonnable d'un homme lui manque, & ne lui sert point à raisonner, on ne sauroit dire qu'il est raisonnable à cet égard, quelque capacité qu'il ait d'ailleurs pour le devenir avec le tems & l'exercice.

Qu'on prenne un homme de la lie du peuple & de basse extraction, qui n'a jamais porté son esprit plus loin que la charrue & le hoyau, & qu'on le tire de ces bornes étroites, où il s'est renfermé presque toute sa vie, l'on trouvera qu'il n'est guéres plus capable de raisonner, qu'un simple & un innocent. La plupart des hommes n'ont qu'une ou deux régles, vrayes ou fausses, qui servent d'apui à tous leurs raisonnemens : ôtez leur ces maximes, & ils ne savent plus où ils en sont; ils ont perdu leur compas
&

& leur bouſſole, & quoique vous leur en ayez montré la foibleſſe, ils y reviennent d'abord comme à l'unique ſoutien de la vérité; ou s'ils les abandonnent convaincus par la force de vos raiſons, ils abandonnent en même tems toutes les recherches de cette nature, & ils s'imaginent que tout roule dans l'incertitude. Car ſi vous vouliez étendre leurs connoiſſances & les fixer à des principes plus ſurs & plus éloignez, ou bien ils ne peuvent pas les concevoir facilement, où ils ne ſavent pas quel uſage en faire, tant ils ſont peu accoutumez à ces longues déductions tirées de loin.

Eſt-ce donc que des hommes faits ne ſauroient aquérir de nouvelles connoiſſances, & donner de l'étendue à leur eſprit? Je ne dis pas cela, mais j'oſe dire qu'on n'en viendra pas à bout ſans beaucoup d'induſtrie & d'aplication, & ſans y employer plus de tems & des ſoins, que des hommes avancez en âge & fixez dans leur train de vie, n'y en peuvent deſtiner:

de-

desorte qu'il est rare de les voir réussir. Il n'y a que l'exercice tout seul, comme je l'ai déja posé, qui soit capable de perfectionner l'esprit, & si l'on ne s'en forme une habitude, on ne doit rien attendre de nos facultez naturelles.

Tous les *Américains* n'ont pas naturellement l'esprit plus imparfait que les *Européans*, quoiqu'on n'en voye aucun qui aproche de nous dans les arts & les sciences. Entre les fils d'un pauvre payan, si l'un d'eux a eu le bonheur de recevoir une meilleure éducation que les autres & d'être avancé dans le monde, il les surpasse de beaucoup à l'égard de l'esprit, quoique s'il eût demeuré chez lui, il ne seroit pas monté au dessus du niveau de ses fréres.

Tout homme qui raisonne avec de jeunes écoliers, sur tout avec ceux qui étudient les Mathématiques, peut s'apercevoir que leurs esprits s'ouvrent peu-à-peu, & que c'est à l'exercice tout seul qu'ils sont redevables

bles de cette ouverture. Quelquefois ils s'arrêtent longtems à une partie d'une démonstration, non pas manque de volonté ou d'application, mais plutôt faute de voir la liaison de deux idées, qu'un autre, qui est plus exercé, découvre d'abord. La même chose peut arriver à un homme avancé en âge qui voudroit s'appliquer aux Mathématiques; l'esprit demeure souvent court en beau chemin, faute d'exercice, & celui qui se trouve dans cet embarras, lorsqu'il vient à découvrir la liaison, s'étonne de ne l'avoir pas aperçue plutôt.

Des Mathématiques.

§ 7. J'ai insinué que les *Mathématiques* étoient fort utiles pour accoutumer l'esprit à raisonner juste & avec ordre. Ce n'est pas que je croye nécessaire que tous les hommes deviennent de profonds Mathématiciens, mais lorsque par cette étude ils ont aquis la bonne méthode du rai-

raisonnement, ils peuvent l'employer dans toutes les autres parties de nos connoissances. En effet, par tout où il s'agit de raisonner, on doit disposer chaque argument comme une démonstration de Mathématique, & suivre la liaison des idées, jusqu'à ce que l'esprit arrive à la source, d'où elles dépendent; mais en cas de probabilitez, qu'on ne sauroit démontrer, une seule de ces procédures ne suffit pas pour fixer le jugement. Il faut en accumuler plusieurs, examiner toutes les raisons de part & d'autre, les bien contrebalancer, & se déterminer ensuite là-dessus.

On devroit se former l'esprit à cette maniére de raisonner, qui est si éloignée de l'usage du commun des hommes, que les Savans même n'en ont presqu'aucune idée. Mais qui s'en étonneroit, puisque la méthode qu'on observe dans les écoles, ne peut que les détourner du bon chemin? Dans les disputes, on y fait valoir des argumens tirez de quelque lieu commun,

mun, & par les succès qu'ils trouvent, l'on détermine la vérité ou la fausseté de ce qui est en question, & l'on attribue la victoire au tenant ou à l'opposant; ce qui est à peu près la même chose, comme si un Arithméticien vouloit faire le bilan d'un compte en mettant une seule partie au *débit* & au *crédit*, quoiqu'il y en ait une centaine d'autres qui doivent y avoir leur place.

Il seroit à souhaiter qu'on s'accoutumat de bonne heure à la premiére de ces méthodes, qui donne de l'étendue à l'esprit, laisse une pleine liberté à l'entendement, & empêche que l'orgueil, la paresse ou la précipitation, ne nous entrainent dans l'erreur. Du moins je me flate qu'il n'y a personne qui veuille préférer l'autre, par cela seul qu'elle est en vogue.

Peut-être qu'on objectera ici que, pour conduire l'entendement au but que je propose, il faudroit que tous les hommes eussent de l'étude, qu'ils fussent

fuſſent munis de pluſieurs connoiſſances, & qu'ils fuſſent exercez dans
toutes les différentes maniéres de raiſonner. Je réponds que c'eſt une honte, pour ceux qui ont le loiſir & les
moyens de s'inſtruire, de manquer
d'aucun des ſecours qu'ils peuvent
avoir pour cultiver leur eſprit, & c'eſt
à ceux-là ſur tout que je m'adreſſe.
Il me ſemble que ceux qui, par l'induſtrie & l'habileté de leurs ancêtres,
ſont délivrez de la fatigue de ne penſer qu'aux beſoins de leurs corps, devroient deſtiner quelque peu de leur
loiſir à exercer leur eſprit dans toutes
les ſciences, divines & humaines.
L'*Algébre*, qui fait une partie des
Mathématiques, donne de nouvelles
vues, & fournit de nouveaux ſecours
à l'entendement. Leur étude ne peut
être que fort utile, même aux hommes avancez en âge ; ils aprennent
par là que, pour raiſonner juſte, il
ne ſuffit pas d'avoir des talens naturels, dont on eſt ſatisfait, & qui
ſervent aſſez bien à nous tirer d'affaires

faires dans le monde. Quelque bonne opinion qu'on ait de son esprit, on verra par cette étude qu'il nous manque en bien des choses très sensibles, & qu'ainsi l'on ne doit pas être si présomptueux qu'on l'est d'ordinaire à cet égard, ni s'imaginer qu'on n'a besoin d'aucun secours, pour aquérir de nouvelles lumières, & qu'on ne peut rien ajouter à la pénétration & à la subtilité de nos esprits.

D'ailleurs, l'étude des *Mathématiques* peut servir à montrer la nécessité qu'il y a de séparer toutes les idées distinctes qui regardent la question dont il s'agit, à voir les différentes relations qu'elles ont entr'elles, & à écarter toutes les autres idées, qui n'ont aucun raport avec le sujet qu'on examine. Cette méthode est absolument requise pour raisonner juste sur la plupart des autres sujets, quoiqu'on n'y prenne pas trop garde, & qu'on ne l'observe pas avec beaucoup de soin. Dans cette partie de nos connoiffances, où l'on croit que la démonftration n'a point de lieu, les hommes raifonnent, pour ainfi dire, à la boulevue, & s'il fe trouve qu'en gros, ou après un examen imparfait, ils arrivent à quelque apparence de probabilité, ils ne vont pas plus loin; fur tout fi c'eft dans une difpute, où l'on s'accroche à la moindre petite bagatelle, & où l'on produit avec pompe tout ce qui peut fervir à rendre un argument plaufible. Un efprit n'eft pas en état de trouver la vérité, s'il ne diftingue & n'épluche bien toutes les parties de fon fujet, & fi, après en avoir éloigné tout ce qui n'y eft pas effentiel, il ne tire une conféquence fondée fur ce qui réfulte de tout ce détail. Un autre avantage qu'on peut aquérir par l'étude des Mathématiques, & qui n'eft pas moins utile que le précédent, c'eft d'accoutumer l'efprit à une longue fuite de conféquences; mais je ne m'y arrêterai pas ici, puisque j'en ai déja touché quelque chofe.

A

A l'égard des hommes qui n'ont ni assez de bien, ni assez de loisir, pour s'appliquer à cette étude, ce qui peut leur suffire n'est pas d'une si vaste étendue qu'on pourroit se l'imaginer; de sorte qu'ils n'entrent pas dans l'objection.

Il n'y a personne qui soit obligé de tout savoir. L'étude des sciences en général est l'affaire de ceux qui vivent à leur aise, & qui ont du loisir. Ceux qui ont des emplois particuliers, en doivent entendre les fonctions; & il n'est pas déraisonnable d'exiger qu'ils pensent & qu'ils raisonnent juste sur ce qui fait leur occupation journaliére. On ne sauroit les en croire incapables, sans les mettre au niveau des bêtes brutes, & les taxer d'une stupidité fort au dessous du rang de créatures douées de raison.

De la Religion.

§ 8. Outre le parti que chacun embrasse dans ce monde, pour y gagner sa vie ; nous aspirons tous à une vie à venir, qu'il est de notre intérêt de nous procurer. C'est ce qui nous oblige à tourner nos esprits du côté de la *Religion*; & c'est ici, plus qu'à tout autre égard, qu'il est de notre devoir de penser & de raisonner juste. Il faut du moins que chacun entende les termes qui se raportent à la *Religion*, & qu'il se forme des idées générales sur tous ses principaux chefs. Un jour de la semaine consacré au service public, sans parler d'autres jours de relâche, fourniroit assez de tems aux Chrétiens, pour s'occuper à cette étude ; s'ils l'y employoient avec la même ardeur, qu'ils témoignent pour bien des choses inutiles, & si chacun, selon sa capacité, prenoit le bon chemin qui peut conduire à cette connoissance. La fabrique originale de tous les esprits est à peu près la même, & les plus simples trouveroient qu'ils ne manquent pas de talens pour y arriver, si on les y aidoit comme il faut.

L'on

L'on a vu divers exemples de gens de la lie du peuple, qui font parvenus à un vif fentiment & à une connoiffance fort étendue de la *Religion*. Et quoique ces exemples foient plus rares qu'il ne feroit à fouhaiter, ils fufifent pour faire voir que les perfonnes de cet ordre-là peuvent fe garantir d'une ignorance groffiére, & que fi l'on en prenoit tout le foin requis, on pourroit en amener bien d'autres à être des créatures raifonnables & de bons Chrétiens : car à peine doiton regarder comme tels ceux qui portent ces titres, & qui ne favent pas les premiers élémens du Chriftianifme. D'ailleurs, il eft certain que les payfans de la Religion Réforméc en *France*, quoique plus expofez à la mifére & à la pauvrété que nos ouvrieres à la journée, entendoient beaucoup mieux la Religion, & en pouvoient raifonner plus jufte que bien des perfonnes d'un rang plus élevé parmi nous.

Mais fupofé qu'on voulût foutenir

contre vent & marée, que le petit peuple doit s'abandonner à une stupidité brutale dans ce qui regarde ses intérêts les plus chers, ceci n'excuse pas les personnes d'une fortune plus distinguée & d'une éducation plus honnête, s'ils négligent de cultiver leur esprit, de le remplir de justes idées, & de l'exercer sur des choses, pour la connoissance desquelles il leur a été principalement donné. Du moins, ceux qui par leurs grandes richesses ont tous les moyens requis pour s'attacher à l'étude, ne sont pas en si petit nombre, qu'on ne pût se flater de voir des progrès considérables dans toutes les sciences, sur tout dans la plus importante de toutes, & qui fournit les plus vastes vues, si les hommes vouloient faire un bon usage de leurs facultez, & bien étudier leur esprit.

Des Idées.

§ 9. Les objets extérieurs, qui ne cessent d'importuner nos sens & qui captivent nos apétits, ne manquent pas de nous remplir le cerveau d'*idées* vives & permanentes de leur espéce. L'esprit n'a pas besoin de s'appliquer pour en faire provision; elles se présentent à lui en foule, & s'y logent avec tant d'activité, qu'il ne lui reste ni assez de place ni assez d'attention, pour en recevoir d'autres qui lui seroient beaucoup plus utiles. De sorte que pour disposer l'esprit à raisonner juste, on doit tâcher de le munir d'*idées* abstraites & morales, qu'il forme lui-même, & qui ne frapent pas nos sens. C'est ce qui en augmente la difficulté ; mais la plupart des hommes sont si prévenus en faveur de leur esprit, qu'ils le négligent ; ils comptent qu'il ne lui manque rien, quoiqu'il soit plus dépourvu de ces *idées*, qu'ils ne se l'imaginent. Vous me direz peut-être, comment est-il possible qu'ils n'ayent pas ces *idées*, puisqu'ils employent souvent les mots qui les représentent ? Ce que j'ai dit là-dessus dans le III. livre de mon *Essai sur l'Entendement Humain*, me dispense de répondre ici à cette question. Mais pour faire sentir qu'il importe beaucoup d'avoir l'esprit muni de ces *idées* abstraites, & qu'elles y soient fixes & déterminées, je demande à mon tour, comment peut-on savoir qu'on est obligé d'être juste, si l'on n'a point d'*idées* fixes de l'obligation & de la justice, puisque la connoissance n'est autre chose que la perception de l'accord ou de la répugnance qu'il y a entre ces *idées* ? On en peut dire autant de toutes les autres matières qui regardent la vie & les mœurs. De plus, si l'on trouve qu'il est difficile de voir l'égalité ou l'inégalité de deux angles qu'on a devant les yeux, dans une figure de Mathématique, où ils sont inaltérables, ne

ferasera-t-il pas tout-à-fait impossible qu'on aperçoive cette égalité ou inégalité dans les *idées* qui n'ont d'autres objets sensibles pour les représenter à l'esprit que des sons, avec lesquels on peut dire qu'elles n'ont pas la moindre conformité : de sorte qu'elles doivent être bien distinctes & déterminées, si l'on veut en raisonner juste ? C'est donc une des principales choses auxquelles on doit s'appliquer, pour bien conduire son esprit dans la recherche de la vérité. Mais soit à l'égard de ces *idées* abstraites ou de toutes les autres, il faut prendre garde qu'elles ne renferment aucune contradiction; qu'elles ayent une existence réelle par tout où on la suppose, & que ce ne soient pas des chiméres en l'air.

Des Préjugez.

§ 10. Nous nous plaignons tous des Préjugez qui font égarer les autres, comme si nous en étions exemts nous-mêmes. Tous les hommes & tous les partis s'en accusent; de sorte qu'ils avouent que c'est un défaut, & un obstacle à nos connoissances. Quel reméde y a-t-il donc pour s'en délivrer? Je n'en sache qu'un seul, c'est que chacun doit examiner ses préjugez, & ne se mettre point en peine de ceux des autres. En effet, on auroit beau nous taxer de ce foible, si nous n'en sommes pas convaincus nous-mêmes, cela ne serviroit de rien, puisque nous avons le même droit de récriminer contre nos accusateurs. Ainsi l'unique moyen qui nous reste, pour bannir du monde cette cause universelle de l'ignorance & de l'erreur, c'est que chacun s'examine là-dessus de bonne foi. Si les autres ne veulent pas s'aquiter de ce devoir, cela change-t-il mes erreurs en véritez, ou doit-il me les rendre plus chéres, & me disposer à être ma dupe? Si les autres aiment les cataractes sur leurs yeux, cela doit-il m'empêcher de faire

abatre

abatre la mienne le plutot qu'il me sera possible ? Tous les hommes se déchainent contre l'aveuglement de l'esprit, & avec tout cela il n'y a presque personne qui ne soit entêté de ce qui en obscurcit la vue, & qui empêche la lumiére, qui le conduiroit à la véritable connoissance, d'y pénétrer. Des supositions fausses ou douteuses, qu'on reçoit comme des maximes incontestables, retiennent dans les ténébres de l'erreur tous ceux qui s'y appuyent, & qui fondent là-dessus leurs raisonnemens. Tels sont par exemple les préjugez qui viennent de l'éducation, du parti où l'on se trouve, du respect que l'on a pour certaines personnes, de la mode qui est reçue, de l'intérêt qui nous domine, &c. C'est ici la paille que chacun voit dans l'œil de son frére, quoiqu'on ne s'aperçoive pas de la poutre qu'on a dans le sien. Car où est l'homme qu'on ait jamais réduit à bien examiner ses principes, & à voir s'ils peuvent soutenir la pierre de touche ? Cependant, c'est un des premiers pas que doivent faire tous ceux, qui veulent bien conduire leur esprit dans la recherche de la vérité.

Comme j'écris uniquement en faveur de ces personnes-là, je leur donnerai une marque, à laquelle ils pourront distinguer si c'est le préjugé, ou la Raison qui les gouverne. Tout homme qui embrasse une opinion, doit suposer, à moins qu'il ne se condamne lui-même, qu'elle est fondée sur de bons principes ; qu'il ne la reçoit qu'à proportion de l'évidence qu'il en a, & que ce n'est point par inclination ou par quelque fantaisie qu'il la soutient, mais parcequ'il en a de fortes preuves. Si malgré tout cela, il ne peut souffrir qu'on la combatte, ni examiner avec soin les argumens de ses adversaires, n'avoue-t-il pas d'abord que le préjugé le tyrannise ? Ce n'est point l'évidence de la vérité qui le persuade ; mais il se repose tranquillement sur une suposition anticipée sans aucun examen,

ou

ou sur quelque préjugé qu'il chérit, & dont il ne veut pas qu'on le dépouille. Car si le dogme qu'il professe, a toute l'évidence qu'il lui attribue, & s'il est convaincu de sa vérité, pourquoi craint-il qu'on le mette à l'épreuve ? Si ce dogme est bâti sur un fondement solide, si les argumens qui l'appuyent, & dont il est satisfait lui-même, se trouvent clairs & décisifs, pourquoi apréhenderoit-il qu'on les mît à la coupelle ? Celui qui donne son aprobation à quelque dogme, sans en avoir toute l'évidence requise, ne doit cette démarche qu'à son préjugé, & il le reconnoit lui-même lorsqu'il refuse d'entendre ce qu'on y oppose. Il montre par-là que ce n'est pas tant l'évidence qu'il cherche, que le plaisir trompeur de jouir en repos d'un dogme favori, & de condamner haut la main tout ce qui le contrequarre ; & n'est-ce pas là ce qu'on appelle préjugé ?

* *Celui*

* *Celui qui décide une cauſe, ſans avoir entendu l'une des parties, ne mérite pas le titre de juſte, quoiqu'il ait porté un jugement équitable.* Toute perſonne qui aime ſincérement la vérité, & qui veut s'aquitter de ſon devoir à cet égard, doit faire ces deux choſes qui ne ſont pas trop communes, ni fort aiſées.

De l'Indifférence.

§. 11. La premiére, c'eſt de ne ſe point coëffer d'aucune opinion, & de ne pas ſouhaiter qu'elle ſoit vraye, juſqu'à ce qu'on en ait de bonnes preuves, & alors tous nos ſouhaits ſont inutiles : car il n'y a rien de faux qui mérite un pareil zéle, ni le moindre deſir qu'il tienne la place de la vérité, cependant il n'eſt rien de plus commun que cet amour mal entendu. Les hommes admettent certains dogmes

---

* Qui æquum ſtatuerit parte inauditâ alterâ, etiamſi æquum ſtatuerit, non æquus fuerit.

mes sans en avoir aucune évidence, sur le simple respect qu'ils ont pour leurs chefs, ou parcequ'ils les trouvent établis dans leur secte; ils s'imaginent qu'ils doivent les soutenir à quel prix que ce soit, qu'autrement tout est perdu, quoiqu'ils n'ayent jamais examiné les principes sur lesquels ces dogmes sont bâtis, qu'ils n'en soient pas bien convaincus eux-mêmes, & qu'ils ne soient pas en état de les prouver aux autres. Nous devons combattre avec ardeur pour la vérité, mais il faut être bien assuré que c'est la vérité qu'on défend, puisque sans une pareille certitude on pourroit combattre contre Dieu, qui est l'auteur de la vérité, & faire les œuvres du Diable, qui est le pére & l'avocat du mensonge. Notre zéle, quelque bouillant & enflamé qu'il soit, ne nous excusera pas, s'il est aveugle & indiscret; ce n'est alors qu'un préjugé tout pur.

De l'Examen.

§. 12. La seconde chose que doit faire une personne qui aime la vérité, c'est d'examiner si les principes qu'il reçoit, sont vrais ou non, & jusques à quel point il peut s'y reposer sûrement. Je sai que la plupart des hommes ont de la répugnance pour cet examen, parcequ'ils le jugent inutile, ou qu'ils s'en croyent incapables. Mais sans déterminer s'il y en a peu qui ayent le courage ou l'adresse d'en venir à bout, il est certain que tous ceux qui font profession d'aimer la vérité, & qui ne veulent pas se tromper eux-mêmes, doivent prendre cette voye. Je n'ignore pas qu'il y en a plusieurs qui aiment mieux être leur propre dupe, que de s'exposer aux sophismes des autres. Cette malheureuse disposition se fortifie avec l'âge; elle pousse tous les jours de nouvelles racines; on se plait dans son erreur, quoique l'on ne puisse pas souffrir que les autres

tres nous trompent, ou qu'ils se moquent de nous. L'incapacité, dont je parle ici, n'eſt pas un défaut naturel qui empêche les hommes d'examiner leurs principes. A l'égard de ceux qui en ſont atteints, il ſeroit inutile de leur donner des régles pour ſe conduire dans la recherche de la vérité; mais le nombre en eſt petit. La grande foule eſt de ceux que la mauvaiſe habitude de n'exercer jamais leur eſprit a rendus incapables: toutes leurs facultez ſont preſqu'émouſſées pour n'en avoir fait aucun uſage, & ils ont perdu cette force & cette étendue d'eſprit que la Nature leur deſtinoit, & qu'ils pouvoient aquérir par l'exercice. Ceux qui ſont en état d'aprendre les prémiéres régles de l'arithmétique, & de ſupputer une ſomme ordinaire, feroient capables de l'examen dont il s'agit, s'ils étoient accoutumez de bonne heure à raiſonner : mais lorſqu'ils ont tout-à-fait négligé leur eſprit à cet égard, ils ne ſont pas moins incapables d'en venir à bout,
qu'un

qu'un homme qui n'a nulle connoissance de l'arithmétique le feroit de tirer le bilan d'un livre de comptes; & peut-être même qu'ils trouveroient aussi étrange qu'on attendît d'eux un pareil examen, que cette supputation de l'autre. Quoi-qu'il en soit, il faut avouer que c'est faire un mauvais usage de son entendement, que de bâtir ses opinions, à l'égard des choses où il nous importe d'embrasser la vérité, sur des principes qui peuvent nous conduire dans l'erreur. Nous recevons nos principes au hasard, sur la foi d'autrui, sans les avoir jamais bien examinez, & nous admettons là-dessus un système tout entier, dans la pensée qu'ils sont vrais & solides : mais qu'est-ce autre chose qu'une crédulité honteuse & puérile ?

C'est dans l'une & l'autre de ces démarches, je veux dire, l'équilibre où l'on doit être à l'égard des opinions, jusqu'à ce qu'on soit convaincu de leur vérité par de bonnes preuves, & l'examen que l'on doit faire de ses princi-

pes,

pes, que confifte cette liberté de l'entendement, qui eft néceffaire à toutes les créatures raifonnables, & fans laquelle ce ne feroit plus un entendement. C'eft imagination, fantaifie, extravagance, ou toute autre chofe plutot qu'entendement, s'il eft contraint de recevoir des opinions par aucun autre motif que celui de l'évidence. On peut dire que c'eft la plus dangereufe de toutes les fupercheries que l'on fe puiffe faire à foi-même, & que c'eft en impofer à celle de toutes nos facultez que nous devrions garantir avec le plus de foin d'un pareil malheur. Il eft vrai que le monde blâme beaucoup ceux qui tiennent pour l'*Indifférence*, fur tout en matiére de Religion; mais il eft à craindre qu'on ne faffe quelque équivoque là-deffus, ou qu'un prétendu zéle ne foit la fource de bien des erreurs & de conféquences plus fâcheufes. Etre indifférent à l'égard de deux opinions, & ne pas fouhaiter que l'une foit plutot vraye que l'autre, c'eft la jufte
fitua-

situation où l'esprit doit se trouver, pour se mettre à couvert de l'illusion, & les examiner avec tout le calme requis; c'est le plus sûr, ou même l'unique moyen de parvenir à la vérité. Mais si l'on croit qu'il est indifférent d'embrasser la vérité ou le mensonge, c'est le grand chemin qui conduit à l'erreur. Ceux qui n'ont pas la premiére indifférence, tombent dans l'autre; ils supposent, sans aucun examen, que ce qu'ils croyent est véritable, & ils s'imaginent ensuite qu'ils doivent le soutenir à quel prix que ce soit. L'ardeur qu'ils témoignent pour défendre leurs opinions, est une bonne preuve qu'elles ne leur sont pas indifférentes; mais il paroit en même tems qu'ils ne se mettent pas fort en peine si elles sont vrayes ou fausses, puisqu'ils ne peuvent souffrir qu'on les révoque en doute, ni qu'on les attaque, & qu'ils ne les ont jamais examinées.

Ce sont les défauts les plus ordinaires où les hommes tombent, & qu'ils qu'ils devroient éviter avec beaucoup de soin, s'ils veulent bien conduire leur esprit dans la recherche de la vérité; ils devroient travailler sur tout à les prévenir par une bonne éducation; dont le but, à l'égard de ceux qui s'attachent à l'étude, n'est pas, si je ne me trompe, de les rendre parfaits dans toutes les sciences, ni même dans une seule; mais de donner à leur esprit cette liberté, cette disposition, & ces habitudes qui peuvent les mettre en état d'atteindre à cette partie de nos connoissances à laquelle ils s'appliquent, ou qui peut leur être utile durant tout le cours de leur vie.

C'est en cela seul que consiste la bonne éducation, & non pas à inspirer du respect & de la vénération pour certains dogmes, qui souvent, malgré le titre spécieux de principes qu'on leur donne, se trouvent si éloignez de l'évidence & de la certitude qui accompagnent les principes, qu'on doit les rejetter comme
faux

faux & erronez. D'ailleurs, il est assez ordinaire de voir que les étudians que l'on a imbus de cette soumission aveugle, lorsqu'ils viennent à se produire dans le monde & qu'ils ne se trouvent pas en état de maintenir les principes qu'ils ont adoptez, renoncent à toute sorte de principes, donnent dans le Pyrrhonisme, & n'ont pas le moindre égard pour tout ce qui s'apelle science, connoissance, ou vertu.

Il y a plusieurs défauts dans l'entendement, qui viennent ou de la disposition naturelle de l'esprit, ou des mauvaises habitudes qu'il a contractées, & qui l'empêchent de faire des progrès dans les connoissances. Si l'on étudioit bien l'esprit, on trouveroit que ses défauts sont peut-être en aussi grand nombre que les maladies du corps ; que chacun d'eux porte quelque préjudice à l'entendement, & qu'ils méritent aussi qu'on travaille à leur guérison. J'en découvrirai ici quelques-uns, pour exciciter les hommes, fur tout ceux qui s'apliquent à l'étude, à rentrer en eux-mêmes, & à voir s'ils ne tombent pas dans les uns ou les autres de ces foibles, qui ne peuvent que leur nuire dans la recherche de la vérité.

Des Observations.

§. 13. Il n'y a nul doute que les faits particuliers ne foient le fondement fur lequel nos connoiffances naturelles de la vie civile font bâties: l'avantage qui en revient à l'efprit, c'eft d'en tirer des conclufions qui lui fervent de régles fixes & pour la théorie & pour la pratique. Il eft vrai qu'il ne profite pas toujours des inftructions qu'il reçoit de l'hiftoire civile ou naturelle, parcequ'il eft trop promt, ou trop lent, à obferver les faits particuliers qu'on y raporte.

Il y a des gens qui font fort affidus à la lecture, & qui avec tout cela n'en deviennent pas plus habiles.

Ils

Ils se plaisent à écouter les histoires qu'on leur dit, & quelquefois même ils se rendent capables de les redire; mais tout ce qu'ils lisent est purement historique pour eux, il passe ou se loge dans leur esprit, sans qu'ils y fassent la moindre attention, ni aucune remarque qui tourne à leur avantage. Ils se piquent de lire beaucoup, sans rien digérer, ce qui ne peut que causer un amas de cruditez inutiles.

S'ils ont la mémoire bonne, on peut dire qu'ils ont les matériaux de la connoissance; mais que ces matériaux ne servent de rien, non plus que ceux qu'on destine à bâtir un édifice, si l'on n'y touche pas, & qu'ils restent accumulez les uns sur les autres. Il y a des personnes au contraire qui perdent le fruit de leur lecture par une conduite opposée. Ils tirent des conséquences générales de tous les faits particuliers qu'ils trouvent, & ils en font des axiomes. Ceux-ci reçoivent aussi peu d'avanvantage de l'histoire que les premiers, ou plutot il leur en revient plus de mal, à cause de la vivacité de leur esprit. Il est plus dangereux de suivre une mauvaise régle, que de n'en point avoir du tout, & l'erreur fait beaucoup plus de mal aux esprits actif & bouillans, que l'ignorance n'en cause à ceux qui sont grossiers & tardifs. On ne doit imiter ni les uns ni les autres; mais après avoir fait quelques observations importantes sur des événemens particuliers, on doit les retenir pour en juger par ce que l'on trouve dans l'histoire, soit pour les confirmer ou les rejetter; & lorsqu'on les a justifiées par une bonne induction, l'on peut en établir des principes. Ceux qui ne réfléchissent pas de cette maniére sur ce qu'ils lisent, ne font que se charger l'esprit d'une rapsodie de contes, qui ne sont propres qu'à être débitez l'hiver auprès du feu; & si l'on prétend réduire en maximes tous les faits particuliers, l'on se rem-

plit

plit d'obfervations contradictoires, qui ne fervent qu'à donner de l'embarras lorfqu'on vient à les comparer enfemble; ou à jetter dans l'erreur, fi l'un plait mieux que l'autre, foit par fa nouveauté, ou par quelque fantaifie.

Du penchant.

§. 14. On peut joindre à ces mauvais raifonneurs ceux qui fouffrent que leur tempérament & les paffions qui les dominent, influent fur le jugement qu'ils portent des hommes & des chofes qui ont quelque raport avec leur intérêt préfent, & les circonftances où ils fe trouvent. La vérité eft toute fimple & toute pure; elle ne fauroit fouffrir aucun autre mélange. Elle eft roide & inflexible à toute forte d'intérêts particuliers;& l'entendement devroit être de même, puifque fon excellence confifte à la fuivre. Ce qui doit faire fon occupation propre & naturelle, c'eft

c'est d'avoir une juste idée de chaque chose, & quoique tous les hommes en tombent d'accord, il y en a très peu qui l'employent à cet usage: ils s'excusent là-dessus, & ils s'imaginent d'avoir raison, s'ils peuvent prétendre que c'est pour la gloire de Dieu, ou pour une bonne cause, c'est-à-dire, pour eux-mêmes, pour leurs opinions, ou pour leur parti. Du moins les différentes sectes ne manquent presque jamais, sur tout en matiére de Religion, de mettre Dieu & une bonne cause à la place de leurs intérêts particuliers. Dieu ne demande pas que les hommes fassent pour lui un mauvais usage de leur esprit, ni qu'ils se trompent eux-mêmes, ou qu'ils dupent les autres en sa faveur : cependant ceux qui ne tâchent pas d'avoir une juste idée des objets qu'on leur propose, ou ausquels ils doivent s'intéresser, & qui en détournent la vue, se rendent coupables de tous ces desordres. Pour ce qui est d'une bonne cause, elle n'a pas besoin de tels secours; si
el-

elle est bonne, la vérité la soutiendra, sans qu'on y employe le mensonge ou la fraude.

Des Argumens.

§ 15. On voit des hommes qui suivent une méthode, qui n'est pas fort éloignée de la précédente; ils cherchent par tout des argumens pour appuyer un certain dogme, pendant qu'ils rejettent ceux qui favorisent l'opinion contraire. Leur autorité, leur avantage & leur crédit en dépendent; cela seul les détermine. Mais n'est-ce pas s'aveugler de gayeté de cœur, & fouler aux piez la vérité, au lieu d'en avoir toute l'estime qu'elle mérite? Suposé qu'on la rencontre de cette maniére, c'est un pur hasard, & l'on pourroit embrasser l'erreur tout de même. Celui qui trouve la vérité sur le chemin qui conduit aux emplois, court risque de ne s'aquitter pas trop bien de son devoir.

Il y a une autre voye plus innocente

te de se munir d'argumens, & que les personnes qui lisent beaucoup, suivent d'ordinaire; c'est de se remplir la tête de tout ce qu'ils trouvent pour & contre sur toutes les questions qu'ils étudient. Ceci ne leur sert pas à décider juste, ni à raisonner avec force, mais à discourir à perte de vue de l'un & de l'autre côté. Les argumens qu'ils puisent chez les autres, ne font, pour ainsi dire, que nager dans leur mémoire, & s'ils leur fournissent de quoi babiller avec quelque apparence de raison, ils ne les aident guéres à porter un jugement fixe & solide. Cette variété de preuves ne sert qu'à confondre l'esprit, à moins qu'il ne les ait examinées avec toute l'attention requise; en un mot, c'est embrasser l'ombre pour le corps, & chercher plutot à flater son orgueil qu'à devenir habile. Le seul moyen d'y réussir, c'est de se former des idées claires & distinctes des choses, & d'y joindre des termes fixes qui les représentent. Il faut considérer ces idées en elles-mêmes, avec leurs différentes relations, & ne pas s'amuser à des termes vagues & indéterminez, qu'on peut prendre en divers sens selon le besoin qu'on en a. C'est dans la perception des raports, que nos idées ont les unes avec les autres, que consiste la véritable science; & lorsqu'on voit une fois jusqu'où elles s'accordent ou sont opposées ensemble, on peut juger de ce que les autres en disent, & il est inutile d'avoir recours à leurs argumens, qui ne sont pour la plupart que des sophismes plausibles. Nous aprendrons par cette méthode à bien poser l'état de la question, à voir où en est le nœud, & à nous servir de nos propres lumiéres; au lieu qu'on ne fait que suivre celles des autres, lorsqu'on se charge la mémoire de leurs argumens: & si l'on vient à révoquer en doute les principes sur lesquels ils sont bâtis, on ne sait plus où l'on en est, & l'on se trouve réduit à abandonner cette connoissance implicite.

De

De la Précipitation, & de l'Impatience.

§. 16. Il est contre la nature d'aimer le travail pour l'amour du travail même. L'entendement choisit toujours le chemin le plus court pour arriver à son but, aussi bien que toutes les autres facultez; il voudroit parvenir tout d'un coup à la connoissance qu'il a en vue, & passer ensuite à quelque nouvelle recherche. Soit paresse ou précipitation, c'est ce qui éloigne l'esprit de la vérité, & qui fait qu'il se contente d'un examen trop léger & superficiel. Quelquefois il s'arrête mal à propos sur le témoignage d'autrui, parcequ'il est plus facile de croire que de méditer & de réfléchir. Quelquefois il se paye d'un seul argument, qu'il regarde comme une démonstration, quoique le sujet dont il s'agit en soit incapable, & qu'il faille avoir recours aux probabilitez, après avoir bien pesé toutes les raisons qu'on peut dire pour & contre. Quelquefois la probabilité le détermine, lorsqu'il lui faudroit une démonstration. Tous ces égaremens, & plusieurs autres, où la paresse, la coutume, l'impatience, & le manque d'exercice & d'attention entrainent les hommes, viennent du mauvais usage qu'ils font de leur esprit dans la recherche de la vérité. Pour y bien réussir, il faudroit examiner d'abord de quelles preuves les différens sujets sont capables. De cette maniére on s'épargneroit beaucoup de peine inutile, & l'on arriveroit plutot au but que l'on se propose. Un amas confus de toute sorte de preuves, sur tout de celles qui ne consistent qu'en mots, n'est pas seulement une peine perdue, mais il charge la mémoire, & l'empêche de retenir les plus solides. Par la voye de l'examen, l'esprit découvre ce qu'il y a de certain & de vrai, il s'en nourrit & se le rend propre ; au lieu que par la soumission aveugle,

il

il ne fait qu'entrevoir la vérité & ne se repait que d'incertitudes. Si une grande lecture le met en état de raisonner à perte de vue sur bien des choses, il n'en est pas plus habile ni plus éclairé pour cela. Nous devons à la même impatience de l'esprit le peu de soin qu'il a de remonter jusques à la source des argumens ; nous apercevons quelque lueur, nous présumons beaucoup de nos lumiéres, & nous passons d'abord à la conclusion. C'est le plus court chemin pour arriver à la chimére, à l'entêtement, & à l'opiniâtreté ; mais le plus long & le plus difficile pour atteindre à ce qu'on appelle science. En effet, celui qui la cherche, doit découvrir la vérité, & le fondement sur lequel elle est appuyée, par la liaison des preuves : desorte que si l'impatience lui fait négliger ce qu'il auroit dû examiner avec attention, il faut qu'il recommence tout de nouveau, ou bien il n'arrivera jamais à la science.

L'ardeur & le penchant qui portent

tent l'esprit vers la connoissance y forment souvent un obstacle, si on n'a le soin de les bien régler. Il s'empresse toujours à faire de nouvelles découvertes, il cherche la variété des objets, & il ne s'arrête pas assez longtems à examiner ce qu'il a devant les yeux, pour courir après ce qu'il ne voit pas. Celui qui court la poste à travers un pays, peut bien dire en général de quelle maniére il est situé, & donner une légére description d'une montagne, d'une plaine, d'un marais, d'une riviére, de quelque forêt, & de quelques prairies qui se trouvent çà & là; mais pour ce qui regarde l'essentiel, la nature du terroir, les différentes espéces d'animaux, la vertu des plantes, & les mœurs des habitans, il est impossible qu'il fasse aucune observation là-dessus. Aussi ne découvre-t-on guéres de mines riches & abondantes, si l'on ne se donne la peine de creuser un peu avant. La nature cache d'ordinaire ses trésors & ses joyaux dans les

les entrailles des rochers. Si la matiére est épineuse, & que le nœud soit profond, il faut que l'esprit employe toute son industrie pour le découvrir, & qu'il ne se rebute point jusqu'à ce qu'il en soit venu à bout. D'ailleurs, on doit prendre garde ici à ne tomber pas dans l'extrémité opposée: je veux dire, à ne s'arrêter point à chaque petite niaiserie qui se présente, & à ne s'imaginer pas que la moindre question triviale renferme des mystéres de science. Tout homme qui s'amuseroit à ramasser toutes les petites pierres qu'il trouveroit sur son chemin, n'en deviendroit pas plus riche ni plus chargé de diamans, que celui qui courroit la poste au travers d'un pays. Les véritez n'en valent ni plus ni moins, soit qu'on les trouve difficilement ou sans peine, & l'on doit juger de leur prix, par l'influence & l'utilité qu'elles peuvent avoir. Nous ne devrions pas employer une seule minute de notre tems à faire des observations inutiles; mais il ne faut pas négliger celles qui peuvent servir à étendre nos vues, & à pousser nos découvertes plus loin sur des matiéres de quelque importance, quoiqu'elles interrompent notre course, & qu'elles demandent une longue & pénible attention.

Il y a une autre précipitation qui fait souvent égarer l'esprit, s'il est abandonné à lui-même & à sa propre conduite. Plein d'ardeur pour la variété des objets & l'étendue de ses connoissances, il passe d'abord à des conclusions générales, sans en venir au détail requis, sur lequel il devroit fonder ses axiomes. Il s'imagine d'en être par là beaucoup plus habile; mais au lieu de se nourrir de réalitez, il se repait de chimères. Les spéculations bâties sur des fondemens si légers ne sauroient être fermes, & si elles ne tombent pas d'elles-mêmes, il est certain qu'elles ne peuvent soutenir le choc d'une opposition vigoureuse. C'est ainsi que trop promts à se former des idées générales & une théorie mal conçue, il y a bien des hommes qui ne se trouvent pas aussi avancez qu'ils le croyoient, lorsqu'ils viennent à examiner de plus près les maximes qu'ils ont adoptées, ou que d'autres les attaquent. Il faut avouer que les observations générales fondées sur un détail exact sont un véritable trésor, qui renferme beaucoup dans un petit espace; mais on doit être d'autant plus soigneux à les tirer juste, qu'on court risque de prendre du clinquant pour de l'or pur, & de s'exposer à une perte honteuse au lieu de faire quelque gain. Une ou deux particularitez peuvent donner occasion à nos recherches, & l'on fait bien de s'en servir à cet usage; mais si on les tourne aussitôt en régles générales, on ne manque presque jamais de se tromper soi-même, & de prendre l'ombre pour le corps. Nous l'avons déja dit; les faits ne sont tout au plus que les matériaux des sciences, & si l'on se contente de s'en charger la mémoire, ce n'est qu'un qu'un embarras inutile : de même celui qui érige tout en principes, s'accable du même poids, & s'expose à recevoir outre cela beaucoup plus d'erreurs. Ce sont deux extrêmitez qu'on doit éviter avec soin, & celui qui peut tenir un juste milieu, est le mieux en état de rendre bon compte de ses études.

De l'Inconstance.

§ 17. Un autre défaut, qui est d'aussi mauvaise conséquence que le précédent, & qui vient d'un principe de paresse mêlée d'orgueil, est la légéreté avec laquelle on passe d'un objet à l'autre. Il y a des hommes qui se lassent d'abord de tout; ils ne peuvent souffrir l'application & l'assiduité; & ils ont autant de rebut pour une étude suivie & continuée, que les Dames de Cour en ont pour les habits qui ne sont plus à la mode.

De l'Etude superficielle.

§ 18. Il y en a d'autres qui, pour s'aquerir la réputation de savans, tâchent d'avoir une légére teinture de tout. Ces deux sortes de génies peuvent se former des idées vagues sur bien des choses; mais ils sont fort éloignez du chemin qui conduit à la science & à la vérité.

Du Savoir universel.

§ 19. Je n'ai pas dessein de blâmer ici ceux qui veulent avoir quelque idée de toutes les sciences: cela est utile & nécessaire pour former l'esprit; mais on devroit s'y prendre d'une toute autre maniére qu'on ne fait la plupart du tems, & se proposer un tout autre but. Il y a des personnes, qui se remplissent la tête de lambeaux, pour ainsi dire, de toutes les sciences, afin de pouvoir raisonner sur tout avec le premier venu:

leur

leur mémoire est, à ce qu'ils croyent, un magasin intarissable, d'où ils peuvent tirer de quoi fournir à toute sorte de conversations ; mais cela ne sert qu'à flater leur orgueil & à les rendre babillards. J'avoue que c'est un très beau talent d'avoir une connoissance exacte & solide de la plupart ou de tous les objets, sur lesquels on peut réfléchir ; mais un seul homme n'est pas capable d'ateindre à cette perfection : du moins les exemples de ceux qui en aprochent sont si rares, que je ne sai pas si on doit les proposer comme des modéles à suivre dans la conduite ordinaire de l'esprit humain. L'étude exacte de nos devoirs en qualité de citoyens, & de la Religion en qualité d'hommes, suffit pour nous occuper tout entiers; & il y en a peu qui s'instruisent à fonds de l'un & de l'autre, comme ils le devroient. Mais quoique cela soit ainsi, & qu'il y ait très peu d'hommes qui portent leurs vues jusques à une connoissance universelle; je ne doute pas que, si l'on

prenoit

prenoit le bon chemin & si l'on suivoit une méthode bien réglée, les personnes qui ont beaucoup de loisir, n'allassent infiniment plus loin qu'on ne va d'ordinaire. D'un autre côté, le but qu'on doit se proposer par l'étude superficielle de ces connoissances, qu'il n'est pas de l'intérêt immédiat des hommes d'aquérir, c'est d'accoutumer l'esprit à toute sorte d'idées, & à examiner les raports qu'elles ont les unes avec les autres. L'usage des différentes maniéres de raisonner & de chercher la vérité, que les plus habiles ont pratiquées, ne peut que donner à l'esprit de l'étendue, de la sagacité, de la pénétration & beaucoup de souplesse à tourner de tous les côtez le sujet qu'il médite. D'ailleurs, cette légére teinture de toutes les sciences, jointe à l'indifférence dont nous avons déja parlé, sert à prévenir un autre défaut qui n'est que trop commun, & où tombent les hommes qui ne sont imbus que d'une science particuliére. Accoutumez

tumez à cet unique objet, ils y aménent tous les autres, & les envisagent sous le même point de vue, quelque éloignement qu'il y ait entr'eux. Un Métaphysicien réduit le jardinage & le labourage à des idées abstraites, sans avoir aucun égard à l'histoire de la Nature. Un Chimiste, au contraire, soumet la Théologie aux maximes de son laboratoire ; il explique la Morale par le Sel, le Soulphre & le Mercure ; il allégorise toute la Bible, & il trouve la pierre philosophale dans les mystéres que Dieu nous y a révélez. J'ai connu moi-même un très habile Musicien, qui expliquoit fort sérieusement les sept jours de *Moïse* par des notes de musique, comme si cette harmonie avoit servi de base à la création. De sorte qu'il est très important d'empêcher que l'esprit ne se prévienne en faveur d'une science particuliére, & il me semble que le plus sûr moyen d'en venir à bout, c'est de lui donner une vue exacte de tout le monde intellectuel,

où

où il peut voir l'ordre, le rang, & la beauté de toutes ſes parties, & laiſſer à chacune des ſciences les bornes qui la renferment & l'uſage qu'on en doit tirer.

Si les hommes avancez en âge croyent que cette précaution eſt inutile, & qu'on ne puiſſe pas les y amener, il eſt du moins raiſonnable qu'on la prenne à l'égard de la jeuneſſe. Le but de l'éducation, comme je l'ai déja remarqué, n'eſt pas de rendre les hommes parfaits dans aucune ſcience, mais de leur ouvrir l'eſprit, en ſorte qu'ils ſoient capables de réuſſir dans tout ce à quoi ils s'appliqueront. Si l'on s'accoutume longtems à penſer d'une certaine maniére, l'eſprit en devient ſi inflexible, qu'on ne ſauroit plus le tourner d'un autre côté qu'avec peine. Afin donc de lui procurer toute la liberté requiſe, je croi qu'il eſt bon de l'exercer dans le vaſte océan de toutes les ſciences, non pas pour le munir d'un ſavoir plus étendu, mais pour le rendre plus actif & plus libre.

De la Lecture.

§ 20. C'est en ceci que bien des gens se trompent. Ceux qui ont lu beaucoup, passent pour fort habiles; mais cela n'est pas toujours vrai. La lecture nous fournit les matériaux de nos connoissances, mais il n'y a que la méditation seule qui les digére & qui les convertisse à notre usage. On peut dire que nous sommes à cet égard des animaux qui ruminent; il ne suffit pas de s'accabler d'un tas de recueils, à moins que nous ne les mâchions à diverses reprises, ils ne peuvent servir à notre nourriture, ni à nous rendre plus robustes & plus vigoureux. Il est vrai qu'il y a des Ecrivains, où l'on trouve des marques visibles d'une méditation profonde, un raisonnement exquis, & des idées bien soutenues. Ils pourroient être d'un grand secours, si tous ceux qui les lisent, vouloient ou savoient profiter de leurs lumiéres, & suivre leur exemple. Il n'y a que ceci d'essentiel;

tout le reste n'aboutit qu'à des faits, qui ne servent tout au plus qu'à enrichir la mémoire; mais à l'égard du principal, il n'y a que la méditation qui en puisse venir à bout. Il faut examiner l'étendue, la force & la liaison de ce qui est dit, & à moins qu'on n'aperçoive tout cela, il ne sauroit nous être utile; ce ne sont que des piéces détachées, qui flotent pêle-mêle dans le cerveau. Si l'on ne fait que répéter ce que les autres ont dit, ou produire leurs raisons, ce n'est qu'un acte de la mémoire, le jugement n'en est pas mieux, & l'on n'en devient pas plus savant. Une science de cette nature n'est fondée que sur le raport d'autrui, & l'ostentation qu'on en fait, n'est autre chose tout au plus que discourir par routine, & très souvent sur de faux principes. Car tout ce qu'on trouve dans les livres, n'est pas toujours bâti sur des principes clairs & solides; & la plupart de ceux qui lisent, ne sont pas trop bien disposez à l'exal'examiner avec tout le foin requis, fur tout ceux qui, après s'être dévouez à un parti, ne cherchent que ce qui peut favorifer leurs dogmes. De tels efprits fe fruftrent eux-mêmes de la vérité, & de tout l'avantage réel qu'ils pourroient tirer de la lecture. D'autres, qui ont plus d'indifférence à l'égard des opinions, manquent d'attention & d'induftrie. L'efprit n'aime pas de lui-même à fe donner la peine de fuivre chaque argument jufques à la fource, pour voir s'il eft bien ou mal fondé; mais cet examen tout feul fait qu'un homme profite beaucoup plus qu'un autre de la lecture. Quoique cette tâche foit d'abord affez rude, il faut y accoutumer l'efprit par la févérité de quelques bonnes régles; & l'exercice la rendra bientot facile. Ceux qui en ont formé l'habitude, voyent, pour ainfi dire, d'un coup d'œil le principe, bon ou mauvais, fur lequel un argument eft bâti, & l'on peut ajouter qu'ils ont trouvé la véritable

clef

clef des livres, & le fil qui peut les conduire au travers du labyrinte d'une infinité d'opinions & d'auteurs, à la certitude & à la vérité. C'est ce qu'on devroit apprendre aux jeunes étudians, afin qu'ils puſſent profiter de leur lecture. Ceux qui ne connoiſſent point cet exercice, ne manqueront pas de s'imaginer que ſi, dans les livres qu'ils liſent, ils s'attachoient à ſuivre pié à pié chaque argument juſques à ſon origine, ils ne feroient preſqu'aucun progrès dans leurs études.

J'avoue que c'eſt une bonne objection, & qu'elle peut fraper ceux qui ne liſent que dans la vue de parler beaucoup & d'aquérir peu de connoiſſance : c'eſt là tout ce que j'en puis dire. Mais je recherche ici quelle doit être la conduite de l'entendement pour arriver à la ſcience & à la certitude, & j'oſe dire à ceux qui ne ſe propoſent que ce but, que celui qui marche à loiſir, mais d'un pas ferme & conſtant, dans un chemin droit & fûr, arrivera plutot à la fin de fa courfe, que celui qui s'arrête avec tous les voyageurs qu'il rencontre, quoiqu'il aille tout le jour au grand galop.

On peut ajouter que cette maniére de lire avec réflexion n'eft pénible qu'au commencement, & que d'abord que l'habitude en eft formée, on la pratique fans aucun embarras, & fans interrompre le cours de fa lecture. L'action & les vues d'un efprit fait à cet exercice font fort promtes, & un homme accoutumé à réfléchir de la forte, pénétre fi avant du premier coup d'œil, qu'il lui faudroit un long difcours, pour l'expliquer à un autre. D'ailleurs, auffitot qu'on a furmonté les premiéres difficultez, le plaifir & l'avantage qu'on en reçoit, excitent beaucoup l'efprit dans la lecture, qui fans cela ne peut s'appeller que très improprement une étude.

Des Principes intermédiats, ou moyens.

§ 21. Il me semble que l'esprit, pour s'aider en ceci & s'épargner la fatigue de remonter chaque fois aux premiers principes, par une longue suite de pensées, doit se munir de plusieurs stations ; c'est-à-dire, de principes moyens, auxquels il peut avoir recours dans l'examen des cas particuliers qu'il trouve sur son chemin. Quoique ces derniers principes ne soient pas évidens par eux-mêmes, avec tout cela si on les a tirez des autres par une bonne & juste déduction, l'on peut s'y reposer comme sur des véritez incontestables, & s'en servir à prouver d'autres points qui en dépendent par une liaison plus immédiate, que celle qu'ils ont avec des maximes générales. Ces principes moyens peuvent servir d'indices, pour faire voir ce qui est dans le droit chemin de la vérité, & ce qui s'en éloi-

éloigne. C'est ainsi que font les Mathématiciens, qui, dans chaque nouveau problême ne remontent pas aux premiers axiomes, à travers une longue suite de propositions qu'il y a entre deux. Certains théorêmes, qu'ils se sont fixez sur de bonnes démonstrations, leur servent à résoudre une infinité de propositions, qui en découlent avec autant d'évidence, que si l'esprit repassoit de nouveau tous les chainons de la chaine qui les lient avec les premiers principes qui sont évidens par eux-mêmes. Mais dans les autres sciences il faut bien prendre garde à établir ces principes moyens, avec tout le soin, l'exactitude & l'indifférence que les Mathématiciens ont pour fixer quelcun de leurs grands théorêmes. Si l'on n'en vient là, & que l'on adopte des principes, dans quelque science que ce puisse être, sur la bonne foi, par inclination, ou par intérêt, à la hâte, sans un examen sérieux & des preuves convaincantes; on se tend un piége

piége à foi-même, & on se livre piez & poings liez, autant qu'il dépend de nous, à l'erreur, au mensonge & à la fausseté.

De la Partialité.

§ 22. De même qu'il y a une partialité à l'égard des opinions, qui fait égarer l'esprit, comme nous l'avons déja vu ; il y a aussi une partialité pour les études, qui est préjudiciable à l'étendue de nos connoissances. On estime d'ordinaire les sciences ausquelles on s'est adonné, plus que les autres qu'on a négligées, comme si les premiéres étoient seules dignes de notre application, & que tout le reste ne fût qu'un vain & inutile amusement. C'est un effet de l'ignorance, & c'est se remplir, pour ainsi dire, de flatuositez, qui viennent de la foiblesse de notre conception. Il n'y a point de mal que chacun ait du gout pour la science, dont il a fait son étude particuliére; la vue & un sentiment vif de ce qu'elle a de beau & d'utile, servent à l'animer à sa poursuite, & l'encouragent à la pousser plus loin. Mais le mépris de toutes les autres sciences, comme si elles n'étoient rien en comparaison de la Jurisprudence, de la Médecine, de l'Astronomie ou de la Chimie, ou de quelque art inférieur ; ce mépris, dis-je, est la marque d'un petit génie plein d'orgueil & de vanité. Ce n'est pas tout, il renferme l'esprit dans des bornes étroites, & l'empêche de jetter la vue sur d'autres parties du monde intellectuel, qui sont peut-être plus belles & plus fertiles, que le terrain qu'il a déja choisi, & qui, outre la nouveauté des objets, pourroient lui fournir l'occasion de le mieux cultiver.

Quoique cette partialité n'aille pas toujours jusqu'à inspirer du mépris pour toutes les autres études, il arrive souvent qu'on a trop d'indulgence pour une certaine étude particuliére, & qu'on la fait servir mal
à

à propos à expliquer d'autres sciences, avec lesquelles on peut dire qu'elle n'a pas la moindre liaison. Par exemple, il y a des Mathématiciens si prévenus en faveur de leur méthode, qu'ils introduisent des lignes & des figures dans l'étude de la Théologie, ou dans les recherches de politique, comme si l'on ne pouvoit rien déveloper sans leur secours. Il y en a d'autres, qui accoutumez aux spéculations traitent la Physique en Métaphysiciens, & l'expliquent par les idées abstraites de la Logique. Combien n'en voit-on pas qui écrivent sur la Religion & sur la Morale en termes de Chymistes ? Mais celui qui veut bien conduire son esprit dans la recherche de la vérité, doit fuir avec soin tous ces mélanges bizarres, & ne pas transporter, par un entêtement ridicule, ce qu'il y a de bon & d'utile dans une science, à une autre, où il ne sert qu'à brouiller & à confondre l'esprit. S'il est certain que

* *les*

les choses ne veulent pas être mal touchées, il ne l'est pas moins † qu'*elles ne veulent pas être mal entendues.* Il faut considérer les choses telles qu'elles sont en elles-mêmes, & alors nous verrons de quelle manière on doit les entendre. Pour en avoir une juste idée, il faut amener l'esprit à leur nature inflexible, & à leurs relations inaltérables, & non pas s'efforcer d'amener les choses à nos préjugez.

Il y a une autre partialité fort commune aux gens de lettres, & qui n'est ni moins dangereuse ni moins ridicule que la précédente, je veux dire la manie que les uns ont d'attribuer un savoir universel aux anciens, & les autres aux modernes. *Horace*, dans l'une de ses satyres, se moque avec beaucoup d'esprit de l'entêtement qu'on avoit pour les anciens en fait de poësie. On peut trouver

---

* Res nolunt malè administrari.
† Res nolunt malè intelligi.

ver la même marote à l'égard de toutes les autres sciences. Les uns ne veulent pas recevoir une opinion, si elle n'est autorisée par les anciens, qui étoient tous des géans en litérature. On ne doit rien mettre, selon eux, dans le trésor de la science ou de la vérité, s'il n'est marqué au coin de la *Gréce* ou de *Rome*, & depuis ces beaux jours à peine veulent-ils que les hommes ayent été capables de voir, de penser ou d'écrire. Les autres ne sont pas moins extravagans ; ils méprisent tout ce que les anciens nous ont laissé, & amoureux de nos découvertes & de nos inventions modernes, ils ne font aucun cas de ce qui les a précédez, comme si tout ce qu'on appelle ancien, devoit être sujet aux injures du tems, & que la vérité fût aussi exposée à se moisir & à se corrompre. Je croi que les hommes ont toujours été à peu près les mêmes à l'égard des talens naturels. L'éducation & la mode

ont

ont mis une grande différence entre les différens âges de plufieurs pays, & fait qu'une génération l'a de beaucoup emporté fur une autre pour les arts & pour les fciences : mais la vérité eft toujours la même, le tems ne l'altére pas, & l'on peut dire qu'elle n'en vaut ni plus ni moins, pour être d'une tradition ancienne ou moderne. Il y a eu des perfonnes fort éminentes dans les premiers fiécles du monde pour ce qu'ils en ont découvert & laiffé par écrit, mais quoique cela mérite notre étude, ils n'ont pas épuifé tous fes tréfors ; ils en ont laiffé beaucoup pour exercer l'induftrie & la fagacité des fiécles fuivans, & nous en ferons de même à notre tour. Ce que l'on reçoit aujourd'hui avec refpect à caufe de fon antiquité, a paru autrefois nouveau, mais il n'en valoit pas moins pour cela ; & ce que nous embraffons aujourd'hui pour fa nouveauté, paroîtra bien antique chez les races futures, mais il n'en fera ni moins vrai ni moins

na-

naturel. Il n'y a pas lieu d'oppofer en ceci les anciens & les modernes, & d'avoir du dégout pour les uns ou pour les autres. Tout homme qui fe conduit fagement dans la recherche de la fcience, doit ramaffer tout ce qu'il peut de lumiéres & de fecours, d'où qu'il lui en vienne, fans refpecter l'erreur, ni abandonner la vérité, quoiqu'il les trouve mêlées enfemble.

On voit une autre partialité, qui attache les uns à la doctrine reçue, & qui en éloigne les autres. Les premiers croyent qu'il eft impoffible que tant d'hommes fe trompent, & que les yeux d'une fi grande foule de gens ne voyent bien clair; ils n'ofent pas même étendre la vue au delà des opinions admifes dans le lieu & le fiécle où ils vivent, ni fe flater d'être plus fages que leurs voifins : d'où ils concluent que l'opinion commune eft la feule véritable. Contens de fuivre la foule, ils s'imaginent d'aller droit, du moins ils vont à leur aife, &

c'eft

c'est à peu près la même chose pour eux, ils n'en demandent pas davantage. Mais quoique le Proverbe ordinaire qui dit, * *Voix du Peuple, voix de Dieu*, soit regardé comme une maxime, je ne sache pas que Dieu ait jamais rendu ses oracles par la multitude, ni que la Nature ait communiqué ses secrets par les mains de la foule. D'ailleurs, il y a d'autres personnes qui rejettent toutes les opinions vulgaires, comme si elles étoient fausses ou ridicules. Aussitôt que la bête à plusieurs têtes embrasse un parti, cette raison leur suffit pour conclure que la Vérité ne s'y trouve pas. Ils s'imaginent que les opinions du vulgaire sont accommodées à sa portée, & aux fins de ceux qui gouvernent, & que si l'on veut découvrir la vérité, il faut s'éloigner du chemin battu, où l'on ne trouve, à leur compte, que des esprits rampans

* *Vox Populi, vox Dei.*

pans & serviles qui marchent en aveugles sur les traces de leurs guides. C'est ainsi que ces rares génies n'ont du gout que pour les notions extraordinaires: tout ce qu'on reçoit communément, a pour eux la marque de la bête, & ils croyent qu'il est indigne de leur pénétration d'y prêter l'oreille, ou de le recevoir: toutes leurs pensées ne roulent que sur des paradoxes, ils les cherchent, ils les embrassent, ils les débitent, & c'est par là qu'ils espérent de se distinguer de la populace. Mais qu'une chose soit commune ou non, elle n'en est pas plutot vraye ou fausse, & par conséquent cela ne doit pas former un préjugé dans nos recherches. Nous ne devons pas juger des choses par les opinions, mais des opinions par les choses. Il est vrai que la multitude ne raisonne pas trop bien, & qu'ainsi on doit la tenir pour suspecte, & ne la suivre pas comme un guide infaillible; mais les Philosophes qui ont abandonné les opinions du vulgaire, sont

sont tombez eux-mêmes dans des erreurs aussi extravagantes que celles de la populace. Ne seroit-ce pas une insigne folie de ne vouloir pas respirer l'air, ni boire de l'eau, parceque le commun peuple en fait le même usage que nous? Et seroit-il raisonnable de se priver de certaines commoditez de la vie, parcequ'elles ne sont pas en vogue dans le pays où l'on est, & que tous les villageois ne les connoissent pas?

La vérité, soit qu'elle se trouve à la mode ou non, est la mesure de nos connoissances, & l'objet de l'entendement. Tout ce qui s'en éloigne, quelque aprobation qu'il ait d'ailleurs, & quelque rare qu'il paroisse, n'est qu'une ignorance toute pure, ou même quelque chose de pis.

Il y a une autre partialité, qui fait qu'on ne tire que peu de profit de sa lecture; je veux parler de la coutume qu'on a d'embrasser les opinions des auteurs qu'on lit, d'abord qu'elles favorisent les notres, & d'apuyer

puyer sur leur autorité comme sur un fondement solide.

Il n'y a presque rien qui ait fait plus de mal aux gens de lettres, que de donner le nom d'étude à la lecture, & de prétendre qu'un homme qui a lu beaucoup, est la même chose qu'un habile homme, ou que du moins c'est un titre d'honneur.

Tout ce qu'on peut écrire, se réduit ou à des faits, ou à des raisonnemens. Les faits sont de trois sortes.

1. Ou ils regardent les agens naturels & leurs opérations les uns sur les autres, soit qu'on les laisse agir dans le cours ordinaire de la Nature, ou que l'industrie des hommes les applique les uns aux autres, pour faire des expériences.

2. Ou bien ils regardent les agens libres, sur tout les actions des hommes réduits en société, ce qui forme l'histoire de la vie civile & des mœurs.

3. Ou ils regardent enfin les opinions.

C'est dans ces trois choses, si je ne

ne me trompe, que confiste ce qu'on appelle communément le favoir. Peut-être que d'autres y ajouteroient la critique; mais ce n'eft au bout du compte qu'une matiére de fait, & qui fe termine à ceci, qu'un tel homme, ou plufieurs d'entre eux ont employé un tel mot ou une telle phrafe dans un tel fens, c'eft-à-dire qu'ils ont attaché de certaines idées à certains fons.

J'enferme fous les raifonnemens toutes les découvertes que la Raifon humaine peut faire des véritez générales, foit qu'on les trouve par intuition, ou par démonftration, ou par des conféquences probables. Si ce n'eft pas en cela feul que confifte la fcience, parcequ'on peut connoitre auffi la vérité ou la probabilité des propofitions particuliéres, il eft toujours certain que cela même doit être le but de ceux qui cherchent à cultiver leur efprit, & à fe rendre habiles par la lecture.

Il faut avouer que les livres font d'un

d'un grand secours à l'esprit, & qu'ils lui fournissent les moyens de parvenir à la science; mais il est à craindre qu'ils n'empêchent bien des hommes d'arriver à celle qui est solide & véritable. J'ose même dire qu'il n'y a rien où l'esprit doive se conduire avec plus de retenue que dans l'usage des livres, qui sans cette précaution lui servent plutot d'un amusement honnête que d'une occupation utile, & n'ajoutent que très peu de chose à nos connoissances.

Il n'est pas rare de trouver des hommes qui s'attachent à la lecture avec une assiduité infatigable, qui en perdent le manger & le dormir, & qui avec tout cela n'en deviennent pas plus savans, quoique l'on ne puisse pas attribuer le peu de progrès qu'ils font, à aucun défaut de leurs facultez intellectuelles. Le mal est, qu'on supose ici que la science d'un auteur s'infuse dans l'esprit de celui qui lit ses ouvrages, & cela est vrai; mais ce n'est pas la simple lecture qui

qui en vient à bout. Il faut lire & entendre ce qu'on lit, non pas seulement ce qui est affirmé ou nié dans chaque proposition, quoiqu'il y ait bien des lecteurs qui ne vont pas même si loin; mais voir l'ordre & la suite des raisonnemens, prendre garde à la force & à la clarté de leur liaison, & bien examiner les fondemens sur lesquels ils sont bâtis. A moins d'observer tout ceci, on peut lire les ouvrages d'un auteur fort raisonnable, dont on entend bien la langue & les propositions, & ne retirer aucun fruit de son savoir; puisqu'il ne consiste que dans la liaison certaine ou probable des idées qu'il employe, & que si l'on n'aperçoit cette connexion, l'on ne peut juger de la certitude ou de la probabilité de ce qu'il avance. Tout ce qu'on admet sans cette perception, est pris sur la bonne foi de l'auteur, & l'on n'en a pas la moindre certitude soi-même. Aussi je ne m'étonne pas qu'il y ait des hommes qui abondent

en

en citations, & qui ne parlent que d'autoritez, c'eſt l'unique fondement ſur lequel il bâtiſſent leurs ſyſtêmes. On peut dire qu'ils n'ont qu'une ſcience implicite & de la ſeconde main, & qu'ils rencontrent juſte, ſi l'auteur, d'où ils ont puiſé leurs opinions, ne s'eſt pas égaré; ce qui ne s'apelle point ſavoir les choſes. Les écrivains de nos jours ou ceux des ſiécles précédens peuvent être de bons témoins des faits qu'ils nous racontent, & nous pouvons les recevoir ſur leur parole; mais leur autorité ne s'étend pas plus loin, elle ne ſauroit influer ſur la vérité ou la fauſſeté des opinions, qui doivent être examinées par une toute autre régle, que ces auteurs eux-mêmes ont été obligez de ſuivre, s'ils ont voulu parvenir à une ſolide connoiſſance, & que nous devons pratiquer à notre tour, ſi nous voulons arriver au même but. Il eſt vrai qu'ils ont cherché les preuves pour nous, & qu'ils les ont miſes dans un tel ordre, qu'on peut voir bientot

tot la vérité ou la probabilité de leurs sentimens. Ils nous ont épargné cette fatigue, & peut-être que nous l'aurions essuyée en vain nous-mêmes, ou que nous n'aurions pas si bien réussi qu'eux à cet égard. Quoi qu'il en soit, nous sommes fort redevables aux écrivains judicieux de tous les siécles de nous avoir fait part de leurs découvertes. Il ne s'agit que d'en faire un bon usage, qui consiste, non pas à feuilleter leurs livres à la hâte, & à se charger la mémoire de leurs opinions, ou de ce qu'ils ont dit de plus remarquable ; mais à suivre leurs raisonnemens, à examiner leurs preuves, & à juger ensuite de la vérité ou de la fausseté, de la probabilité ou de l'improbabilité de ce qu'ils avancent. Connoitre c'est voir, & c'est la plus haute de toutes les folies de s'imaginer qu'on peut voir par les yeux d'un autre, quoiqu'il nous assure d'un ton ferme qu'il n'est rien de plus visible que ce qu'il nous dit. Jusqu'à ce que nous le voyions nous-mêmes de nos propres

res yeux, & que notre entendement l'aperçoive, nous marchons toujours dans les ténébres, & nous n'en sommes pas mieux instruits, quelque idée avantageuse que nous ayons de l'habileté d'un auteur.

Euclide & *Archiméde* passent avec raison pour habiles, & l'on compte qu'ils ont démontré leurs théorêmes; avec tout cela si quelcun lisoit leurs écrits, sans apercevoir la connexion de leurs preuves & la justesse de leurs démonstrations, il auroit beau entendre la signification de leurs termes, il n'en seroit pas plus avancé dans les Mathematiques : il pourroit croire à la vérité ce qu'ils ont dit, mais il n'en auroit aucune idée.

De la Théologie.

§ 23. Il est vrai qu'il y a une science, de la maniére dont on les distingue aujourd'hui, qui est infiniment au dessus de toutes les autres, lorsque, pour des vues basses ou indignes, & pour

pour des intérêts temporels, on n'en fait pas un metier ou une faction; je veux parler de la Théologie, qui, en ce qu'elle renferme la connoissance de Dieu & de ses créatures, notre devoir envers lui & envers nos semblables, & nous instruit de notre état présent & à venir, vaut seule toutes les autres sciences, si elle est dirigée à son véritable but; c'est-à-dire à la gloire de Dieu & au bonheur du genre humain. C'est là cette noble occupation qui doit faire les délices de tous les hommes, & il n'y a point de créature douée de raison qui n'en soit capable. Les ouvrages de la Nature & ceux de la révélation l'exposent à nos yeux en des caractéres si gros & si lisibles, qu'à moins de n'être tout-à-fait aveugle, on y peut lire & voir quels en sont les premiers principes & les points les plus nécessaires. On peut ensuite passer d'ici, à proportion du tems & de l'industrie qu'on se trouve, à ses parties les plus abstraites, & pénétrer dans ces infinies profondeurs

deurs qui cachent des tréfors de fageſſe & de connoiſſance. Si l'on étudioit, ou s'il étoit permis d'étudier par tout cette ſcience, avec la candeur, l'amour de la vérité & la charité qu'elle enſeigne, & qu'on ne la fît pas ſervir, contre ſa nature, de ſujet aux querelles, aux factions, à la haine, & à la tyrannie, elle donneroit une véritable étendue à l'eſprit. Je n'inſiſterai pas ici là-deſſus; mais il me ſuffira de dire que je ferois ſans doute un mauvais uſage de mon entendement, ſi je prétendois qu'il fût la régle & la meſure de celui d'un autre: c'eſt un uſage auquel il n'eſt point propre, & dont il eſt même incapable.

Des Jugemens anticipez.

§ 24. Je ne ſai ſi l'on s'entête de ce qu'on a une fois conçu, ou parcequ'on eſt amoureux de ſes premiéres connoiſſances, & qu'on manque de vigueur & d'induſtrie pour pouſſer la recherche juſqu'au bout, ou parcequ'on

ce qu'on se paye de la moindre lueur, à tort & à travers. Mais il est certain que la plupart des hommes s'abandonnent aux premiers jugemens de leur esprit, & qu'ils ont la même tendresse pour leurs premières idées que pour un fils ainé. C'est un défaut dans la conduite de l'esprit, puisque cette opiniâtreté à ne point démordre de ce qu'il a une fois reçu, ne vient pas de son attachement à ce qui est vrai, mais d'une soumission aveugle à ce qui lui paroit tel. On peut dire que c'est rendre un injuste hommage, non pas à la vérité qu'on ne cherche pas comme on devroit; mais à l'opinion dont on se trouve imbu par hasard, quoi que ce puisse être. C'est un abus visible de nos facultez, & prostituer, pour ainsi dire, son esprit au premier venu. Ce n'est pas le moyen de parvenir à une véritable connoissance, à moins que l'entêtement ne change la nature des choses; ce qui n'arrivera jamais. Quelque idée que nous nous forgions, les êtres continueront toujours

jours dans le même cours, & ils auront à perpétuité, les mêmes raports les uns avec les autres.

De la Résignation aveugle.

§ 25. Au contraire, il y a des hommes qui résignent leur jugement au dernier qui parle, ou au dernier livre qu'ils lisent. La vérité ne s'enracine jamais dans leur l'esprit, & n'y fait pas la moindre impression. Semblables au caméléon, ils prennent la couleur de tout ce qui les environne, & ils en changent, aussitôt qu'un nouvel objet les aproche. Cependant, qu'une opinion soit proposée, ou reçue aujourd'hui ou demain, ce n'est pas une marque de sa certitude, & cela ne doit pas nous engager à lui donner la préférence. Un peu plutot, ou un peu plus tard en cette rencontre est un pur effet du hasard, & non pas la régle du vrai ou du faux. Il n'y a personne qui ne l'avoue, & par conséquent, lorsqu'il s'agit de chercher la vérité, chacun devroit se garantir de l'influence de tous les accidens de cette nature. On pourroit aussi bien tirer à la courte paille, ou jetter au sort, pour déterminer ce que l'on doit croire, qu'embrasser un dogme à cause de sa nouveauté, ou le retenir parcequ'on la reçu de longue main, & que l'on n'a jamais été d'une autre opinion. Quoi qu'il en soit, les bonnes raisons toutes seules doivent fixer le jugement, l'esprit doit toujours être prêt à les écouter, & c'est par leur suffrage qu'il doit rejetter ou admettre indifféremment toute sorte de dogmes, soit qu'il les connût déja, ou qu'il les ignorât tout-à-fait.

Des Mots.

§ 26. Quoique j'aye parlé assez au long dans un autre endroit de l'abus qu'on fait des mots, les sciences sont si remplies de termes partiticuliers, qu'il est à propos d'avertir ceux qui veulent bien conduire leur esprit dans la recherche de la vérité, de n'admettre aucun de ces termes, quelque autorisez qu'ils soient dans les écoles, sans en avoir une idée exacte. Un mot peut être fort en vogue auprès de certains auteurs, & employé pour quelque chose de réel ; mais si celui qui lit leurs ouvrages, ne peut se former une idée distincte de cet être prétendu, ce mot n'est à son égard qu'un vain son qui ne signifie rien, & il n'en est pas plus habile par tout ce qui en est dit, que si on l'affirmoit d'un pur néant. Ceux qui veulent s'avancer en connoissance, & qui n'ont point envie de se tromper eux-mêmes, ni de s'enfler d'un peu d'air articulé, doivent poser comme une régle fondamentale, de ne prendre pas des mots pour des choses, & de ne compter pas que les noms qu'ils trouvent dans les livres, signifient des êtres réels dans la Nature, jusqu'à ce qu'ils ayent des idées claires & distinctes de ces êtres. Je ne sai si l'on m'accorderoit la permission de placer les *Formes substantielles* & les *Espéces intentionelles*, au rang des termes qui ne signifient rien : mais je suis persuadé que ces grands mots de l'école n'ont aucun sens pour celui qui n'y attache aucune idée distincte; & que tout ce qu'il croit de savoir là-dessus, aboutit à une pompeuse ignorance. On n'a pas tort de se plaindre qu'on trouve quantité de ces termes dans les écrits de quelques savans, & qu'ils n'y ont recours que pour supléer aux défauts de leurs systêmes, & cacher sous un voile ce qu'ils n'entendent pas. Quoi qu'il en soit, la pensée où l'on est d'ordinaire qu'il y a des êtres dans la Nature qui répondent à ces mots, a causé bien de l'embarras à quelques-uns, & en a fait égarer beaucoup d'autres. Ce qui dans le discours signifie, *Je ne sai quoi*, mérite d'être examiné *Je ne sai pas quand*. Si l'on a des idées de ce que l'on dit, quelque abstraites qu'elles soient, on on peut les expliquer, & définir les mots qui les représentent: mais si l'on ne peut en venir à bout, c'est une marque infaillible qu'on n'en a point d'idée soi-même. Pourquoi donc se fatigueroit-on à éplucher les conceptions de ceux qui n'en ont point du tout, ou qui n'en ont aucune de distincte? Celui qui employe un terme de l'école & qui ne sait point ce qu'il veut dire, ne m'aprendra jamais aucune chose par l'usage qu'il fait de ce terme, quand je me tourmenterois toute ma vie pour le deviner. Il ne s'agit pas de savoir si nous pouvons comprendre toutes les opérations de la nature, & les régles qu'elle suit: mais il est certain que nous ne pouvons comprendre que ce qu'il nous est possible de concevoir distinctement, & qu'ainsi employer des termes par tout où nous n'avons pas des idées distinctes, comme s'ils renfermoient quelque chose de réel, c'est l'artifice d'une vaine science, pour couvrir les défauts d'une hypothése ou de notre esprit. Les mots ne sont pas faits pour cacher les choses, mais pour les indiquer ; il est vrai que si on les destine à un tout autre usage, ils cachent alors quelque chose : mais c'est l'ignorance, l'égarement, ou les sophismes de celui qui parle & qui veut vous instruire.

Des Distractions.

§ 27. Nous avons déja remarqué qu'il y a dans nos esprits un flux perpétuel d'idées, qui se succédent les unes aux autres, comme chacun peut l'expérimenter en soi-même. Il est donc de notre intérêt de les diriger, en sorte qu'elles ne viennent point en foule, & que nous puissions choisir celles qui font au but présent. Cette habitude ne s'aquiert que par un long exercice, & il n'est pas si facile d'y arriver, qu'on se l'imagine, quoiqu'elle soit une des causes principales qu'un homme l'emporte de beaucoup sur un autre, dont les talens

lens naturels ne font pas inférieurs aux siens, & qu'il raisonne infiniment mieux que lui. Je voudrois bien trouver un reméde capable de prévenir les distractions auxquelles nos esprits sont sujets, & si l'on en proposoit quelcun de cette nature, je ne doute pas qu'on ne rendît un service signalé aux gens de lettres, & que cela ne contribuat à faire penser ceux qui ne réfléchissent presque jamais. Pour moi, je n'ai découvert jusques ici d'autre moyen de fixer l'esprit à une chose, que de l'accoutumer par tous les efforts possibles à se rendre attentif. Si l'on observe la conduite des enfans, on verra que, lors même qu'ils se tiennent le plus sur leurs gardes, ils courent après mille pensées frivoles qui les assiégent de toutes parts. Mais je ne crois pas que, pour les guérir de ces distractions, on doive les gronder ou les battre, puisque cela ne sert qu'à les remplir de crainte, de frayeur, ou de honte, & les empêche de

s'aps'appliquer à ce qu'on leur recommande. Il faut au contraire les ramener avec douceur, & leur montrer le bon chemin, sans leur insinuer même qu'on s'aperçoit de leurs égaremens. C'est la plus sure méthode que je connoisse pour les rendre attentifs; les coups & les menaces ne peuvent que produire un effet tout opposé.

Des Distinctions.

§ 28. La distinction & la division sont des choses bien différentes, si je ne me trompe, puisque l'une est fondée dans la nature, & que l'autre dépend de l'art; du moins s'il m'est permis de les envisager de ce côté-là, j'ose dire que l'une est absolument nécessaire pour arriver à la certitude, & que l'autre, si l'on en fait trop d'usage, ne sert qu'à brouiller l'esprit. C'est la marque d'une grande pénétration d'observer jusques à la moindre petite différence qu'il y a dans les choses, & c'est le moyen de fixer l'esprit, & de le bien conduire dans la recherche de la vérité. Mais quoiqu'il soit utile de prendre garde à toutes les variétez qui se trouvent dans la Nature, il n'est pas à propos d'examiner toutes les différences qu'il y a dans les choses, & de les diviser en autant de classes distinctes. Cela nous engageroit dans un furieux détail, puisque chaque individu a quelque chose qui le distingue d'un autre, & ne serviroit qu'à nous embarrasser l'esprit, sans nous fournir les moyens d'établir des véritez générales. L'amas de plusieurs choses en différentes classes donne à l'esprit des vues plus étendues; mais il faut que nous ayons soin de les unir en cela seul où elles s'accordent, parcequ'autrement on ne doit pas les considérer ensemble. L'être même, qui renferme toutes choses, peut, tout général qu'il est, nous fournir des idées claires & distinctes. Si nous voulions bien peser & retenir dans nos esprits quel est le but de nos recherches, cela nous enseigneroit à ne porter pas trop loin les distinctions, qui ne doivent être prises que de la nature même des choses. Il n'y a rien qui leur soit plus contraire que celles qu'on exprime en termes de l'art, auxquels on n'attache aucune idée distincte, & qui sont ainsi tout-à-fait propres pour raisonner à perte de vue dans les écoles, sans éclaircir la moindre difficulté, ni avancer nos connoissances. Quelque sujet qu'on examine & veuille aprofondir, il me semble qu'on doit le rendre aussi général qu'il se peut, & qu'il n'y a point de risque à le faire, si l'idée qu'on s'en forme est fixe & déterminée ; puisque cela posé, nous la distinguerons facilement de toute autre idée, quoiqu'elle soit comprise sous le même nom. Car c'est pour éviter l'embarras des équivoques &

des

des sophismes qu'ils cachent, qu'on a multiplié les distinctions, & qu'on a trouvé leur usage si nécessaire. Mais si chaque idée abstraite avoit un nom qui lui fût propre, on n'auroit pas grand besoin de ce nombre infini de distinctions scholastiques, & l'on pourroit observer tout de même les différences qu'il y a dans les choses, & les distinguer par là les unes des autres. Le véritable moyen de parvenir à la science n'est donc pas de se remplir la tête de ces distinctions de l'école, dont les écrits de quelques savans se trouvent si chargez, que l'homme du monde le plus attentif perd de vue le sujet qu'ils manient, & il y a grande apparence qu'il leur échappe à eux-mêmes, après l'avoir divisé & subdivisé un million de fois; car c'est en vain qu'on affecte l'ordre, & qu'on aspire à la clarté dans les choses qu'on a réduites en poudre. Le trop ou le trop peu de divisions dans nos pensées & dans nos écrits, ne peut qu'y causer de la confusion, & il faut être bien habile pour n'y tomber pas à l'un ou à l'autre égard ; mais on ne sauroit guéres exprimer quel est le juste milieu entre ces deux extrêmitez vicieuses : tout ce qui peut servir à le trouver, aboutit, du moins que je sache, à ne recevoir que des idées claires & distinctes. Pour ce qui regarde les distinctions verbales, qui servent à expliquer les termes équivoques, c'est plutot l'objet de la critique & des dictionnaires que de la Philosophie & d'une science réelle, puisqu'ils traitent de la différente signification des mots. Je sai que l'intelligence des termes & le secret de les employer adroitement à porter ou à parer les coups dans la dispute, ont passé autrefois & passent encore aujourd'hui pour une bonne partie de l'érudition ; mais c'est c'est un savoir distinct de la science, qui consiste à observer les raports que les idées ont les unes avec les autres; ce qui peut se faire sans l'intervention d'aucun mot. De là vient que la science la plus certaine n'a jamais recours aux distinctions; je veux parler des Mathématiques, où l'on a des idées fixes avec des noms qui les représentent, & comme il n'y a pas lieu aux équivoques, les distinctions s'y trouvent inutiles. Il n'en est pas de même en Philosophie, où l'oposant cherche les termes les plus captieux qu'il peut s'imaginer, pour embrouiller son adversaire, & où celui-ci met tout en œuvre pour se tirer de l'embarras à la faveur des distinctions, qu'il ne croit jamais de pousser trop loin; & à cet égard il n'a pas tort, puisqu'il s'agit d'une victoire qu'on peut obtenir sans que la science & la vérité soient de la partie. Il me semble du moins que les équivoques d'un côté, & les distinctions de l'autre, font tout l'artifice de la dispute. C'est

pour cela même que certains savans ont cru que l'habileté se réduisoit à cette vaine science de mots, & qu'ils ont tourné toutes leurs études à multiplier les divisions & les distinctions, beaucoup plus que la nature des choses ne le demandoit. Mais celui qui a des idées fixes dans l'esprit avec les noms qu'il y a joints, peut très bien discerner en quoi elles diffèrent les unes des autres, ce qui s'appelle proprement distinguer; & si la stérilité d'une langue ne lui fournit pas des termes qui répondent à chaque idée en particulier, rien n'empêche qu'il n'étende, ou qu'il ne resserre la signification des termes équivoques, dont il est obligé de se servir. Les distinctions verbales n'ont pas d'autre usage qui me soit connu, & chaque terme qu'on y ajoute à celui dont on veut distinguer le sens, n'est qu'un nouveau nom pour marquer une idée distincte. Lorsque cela se trouve ainsi, & qu'on a des idées claires qui répondent à ces distinctions verbales, on peut
dire

dire qu'elles sont justes, & faites à propos, si elles contribuent à éclaircir le sujet qu'on examine. C'est l'unique régle que je puis donner à l'égard des divisions & des distinctions; & tout homme qui veut bien cultiver son esprit, ne doit pas les chercher dans la finesse de l'invention, ni dans l'autorité des écrivains, mais il les trouvera dans l'examen des choses mêmes, soit qu'il y vienne par la méditation, ou par sa lecture.

D'un autre côté, c'est un défaut de l'esprit de brouiller & de confondre tout ce qui peut avoir quelque petite ressemblance. Il n'y a pas de plus sûr moyen de s'égarer, & de n'avoir jamais aucune idée distincte des choses.

Des Comparaisons.

§. 29. Nous pouvons ajouter ici un défaut, qui n'est pas éloigné du précédent, du moins à l'égard du nom, & qui consiste à souffrir qu'à la vue de quelque nouvelle idée, l'esprit

prit cherche d'abord des comparaisons, pour se la rendre plus familiére: mais quoique ce soit une bonne voye pour expliquer nos pensées aux autres, ce n'est pas le moyen de nous former de justes idées, parceque toutes les similitudes clochent par quelque endroit, & qu'elles n'aprochent pas du raport exact qu'il y doit avoir entre nos idées & les choses mêmes. J'avoue d'ailleurs qu'un homme qui les met en usage, se rend agréable en conversation, & qu'il insinue ses pensées avec plus de facilité dans l'esprit des autres, qui d'ordinaire ne se mettent pas fort en peine si elles sont justes, ou mal digérées: il y a peu d'hommes qui ne veuillent être instruits à bon marché. Ceux qui dans leur discours frapent l'imagination des auditeurs, & l'entrainent après eux avec la même rapidité qu'ils prononcent leurs paroles, sont les beaux causeurs qu'on aplaudit, & qui passent pour les plus habiles. Il n'y a rien qui contribue plus à ceci que les
simi-

similitudes, qui font acroire à bien des gens qu'ils s'entendent mieux eux-mêmes, parceque les autres les entendent mieux. Mais c'est une chose de penser juste, & c'en est une autre de savoir étaler nos pensées avec avantage & clairement, soit qu'elles se trouvent justes ou non. Pour en venir à bout, il faut employer des comparaisons, des métaphores & des allégories, & les disposer avec ordre; comme elles sont tirées des objets déja connus & familiers à l'esprit, il les conçoit aussitôt qu'on les a mises au jour, & après avoir conclu la justesse de leur raport, il s'imagine d'entendre la chose même qu'elles servent à illustrer. C'est ainsi que l'imagination passe pour une véritable science, & qu'on prend pour solide ce qui est joliment dit. Je ne parle pas de cette maniére, pour décrier la métaphore, ou dans la vue de bannir les ornemens du discours; je ne m'adresse point ici aux Rhétoriciens ni aux Orateurs, mais aux Philosophes & à

ceux

ceux qui aiment la vérité; & c'est aux derniers que je demande la permission de leur donner une petite régle, pour voir s'ils entendent bien le sujet qu'ils se flatent de connoitre. Le moyen donc de le découvrir, c'est à mon avis de prendre garde si, lorsqu'ils l'épluchent eux-mêmes, ou qu'ils l'exposent à d'autres, ils ne font usage que d'idées empruntées, qu'ils accommodent, à cause de quelque ressemblance ou affinité qu'ils y trouvent, avec le sujet qu'ils manient. Les expressions figurées & métaphoriques servent beaucoup à illustrer les idées abstruses & peu familiéres à l'esprit; mais alors on doit les employer à éclaircir les idées que nous avons déja, & non pas celles que nous n'avons pas encore. Les allusions peuvent accompagner des véritez solides, & leur donner de l'éclat, mais on ne doit jamais les mettre à leur place, ni les prendre les unes pour les autres. Si toutes nos recherches ne nous ont pas conduit

duit plus loin qu'aux métaphores & aux fimilitudes, nous pouvons compter furement que nous n'avons pas pénétré jufques à l'intérieur des chofes, & que toute notre fcience eft une véritable chimére.

De l'Aquiefcement.

§ 30. Il n'y a rien qui foit de plus grande importance dans toute la conduite de l'efprit que de favoir jufqu'où & comment il doit aquiefcer aux chofes, & peut-être qu'il n'y a rien de plus difficile. Tout le monde tombe d'accord que, pour donner ou fufpendre fon aprobation avec poids & mefure, il faut fe régler fur l'évidence que les chofes mêmes nous fourniffent ; mais on n'en eft pas plus avancé pour tout cela, puifque la plupart des hommes embraffent leurs dogmes fur de légers fondemens, les uns fans aucune raifon, & les autres contre toute forte de probabilité. Les uns ne fe rendent

qu'à

qu'à la certitude, & font inébranlables à cet égard : il y en a d'autres qui chancellent toujours, & il n'en manque pas qui ne veulent rien admettre. Si l'on me demande ce qu'un novice, qui cherche la vérité, doit faire en pareil cas ; je réponds qu'il doit faire ufage de fes yeux. Il y a une certaine liaifon entre les chofes, un accord ou une difcordance entre les idées, qui reçoivent différens degrez, & les hommes ont des yeux pour les voir s'ils veulent s'en fervir; mais il arrive fouvent que leur vue eft obfcurcie, ou même éteinte. L'intérêt & la paffion les aveuglent, & l'habitude qu'ils fe forment de raifonner pour & contre le même fujet, étouffe les lumiéres de l'efprit, & l'empêche de diftinguer la vérité du menfonge. Il y a du rifque de fe jouer avec l'erreur, & de la dépeindre foit à nous mêmes ou aux autres fous le mafque de la vérité. L'efprit perd infenfiblement le gout naturel qu'il a pour celle-ci, & il s'accoutume me peu à peu à ce qui n'en retient qu'une foible apparence. Si l'imagination eſt une fois admiſe au lieu du jugement, quoique ce ne ſoit d'abord que pour badiner, dans la ſuite elle en uſurpe la place, & tout ce qui nous vient de la part de cette flateuſe, qui ne cherche qu'à plaire, eſt reçu à bras ouverts. Elle eſt ſi habile à déguiſer les choſes, & à leur donner de fauſſes couleurs, qu'il eſt fort aiſé de s'y méprendre, à moins qu'on ne ſe tienne bien ſur ſes gardes. Celui qui ſouhaite qu'un dogme qu'il n'a pas examiné ſoit véritable, le croit déja tel par avance ; & celui qui à force d'argumenter contre ſon ſentiment, en impoſe aux autres, n'eſt pas loin de ſe duper lui-même. C'eſt ce qui diminue la diſtance infinie qu'il y a entre la vérité & le menſonge ; & qui les raproche ſi bien, qu'il n'importe pas beaucoup lequel des deux partis qu'on prenne. En effet, lorſqu'on en eſt venu juſques-là, l'intérêt, la paſſion, ou tout autre motif,

tif, détermine ce que l'on doit choisir.

J'ai déja parlé ci-dessus de l'indifférence où nous devons être à l'égard des opinions. Il ne faut pas souhaiter qu'elles soient vrayes, ni chercher à les faire paroitre telles ; mais nous sommes obligez de les recevoir à proportion de leur évidence. Tous ceux qui en agissent de cette sorte, trouveront qu'ils ne manquent pas de lumiéres, pour distinguer ce qui est évident de ce qui ne l'est pas, ce qui est certain d'avec le douteux ; & s'ils n'accordent ou ne refusent leur aquiescement que par cette régle, ils ne risquent point de se tromper. D'ailleurs, cette indifférence les engagera d'en venir à un examen plus rigoureux des opinions reçues, sans lequel notre esprit est un reservoir d'incongruitez, & non pas le magasin de la vérité. Ceux qui ne s'en tiennent pas à cette indifférence universelle jusqu'à ce qu'ils ayent des preuves convaincantes de ce qui est vrai,

vrai, ne regardent les objets qu'à travers des lunettes colorées, & s'ils tombent dans l'erreur, ils en font eux-mêmes la cause. Avec tout cela, je ne croi point que l'aquiescement puisse être toujours proportionné à tous les degrez d'évidence dont une vérité peut être capable, & que les hommes se puissent garantir tout à fait de l'erreur : c'est une perfection où notre nature ne sauroit atteindre, & un privilége auquel je n'afpire pas; aussi je me contente d'indiquer le chemin qu'on doit tenir pour bien conduire son esprit dans la recherche de la vérité, & faire un bon usage de ses facultez, dont nous abusons plutôt qu'elles ne nous abusent. Ce n'est pas tant du manque de capacité qu'on a sujet de se plaindre, que du mauvais usage qu'on fait de ses lumiéres, comme la plupart des hommes le reprochent à ceux qui n'adoptent pas leurs opinions. Si l'on ne se déterminoit que par l'évidence des choses & après un sérieux examen,

il

il n'y a personne qui courût aucun risque de ne pas embrasser les véritez qui lui sont nécessaires dans l'état & la situation où il se trouve. A moins qu'on ne suive cette régle, on peut dire que tout le monde nait orthodoxe, puisque chacun s'imbibe dès son enfance des opinions reçues dans son parti, & qu'il n'y en a pas un de cent qui les examine, pour voir si elles sont vrayes. Au contraire, on leur aplaudit de ce qu'ils se croyent de bonne foi dans le droit chemin, & celui qui veut procéder à l'examen des dogmes reçus est, *ipso facto*, un ennemi de l'orthodoxie, parcequ'il en peut rejetter quelques-uns. C'est ainsi que sans aucune fatigue on hérite de certaines véritez locales, & qu'on s'accoutume à donner son aquiescement à des choses, dont on n'a pas la moindre preuve. Ceci va plus loin qu'on ne s'imagine, & de cent bigots zélez de tous les partis, il n'y en a peut-être pas un seul, quelque rigide qu'il soit à maintenir

tenir ses dogmes, qui en ait jamais fait l'examen, ni qui croye qu'il est de son devoir de les éplucher. On est soupçonné de tiédeur aussitot qu'on le trouve nécessaire, & de tendre vers l'apostasie d'abord qu'on l'entreprend. Mais si l'on peut être positif & s'échauffer sur des dogmes de la derniére conséquence, quoiqu'on ne les ait jamais examinez, qu'est-ce qui nous empêcheroit de suivre cette méthode courte & abrégée sur des matiéres beaucoup moins importantes ? C'est-à dire qu'on nous enseigne à devenir esclaves de la mode à l'égard des opinions, de même que pour les habits, & qu'on traite de phantasque, ou de quelque chose de pis, ceux qui ne veulent pas s'y soumettre. Cette coutume, qu'on n'oseroit critiquer, rend bigots les simples, par tout où elle prévaut, & Pyrrhoniens ceux qui sont plus éclairez. Si l'on s'en affranchit, on s'expose à être taxé d'héréfie ; car dans quel endroit du monde est-ce que
l'ortho-

l'orthodoxie & la vérité ne regnent pas? La Raison & l'évidence ne servent de rien, & il faut que dans toutes les Sociétez, elles plient sous l'orthodoxie infaillible du lieu. Mais ce n'est pas le moyen de parvenir à la vérité, & à un aquiescement solide: les opinions dominantes nous en pourroient fournir de bonnes preuves. Quoi qu'il en soit, je n'ai vu jusques ici aucune raison qui empêche qu'on ne confie la vérité à sa propre évidence: si cela n'est pas capable de la soutenir, je suis persuadé qu'il n'y a point de reméde contre l'érreur, & que le vrai & le faux ne sont alors que de vains noms qui signifient la même chose. En un mot, il n'y a que l'évidence toute seule qui doive déterminer l'aquiescement de l'esprit, & c'est l'unique chemin qui peut conduire à la vérité.

Les hommes peu éclairez sont d'ordinaire dans l'un ou l'autre de ces trois états; ou ils sont tout-à-fait ignorans, ou ils doutent de quelque pro-

proposition qu'ils ont déja embraſſée, ou vers laquelle ils panchent; ou bien ils retiennent opiniâtrement ce qu'ils n'ont jamais examiné, & dont ils ne ſauroient alléguer aucune preuve convaincante.

Les premiers ſont dans l'état le moins dangereux de tous, parcequ'exemts des préjugez qui aveuglent les autres, ils conſervent une pleine indifférence, & ſont ainſi mieux diſpoſez à pourſuivre la vérité. En effet, l'ignorance jointe à l'indifférence eſt plus proche de la vérité, que l'opinion accompagnée d'un penchant mal fondé, qui eſt la principale ſource de l'erreur; & ceux qui marchent ſous la conduite d'un mauvais guide, courent dix fois plus de riſque de s'égarer, que celui qui n'a pas encore fait un ſeul pas, & qui peut ſouffrir qu'on lui montre le bon chemin. Les derniers des trois ſont dans la ſituation la plus deſavantageuſe; car ſi quelcun s'entête qu'il jouit de la vérité, ſans l'avoir ja-

mais

mais examinée, & qu'il vienne à croire au menſonge, quel moyen y aura-t-il de le retirer de l'égarement? Pour ce qui eſt des deux autres, qu'il me ſoit permis de leur dire qu'il doivent fouiller dans la nature même des choſes, & voir s'ils pourront découvrir la vérité par eux-mêmes, ſans ſe mettre en peine des opinions reçues, ni de toutes les diſputes de l'école. Celui qui ne bâtit pas ſur ce principe dans les recherches qu'il fait, quelque réſolution qu'il ait priſe d'ailleurs d'examiner tout avec ſoin & d'en juger librement, il épouſe toujours un parti, & il ne l'abandonne qu'à la derniére extrêmité. Je ſai bien qu'il faut embraſſer l'opinion qui paroit la mieux fondée; mais le plus ſûr eſt de n'être d'aucune opinion, & de n'avoir pas le moindre égard aux ſyſtêmes, lorſqu'on examine quelque matiére. Par exemple, ſi je voulois aprendre la médecine, le meilleur expédient ne ſeroit-il pas de conſulter

ter la Nature même, & de m'informer de l'histoire des maladies & de leurs remédes, plutôt que d'épouser les principes des dogmatistes ou des chimistes, de m'engager dans toutes les disputes qui naissent de ces deux systêmes, & de m'en tenir à l'un ou à l'autre, jusqu'à ce que j'eusse vu ce qu'on pourroit dire pour m'en détacher. Ou bien supposé que les aphorismes d'*Hippocrate*, ou les ouvrages de quelque autre auteur, continssent tout l'art de la médecine, le plus court moyen ne seroit-il pas de les lire, de les étudier, & de peser toutes leurs expressions, pour en découvrir le véritable sens, plutôt que de recevoir le systême d'un parti, qui les a déja glosez à sa maniére, & leur a fait dire ce qu'il a voulu ? Assaisonné des principes de ma secte, je risquerois plus de n'entendre pas ces écrivains, que si je me hasardois à les examiner avec un esprit libre & dégagé de toutes les gloses des commentateurs, dont les argumens & le langage me sont devenus si familiers, que tout ce qui s'en éloigne me paroit insipide & forcé, peut-être même jusques au véritable sens de l'auteur qu'ils expliquent. Car les mots ne signifient rien naturellement, & ils ne peuvent qu'exciter les idées qu'on est accoutumé d'y joindre, quelque sens que leur donne celui qui les employe. Ce que je viens de dire, ne souffre aucune difficulté, si je ne me trompe; & cela posé, tout homme qui commence à révoquer en doute quelcun des dogmes qu'il a reçus sans examen, doit mettre à quartier, autant qu'il lui est possible, toutes ses premières idées sur la question dont il s'agit, & l'examiner dès son origine avec une pleine indifférence; sans avoir aucun égard aux opinions des autres. J'avoue qu'il est difficile d'en venir à bout, mais je cherche plutot le chemin sûr qui conduit à la vérité, que le chemin aisé qui méne à l'opinion; & tous ceux qui veulent avoir quelque soin de leur entendement &

de

de leur propre falut, ne peuvent fe difpenfer de fuivre le premier, quelque rude qu'il foit d'ailleurs.

De l'état de la Queſtion.

§ 31. L'indifférence, dont je viens de parler, fert encore à bien établir l'état de la queſtion qu'on examine, fans quoi il eſt impoſſible de la décider avec juſteſſe.

De la Perſévérance à examiner.

§ 32. Cette même indifférence fait que chacun peut examiner les choſes de la maniére qui eſt la plus conforme à leur nature; mais on doit y procéder conſtamment & avec ordre, juſqu'à ce qu'on en vienne à une réſolution fixe & bien fondée. Si l'on m'objecte qu'en pareil cas tous les hommes feroient obligez d'avoir de l'étude, & d'abandonner leurs autres affaires pour s'y apliquer tout entiers; ma réponſe eſt que je n'attends de chacun d'eux à cet égard que ce que son loisir peut lui permettre. Je sai qu'il y en a plusieurs qui se trouvent dans une situation qui n'exige pas une grande étendue de connoissances, & qui employent presque tout leur tems à pourvoir aux besoins de cette vie. Mais leur manque de loisir n'excuse pas la négligence de ceux qui en ont de reste; il y en a peu qui n'en ayent assez pour aquérir les lumiéres qu'il leur faut dans le poste où Dieu les a mis, & celui qui ne le fait pas en est responsable, & l'on peut dire qu'il aime les ténébres.

De la Présomption.

§ 33. Les maladies de l'esprit sont en aussi grand nombre que celles du corps; il y en a d'épidémiques, dont très peu de personnes échapent, & il y en a de particuliéres. Si chacun s'examinoit là-dessus, il trouveroit quelque humeur peccante qui lui est propre & qui l'incommode. La plupart

part s'imaginent que leurs talens naturels ne leur manqueront jamais au besoin, & qu'ainsi ce seroit une peine perdue de les cultiver. Ils se flatent que leur génie, semblable à la bourse de *Fortunatus*, ne s'épuisera jamais, quoiqu'ils n'y mettent rien du tout, & satisfaits de leur sort, ils ne travaillent point à se munir de nouvelles connoissances. C'est un champ qui produit de lui-même, à quoi bon le labourer ? Mais ces heureux génies feront bien de n'exposer pas leurs richesses aux yeux des clairvoyans. Nous naissons dans l'ignorance de toutes choses, on n'en voit que la seule écorce, & il n'y a que le travail, l'attention & l'industrie qui puissent pénétrer jusques à l'intérieur. Quoique les matériaux pour bâtir, les pierres & le bois, croissent d'eux-mêmes, ils ne formeront jamais un édifice propre à loger & où regne la symmétrie, à moins que l'art ne s'en mêle. Dieu a fait hors de nous le monde intellectuel plein d'harmonie

& de beauté; mais il ne peut entrer tout d'un coup dans nos esprits, il faut que nous l'y amenions, pour ainſi dire, piéce à piéce, & que nous l'y rangions par notre induſtrie: ſans cela, il n'y aura que cahos & ténébres chez nous, quelque ordre & quelque lumiére qu'il y ait au dehors.

Du Découragement.

§ 34. D'un autre côté, l'on voit des perſonnes qui ont mauvaiſe opinion de leur eſprit, qui perdent courage à la premiére difficulté qu'ils trouvent, & qui ſe croyent d'abord incapables d'aprofondir aucune ſcience, ou de faire aucun progrès au delà de ce qui peut ſervir à leurs occupations ordinaires. Ceux-ci ne ſe remuent point, parcequ'ils s'imaginent qu'ils n'ont pas des jambes pour marcher, comme les autres, dont je viens de dire un mot, reſtent les bras croiſez, parcequ'ils ſe flatent d'avoir des ailes, & de pouvoir prendre l'eſ-
for

sor jusques aux nues, toutes les fois qu'il leur plait. Pour ramener les premiers, je leur appliquerai le proverbe *Anglois* qui dit, *Servez vous de vos jambes, & vous en aurez.* Il n'y a personne qui sache jusqu'où ses forces peuvent s'étendre, à moins qu'il ne les ait éprouvées. Cela est sur tout vrai à l'égard de l'esprit, sa capacité va plus loin qu'il ne s'imagine *, & il aquiert de nouvelles forces à mesure qu'il avance dans l'étude & la méditation.

Pour guérir donc ce foible, il n'y a qu'à donner de l'ouvrage à l'esprit, & tourner toutes ses pensées du côté de l'objet qu'il veut connoitre. Il en est du moins de ses efforts comme de ceux des armées, † *lorsqu'elles se flatent de vaincre, elles ont presque toujours le dessus* : ainsi la persuasion où l'on est de surmonter toutes les difficultez qui se trouvent dans les scien-

* *Viresque acquirit eundo.*
† *Dum putans se vincere, vincunt.*

sciences, ne manque presque jamais d'en venir à bout. D'ailleurs, il est certain qu'un homme qui se met en marche avec des jambes foibles, ira non seulement plus loin, mais qu'il deviendra plus robuste que celui qui demeure en repos, quoiqu'il jouïsse d'une santé ferme & vigoureuse.

On peut observer quelque chose d'aprochant à ceci, lorsque l'esprit ne considére les objets qu'en gros, & à une distance trop éloignée. Il n'y voit d'abord que de la confusion, de l'embarras, & des obscuritez impénétrables. Mais ce ne sont au bout du compte que des spectres, qu'il se forme lui-même pour flater sa paresse; & s'il ne voit rien de clair dans les objets éloignez, il conclut trop vite que tout y est obscur. Il n'a qu'à les examiner de plus près; alors ces nuages qu'il a élevez lui-même, se dissiperont, & ce qui lui paroissoit gigantesque & monstrueux, deviendra d'une taille médiocre & fort naturel.

Il

Il faut qu'il considére les objets peu à peu; qu'il s'arrête d'abord à ce qu'il y a de plus aisé & de plus visible; qu'il en distingue toutes les parties, & qu'il réduise en ordre & en questions claires & faciles tout ce qui mérite d'être sû à l'égard de chacune d'elles : alors ce qu'il croyoit inaccessible, se raprochera de lui, & tous les mystéres qui l'effrayoient du premier coup, s'évanouiront à sa vue. J'en appelle à l'expérience de mes Lecteurs, & je leur demande si pareille chose ne leur est pas arrivée plus d'une fois, sur tout lorsqu'attentifs à l'examen de quelque objet, ils sont venus à réfléchir par occasion sur un autre. Cette expérience doit nous encourager à ne craindre pas ces vains phantômes, & servir plutot à exciter notre vigueur qu'à énerver notre industrie. Pour réussir dans cette étude, comme dans toutes les autres, un aprentif ne doit point se piquer de faire des sauts & de grands pas; mais il doit aller bride en main, s'informer d'abord de ce qui aproche le plus de ce qu'il sait déja, passer ensuite à quelque chose de nouveau, & avancer ainsi pié à pié. Quoique cette méthode paroisse longue & pénible, tout homme qui voudra l'essayer, trouvera bientot que c'est la plus courte & la meilleure, pour gagner du terrain & le conserver ; je veux dire pour aquérir une connoissance ferme & solide, qui ne roule presque toute que sur les idées distinctes qu'on a des choses. En effet, ceux qui savent bien poser l'état d'une question, ne font que distinguer les différentes parties qui la composent, & les mettre dans un ordre naturel ; & ils instruisent plus par là, que d'autres par de longs raisonnemens à perte de vue. Cela seul aide souvent à trouver le nœud, & à découvrir la vérité. Lorsqu'on a une fois developé les idées qu'on examine, on s'aperçoit bientot de leur accord ou de leur repugnance, & c'est en ceci que consiste le véritable savoir ; au lieu qu'à prendre les choses en gros & sans les anatomiser, fer, pour ainsi dire, on n'aquiert qu'une science confuse, qui ne mérite pas même de porter ce nom.

De l'Analogie.

§ 35. L'Analogie est d'un grand usage à l'esprit en bien des rencontres, sur tout dans cette partie de la Physique, qui traite des expériences. Mais il faut prendre garde ici à se renfermer dans les justes bornes de l'Analogie. Par exemple, on trouve que l'huile acide du *vitriol* est bonne en certain cas, donc l'esprit de *nitre* ou de *vinaigre* peut être utile dans le même cas. Si l'acide du *vitriol* a produit le bon effet, la conséquence est juste; mais si outre cet acide, il y a quelque autre chose dans cette huile, qui est la véritable cause de l'effet qu'on cherche, alors nous supposons faux, & nous prenons pour Analogie ce qui ne l'est point du tout.

De la Jonction des Idées, qui ne s'accordent point ensemble.

§ 36. Quoique j'aye parlé de ce défaut dans le second Livre de mon *Essai sur l'Entendement Humain*, ce n'a été que d'une maniére historique, de même que des autres opérations de l'esprit, sans chercher les remédes qu'on y pourroit apliquer. De sorte qu'il ne sera pas inutile d'en dire ici un mot à ce dernier égard; d'autant plus qu'il n'y a point de maladie de l'esprit, du moins que je sache, qui soit plus difficile à guérir, & qui cause plus d'erreurs que cet assemblage d'idées. Il est presque impossible de convaincre quelcun que les choses ne sont pas telles de leur nature, qu'il les a toujours conçues.

C'est par là que des fondemens ruineux passent pour des principes très solides, & qu'on ne peut pas même souffrir qu'on les révoque en doute: ces

ces liaisons monstrueuses deviennent à la longue aussi naturelles à l'esprit, que la lumiére l'est au soleil. Parceque le feu & la chaleur vont ensemble, on conclut d'abord que celle-ci réside dans le feu même, & que cela est aussi clair que les véritez les plus évidentes. Quel reméde trouver donc à ce mal, & quelle espérance y a-t-il d'en venir à bout? La plupart des hommes, accoutumez à ne rien examiner de ce qu'ils ont une fois admis, embrassent si fortement l'erreur & le mensonge, qu'il est très difficile de les en délivrer. Pour vaincre cette mauvaise habitude, il faut une vigueur & une liberté d'esprit qui n'est pas commune, dont il y a même peu de gens qui ayent l'idée, & moins encore à qui l'on en permette l'usage. Il n'y a presque point de sectes dont les docteurs & les guides ne tâchent de suprimer, le plus qu'ils peuvent, cet examen libre auquel tous les hommes sont engagez, & qui est le premier pas qu'ils doivent faire, pour régler leur conduite &

leurs

leurs opinions. Un artifice auſſi criminel ne peut qu'inſinuer que les docteurs ſentent bien la foibleſſe ou la fauſſeté de leurs dogmes, puisqu'ils ne veulent pas ſouffrir qu'on examine les principes ſur leſquels ils ſont bâtis. Il n'en eſt pas de même de ceux qui ne cherchent, & qui n'ont en vue de répandre que la vérité, ils expoſent leurs principes aux yeux de tout le monde; ils ſont bien aiſes qu'on les épluche à la rigueur, & qu'on découvre ce qu'il peut y avoir de foible ou de mal digéré, afin que perſonne n'admette que la vérité toute pure.

Je ſai qu'il ſe commet une faute générale dans l'éducation des enfans, & dans la maniére dont on inſtruit la jeuneſſe. A l'examiner de près, on voit qu'elle ne tend qu'à leur faire embraſſer, par une foi implicite, les notions & les dogmes de leurs maitres, & à les y aſſujétir, en ſorte qu'il n'en démordent jamais, ſoit que la vérité s'y trouve ou non. Je ne rechercherai point ici de quel prétexte on peut
co-

colorer une si dangereuse méthode, ni de quel usage elle peut être, lorsqu'on s'en sert à l'égard de la populace toute occupée des soins de cette vie. Mais pour ce qui est des personnes d'une autre condition, qui ont le tems & les moyens de s'apliquer à l'étude & à la recherche de la vérité, je ne voi pas qu'il y ait de meilleur expédient pour les instruire, que de prendre garde, le plus qu'il se peut, que dès leur plus tendre enfance ils ne joignent pas ensemble des idées qui n'ont aucune liaison naturelle entr'elles, & de leur inculquer souvent cette régle, pour leur servir de guide dans tout le cours de leur vie & de leurs études. Il faut leur répéter sans cesse que leurs idées ne doivent jamais avoir d'autre connexion, qu'autant que leur nature & leur raport mutuel le permet ; & qu'ils examinent souvent celles qu'ils trouvent unies ensemble dans leur esprit, pour voir si cette liaison vient de la correspondance visible qui est entr'elles, ou de l'habi-
tu-

tude qu'ils ont prife de les joindre dans leur cerveau.

Le reméde que je propofe, peut être d'un grand ufage, lorsque cette habitude n'eft pas enracinée de longue main; mais fi le contraire fe trouve, alors il faut, pour s'en guérir, qu'on obferve avec une extrême vigilance les mouvemens prefqu'imperceptibles de l'efprit dans fes actions habituelles, & dont ce que j'ai dit ailleurs de fon activité à juger fur le raport des fens, eft une bonne preuve. Qu'on faffe voir à quelcun, qui ne fe connoit pas en peinture, certains tableaux, qu'on montre en quelques endroits, & où il y a des bouteilles, des pipes, & autres chofes de cette forte repréfentées au naturel; & qu'on lui dife qu'il ne voit aucun relief dans tout cela, vous ne fauriez l'en convaincre que par l'atouchement: il ne peut s'imaginer que fon efprit fubftitue fi vite une idée à la place d'une autre. Combien d'exemples de ce tour de foupleffe ne trouve-t-on pas dans la maniére de rai-

raisonner de quelques savans, qui accoutumez à joindre deux idées ensemble, mettent l'une à la place de l'autre, & le font même, à ce que je croi, sans y prendre garde? Pendant que cette illusion dure, il est impossible de les convaincre; & ils s'aplaudissent d'être zélez pour la défense de la vérité, lorsqu'ils ne combattent que pour le mensonge. L'habitude qu'ils ont prise de confondre deux idées très différentes, & de les réduire presqu'en une seule, remplit leur tête de fausses vues, & leurs raisonnemens de fausses conséquences.

De certains Sophismes.

§. 37. Le véritable savoir consiste à découvrir & à embrasser la vérité, qui dépend de l'accord ou de la répugnance visible ou probable des idées, que l'on affirme ou que l'on nie les unes des autres. Il paroit de là que, pour bien conduire son esprit dans la recherche de la vérité, qui doit être

son

son unique but, il faut garder une pleine indifférence, & ne pancher ni d'un côté ni d'autre, jusqu'à ce qu'on ait de bonnes raisons qui nous déterminent. Cependant on ne voit presqu'aucun livre, où l'on ne s'aperçoive que l'auteur défend non seulement sa thése, ce qui est juste & raisonnable, mais qu'il incline tout à fait de ce côté-là, & qu'il souhaite qu'elle soit vraye. Si l'on me demande à quelle marque on peut reconnoître les auteurs qui ont ce foible, je réponds que c'est par le soin qu'ils prennent de changer souvent les termes de la question, ou d'y en joindre de nouveaux; ce qui cause une si grande variété dans les idées, qu'elles en deviennent plus utiles à leur but, & qu'elles ont plus de raport, ou d'oposition les unes avec les autres. C'est-là un sophisme tout clair; quoique je sois bien éloigné de croire qu'on le met toujours en usage, pour tromper les lecteurs. Je n'ignore pas que les hommes séduits par leurs préjugez s'en imposent souvent à eux-mê-

mêmes, & que leur zéle pour la vérité, qu'ils attachent à un seul parti, est ce qui les en écarte le plus. L'inclination pour un certain dogme leur inspire des termes radoucis, qui font naitre des idées favorables, jusqu'à ce qu'après l'avoir ainsi revêtu, ils viennent à conclure qu'il est de la derniére évidence ; au lieu qu'à le prendre dans son état naturel, & à n'y employer que des idées fixes & déterminées, il ne seroit peut-être point admis. Les tours, les gloses, les explications & les ornemens, dont les auteurs embellissent leur discours, est ce qu'on appelle aujourd'hui bien écrire, & cette méthode leur est si avantageuse pour répandre leurs opinions & aquérir du crédit dans le monde, qu'il n'y a nulle apparence qu'ils l'abandonnent, pour en suivre une autre plus séche & plus stérile, qui joint toujours les mêmes idées aux mêmes termes : roideur brusque & inflexible, qu'on ne peut souffrir que dans les seuls Mathématiciens, qui percent

jus-

jusques à la vérité par leurs démonstrations sans replique.

Mais si les auteurs ne veulent pas renoncer à cette maniére insinuante d'écrire, quoique peu solide; s'ils ne jugent pas à propos d'employer des termes fixes, & des argumens clairs & sans fard; il est de l'intérêt des lecteurs de se tenir en garde contre les sophismes & tous les agrémens du discours. Le plus sûr moyen d'y réussir, c'est de se former des idées claires & distinctes de la question dépouillée de tous les mots, & de voir de quelle maniére l'auteur qui en traite les joint ensemble, ou les sépare les unes des autres. A suivre cette route, on ne peut que rejetter ce qui est superflu, & sentir ce qui fait à la question ou qui s'en éloigne, ce qui s'accorde ensemble ou qui se contredit. On découvrira bientôt par là toutes les idées qui ne font pas du sujet, & les endroits où l'auteur les a fourrées; & quoiqu'il en ait été peut-être ébloui lui-même, on s'apercevra qu'elles

les ne donnent aucun jour ni la moindre force à ses raisonnemens.

J'avoue que ce chemin est le plus court & le plus aisé pour lire avec profit, & se garantir de l'erreur où les grands noms & les discours plausibles nous entrainent d'ordinaire ; mais il est difficile & ennuyeux pour les personnes qui n'y sont pas accoutumées, & l'on ne doit pas s'imaginer que le petit nombre de ceux qui cherchent la vérité de bonne foi, puissent tous se mettre à couvert par-là des sophismes étudiez, ou involontaires, qui se glissent dans presque tous les livres où il s'agit de raisonnement. Ceux qui écrivent contre leur persuasion intérieure, ou ce qui revient à peu près à la même chose, qui sont résolus de maintenir à tort & à travers les dogmes du parti qu'ils ont embrassé, ne peuvent qu'employer toute sorte d'armes, bonnes ou mauvaises, pour défendre leur cause, & c'est pour cela même qu'on doit les lire avec beaucoup de précaution.

D'un autre côté, ceux qui écrivent pour des opinions, dont ils font bien perfuadez & qu'ils croyent véritables, fe flatent que l'amour qu'ils ont pour la vérité, leur permet de la dépeindre fous les couleurs les plus avantageufes, & de la revêtir des plus beaux ornemens, afin de la mieux infinuer dans l'efprit des lecteurs, & qu'elle y jette de plus profondes racines.

Comme la plupart des écrivains fe trouvent dans l'une ou l'autre de ces deux différentes fituations d'efprit, il eft jufte que leurs lecteurs, qui aiment la vérité, foient en garde contre tout ce qui peut l'obfcurcir ou la déguifer. Si les derniers n'ont pas l'adreffe de fe repréfenter le fens de l'auteur qu'ils lifent par des idées pures, dégagées de tous les fons & de tout le clinquant d'une fauffe rhétorique, ils doivent du moins retenir le véritable état de la queftion, ne le perdre jamais de vue, & ne fouffrir pas qu'on y ajoute ou que l'on en retrantranche aucun terme. C'est ce que peuvent faire tous ceux qui en ont bonne envie, & celui qui ne veut pas se donner cette peine, fait de son esprit le magasin des denrées d'un autre, je veux dire de faux raisonnemens, plutot que le réservoir de la vérité, d'où il pourroit tirer de grands secours dans le besoin. Je laisse à un tel homme à juger lui-même s'il se conduit bien dans la recherche d'un si précieux trésor.

Des Véritez fondamentales.

§ 38. Nos esprits sont si bornez, & si lents à pénétrer le fond des objets qu'ils contemplent, qu'il n'y a point d'homme qui puisse connoitre toutes les véritez, quand notre vie seroit deux fois plus longue; de sorte qu'il est de la prudence de nous fixer aux questions les plus importantes, & de négliger les autres qui ne signifient rien, ou qui nous éloignent de ce but principal. Tout le monde sait combien

bien de tems la jeuneſſe perd à ſe remplir la tête de queſtions de Logique, la plupart inutiles, & qui n'aboutiſſent qu'à des mots. C'eſt à peu près comme ſi un garçon qui veut devenir peintre, s'occupoit tout entier à examiner les fils des différentes toiles ſur leſquelles il doit travailler, & à compter les ſoyes de tous les pinceaux & de chaque broſſe, dont il doit ſe ſervir pour appliquer ſes couleurs. C'eſt même quelque choſe de pis ; du moins le dernier trouve à la fin que ſa peine eſt inutile, & qu'il n'en eſt pas plus avancé dans ſon art, au lieu que les autres ont la tête ſi échauffée des diſputes de l'école, qu'ils prennent des notions creuſes & vagues pour des véritez conſtantes, & s'imaginent d'être ſi habiles, qu'ils ne daignent pas approfondir la nature des choſes, ni ramper juſqu'aux expériences. Peut-on abuſer plus groſſiérement de l'eſprit, ſur tout dans la recherche de la vérité, & n'eſt-il pas juſte de relever ce défaut, qui eſt accompagné

gné de bien d'autres, soit à l'égard des questions en elles-mêmes, qui s'agitent dans les écoles, ou de la manière dont on y procéde? Il est impossible de compter les erreurs de cette sorte, dont un homme est, ou peut être coupable; mais il suffit d'avoir insinué que les observations superficielles, qui ne contiennent rien d'important, & qui n'aident pas à pousser nos connoissances plus loin, doivent être négligées, & ne méritent pas de nous occuper.

Il y a des véritez fondamentales qu'on ne découvre, pour ainsi dire, qu'en creusant, & qui servent de base à plusieurs autres. Ce sont des véritez fécondes, qui enrichissent l'esprit, & qui semblables à ces feux célestes qui roulent sur nos têtes, outre l'éclat qui leur est naturel & le plaisir qu'il y a de les contempler, répandent leur lumiére sur bien d'autres objets, qu'on ne verroit pas sans leur secours. Telle est cette admirable découverte de Mr. *Newton*, que tous les corps pésent les uns sur les autres ; découverte, qu'on peut regarder comme la base de la Physique, & qui lui a donné les moyens de faire voir, au grand étonnement de tous les Philosophes, qu'elle est d'un usage merveilleux pour entendre le système de notre tourbillon solaire. Il n'y a même aucun doute qu'elle ne puisse nous conduire à l'intelligence de bien d'autres choses, si l'on sait en profiter & la mettre en œuvre. Le précepte de JESUS-CHRIST, qui nous ordonne *d'aimer notre Prochain comme nous-mêmes*, est une vérité si capitale pour la conservation des Sociétez humaines, qu'elle suffit toute seule pour déterminer la plupart des cas qui regardent les devoirs de la vie civile. Ce sont des véritez de cette nature que nous devrions rechercher avec ardeur, & dont il faudroit munir nos esprits.

Du

Du Nœud de la Question.

§ 39. Ce que je viens de dire, me conduit à une autre remarque, qui n'est pas moins utile que la précédente, & qui nous engage à examiner toujours le nœud de la question qu'on propose, & à voir sur quoi elle est fondée. La plupart des difficultez qu'on y trouve, si on veut les suivre jusques au bout, nous ménent à quelque proposition claire, qui nous sert à lever les doutes, & à décider la question. Il n'en est pas de même des argumens superficiels & qu'on tire des lieux communs; l'on en peut trouver en foule pour & contre, qui suggérent mille pensées diverses à l'esprit & une grande affluence de paroles à la bouche; mais qui servent plutot à nous amuser, qu'à venir au fonds de la question & à découvrir la vérité, l'unique but d'un esprit inquisitif & le centre de son repos.

Par exemple, suposé que l'on demanmande si le Grand-Seigneur a droit de prendre tout ce qu'il veut de son peuple; on ne sauroit bien répondre, sans examiner d'abord si tous les hommes sont naturellement égaux ; car c'est là-dessus que la question roule. Cette vérité une fois prouvée, on n'a qu'à la retenir, au milieu de toutes les disputes qui s'agitent sur les différens droits des hommes unis en Société, & l'on trouvera qu'elle sert beaucoup à décider la premiére question.

De la difficulté qu'il y a de tourner ses pensées du côté que l'on veut.

§ 40. Peut-être n'y a-t-il rien au monde qui contribue plus à l'avancement des sciences, au repos de la vie, & à l'expédition des affaires, que l'habileté à tourner ses pensées du côté que l'on veut; & peut-être aussi n'y a-t-il rien de plus difficile que d'en venir à bout. L'esprit d'un homme qui veille, s'occupe toujours de quelque objet, qu'il peut changer à sa guise

pour

pour un autre, & paſſer du ſecond à un troiſiéme qui n'a nul raport avec les deux premiers, ſur tout lorſqu'on ne s'intéreſſe point aux uns ou aux autres, & qu'on n'eſt guéres attentif. De là vient qu'on répéte ſouvent qu'il n'y a rien de plus libre que la penſée, & il ſeroit à ſouhaiter que cela fût; mais on ne voit que trop d'exemples du contraire, & qui prouvent qu'il n'y a rien de plus volage que nos penſées, ni de plus difficile à gouverner: elles ne veulent pas qu'on leur indique les objets qu'elles doivent pourſuivre, ni qu'on les détache de ceux qu'elles ont en vue; on a beau faire, elles prennent, pour ainſi dire, le mors aux dents, & emportent leur homme, bon gré malgré qu'il en ait.

Je ne répéterai point ici ce que j'ai déja dit ſur la difficulté qu'il y a d'amener un homme, qui ne s'eſt entretenu l'eſpace de trente ou quarante années de ſuite que d'un petit nombre d'idées communes; de l'amener, dis-je, je, à s'en faire une meilleure provision, & à s'occuper de celles qui lui fourniroient une moisson beaucoup plus abondante & plus utile: ce n'est pas de quoi il s'agit à présent. Le défaut dont je parle ici, & auquel je voudrois bien trouver un reméde, est la peine qu'il y a quelquefois de tourner nos esprits d'un sujet à un autre, lorsque les idées nous sont également familiéres des deux côtez.

Les objets que nos passions nous rendent chers, s'emparent de nos esprits avec tant d'autorité, qu'il est très difficile de les en bannir quand on veut; mais comme si la passion dominante étoit une espéce de prévôt, muni de tout le pouvoir de la Justice, elle entre à main forte dans l'esprit, y loge son objet, & veut qu'il y soit regardé comme le seul propriétaire de la place. Il n'y a personne, à ce que je crois, quelque calme que puisse être son tempérament, qui n'ait éprouvé quelquefois cette tyrannie, & qui n'ait souffert de sa rigueur. Où est l'homl'homme, dont l'esprit, obsédé par l'amour ou la colére, la crainte ou la douleur, n'ait été, pour ainsi dire, chargé quelquefois d'entraves, qui l'ont rendu incapable de se tourner vers tout autre objet ? Ne sont-ce pas en effet des entraves, puisqu'elles arrêtent l'activité de l'esprit, & l'empêchent de poursuivre de nouvelles connoissances, ou de faire même aucun progrès dans celle où il s'applique tous les jours ? Ceux qu'une passion violente possède, ne différent pas beaucoup des véritables possédez au pié de la lettre, & l'on diroit, à les voir, qu'il y a quelque enchantement qui les engourdit & qui les aveugle. Aussi ne voyent-ils rien de ce qui se passe devant leurs yeux, & n'entendent-ils pas ce qui se dit en leur compagnie; mais si à force de leur adresser la parole on les excite un peu, ils ressemblent à des hommes qui viennent d'un autre monde, quoique, renfermez en eux-mêmes, ils ne s'occupassent que d'une bagatelle, qui fait toute leur marote. La honte que ces distractions causent aux personnes bien élevées, prouve que l'incapacité où l'on se met de tourner son esprit du côté que l'on veut, est un défaut considérable. L'esprit devroit toujours être libre & disposé à réfléchir sur tous les objets qui se présentent, & à faire sur chacun toute l'attention requise. On peut dire qu'il nous devient inutile, si nous l'occupons tout entier d'un seul objet, & que nous ne puissions pas l'amener à un autre qui nous paroit plus digne de nos soins. Il n'y a personne qui fit scrupule d'appeller cette situation d'esprit une parfaite folie, si elle continuoit toujours ; & pendant qu'elle dure, à quelques reprises qu'elle vienne, ce flux & reflux de pensées à l'égard du même objet ne nous avance pas plus dans nos connoissances, qu'un cheval qui tourne la roue ne peut nous conduire à la fin d'un voyage, lorsque nous sommes dessus.

J'avoue qu'on doit accorder quelque chose aux passions légitimes & aux inclinations naturelles. Outre les amusemens que l'occasion fait nai-

naitre, chacun aime une certaine étude plus que toute autre, & y attache son esprit avec plus d'ardeur ; mais il vaut mieux qu'il soit toujours libre, & qu'on puisse le diriger du côté que l'on veut. C'est une pareille liberté qu'on devroit s'efforcer d'obtenir, à moins qu'on ne s'embarasse guéres d'un défaut, qui nous rend quelquefois notre esprit inutile ; car c'est comme si l'on n'en avoit point du tout, lorsqu'on ne peut s'en servir au besoin & dans les vues qu'on se propose.

Mais avant que de chercher les remédes propres à guérir ce mal, il faut en connoître les différentes causes, & se régler là-dessus pour la cure, si l'on veut du moins y travailler avec quelque succès.

Nous avons déja indiqué une de ces causes, si connue de tous ceux qui réfléchissent un peu, & dont ils ont fait si souvent l'expérience en eux-mêmes, qu'il n'y a personne qui en doute. Une passion dominante atta-

attache si fort nos pensées à son objet & à tout ce qui le regarde, qu'un homme, par exemple, qui est passionnément amoureux, néglige ses affaires les plus importantes, incapable d'y penser, & qu'une tendre mére désolée de la perte d'un fils unique ne sauroit entrer en conversation avec ses plus chéres amies.

Mais quoique les passions en général soient la principale cause de la maladie, ce n'est pas la seule qui enclave, pour ainsi dire, l'esprit, & qui le borne pour un tems à un seul objet, dont on ne peut le détourner. D'ailleurs, nous expérimentons bien des fois, que notre esprit occupé de quelque sujet, que le hazard, ou une légére occasion lui offre, s'échaufe peu à peu à le contempler, sans qu'aucune passion s'en mêle; qu'il s'ouvre une carriére, où il aquiert du mouvement à mesure qu'il avance, comme une boule qui roule de haut en bas; & qu'il ne veut point en démordre, jusqu'à ce qu'après y avoir épuisé tout

son

son feu, il trouve au bout du compte que c'est peine perdue, & qu'il s'est amusé à une bagatelle indigne de la moindre de ses pensées.

Il y a une troisiéme cause plus ridicule encore, si je ne me trompe, que celle-là ; c'est une sorte de puérilité, pour ainsi dire, de l'esprit, qui badine quelquefois avec une poupée de sa façon, & qui ne peut s'en délivrer que difficilement, quoiqu'il en joue sans aucun dessein. C'est ainsi qu'un proverbe trivial, ou qu'un morceau de poésie s'empare quelquefois de l'esprit, & y fait un tel carillon, qu'il n'y a pas moyen de l'arrêter ; il n'y a ni paix, ni tréve, ni aucune attention pour tout autre objet, & cet hôte importun ne veut point lâcher prise, malgré tous les efforts qu'on employe pour le bannir. Je ne sai si tout le monde a éprouvé la hardiesse de ces idées capricieuses, qui nous empêchent de nous occuper à quelque chose de meilleur ; mais je connois des per-
son-

sonnes très habiles qui s'en plaignent beaucoup, & qui m'en ont parlé à moi-même. Le doute que j'ai là-dessus, vient de ce que j'ai ouï dire sur un autre cas qui aproche de celui-ci, mais qui est encore plus étrange; c'est à l'égard de certaines visions qui paroissent à quelques personnes, lorsque couchées dans les ténèbres, elles veillent pourtant les yeux ouverts ou fermez. Il leur paroit quantité de visages fort extraordinaires, qui se succédent les uns aux autres, ensorte que l'un n'a pas plutôt paru sur la scéne, qu'il se retire & qu'un autre occupe sa place, sans qu'il y ait moyen de les retenir un seul moment. Je me suis entretenu de ce phénoméne avec diverses personnes, dont quelques-unes le connoissoient parfaitement bien, & d'autres y étoient si novices, qu'elles ne pouvoient pas croire qu'il fût vrai. J'ai connu une dame d'un très bon esprit, qui à l'âge de plus de trente ans n'avoit jamais eu la moindre idée d'une pareille imagination,

tion, & qui, lorsqu'elle m'entendit raisonner là-deſſus avec un de mes amis, crut que nous voulions nous moquer d'elle; mais quelque tems après ayant bu, par ordonnance du médecin, une bonne doſe de thé, & s'étant couchée enſuite, elle nous dit à notre premiére entrevue, qu'elle avoit éprouvé alors ce que nous n'avions pu lui perſuader. Quoi qu'il en ſoit, il ſemble que ce phénoméne ait une cauſe méchanique, & qu'il dépende de la matiére & du mouvement du ſang, ou des eſprits animaux.

Pour en venir aux remédes du mal dont il s'agit, lorſqu'une paſſion nous occupe & qu'on veut tourner ſon eſprit d'un autre côté, je ne ſache pas qu'il y ait de meilleur moyen que de calmer cette paſſion, autant qu'il eſt poſſible, ou de la contrebalancer par une autre; ce qui eſt une adreſſe qu'on aquiert par l'étude, & la connoiſſance intime des paſſions.

A l'égard de ceux qui se laissent entrainer à leurs propres pensées, sans que l'intérêt ou la passion les anime, il faut qu'ils ayent grand soin d'en arrêter le cours, & de ne souffrir jamais que leur esprit s'amuse à des niaiseries. Si la plupart des hommes connoissent bien le prix de la liberté corporelle, & ne souffrent pas volontiers qu'on les enchaine; l'esclavage de l'esprit est beaucoup plus rude, & ils ne doivent rien oublier pour s'en garantir. Les efforts continuels peuvent en venir à bout, & si dès que l'esprit s'attache à quelque vetille, nous l'en détournons au plus vite, & que nous lui présentions quelque nouvel objet plus solide, il n'y a qu'à tenir ferme & retourner plusieurs fois à la charge, on réussira tôt ou tard. D'ailleurs, quand on a fait quelque progrès dans cet exercice, & qu'on peut écarter de son esprit toutes les pensées vagues qui l'occupent, il ne sera pas inutile de passer outre, &
de

de méditer fur des fujets plus importans, jufqu'à ce qu'on obtienne un plein pouvoir fur fon efprit, & qu'on puiffe transférer fes penfées d'un fujet à un autre, avec la même facilité qu'on quite une chofe qu'on tenoit à la main, pour en prendre une toute différente. Cette liberté de l'efprit eft d'un ufage merveilleux pour l'expédition des affaires & des études, & celui qui la poffède, ne manque prefque jamais de réuffir dans tout ce qu'il entreprend.

Pour ce qui eft enfin de la troifiéme & derniére caufe, je veux dire du bruit & du tumulte qu'une fentence, ou qu'un proverbe fait dans la tête, cela n'arrive guéres, à moins que l'efprit ne foit lâche & pareffeux, & qu'il ne s'occupe d'aucun objet fixe. De forte que pour le délivrer de ces répétitions incommodes & inutiles, il n'y a qu'à metre en ufage le reméde dont je viens de parler ; il faut redoubler fon attentention & lui fournir au plutot un autre objet, capable de l'entretenir agréablement & d'une maniére avantageuse.

DISCOURS
SUR LES
MIRACLES.

SI l'on raisonnoit à perte de vue sur les Miracles sans définir ce que le terme de *Miracle* signifie, on pourroit faire un bel étalage d'érudition; mais au bout du compte on parleroit en l'air.

Il me semble donc qu'un Miracle est *une opération sensible, que le spectateur regarde comme divine, parcequ'elle est au dessus de sa portée, & contraire même, à ce qu'il croit, aux Loix établies de la Nature.*

Celui qui se trouve présent à l'action, est le spectateur; & celui qui la croit sur son raport, se met à sa place.

On peut objecter deux choses contre cette définition.

1. Qu'on

1. Qu'on ne sauroit découvrir par là ce que c'est qu'un Miracle; car puisqu'il dépend de l'opinion du spectateur, ce qui est un Miracle pour l'un, ne le sera pas pour l'autre.

Il suffit de répondre que cette objection n'est d'aucune force, à moins qu'on ne puisse donner une autre définition d'un Miracle qui ne soit point exposée à la même alternative, ce qui me paroit bien difficile; car puisqu'on tombe d'accord qu'un Miracle surpasse les forces de la Nature, & qu'il est au dessus des Loix établies entre les causes & leurs effets, on ne peut rien prendre pour un Miracle que ce qu'on juge être au dessus de ces mêmes Loix. Or est-il qu'on ne sauroit juger de ces Loix qu'à proportion de la connoissance qu'on en a; & que cette connoissance différe dans tous les hommes. Donc ce qui est un Miracle pour les uns, ne l'est pas toujours à l'égard des autres.

2. La seconde objection qui s'offre à l'esprit, est que cette idée d'un Miracle

racle peut embrasser quelquefois ces opérations, qui n'ont rien de surnaturel ni d'extraordinaire, & rendre nul par conséquent l'usage des Miracles employez pour confirmer la révélation divine.

Je réponds que cela ne s'ensuit point du tout, si l'on considére de près le témoignage que la révélation divine reçoit des Miracles.

Pour savoir qu'une révélation vient de Dieu, il faut être assuré que le Ministre qui nous l'anonce est envoyé de sa part, & qu'il produit de bonnes lettres de créance pour certifier le caractére dont il est revêtu. Voyons sur ce pié-là si les Miracles, dans le sens que je donne à ce mot, ne sont pas des lettres de créance capables de nous bien conduire dans la recherche de la révélation divine.

Il faut observer d'abord que cette révélation n'est certifiée par aucun Miracle, que par ceux qui sont faits pour rendre témoignage à la mission de celui qui l'anonce de la part de Dieu.

Dieu. Pour tous les autres Miracles qui se font dans le monde, quelque grands & nombreux qu'ils soient, la révélation n'y est point intéressée. D'ailleurs, les cas où les Miracles ont été, ou peuvent être nécessaires pour confirmer la révélation, sont plus rares qu'on ne s'imagine. Les Payens, au milieu d'un nombre infini de divinitez, de fables & de cultes qu'ils reconnoissoient, n'avoient besoin d'aucun témoignage du ciel pour confirmer les unes au préjudice des autres. Ils étoient libres dans leur culte; & puisqu'aucune de leurs divinitez n'aspiroit au titre du seul vrai Dieu, il n'y en avoit point qu'on dût supposer faire des Miracles pour établir son culte, ou pour ruiner celui des autres, & moins encore pour confirmer des articles de foi qu'elles n'imposoient pas. Aussi les auteurs *Grecs* ou *Latins* ne parlent-ils, que je sache, d'aucun Miracle fait pour attester la mission & la doctrine de personne. C'est à cause de cela même que

que * Saint *Paul* dit que les *Juifs*, à la vérité, demandoient des Miracles, mais que les *Grecs* recherchoient toute autre chose; ils ne voyoient pas de quel usage pouvoient être les Miracles pour leur faire embrasser une Religion. J'avoue que c'est une marque étonnante de l'aveuglement prodigieux, où le Dieu de ce siécle avoit plongé les hommes, puisqu'ils s'attachoient à une Religion, qui n'étoit fondée ni sur les lumiéres de la Nature, ni sur aucune révélation divine. Ils ne se mettoient pas même fort en peine d'en découvrir la source, ni les auteurs, ni de l'apuyer par des Miracles, qu'ils n'ont jamais produits dans cette vue, quoiqu'ils ayent prétendu quelquefois d'avoir des révélations célestes.

Si nous voulons juger des choses par ce qui s'est fait, nous devons conclure que les Miracles, qui servent de lettres de créance à un envoyé

* 1 Cor. 1 : 22.

voyé qui anonce une Religion divine, sont inutiles, à moins qu'on ne suppose qu'il y a un seul vrai Dieu. Je me flate même de prouver dans la suite que la nature des choses le demande, & que cela ne peut être autrement. L'histoire ne nous parle d'une maniére distincte que de trois Personnes, de *Moïse*, de JESUS-CHRIST & de *Mahomet*, qui ont prétendu avoir commission de la part du seul vrai Dieu pour instruire les hommes de sa volonté. Ce que les *Persans* disent de leur *Zoroastre*, ou les *Indiens* de leur *Brama*, (pour ne rien alléguer de tous les contes frivoles qu'on trouve dans les Religions des pays plus orientaux) est si obscur & si fabuleux, qu'on ne sauroit y avoir aucun égard. Pour revenir donc aux trois premiers législateurs, *Mahomet* n'a produit aucun Miracle pour justifier sa mission, & il n'y a que les révélations de *Moïse* & de JESUS-CHRIST qui soient attestées par des Miracles. Ces deux révélations

se

LES MIRACLES.

se confirment aussi l'une l'autre; desorte que la question sur les Miracles, à la proposer juste, n'a rien du tout de difficile; & je ne croi pas que l'esprit le plus scrupuleux ou le plus engagé dans le Pyrrhonisme puisse à l'occasion des Miracles former aucun doute contre la révélation évangélique.

Mais puisque les savans & les spéculatifs aiment à supposer des cas qui n'ont jamais été, & qui ne seront peut-être jamais; puisque les ergoteurs & les gens de lettres se plaisent à faire des difficultez là où il n'y en a point, & entrer en dispute sans la moindre nécessité; qu'il me soit permis de dire que celui qui prétend révéler quelque chose aux hommes de la part de Dieu, mérite leur créance, s'il confirme sa mission par un Miracle. En effet, tous ceux qui raisonnent juste, doivent conclure après *Nicodeme*, & l'imiter lorsqu'il dit, * *Nous savons que tu es*

---

* Joan. 3 : 2.

es un docteur venu de la part de Dieu; car personne ne peut faire les miracles que tu fais, si Dieu n'est avec lui.

Par exemple, JESUS de *Nazareth* prétend être envoyé de Dieu: il calme une grosse tempête d'un seul mot; l'un regarde cette action comme un Miracle, & ne peut s'empêcher par conséquent de recevoir sa doctrine: l'autre juge que ce pourroit être un effet du hasard, ou de la connoissance de la Nature, & il reste incrédule. Mais il voit dans la suite que le même JESUS marche sur les eaux, il avoue que c'est un Miracle, & il embrasse l'Evangile. Tout ceci n'a pas la moindre force sur un troisiéme, qui soupçonne qu'un esprit pourroit s'en être mêlé; mais il voit bientot après que notre Sauveur guérit d'un seul mot une paralysie invétérée, il reconnoit le Miracle & il se convertit. Un quatriéme, qui ne s'en est point aperçu dans cette occasion, le trouve ensuite lorsqu'il qu'il donne la vue à un aveugle né, ou qu'il reſſuſcite les morts, ou qu'il ſort lui-même du tombeau, & il admet ſa doctrine comme une révélation qui vient de Dieu. Il paroit de là qu'auſſitot qu'on avoue le Miracle, il n'y a plus moyen de rejetter la doctrine.

On me demandera peut-être quel motif doit nous ſuffire pour nous engager à prendre une opération extraordinaire pour un Miracle, c'eſt-à-dire pour une action que Dieu fait pour certifier une révélation qui vient de ſa part.

Je réponds que ce qui porte les marques d'un pouvoir ſupérieur à tout autre qui s'y oppoſe, doit nous déterminer là-deſſus.

En effet, ceci éloigne la principale difficulté, & ne laiſſe pas le moindre doute, lorsqu'il y a des opérations extraordinaires pour établir deux miſſions oppoſées ; il me ſemble même que des perſonnes d'un peu trop de loiſir ont fait plus de bruit à cet égard que la chose n'en mérite. Car puisque le pouvoir de Dieu surpasse tous les autres, & qu'on n'y sauroit faire aucune opposition qu'il ne soit capable de vaincre; puisque son honneur & sa bonté ne peuvent jamais souffrir qu'un de ses Ministres soit revêtu de moins de pouvoir en faveur de la vérité, qu'un imposteur n'en fait paroitre pour apuyer le mensonge: par tout où il y a une opposition, & où deux personnes, qui prétendent être envoyées du ciel, se contrequarrent, les Miracles qui portent avec eux des marques évidentes d'un pouvoir supérieur, seront toujours une preuve certaine que la vérité & la mission divine se trouvent de ce côté-là. D'ailleurs, quoiqu'on ne puisse pas découvrir de quelle maniére les faux Miracles se produisent, & que cela soit au dessus de la capacité du spectateur ignorant, ou même du plus habile, qui est aussi contraint d'avouer que selon ses idées ils surpassent les forces de la Nature; cependant

dant il ne peut que reconnoître que ce ne sont pas des sceaux que Dieu appose à sa vérité, puisqu'ils sont combattus par d'autres Miracles qui portent des marques évidentes d'un pouvoir supérieur, & qui mettent ainsi l'autorité du Ministre à l'abri de toute équivoque. Il est impossible que Dieu permette qu'un mensonge, qui combat une vérité qui vient de sa part, soit muni d'un plus grand pouvoir que n'est celui qu'il déploye pour la confirmation d'une doctrine qu'il a révélée, afin qu'on l'embrasse. Les serpens, le sang & les grenouilles que les magiciens d'*Egypte* & *Moïse* produisirent, ne pouvoient que paroître également miraculeux à tous les spectateurs; de quel côté donc se trouvoit la mission divine ? Il est certain qu'on n'auroit pu le déterminer, si la chose en fût demeurée là; mais lorsque le serpent de *Moïse* eut englouti celui des autres, lorsqu'il eut fait venir des poux, & que les magiciens ne purent l'imiter, la décision étoit

étoit facile. On vit alors que *Jannes* & *Jambres* étoient munis d'un pouvoir inférieur, & que leurs opérations, quelque extraordinaires & surprenantes qu'elles fussent, ne pouvoient donner aucune atteinte à l'autorité de *Moïse*, qui n'en devint que plus ferme & plus incontestable par cette opposition.

C'est ainsi que la grandeur & le nombre des Miracles opérez pour confirmer la doctrine de JESUS-CHRIST, portent des marques si authentiques d'un pouvoir extraordinaire & divin, que la vérité de sa mission sera inébranlable, jusqu'à ce qu'il s'éléve un autre docteur, qui fasse de plus grands Miracles que ceux de JESUS-CHRIST, & de ses Apôtres. Il n'en faudroit pas moins pour faire changer d'opinion aux hommes du commun & aux génies les plus sublimes. C'est une de ces véritez & de ces expériences palpables, dont tous les hommes peuvent être les juges ; & où l'on n'a besoin

ni

ni de savoir, ni d'une profonde méditation pour en venir à une certitude. Le Créateur de l'univers a pris tant de soin pour empêcher qu'une fausse révélation n'en contrebalançat une divine, qu'on n'a qu'à ouvrir les yeux pour les distinguer, & voir à coup sûr celle qui vient de sa part. Les caractéres de son pouvoir suprême ne l'abandonnent jamais: c'est pour cela qu'on trouve encore aujourd'hui, que par tout où l'Evangile pénétre, il renverse les forteresses du diable, & détruit son empire avec tous ses faux prodiges; ce qui est un Miracle continuel, qui témoigne à haute voix la supériorité.

Les hommes qui ont le plus de pénétration, ne sauroient découvrir, jusqu'où peut s'étendre le pouvoir des agens naturels ou des êtres créez; mais il saute aux yeux de tout le monde qu'il ne sauroit égaler la toute-puissance de Dieu: de sorte que le pouvoir supérieur est un indice infaillible pour s'assurer de la révélation

tion divine, attestée par des Miracles, produits pour servir de lettres de créance à un ambassadeur envoyé de la part de Dieu.

Pour avoir de ceci une idée plus exacte, il faut observer, 1. Qu'on ne peut regarder une mission comme divine, si la personne, qui en est revêtue, annonce quelque chose qui déroge à l'honneur & à l'unité du vrai Dieu, ou qui combatte la Religion naturelle & les principes de la morale : parceque Dieu a découvert ces grandes véritez aux hommes par les lumiéres de la raison, & qu'il est impossible qu'il leur enseigne le contraire par la révélation ; puisqu'en ce cas il détruiroit l'usage & l'évidence de la premiére, sans laquelle on ne sauroit distinguer la révélation divine des impostures du diable.

2. Il faut remarquer en deuxiéme lieu qu'on ne doit pas attendre que Dieu nous envoye quelcun exprès dans ce monde, pour nous instruire de choses indifférentes, & de peu

de

de conséquence, ou qui se peuvent découvrir par l'usage de nos facultez naturelles. Ceci ne serviroit qu'à ravaler sa majesté infinie en faveur de notre paresse, & au préjudice de notre raison.

3. Cela posé, le seul cas où l'on peut accorder une mission céleste avec la haute idée & la vénération profonde que nous devons avoir pour la divinité, ne sauroit être que la révélation de quelques véritez surnaturelles qui se raportent à la gloire de Dieu, & au grand intérêt du genre humain. Les opérations extraordinaires qui servent à rendre témoignage à une révélation de cette nature, doivent être regardées avec justice comme des Miracles, qui portent les marques d'un pouvoir supérieur, aussi long-tems qu'il ne paroit aucune révélation différente accompagnée de marques d'un plus grand pouvoir. En effet, il n'y a nulle apparence que Dieu voulût abandonner sa prérogative, jusqu'à souffrir qu'une de ses créatures

mît

mit les sceaux de son autorité divine à une mission qui ne viendroit pas de sa part : outre que ces événemens surnaturels sont l'unique moyen qui reste à Dieu, selon nos idées, pour assurer les hommes, en qualité de créatures raisonnables, de ce qu'il trouve à propos de leur révéler, & qu'il ne peut jamais consentir qu'on le lui arrache, pour servir aux vues particuliéres d'un être inférieur qui le contrequarre. Son pouvoir suprême & sans-égal le met toujours en état de maintenir les véritez qu'il révéle, & de triompher de tous ceux qui s'y opposent. De sorte que les marques d'un pouvoir supérieur ont toujours été & seront toujours un guide infaillible, pour conduire les hommes dans l'examen des Religions, & leur montrer celle qu'ils doivent embrasser comme divine, quoiqu'ils ne puissent point déterminer au juste ce qui est, ou qui n'est pas au dessus des forces d'un être créé ; ou ce qui requiert le bras immédiat de l'Eternel.

Aussi

Auſſi voyons-nous que notre Sauveur juge par là de l'incrédulité des *Juifs*, lorsqu'il dit, * *Si je n'avois pas fait parmi eux des œuvres, que nul autre n'a faites, ils n'auroient point de péché ; mais ils les ont vues, & malgré tout cela ils ont eu de la haine & pour moi & pour mon Pére.* C'eſt-à-dire qu'ils ne pouvoient qu'obſerver la puiſſance & la main de Dieu dans tous les Miracles qu'il faiſoit, & qu'aucun autre homme n'avoit jamais égalez. Lorsque Dieu envoya *Moïſe* aux *Iſraëlites*, pour leur anoncer qu'il vouloit accomplir ſa promeſſe, & les retirer de l'eſclavage d'*Egypte*, & qu'il le munit de ſignes & de lettres de créance pour juſtifier ſa miſſion, ce que Dieu lui-même dit à l'égard de ces ſignes, eſt fort remarquable. † *S'il arrive*, dit-il, *qu'ils ne te croyent point, & n'obéïſſent point à la voix du premier ſigne*, (qui étoit de changer ſa verge en ſerpent)

* *Jean* XV : 24. † *Exod.* IV : 8.

pent) *ils croiront à la voix du dernier signe.* (qui étoit de rendre sa main lépreuse en la mettant dans son sein.) Dieu ajoute d'abord, * *Mais s'il arrive qu'ils ne croyent point à ces deux signes, & qu'ils n'obéissent point à ta parole, tu prendras de l'eau du fleuve, & la répandras sur la terre: & l'eau que tu auras prise du fleuve, deviendra du sang sur la terre.* Je ne croi pas qu'aucun homme, & beaucoup moins un pauvre faiseur de brique, pût déterminer si ces Miracles étoient, ou n'étoient pas, au dessus des forces de tous les êtres créez; aussi la réception de *Moïse* en qualité d'envoyé de Dieu n'étoit annexée ni à l'un ni à l'autre de ces deux signes, mais le succès de leur témoignage dépendoit de leur nombre; puisque deux Miracles marquent plus de pouvoir qu'un seul, & trois plus que deux. L'Etre infini reconnoissoit par là qu'il

* *Vers.* 9.

LES MIRACLES

qu'il étoit naturel que les marques d'un pouvoir supérieur fissent plus d'impression sur l'esprit des hommes, & attirassent plutot leur créance. Les *Juifs* eux-mêmes jugeoient sur ce pié-là des Miracles de notre Sauveur, comme un des Evangélistes le raporte : *Plusieurs personnes de la multitude crurent en lui, & disoient : Quand le* CHRIST *sera venu, fera-t-il plus de miracles, que celui-ci n'en a fait ?* Peut-être que cette idée, que je donne des Miracles, est la plus facile & la plus sure, pour conserver à leur témoignage toute la force qu'ils doivent avoir à l'égard de toute sorte de génies. Car, puisque les Miracles sont le fondement sur lequel toute mission divine est toujours établie, & par conséquent la base sur laquelle ceux qui croyent à quelque révélation céleste, doivent appuyer leur foi, ils ne peuvent être d'aucun usage pour les simples & les igno-

* *Jean* VII. 31.

ignorans, qui font la plus grande partie du genre humain, si l'on veut soutenir qu'ils ne sont autre chose que des opérations divines qui surpassent les forces de tous les êtres créez, ou qui du moins sont contraires aux loix fixes de la Nature. Mais à l'égard de cette derniére clause, il n'y a que les Philosophes tout seuls qui prétendent connoitre ces loix & les déterminer. D'ailleurs, s'il n'y a que Dieu qui opére ces merveilles étonnantes, je doute qu'il y ait aucun homme, habile ou ignorant, qui puisse dire d'aucun cas particulier qui lui tombe sous les sens, que c'est à coup sûr un Miracle. Avant qu'il en puisse venir là, il faut qu'il sache qu'il n'y a point d'être créé qui ait le pouvoir de le faire. Nous savons que les bons & les mauvais Anges ont des talens fort au dessus des nôtres, & qui surpassent la foible portée de nos esprits. Mais de vouloir définir jusqu'où leur pouvoir peut s'étendre, c'est une entreprise trop hardie pour un homme me qui vit dans les ténébres, qui prononce au hafard, & qui met des bornes à des chofes qui font à une diftance infinie de fa conception.

De forte que les définitions qu'on donne ordinairement d'un Miracle, quelque fpécieufes qu'elles foient dans le difcours & la théorie, fe trouvent fautives & ne fervent de rien lorfqu'on les applique à des cas particuliers.

1701.

Ces Penfées me font venues dans l'efprit en lifant l'Effai de Mr. Fleetwood fur les Miracles, & la lettre qu'on lui avoit écrite fur le même fujet. Le premier dit qu'un Miracle eft une opération extraordinaire que Dieu feul peut exécuter: & l'auteur de la lettre parle des Miracles fans en donner la moindre définition.

J. LOCKE.

Début d'une série de documents en couleur

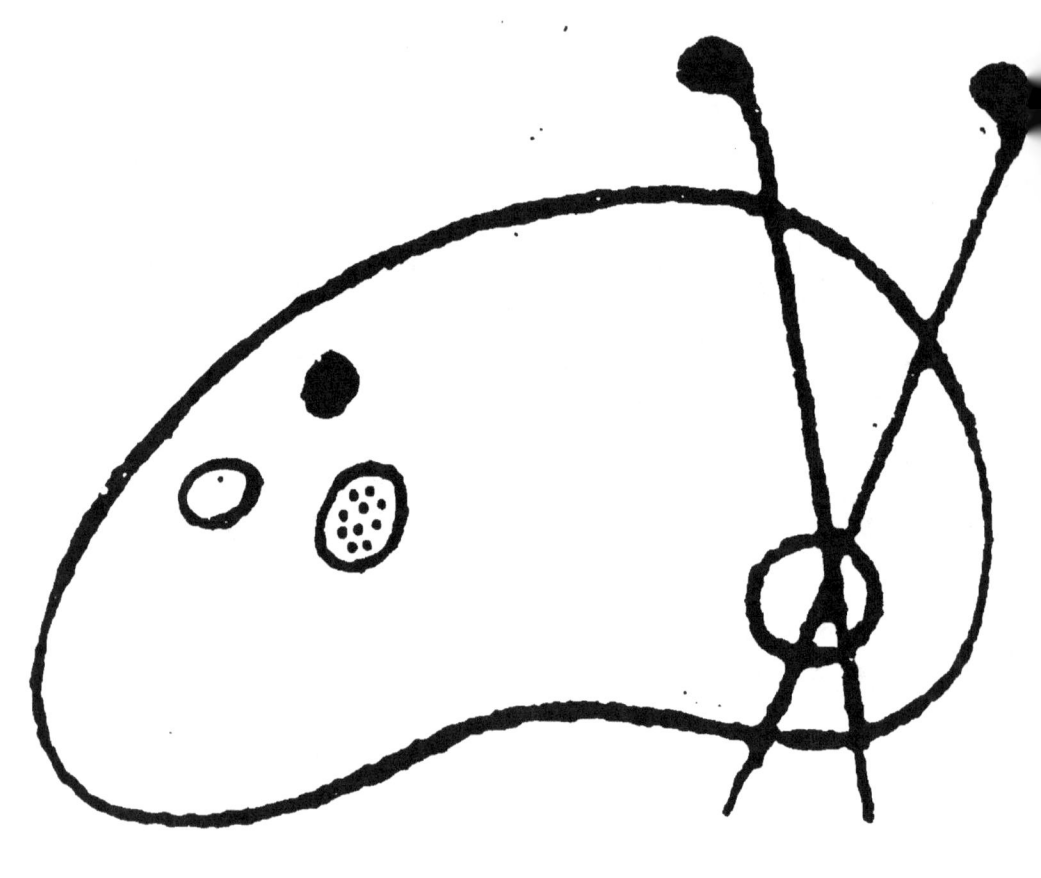

Fin d'une série de documents en couleur

Photo. [R 35372.

Nº 166

OEUVRES DIVERSES DE MONSIEUR LOCKE.

Nouvelle Edition considérablement augmentée.

TOME SECOND.

A AMSTERDAM,
Chez JEAN FREDERIC BERNARD.
M. DCC. XXXII.

ŒUVRES
DIVERSES
DE
LOCKE

TOME SECOND

A AMSTERDAM
Chez JEAN FREDERIC […]
M DCC XX.

METHODE
NOUVELLE

METHODE

2.	la		la
	le 8.		le
A	li	F	li
	lo		lo
	lu		lu
	la		la
	le		le
B	li	G	li
	lo		lo
	lu		lu
	la		la 26. 30. 34.
	le		le
C	li	H	li
	lo 28. 32.		lo
	lu		lu
	la		la
	le		le
D	li	I	li
	lo		lo
	lu		lu
	la		la
	le		le
E	li 4. 24.	L	li
	lo		lo
	lu		lu

NOUVELLE &c.

	la		la
	le		le
M	li	S	li
	lo		lo
	lu		lu
	la		la
	le		le
N	li	T	li
	lo		lo
	lu		lu
	la		la
	le		le
O	li	V	li
	lo		lo
	lu		lu
	la		la
	le		le
P	li	X	li
	lo		lo
	lu		lu
	la		la
	le		le
R	li	Z	li
	lo		lo
	lu	Q	lu

A 3   EPI-

4.

EPISTOLA.] *Lettre de Monsieur* JEAN LOCKE *à Monsieur* NICOLAS THOINARD, *contenant une Méthode nouvelle & facile de dresser des Recueils, dont on peut faire un indice exact en deux pages.*

„ JE vous obéis enfin, Mon-
„ sieur, en rendant publique
„ ma méthode de dresser des
„ Recueils. J'ai honte d'avoir
„ tant tardé à vous satisfaire, mais
„ ce que vous me demandiez,
„ me paroissoit si peu de chose,
„ que je crois qu'il ne méritoit
„ pas d'être publié, sur tout dans
„ un siécle aussi fertile en belles
„ inventions que le nôtre. Vous
„ savez que je vous ai communi-
„ niqué cette méthode de mon
„ propre mouvement, comme je
„ l'ai fait à plusieurs autres per-
„ son-

„ sonnes, à qui j'ai cru qu'elle
„ ne déplairoit pas. Ce n'a donc
„ pas été pour m'en servir tout
„ seul, que j'ai refusé jusqu'à pré-
„ sent de la publier. Il me sem-
„ bloit que le respect que l'on
„ doit avoir pour le public, ne
„ me permettoit pas de lui offrir
„ une invention de si peu d'im-
„ portance. Mais les obligations
„ que je vous ai, & notre com-
„ mune amitié, me permettent
„ encore moins de refuser de sui-
„ vre vos conseils. Votre der-
„ niére lettre, Monsieur, m'a
„ tout-à-fait déterminé, & j'ai
„ cru ne devoir plus hésiter de
„ publier ma méthode, après ce
„ que vous me dites que l'expé-
„ rience de quelques années vous
„ en a fait éprouver l'utilité, aussi
„ bien qu'à ceux de vos amis à
„ qui vous l'avez communiquée.
„ Il n'est pas besoin que je parle
„ ici de celle que j'en ai tirée
„ moi-même, par un usage de

„ plus

EPISTOLA.] „ plus de vingt
6. „ ans. Je vous en ai assez en-
„ tretenu, lorsque j'étois à Paris,
„ il y a présentement sept ou huit
„ ans, & que je pouvois profiter
„ de vos savantes & agréables
„ conversations. Tout l'avanta-
„ ge que je prétends tirer de cet
„ écrit, c'est de témoigner publi-
„ quement l'estime & le respect
„ que j'ai pour vous, & de faire
„ voir combien je suis,

MONSIEUR,

Votre, &c.

Avant que d'entrer en matière, il est bon que j'avertisse que cette Méthode est disposée de la même manière dont il faut disposer ses Recueils. On comprendra par la lecture de ce qui suit, ce que veulent dire
les

les titres Latins que l'on voit
au dessus du revers de chaque
feuillet, & au commencement de
l'article suivant.

EBIONITÆ.] *In eorum Evangelio, quod secundùm Hebræos dicebatur, Historia quæ habetur Matth. XIX, 16. & seqq. ut alia quædam, erat interpolata in hunc modum:* Dixit ad eum alter divitum: Magister quid bonum faciens vivam? Dixit ei: Homo, Legem & Prophetas fac. Respondit ad eum, Feci. Dixit ei: Vade, vende omnia quæ possides, & divide pauperibus, & veni, sequere me. Cœpit autem dives scalpere caput suum, & non placuit ei. Et dixit ad eum Dominus: Quomodo dicis, Legem feci & Prophetas? cùm scriptum sit in Lege, diliges proximum tuum sicut teipsum: & ecce multi fratres tui, filii Abrahæ, amicti sunt stercore, morientes præ fame, & domus tua plena est bonis multis, & non egreditur omnino aliquid ex eâ ad eos. Et conversus dixit Simoni discipulo suo sedenti apud se: Simon fili Johannæ, facilius est camelum intrare per foramen acûs, quàm divitem in regnum cœlorum. *Nimirum hæc ideò immutavit Ebion, quia Christum nec Dei filium, nec* νομοθέτην, *sed nudum interpretem Legis per Mosem datæ agnoscebat.*

Dans l'Evangile des Ebionites, qu'on appelloit l'Evangile selon les Hébreux, l'Histoire qui est au XIX. de S. Matthieu verset 16, & suivans, étoit changée en cette maniére; L'un des riches lui dit: Maitre, quel bien faut il que je fasse pour avoir la vie? Jesus lui dit; Homme,

[ADVERSARIORUM METHODUS.]

8. Je prends un livre de papier blanc, de quelque grandeur qu'il me plait. Je divise les deux premiéres pages, qui se regardent l'une l'autre, (*c'est-à-dire la 2. & la 3.*) par des lignes parralléles en 25. parties égales, avec du plomb d'Angleterre. Je les coupe ensuite perpendiculairement par d'autres lignes, que je tire depuis le haut de la page jusqu'au bas, comme vous le pouvez voir, dans la table que j'ai mise au devant de cet écrit. Aprés cela je marque d'encre chaque cinquiéme ligne des 25. dont je viens de vous parler. [*Les autres sont ici de cinnabre, mais pour la commodité, on les peut faire de plomb d'Angleterre, dont il est plus aisé de se servir que de cinnabre.*] Je mets au commencement

ment de chaque cinquiéme espace, au devant du milieu, l'une des vingt lettres qui font destinées à cet usage, & un peu plus avant dans chaque espace l'une des cinq voyelles, dans leur ordre naturel. C'est là l'indice de tout le volume, de quelque grosseur qu'il puisse être.

L'indice étant fait de la sorte, je distingue, dans les autres pages du livre, la marge avec du plomb d'Angleterre. Je la fais de la largeur d'un pouce dans un volume *in folio*, ou un peu plus large, & dans un moindre volume plus petite à proportion.

Si je veux mettre quelque chose dans mon recueil, je cherche un titre, à quoi je le puisse rapporter, afin de le pouvoir trouver, lorsque j'en ai besoin. Chaque titre doit com-

men-

ADVERSARIORUM METHODUS] 10. mencer par un mot important & essentiel à la matiére dont il s'agit, & dans ce mot il faut bien prendre garde à la premiére lettre, & à la voyelle qui la suit; car de ces deux lettres dépend tout l'usage de notre indice.

J'obmets trois lettres de l'alphabeth, comme inutiles, savoir, K. Y. W. que l'on supplée par les équivalentes C. I. U. Je mets la lettre Q. qui est toujours suivie d'un u. dans le cinquiéme espace du Z. Par cette rejection de la lettre Q. dans le dernier espace de l'indice, je garde la symmetrie de mon indice, & je n'en diminue point l'étendue. Car il arrive très rarement qu'il y ait un titre qui commence par Z u, & je n'en ai pas trouvé un seul dans l'espace de 25. ans, que je me sers de cette

NOUVELLE &c.

11. cette méthode. Que si néanmoins cela étoit nécessaire, rien n'empêcheroit qu'on ne pût le marquer dans le même espace que Qu, pourvû qu'on le distinguat en quelque sorte. On peut encore, pour plus d'exactitude, assigner à Qu une place au bas de l'indice, & je l'ai fait ainsi autrefois.

Quand je rencontre quelque chose que je croi devoir mettre en mon recueil, je cherche d'abord un titre qui soit propre. Supposé, par exemple, que ce soit le titre Epistola, je cherche dans l'indice la première lettre avec la voyelle suivante, qui sont en cette rencontre E. i. Si dans l'espace marqué E. i. se trouve quelque nombre, il m'indique la page destinée aux mots qui commencent par E, & dont la V. voyelle qui se trouve immé-

[ADVERSARIORUM METHODUS.]

12. diatement après, est i. Il faut raporter au mot d'*Epistola*, dans cette page, ce que j'ai à remarquer. J'écris le titre en lettres un peu plus grosses, desorte que le mot principal se trouve en marge, & je continue la ligne, en écrivant de suite ce que j'ai à remarquer. J'observe constamment cette méthode, qu'il n'y ait que le titre qui paroisse en marge, & qu'il soit continué de suite, sans redoubler jamais la ligne dans la marge. Lorsqu'on la conserve vuide de la sorte, les titres se présentent à la premiére vue.

Si dans l'indice je ne trouve aucun nombre dans l'espace E. i. je cherche dans mon livre le premier revers de feuillet que je trouve blanc, lequel revers dans un livre, où il n'y a encore que

13. que l'indice, ne peut être qu'à la p. 4. J'écris donc dans mon indice après E. i. le nombre 4. & le titre *Epiſtola* au haut de la marge de la quatriéme page, & tout ce qu'il faut mettre ſous ce titre, dans la page même, comme vous voyez que je l'ai fait à la page 4. de cet écrit.

Dès lors la claſſe E. i. eſt en poſſeſſion elle ſeule de la quatriéme & de la cinquiéme page. On les employe uniquement aux mots qui commencent par E, & dont la plus proche voyelle eſt i, comme *Epiſcopus*, *Ebionitæ*, [*Voyez le haut de la p. 7.*] *Echinus*, *Edictum*, *Efficacia*, &c. La raiſon pour laquelle je commence toujours au haut du revers, & que j'aſſigne à une Claſſe les deux pages qui ſe regardent l'une l'autre, plutôt qu'un feuillet entier, c'eſt que

14. les titres de cette classe paroissent ainsi tout d'un coup à la vue, sans qu'il soit besoin de tourner le feuillet; ce qui retarde.

Toutes les fois que je veux écrire un nouveau titre dans mon recueil, je cherche d'abord dans mon indice les lettres caractéristiques de ce mot, & je vois par le nombre qui les suit, où se trouve la page assignée à la classe de ce titre. Que s'il n'y a point de nombre, il faut chercher le premier revers de page qui est blanc. J'en marque le nombre dans l'indice : & ainsi je consacre cette page, avec le côté droit du feuillet suivant à cette nouvelle classe. Que ce soit, par exemple le mot *Adversaria*; si je ne vois aucun nombre dans l'espace A. e, je cherche le pre-

NOUVELLE &c. 17

premier revers vuide, qui se
15. trouvant à la page 8. je marque dans l'espace A. e. le nombre de 8. & dans la page 8.
le titre *Adverfaria*, avec tout
ce qui doit être mis sous ce titre, comme je l'ai déja marqué. Après cela cette huitiéme page avec la neuviéme
qui la suit, est reservée à la
classe A. e, c'est-à-dire, aux
titres qui commencent par A,
& où la voyelle la plus prochaine dans le mot est e, comme *Aër, Aera, Agesilaus,
Acheron*, &c.

Lorsque les deux pages destinées à une classe sont toutes
pleines, on cherche dans la suite le plus prochain revers de
page, qui soit encore en blanc.
Si c'est celui qui suit immédiatement, j'écris au bas de la marge dans la page que j'ai rem-
V. plie la derniére, la lettre *V*,

B 5 c'est-

16. c'est-à-dire, *Verte, tournez*; & de même au haut de la page suivante. Si les pages qui suivent immédiatement, sont déja occupées par d'autres classes, j'écris au bas de la page, remplie la derniére, le nombre du prochain revers. Je marque de nouveau le titre dont il s'agit, sous lequel je continue d'écrire ce que j'avois à mettre dans mon recueil, comme si c'étoit dans la même page. Au haut de ce nouveau revers, je marque aussi le nombre de la page qui a été remplie la derniére. Par ces nombres qui renvoyent l'un à l'autre, & dont le premier est à la fin d'une page, & le second au commencement d'une autre, on lie la matiére qui est séparée, tout de même que s'il n'y avoit rien entre deux. Car par ce ren-

NOUVELLE &c. 19

17. renvoi réciproque de nombres, on tourne comme un feuillet tous ceux qui sont entre deux; de même que s'ils étoient collez. Vous en avez un exemple aux pages 7. & 24.

Toutes les fois que je mets un nombre au bas d'une page, je le mets aussi dans l'indice; mais quand je ne mets qu'un V, je ne fais aucun changement dans l'indice; & c'est de quoi on apprendra la raison par l'usage.

Si le principal mot du titre est un monosyllabe, & commence par une voyelle, cette voyelle est en même tems, & la premiére lettre du mot, & la voyelle caractéristique. Ainsi j'écris le mot *Ars* en A. a, & *Os* en O. o.

V. On peut voir par ce que j'ai dit qu'on commence à écrire

B 6 cha-

ADVERSARIORUM METHODUS.]
18. chaque classe de mots au revers de la page, il peut arriver à cause de cela que les revers de toutes les pages soient pleins, pendant qu'il reste assez de côtez droits, qui sont encore vuides. Alors, si l'on veut, pour achever de remplir le livre, on peut assigner ces côtez droits, qui sont encore tous entiers en blanc, à de nouvelles classes.

Si quelcun croit que ces cent classes ne suffisent pas, pour comprendre toute sorte de sujets sans confusion, il peut suivant la même méthode, en augmenter le nombre jusqu'à cinq cens, en ajoutant une voyelle. Mais ayant éprouvé l'une & l'autre méthodes, je préfére la premiére, & l'usage apprendra à ceux qui l'essayeront,
qu'el-

qu'elle suffit pour tout, particuliérement si l'on a un livre pour chaque science, sur laquelle on fait des recueils, ou au moins deux, pour les deux parties ausquelles on peut rapporter toutes nos connoissances, savoir la Morale, & la Physique.

On pourroit y en ajouter une troisiéme, qu'on peut appeller *la science des signes*, qui regarde l'usage des mots, & qui est beaucoup plus étendue que la critique ordinaire.

Pour ce qui regarde la langue dans laquelle on doit faire les titres, je croi la langue latine la plus commode, pourvû qu'on garde toujours le nominatif, de peur que dans les dissyllabes, ou les monosyllabes qui commencent par une voyelle, le changement qui arrive

ADVERSARIORUM METHODUS.]
20. rive dans les cas obliques, ne cause de la confusion. Mais il n'importe pas beaucoup de quelque langue qu'on se serve, pourvû qu'on ne mêle pas des titres de diverses langues.

Pour marquer l'endroit d'un auteur dont je veux tirer quelque chose, je me sers de cette méthode. Avant que d'écrire rien, je mets le nom de l'auteur dans mon recueil, & sous ce nom, le titre du traité que je lis, le volume, le tems & le lieu de l'édition, & (ce qu'on ne doit jamais obmettre) le nombre des pages que contient tout ce livre. Par exemple, je mets dans la classe M. a. *Marshami Canon Chronicus, Ægyptiacus, Græcus, & Disquisitiones*, fol. Lond. 1672. p. 626. Ce nombre de pages me

me sert à l'avenir pour marquer
21. le traité particulier de l'auteur, & l'édition dont je me sers. Je n'ai plus besoin de marquer l'endroit autrement, qu'en mettant le nombre de la page, d'où j'ai tiré ce que j'ai écrit, au dessus du nombre des pages de tout le volume. On en verra un exemple dans *Acheron*, où le nombre 259. est au dessus du nombre 626, c'est-à-dire le nombre des pages, où est l'endroit dont il est question, au dessus du nombre des pages de tout le volume. Ainsi j'évite non seulement la peine d'écrire *Canon Chronicus*, *Ægyptiacus*, &c. mais encore je puis par le moyen de la régle de trois trouver le même passage dans quelque autre édition que ce soit, en cherchant le nombre
V. des pages que me donnera l'édi-

ADVERSARIORUM METHODUS.]
22. dition dont je ne me suis pas servi, puisque celui de mon édition qui est 626, m'a donné 259. On ne rencontre pas toujours à la vérité la page même, à cause des espaces que l'on peut laisser en diverses éditions, & qui ne sont pas toujours égaux à proportion, mais on n'en est jamais fort éloigné; & il vaut beaucoup mieux trouver un passage à quelques pages près, que d'être obligé de feuilleter tout un livre pour le trouver, comme il arrive lorsque le livre n'a point d'indice, ou que l'indice n'est pas exact.

ACHERON.] *Pratum, ficta mortuorum habitatio, est locus prope Memphin, juxta paludem quam vocant Acherusiam*, &c. C'est un passage de Diodore dont voici le sens. Les champs, où l'on feint que demeurent les morts, ne sont autre chose qu'un lieu proche de Memphis, près d'un marais qu'on appelle *Acherusia*, autour duquel il y a de fort agréables campagnes, où l'on voit des lacs & des forêts de

lotus

lotus & de *calamus*. C'eſt avec raiſon qu'Or-
23. phée dit que les morts habitent ces lieux, parceque c'eſt là que ſont la plupart des funérailles des Egyptiens, & les plus grandes. On y porte les morts par le Nil, & par le marais d'Acheruſia, & on les met là dans des voutes ſouterraines. Il y a encore d'autres fables chez les Grecs touchant les enfers, qui s'accommodent fort bien avec ce qu'on fait aujourd'hui en Egypte. Car on appelle *Baris* le bateau dans lequel on tranſporte les morts; & l'on donne une obole pour le paſſage au batelier, que l'on nomme *Charon* en langage du pays. Aſſez proche de ce lieu, eſt un temple *d'Hecaté la ténébreuſe*, & les portes du Cocyte, & du Lethé, fermées avec de groſſes barres de cuivre. Il y a encore d'autres portes, qu'on nomme les portes de la vérité, avec la ſtatue de la Juſtice, qui eſt au devant, & qui n'a point de tête. *Marsham* $\frac{253}{254}$.

EBIONITÆ.] (pag. 7.) *me, obeïs à la Loi & aux Pro-*
24. *phétes. Il répondit, Je l'ai fait. Jesus lui dit: Va,*
& vends tout ce que tu as, partage le aux pau-
vres, & viens après cela & me suis. Là-dessus le
Riche commença à se grater la tête, & ne trou-
va point bon le conseil de Jesus. Et le Seigneur lui
dit, Comment dis-tu, j'ai accompli la Loi & les
Prophétes, puisqu'il est écrit dans la Loi; Tu
aimeras ton prochain comme toi-même, & qu'il
y a plusieurs de tes fréres, enfans d'Abraham,
qui sont mal vétus, & qui meurent de faim,
pendant que ta maison est pleine de biens, &
qu'il n'en sort rien pour les secourir. Et s'étant
tourné du côté de Simon son disciple, qui étoit
assis auprès de lui: Simon fils de Johanna, dit-il,
il est plus aisé qu'un chameau entre par le trou
d'une aiguille, qu'un riche dans le Royaume des
cieux. Ebion changea cet endroit de l'Evangile, parcequ'il ne croyoit pas J. CHRIST fils de Dieu, ni Législateur, mais un simple interpréte de la Loi donnée par Moïse. *Grotius.*

25.

HÆRETICI]. *Nostrum igitur fuit eligere & optare meliora, ut ad vestram correctionem aditum haberemus, non in contentione & æmulatione & persecutionibus: sed mansuetè consolando, benevolè hortando, leniter disputando, sicut scriptum est; servum autem Domini non oportet litigare, sed mitem esse ad omnes, docibilem, patientem, in modestiâ corripientem diversa sentientes. Nostrum ergo fuit velle has partes expetere: Dei est volentibus & petentibus donare quod bonum est. Illi in vos sæviant qui nesciunt cum quo labore verum inveniatur, & quàm difficilè caveantur errores. Illi in vos sæviant, qui nesciunt quàm rarum & arduum sit carnalia phantasmata piæ mentis serenitate superare. Illi in vos sæviant, qui nesciunt cum quantâ difficultate sanetur oculus interioris hominis, ut possit intueri solem suum... Illi in vos sæviant qui nesciunt quibus suspiriis & gemitibus fiat ut ex quantulacunque parte possit intelligi Deus. Postremò illi in vos sæviant, qui nullo tali errore decepti sunt, quali vos deceptos vident. In Catholicâ enim Ecclesiâ, ut omittam sincerissimam sapientiam, ad cujus cognitionem pauci spiritales in hac vitâ perveniunt, ut eam ex minimâ quidem parte, quia homines sunt, sed tamen sine dubitatione cognoscant: cæteram quippe turbam non intelligendi vivacitas, sed credendi simplicitas tutissimam facit.* Augustinus Tom. VI. col. 116. fol. Basileæ. 1542. contra Epist. Manichæi, quam vocant Fundamenti. ,, Nous avons cru que nous devions faire un
,, meilleur choix, & que pour vous faire revenir
,, de vos erreurs il ne falloit pas se jetter sur les
,, injures & sur les invectives, ni irriter votre
,, esprit par de mauvais traitemens, mais qu'il
,, falloit attirer votre attention par des paroles
,, de douceur & des exhortations, qui marquas-
sent

,, sent la tendresse que nous avons pour vous :
27. ,, selon cette parole de l'Ecriture : Il ne faut pas
,, que le serviteur du Seigneur aime les querelles,
,, mais il doit être doux envers tout le monde,
,, affable & patient, & reprendre d'un air modeste
,, ceux qui ne sont pas de son sentiment. . . . . .
,, Que ceux-là vous traitent avec rigueur, qui ne
,, savent pas combien il est difficile de trouver la
,, vérité & d'éviter les erreurs. Que ceux-là vous
,, traitent avec rigueur, qui ignorent combien il
,, est rare & pénible de faire céder les phantômes
,, qui troublent l'imagination au calme d'un esprit
,, pieux. Que ceux-là vous traitent avec rigueur
,, qui ne connoissent point les difficultez extrêmes
,, qu'il y a à purifier l'œil de l'homme intérieur,
,, pour le rendre capable de voir la vérité, qui est
,, le soleil de l'ame. Que ceux-là vous traitent
,, avec rigueur qui n'ont jamais senti les soupirs
,, & les gémissemens qu'il faut pousser, avant
,, qu'on puisse obtenir quelque connoissance de
,, l'Etre divin. Enfin que ceux-là vous traitent
,, avec rigueur, qui n'ont jamais été séduits par
,, des erreurs semblables à celles que vous suivez.
,, Je passe sous silence cette sagesse très pure où
,, un très petit nombre de spirituels parviennent
,, en cette vie, ensorte que quoiqu'ils n'en con-
,, noissent que la moindre partie, parcequ'ils sont
,, hommes, ils la connoissent néanmoins avec cer-
,, titude. Car dans l'Eglise Catholique ce n'est
,, pas la pénétration de l'esprit, ni la profondeur
,, de la connoissance, mais la simplicité de la foi
,, qui met le peuple en sureté.

Barbari quippe homines Romanæ, imò potiùs humanæ eruditionis expertes, qui nihil omninò
30. *sciunt nisi quod à doctoribus suis audiunt : quod audiunt*

MÉTHODE

CONFESSIO FIDEI] *Periculosum nobis admodum atque etiam miserabile est, tot nunc fides existere, quot voluntates: & tot nobis doctrinas esse quot mores: & tot causas blasphemiarum pullulare quot vitia sunt; dum aut ita fides scribuntur ut volumus, aut ita ut volumus, intelliguntur. Et cùm secundùm unum Deum & unum Dominum, & unum baptisma etiam fides una sit, excidimus ab eâ fide quæ sola est: & dum plures fiunt, ad id esse cœperunt ne ulla sit. Conscii enim nobis invicem sumus post Nicæni conventûs Synodum, nihil aliud quàm fidem scribi. Dum in verbis pugna est, dum de novitatibus quæstio est, dum de ambiguis occasio est, dum de Autoribus querela est, dum de studiis certamen est, dum in consensu difficultas est, dum alter alteri anathema esse cœpit, propè jam nemo Christi est &c. Jam verò proximi anni fides, quid jam de immutatione in se habet? Primum quæ homousion decernit taceri: sequens rursum quæ homousion decernit & prædicat. Tertium deinceps, quæ Usiam simpliciter à Patribus præsumptam, per indulgentiam excusat. Postremum quartum, quæ non excusat, sed condemnat &c. De similitudine autem Filii Dei ad Deum Patrem, quod miserabilis nostri temporis fides est, ne non ex toto aut tantùm ex portione sit similis? egregii scilicet arbitri cælestium sacramentorum conquisitores, invisibilium mysteriorum professionibus de fide Dei calumniamur, annuas atque menstruas de Deo fides decernimus, decretis pœnitemus, pœnitentes defendimus, defensos anathematizamus, aut in nostris aliena, aut in alienis nostra damnamus, & mordentes invicem, jam absumpti sumus invicem.* Hilarius pag. 211. in lib. ad Constantium Augustum. Basil 1570. fol. C'est une chose également déplorable & dangereuse, qu'il y ait présen-

présentement autant de Confessions de foi que de phantaisies, autant de dogmes que d'inclinations, & autant de sources de blasphémes qu'il y a de défauts parmi nous, puisque nous faisons des Confessions de foi telles qu'il nous plait, ou que nous les expliquons comme bon nous semble. Et comme il n'y a qu'une seule foi, de même qu'il n'y a qu'un seul Dieu, un seul Seigneur & un seul baptême, nous renonçons à cette foi qui est unique, lorsque nous en faisons plusieurs Confessions différentes, & cette diversité est cause qu'il ne se trouve plus de véritable foi. Nous sommes convaincus de part & d'autre que depuis le Concile de Nicée, on n'a fait qu'écrire des Confessions. Et pendant qu'on se bat sur des mots, qu'on agite des questions nouvelles, qu'on dispute sur des termes équivoques, qu'on se plaint des auteurs, que chacun s'efforce de faire triompher son parti, qu'on ne peut s'accorder, qu'on s'anathématise réciproquement; il n'est presque plus personne qui demeure attaché à Jésus-Christ. Quel changement n'y a-t-il pas dans la Confession de l'année passée ? La premiére ordonne qu'on se taise sur l'*homousion*, la seconde l'établit & veut qu'on en parle; la troisiéme excuse les Péres du Concile, & prétend qu'ils ont pris simplement le mot d'*Ousia*; la quatriéme enfin les condamne au lieu de les excuser. A l'égard de la ressemblance du fils de Dieu avec son Pére, ce qui est la Confession de foi de notre misérable tems; on dispute pour savoir s'il lui ressemble en tout, ou seulement en partie. Voilà de belles gens pour approfondir les secrets du ciel. Cependant c'est pour ces Confessions de foi, sur des mistéres invisibles que nous nous calomnions

les

HÆRETICI } (p. 27.) *audiunt hoc sequuntur, ac sic*
30. *necesse est eos, qui totius litteraturæ ac scientiæ ignari, sacramentum divinæ legis doctrinâ magis quàm lectione cognoscunt, doctrinam potiùs retinere quàm legem. Itaque eis traditio magistrorum suorum & doctrina inveterata, quasi lex est, qui hoc sciunt quod docentur. Hæretici ergo sunt, sed non scientes. Denique apud nos sunt hæretici, apud se non sunt. Nam in tantum se Catholicos esse judicant, ut nos ipsos titulo hæreticæ appellationis infament. Quod ergo illi nobis sunt, & hoc nos illis. Nos eos injuriam divinæ generationi facere certi sumus, quod minorem Patre filium dicant. Illi nos injuriosos Patri existimant, quia æquales esse credamus. Veritas apud nos est; sed illi apud se esse præsumunt. Honor Dei apud nos est: sed illi hoc arbitrantur, honorem divinitatis esse quod credunt. Inofficiosi sunt, sed illis hoc est summum Religionis officium. Impii sunt, sed hoc putant veram esse pietatem. Errant ergo, sed bono animo errant, non odio, sed affectu Dei, honorare se Dominum atque amare credentes. Quamvis non habeant rectam fidem, illi tamen hoc perfectam Dei æstimant caritatem. Qualiter pro hoc ipso falsæ opinionis errore in die Judicii puniendi sunt, nullus scire potest nisi Judex. Interim idcircò eis, ut reor, patientiam Deus commodat, quia videt eos etsi non rectà credere, affectu tamen pia opinionis errare.* Salvianus, $\frac{332}{125}$.

Cet Evêque parle des Arriens Goths & Vandales. ,, Ce sont des Barbares, dit-il, qui
,, n'ont aucune teinture de la politesse Romaine,
,, & qui ignorent même ce qu'il y a de plus com-
,, mun parmi les autres hommes; qui ne savent
,, que

„ que ce que leurs Docteurs leur ont appris,
31. & qui ne suivent que ce qu'ils leur ont ouï
„ dire. Des ignorans comme eux, se trouvent
„ dans la nécessité d'aprendre les mystéres de l'E-
„ vangile plutot par les enseignemens qu'on leur
„ donne, que par les livres qu'ils lisent. La tra-
„ dition de leurs maitres & la doctrine reçue
„ sont l'unique régle qu'ils suivent, parcequ'ils
„ ne savent que ce qu'on leur a enseigné. Ils
„ sont donc hérétiques, mais ils l'ignorent : ils le
„ sont selon nous, mais ils ne le croyent pas; &
„ se tiennent au contraire pour si Catholiques,
„ qu'ils nous traitent d'hérétiques ; jugeant de
„ nous de même que nous faisons d'eux. Nous
„ nous persuadons qu'ils font tort à la généra-
„ tion divine, en soutenant que le fils est infé-
„ rieur au Pére; & ils s'imaginent que nous ra-
„ vissons sa gloire au Pere, en les regardant
„ comme égaux. Nous avons la vérité de notre
„ côté, & ils prétendent qu'elle est du leur.
„ Nous rendons à Dieu un honneur légitime,
„ & ils pensent que ce qu'ils croyent est plus
„ propre à honorer la Divinité. Ils manquent
„ à leur devoir, mais c'est lorsqu'ils s'ima-
„ ginent de l'accomplir parfaitement, & ils
„ font consister la véritable piété dans ce que
„ nous appellons impie. Ils sont donc dans
„ l'égarement, mais c'est de bonne foi, & tant
„ s'en faut que ce soit un effet de leur haine, que
„ c'est une marque de l'amour qu'ils ont pour
„ Dieu, puisqu'ils prétendent de témoigner
„ mieux par là le respect qu'ils ont pour le
„ Seigneur & leur zéle pour sa gloire. Ainsi
„ quoiqu'ils n'ayent pas la vraye foi, ils regar-
„ dent néanmoins celle qu'ils ont comme un
„ parfait amour de Dieu. De savoir comment
34. ils seront punis de leurs erreurs au dernier
„ jour,

CONFESSIO FIDEI.] (p. 29.) les uns les autres, sur la créance que nous avons de Dieu. Nous faisons des Confessions tous les ans & mêmé tous les mois, nous nous repentons de ce que nous avons fait, nous défendons ceux qui s'en repentent, nous les anathématizons après les avoir défendus. Ainsi nous condamnons, ou les dogmes des autres dans nous mêmes, ou nos dogmes dans les autres ; & nous déchirant réciproquement, nous avons causé notre perte mutuelle,

HÆRETICI] (*p. 31.*) jour, c'est ce qui appartient
35. uniquement au Juge de l'univers. Cependant
„ je crois que Dieu exerce sa patience envers
„ eux, parcequ'il voit que leur cœur est plus
„ droit que leur créance ; & que s'ils se trom-
„ pent, c'est un mouvement de piété qui les jette
„ dans l'erreur.

MÉMOIRES

Pour servir à la Vie

D'ANTOINE ASHLEY,

Comte de Shaftesbury, & Grand Chancelier d'Angleterre, sous CHARLES II.

Tirées des Papiers de feu

MR. JEAN LOCKE,

Et rédigées par

MR. JEAN LE CLERC.

PErsonne n'ignore en Angleterre que le Comte de SHAFTESBURY, dont j'ai parlé dans le petit abrégé de la vie de Mr. LOCKE, qui a paru dans le VI. tome de la *Bibliotheque Choisie*, n'ait été l'un des plus habiles hommes de son tems, &

qu'il n'ait eu beaucoup de part aux affaires publiques de son pays, durant la meilleure partie de sa vie. Le peu que j'en ai dit, a fait que plusieurs personnes de deçà & de delà la mer ont souhaité de connoitre plus particuliérement ce grand homme; dont la mémoire n'est pas moins digne d'être transmise à la postérité, que celle des Phocions, des Timoleons, & des autres illustres Grecs, que l'amour de leur patrie a rendu fameux.

Quoique je sois fort éloigné de pouvoir donner une histoire complette du Comte de Shaftesbury, j'ai cru que je ferois plaisir aux personnes curieuses de ces sortes de choses, si je publiois dans cet article quelques particularitez de sa vie qu'on a trouvées parmi les papiers de feu Mr. Locke; & qui méritent d'être conservées, non seulement à cause qu'elles peuvent servir à faire connoitre le génie de Mylord Shaftesbury, mais encore parceque quelques-uns de ces faits sont des morceaux considérables de
ce

VIE DU COMTE &c.

ce qui s'est passé en Angleterre de son tems.

Antoine Ashley, Chevalier, qui dans la suite reçut du Roi Charles II. le titre de Comte de Shaftesbury, étoit âgé d'environ vingt ans, vers le commencement de la guerre civile, qui s'alluma en Angleterre sous le regne de Charles I.

„ * Ayant suivi le Roi à *Oxford*
„ (car il demeura dans ce parti, aussi
„ longtems qu'il eut quelque espé-
„ rance d'y pouvoir servir sa patrie)
„ il fut introduit un jour auprès de
„ ce Prince par Mylord Falkland,
„ son ami, qui étoit alors Sécretaire
„ d'Etat; comme ayant à lui propo-
„ ser quelque chose qui étoit digne de
„ l'attention de Sa Majesté. Dans
„ cette audience, le Chevalier dit au
„ Roi qu'il croyoit pouvoir mettre fin
„ à

---

* *Ici commencent les Mémoires, écrits par Mr.* Locke, *qu'on a eu soin de distinguer par des guillemets.*

„ à la guerre, si Sa Majesté le trou-
„ voit à propos, & qu'Elle voulût le
„ soutenir dans l'exécution de son
„ dessein. Le Roi lui répondit qu'il
„ étoit bien jeune pour une si grande
„ entreprise. *Sire*, repliqua-t-il auſſi-
„ tot, *vos affaires n'en iront pas*
„ *plus mal pour cela, supposé que*
„ *j'en vienne à bout.* Sur quoi le Roi
„ témoignant avoir envie de l'enten-
„ dre, il lui parla à peu près de cet-
„ te maniére. *Les Gentilshommes*
„ *& tous ceux qui ont des terres,*
„ *qui se sont engagez les premiers*
„ *dans cette guerre, voyent présente-*
„ *ment qu'après un ou deux ans, el-*
„ *le ne paroit pas plus près de sa fin*
„ *qu'elle l'étoit dans sa naissance, &*
„ *commencent d'en être ennuyez. Je*
„ *suis persuadé qu'ils seroient bien ai-*
„ *ses de vivre en repos chez eux, s'ils*
„ *pouvoient être assurez qu'on affer-*
„ *miroit leurs Droits & leurs Liber-*
„ *tez. Je suis convaincu que c'est*
„ *là présentement la disposition géné-*
„ *rale de tout le Royaume, & sur*
„ *tout*

„ *tout des* * *lieux où j'ai mon bien*
„ *& le plus de crédit. Si donc Vo-*
„ *tre Majesté vouloit me donner pou-*
„ *voir de traiter avec les garnisons*
„ *du Parlement, & de leur accorder*
„ *un plein & général pardon, avec*
„ *assurance qu'après qu'on auroit mis*
„ *bas les armes des deux côtez, une*
„ *amnistie générale remettroit toutes*
„ *choses dans le même état, où elles*
„ *étoient avant la guerre; & qu'alors*
„ *un Parlement libre feroit ce qui*
„ *resteroit à faire pour régler le Gou-*
„ *vernement de la Nation, j'entre-*
„ *prendrois cette affaire.* Il ajouta
„ qu'il commenceroit par sa †propre
„ Province; persuadé que le bon suc-
„ cès, qui suivroit là son premier es-
„ sai, engageroit d'autres garnisons
„ voisines à lui ouvrir leurs portes,
„ dès

* L'Ouest d'Angleterre, qui envoye, à proportion, un beaucoup plus grand nombre de Membres du Parlement, qu'aucune partie du Royaume.

† *Le Comte de* Dorset.

« dès qu'il leur feroit savoir qu'en met-
« tant bas les armes, elles seroient en
« paix & en sureté.
« Le Roi parut approuver ce pro-
« jet, & le Chevalier ASHLEY ayant
« reçu un plein pouvoir, comme il le
« souhaitoit, s'en alla dans le Comté
« de *Dorset*, & ménagea un traité a-
« vec les garnisons de *Pool*, de *Wei-*
« *mouth*, de *Dorchester*, & d'autres
« lieux; & cela avec tant de succès,
« qu'une de ces places fut actuellement
« mise entre ses mains; comme les
« autres l'auroient été, peu de jours
« après. Mais le Prince MAURICE,
« fils l'Electeur Palatin, qui comman-
« doit quelques troupes du Roi, é-
« tant alors dans ces quartiers-là avec
« son armée, n'eut pas plutôt apris la
« reddition de la place, qu'il y entra
« avec ses troupes, & leur en donna le
« pillage. Le Chevalier ASHLEY,
« sensiblement touché de ce manque-
« ment de parole, ne put s'empêcher
« d'en témoigner son ressentiment au
« Prince; de sorte qu'ils en vinrent
« de

VIE DU COMTE &c.

„ de part & d'autre à des paroles af-
„ fez fortes. Mais le mal étoit fait;
„ & par là son dessein fut entiérement
„ rompu. Tout ce qu'il put faire, fut
„ d'envoyer avertir les autres garni-
„ sons, avec lesquelles il étoit en trai-
„ té, de se tenir sur leurs gardes; par-
„ cequ'il ne pouvoit point garentir les
„ articles, dont ils étoient convenus.
„ Mais bientot après le Chevalier
„ ASHLEY, qui avoit l'esprit natu-
„ rellement actif, & qui ne cessoit de
„ songer aux moyens de sauver sa pa-
„ trie, (dont le bien a été le grand but
„ de ses pensées & de ses actions, du-
„ rant tout le cours de sa vie) forma
„ un autre projet, dans le même des-
„ sein de terminer la guerre civile, qui
„ avoit fort incommodé le Royaume,
„ & dont personne ne pouvoit dire
„ quelles seroient les suites. La pre-
„ miére ouverture de ce nouveau pro-
„ jet se fit, dans une conversation en-
„ tre lui & le * Sergeant en Loix FON-
„ TAI-

* *C'est en Angleterre le nom d'un Office dans la Loi,*

44 MEMOIRES SUR LA

» TAINE, à *Hungerford*, où ils se
» rencontrérent par hazard. Mécon-
» tens l'un & l'autre de la continua-
» tion de la guerre, & déplorant les
» maux dont leur Pays étoit ménacé,
» l'un d'eux s'avisa de dire que dans
» toute l'Angleterre les Provinces de-
» vroient prendre les armes, pour tâ-
» cher de dissiper les armées des deux
» partis. Cette proposition, de la ma-
» niére dont elle fut discutée, pendant
» un après-soupé, paroissoit bien plus
» un simple souhait, produit par une
» bonne intention, qu'un dessein for-
» mé. Mais le Chevalier ASHLEY
» l'examina dans la suite plus à loisir,
» & en fit un projet bien réglé, très
» capable d'être mis en pratique: &
» dès lors il ne cessa de songer aux
» moyens d'en venir à l'exécution, &
» il y fit entrer la plupart des Gentils-
» hommes les plus sensez & les mieux
» intentionnez des deux partis. C'est
là

Loi, qui est d'un dégré au dessus de celui de simple Avocat plaidant.

» là ce qui mit fur pied cette troi-
» fiéme efpéce d'armée, qui parut tout
» d'un coup en divers endroits de
» l'Angleterre, au grand étonnement
» des armées du Roi & du Parlement,
» qui en furent fort épouvantées ; &
» certainement fi quelques-uns de
» ceux qui s'étoient engagez dans cet-
» te affaire, & qui avoient promis de
» paroitre au tems marqué, n'euffent
» pas manqué de parole à ce nouveau
» parti des *Clubmen*; (car c'eft ainfi
» qu'on les nommoit) ils auroient été
» affez forts pour venir à bout de leur
» deffein, qui étoit d'engager les deux
» partis à mettre bas les armes, & s'ils
» ne vouloient pas le faire, de les y
» forcer, de fe déclarer pour une am-
» niftie générale, d'obtenir la diffolu-
» tion du Parlement féant alors, &
» d'en faire convoquer un nouveau,
» pour redreffer les griefs & pour ré-
» gler le Gouvernement de la Nation.
» Ce n'étoit point là une entreprife
» romanefque, mais un deffein fon-
» dé fur de grandes apparences de fuc-
» cès ;

„ cès; car le peuple avoit déja beau-
„ coup souffert de cette guerre, & les
„ Gentilshommes & les personnes ac-
„ commodées étoient fort revenus de
„ leur premier emportement, & sou-
„ haitoient de rentrer dans leur an-
„ cien état, de jouir en sureté du cal-
„ me & de l'abondance, dont ils é-
„ toient privez depuis cette levée de
„ boucliers, & sur tout alors; parce-
„ qu'ils s'appercevoient que toute es-
„ pérance de retirer quelque avantage
„ de la guerre commençoit à leur ê-
„ tre ôtée, particuliérement dans le
„ parti du Roi; & que c'étoient les
„ Soldats de fortune qu'on consideroit
„ le plus à la Cour, & qui avoient les
„ places de commandement & le pou-
„ voir entre leurs mains.

„ Le Chevalier ASHLEY avoit été
„ quelque tems dans le Comté de *Dor-*
„ *set*, occupé à assembler les parties
„ de cette grande machine, jusqu'à
„ ce qu'enfin il l'eût mise en état de se
„ mouvoir. Mais des gens, qui a-
„ voient témoigné beaucoup de passion
„ d'en-

„ d'entrer dans cette entreprise, furent
„ bien éloignez d'avoir autant de vi-
„ gueur & de courage, lorsqu'il fut
„ tems de venir à l'exécution ; & la
„ Cour qui avoit appris, ou soupçon-
„ né que c'étoit de lui que ce dessein
„ tiroit son origine, l'observa de si
„ près, qu'il ne pouvoit point entre-
„ tenir de correspondance avec les
„ Provinces éloignées, & animer les
„ différens membres de ce nouveau
„ Corps, comme il étoit nécessaire.
„ Enfin, avant qu'il fût tems pour lui
„ de lever le masque, il reçut ordre,
„ par une lettre du Roi fort civile, &
„ qui n'étoit pas du stile ordinaire,
„ d'aller trouver Sa Majesté à *Oxford*.
„ Mais il ne manqua pas d'amis en
„ Cour, qui l'avertirent du danger
„ qu'il courroit de se rendre en ce lieu-
„ là, & qui le confirmèrent dans le
„ soupçon, où la lettre du Roi l'avoit
„ déja jetté, qu'au lieu de lui vouloir
„ tout le bien qu'on lui témoignoit
„ dans cette lettre, on lui préparoit
„ quelque chose de fort différent. Ou-
„ tre

» tre cela, Mylord GOREING, qui
» commandoit un corps d'armée dans
» ces quartiers-là, ayant reçu ordre
» de la Cour de se saisir de sa person-
» ne, lui avoit civilement envoyé di-
» re qu'il vînt dîner chez lui, un jour
» qu'il lui marquoit. Tout cela joint
» ensemble lui fit voir qu'il ne pou-
» voit plus être en sureté dans sa mai-
» son, ni dans les quartiers qu'occu-
» poient les troupes du Roi. Il alla
» donc se jetter où l'on le poussoit;
» c'est-à-dire, dans les quartiers où é-
» toient les troupes du Parlement, &
» se réfugia dans *Portsmouth*. C'est
» ainsi que, pour avoir tâché de sau-
» ver son Roi & sa patrie, il fut chas-
» sé du parti qu'il avoit choisi. La
» Cour, qui alors enflée de vaines es-
» pérances, ne s'attendoit à rien moins
» qu'à une entiére conquête du Royau-
» me, & à devenir maîtresse absolue
» de tout; avoit une extrême aversion
» pour tous les conseils modérez, &
» pour les Gentilshommes de son par-
» ti, qui avançoient ou qui favorisoient
» sa

„ la moindre propofition d'accommo-
„ dement. Ceux qui cherchoient fin-
„ cérement le bien de leur patrie à-
„ voient beau avoir fait de grandes
„ dépenfes, & hazardé tout, pour
„ foutenir le parti du Roi; bien loin
„ de leur en tenir compte, dès qu'ils
„ parurent fe propofer dans la guer-
„ re une autre fin, que la réduction
„ du Parlement par la force, on les
„ regarda comme ennemis; & tout
„ expédient qui tendoit à un accom-
„ modement, paffoit pour trahifon.
„ Un homme auffi confidérable que
„ le Chevalier ASHLEY, ainfi rejetté
„ par le Roi, fut reçu à bras ouverts
„ par ceux du Parlement: & quoiqu'il
„ vînt à eux, après avoir été dans l'au-
„ tre parti, & qu'il fe mît entre leurs
„ mains fans avoir fait aucunes condi-
„ tions, il y avoit pourtant entre eux
„ des perfonnes, qui connoiffoient fi
„ bien fon mérite, & le cas qu'on en
„ devoit faire, qu'on lui offrit bien-
„ tôt après des emplois confidérables
„ de la part du Parlement, & qu'on lui
„ con-

» confia en effet des places de com-
» mandement, sans qu'on se mît en
» peine de ce qu'il pouvoit savoir tou-
» chant les personnes ou les desseins
» du parti opposé, où l'on étoit assu-
» ré que sa grande pénétration ne pou-
» voit l'avoir laissé dans l'ignorance,
» lui qui voyoit les personnes qui y
» tenoient les premiers rangs, qui tous
» étoient de sa connoissance, & du
» nombre de ses amis pour la plupart.
» Mais quoique le Chevalier Ash-
» ley n'eût pas eu la liberté de de-
» meurer parmi ceux avec qui il s'é-
» toit d'abord embarqué, & avec qui
» par conséquent il avoit vécu dans u-
» ne liaison étroite, & qu'il eût été
» forcé de se jetter dans le parti du
» Parlement; il s'y rendit tout seul,
» il n'y porta que sa personne, & rien
» de ce qui pouvoit appartenir à au-
» trui. Il laissa, pour ainsi dire, der-
» riére lui tous ceux du parti qu'il quit-
» toit, leurs personnes, leurs intérêts,
» leurs actions, leurs desseins, leurs
» conseils; desorte qu'il n'y eut qui
» que

» que ce fût dans le parti du Roi,
» qui pût se plaindre, qu'après le jour
» qu'il eut quitté sa maison, où il ne
» pouvoit plus vivre en sureté, il eût
» conservé le souvenir de ce qu'il a-
» voit su, lorsqu'il étoit avec eux.

» Il s'étoit fait un devoir si sacré
» de cette espéce d'oubli, que sa ferme-
» té à ne s'en départir jamais, pensa,
» lui couter cher dans la suite. Mr.
» DENZIL HOLLIS (qui fut depuis
» *Lord* HOLLIS) avoit été un des
» Commissaires employé par le Parle-
» ment dans le traité d'*Uxbridge*. Il
» étoit entré là dans quelques négo-
» ciations secrettes & particuliéres a-
» vec le Roi. Cela ne put être tenu
» si secret, qu'il ne fût éventé, & que
» quelques Membres du Parlement
» n'en eussent connoissance. Quelque
» tems après Mr. HOLLIS étant atta-
» qué sur cela en plein Parlement,
» par un parti contraire, rien ne man-
» quoit, pour le perdre entiérement,
» que des témoins qui pussent appuyer
» l'accusation qu'on intentoit contre
» lui

„ lui d'avoir entretenu intelligence a-
„ vec les Royalistes. Ceux de ce par-
„ ti crurent que le Chevalier Ash-
„ ley les serviroit infailliblement dans
„ cette affaire ; car ils ne doutoient
„ point qu'il ne fût assez instruit de la
„ chose, & ils comptoient hardiment
„ sur lui, persuadez qu'il ne manque-
„ roit pas d'embrasser une si belle oc-
„ casion, & qui se présentoit d'elle-
„ même de ruiner Mr. Hollis, qui
„ étoit depuis longtems son ennemi,
„ à l'occasion d'un démêlé de famille,
„ que Mr. Hollis avoit poussé si loin,
„ que, par son crédit dans la Cham-
„ bre des Communes, il avoit fait ex-
„ clure du Parlement le Chevalier
„ Ashley, quoique légitimement é-
„ lu. Dans cette supposition, on le
„ cita dans la Chambre, & ayant com-
„ paru, on lui demanda si, lorsqu'il
„ étoit à *Oxford*, il n'avoit rien su
„ ni oui dire d'une négociation secret-
„ te de Mr. Hollis avec le Roi, dans
„ le tems du traité d'*Uxbridge*. Sur
„ quoi le Chevalier Ashley répondit
„ qu'il

VIE DU COMTE &c.

„ qu'il ne pouvoit rien répondre à cet-
„ te queſtion, car quoique ce qu'il
„ auroit à dire dût peut-être ſervir à
„ juſtifier Mr. HOLLIS, il ne pouvoit
„ pourtant pas ſe donner la liberté de
„ parler dans ce cas; parceque, quel-
„ que réponſe qu'il fît, ce ſeroit a-
„ vouer que, s'il avoit ſu quelque cho-
„ ſe au deſavantage de Mr. HOLLIS,
„ il auroit eu recours à cette voye in-
„ fame de lui nuire, & de ſe vanger
„ d'un homme qui étoit ſon ennemi.

„ Ceux qui l'avoient fait comparoi-
„ tre, le preſſérent extrêmement de
„ parler, mais en vain, quoiqu'ils a-
„ joutaſſent des menaces de l'envoyer
„ à la Tour. Enfin, comme il per-
„ ſiſtoit réſolument dans le ſilence, on
„ lui ordonna de ſe retirer; & ceux,
„ qui avoient compté qu'il découvri-
„ roit ce qu'ils ſouhaitoient, fruſtrez
„ dans leur attente, & pour cette rai-
„ ſon très mécontens, propoſérent a-
„ vec beaucoup de chaleur de le faire
„ arrêter; de quoi le Chevalier ASH-
„ LEY, qui ſe tenoit à la porte de la
„ Cham-

» Chambre, ayant été averti, il atten-
» dit sa sentence sans s'émouvoir; quoi-
» que plusieurs de ses amis sortissent
» du Parlement, pour le presser in-
» stamment de céder aux sollicitations
» de la Chambre. Mais demeurant
» ferme dans sa premiére resolution,
» il trouva enfin assez d'amis parmi
» les plus considérables du parti con-
» traire à Mr. Hollis, pour se tirer
» d'affaire; ils exaltérent extrêmement
» la générosité de sa conduite, & fi-
» rent voir que cette action méritoit si
» fort les louanges de l'assemblée, plu-
» tot que ses censures, que ceux qui
» étoient le plus aigris, eurent honte
» d'insister plus longtems là-dessus, &
» laissèrent tomber la proposition de
» l'arrêter.

» Quelques jours après, Mr. Hol-
» lis alla au logis du Chevalier Ash-
» ley, & le remercia, en termes pleins
» de reconnoissance & d'estime, de
» l'égard qu'il venoit d'avoir pour lui,
» dans le Parlement. Le Chevalier
» répondit qu'il ne prétendoit rien mé-
» riter

„ riter de lui par l'action qu'il venoit
„ de faire, ni lui imposer aucune o-
„ bligation pour cela; que ce n'étoit
„ point par des égards particuliers pour
„ lui qu'il s'étoit déterminé à en user
„ de cette maniére; mais qu'il se de-
„ voit cela à soi-même, qu'il l'auroit
„ fait également, si toute autre per-
„ sonne y eût été intéressée; & qu'ain-
„ si il se croyoit autant en liberté
„ qu'auparavant de vivre avec lui,
„ comme il le trouveroit à propos;
„ mais qu'avec tout cela, il n'étoit
„ pas si mal informé du mérite de
„ Mr. HOLLIS, & ne connoissoit pas
„ si peu le prix de son amitié, qu'il
„ ne fût prêt à l'accepter, comme
„ une très grande faveur, s'il l'en ju-
„ geoit digne. Mr. HOLLIS, qui ne
„ fut pas moins charmé de son dis-
„ cours, que de ce qui en avoit été
„ l'occasion, lui donna de nouvelles
„ assurances d'une amitié ardente &
„ sincére, qui furent reçues avec des
„ termes qui marquoient la considé-
„ ration que le Chevalier avoit pour
„ lui.

« lui. Par là une ancienne mesintel-
« ligence entre deux hommes, qui
« avoient le cœur généreux & de grands
« biens, qui étoient voisins & vi-
« voient dans la même Province, fut
« changée en une vraye & solide a-
« mitié, qui dura autant que leur vie.
« Cette histoire me remet dans
« l'esprit ce qu'il me souvient de lui
« avoir oui dire fort souvent, tou-
« chant l'obligation où l'on est de
« garder le silence, à propos de quel-
« que chose qui avoit été dit devant
« lui; *que ce n'étoit pas assez qu'il
« tînt secret ce qui lui avoit été
« confié, sous cette condition; mais
« que la conversation emportoit, ou-
« tre cela, une confiance générale
« & tacite, en vertu de laquelle
« on est obligé de ne pas raporter
« une chose qui peut en quelque ma-
« niére préjudicier à celui qui l'a
« dite, quoiqu'il n'ait point fait
« connoitre qu'il souhaitoit que la
« chose ne fût point redite.*
« Il avoit accoutumé de dire, que
« la

VIE DU COMTE &c.

» la sagesse résidoit dans le cœur, &
» non dans la tête ; & que ce n'est pas
» du défaut de connoissance, mais de
» la corruption du cœur que vient
» l'extravagance des actions des hom-
» mes, & le déréglement de leur con-
» duite.

» Il disoit aussi qu'il y a dans cha-
» que personne deux hommes, l'un
» sage, & l'autre fou ; & qu'il faut leur
» accorder la liberté de suivre leur gé-
» nie, chacun à son tour. Que si vous
» prétendez, disoit-il, que le sage, le
» grave, & le sérieux ait toujours le
» timon, le fou deviendra si inquiet
» & si incommode, qu'il mettra le sa-
» ge en désordre, & le rendra incapa-
» ble de rien faire. Il faut donc que le
» fou ait aussi à son tour la liberté de
» suivre ses caprices, de jouer, & de
» folâtrer, c'est ainsi dire, à sa fan-
» taisie, si vous voulez que vos affai-
» res aillent leur train & sans peine.

» Je lui ai entendu dire qu'il ne
» demandoit d'un homme, quel qu'il
» fût, pour le connoître, sinon qu'il

D
» vou-

„ voulût parler. *Qu'il parle, comme
„ il voudra,* disoit-il, *pourvu qu'il
„ parle, cela suffit.* Effectivement,
„ je n'ai jamais vu personne pénétrer
„ si promptement dans le cœur des
„ hommes, & à la faveur d'une peti-
„ te ouverture reconnoitre, comme il
„ vouloit, les recoins d'un lieu si ob-
„ scur. Il comprenoit au juste les mes-
„ sages qu'on venoit lui faire, dès que
„ ceux qui en étoient chargez ou-
„ vroient la bouche, & qu'ils com-
„ mençoient leur discours, en appa-
„ rence dans un tout autre dessein. Il
„ me souvient de quelques faits, qui
„ pourront servir à justifier ce que je
„ viens de dire, de son extrême péné-
„ tration.

„ * Le Chevalier ONLOW & lui
„ ayant été invitez par le Chevalier J.
„ D. à aller diner chez lui à † *Chelsey*,
„ & priez de s'y rendre de bonne heu-
„ re

* SIR RICHARD ONLOW.

„ re, parcequ'il avoit une affaire im-
„ portante à leur communiquer, ils
„ vinrent à tems, & dès qu'ils furent
„ assis, le Chevalier J. D. leur dit qu'il
„ avoit jetté les yeux sur eux, à cause
„ de leur habileté & de l'amitié parti-
„ culiére qu'ils avoient pour lui, afin
„ d'avoir leur avis sur une matiére qui
„ lui étoit de la derniére importance,
„ & en même tems il ajouta qu'ayant
„ vécu plusieurs années en veuvage, il
„ commençoit à avoir besoin d'une per-
„ sonne qui pût le soulager d'une par-
„ tie des affaires de sa famille, & pren-
„ dre soin de lui-même pendant tout
„ le reste de sa vie ; qu'il alloit être
„ toujours plus exposé aux infirmi-
„ tez de la vieillesse ; & que pour
„ cet effet il avoit jetté les yeux sur
„ une femme qui lui étoit connue
„ par une expérience de plusieurs
„ années ; qu'en un mot c'étoit la
„ gouvernante de sa maison. Ces
„ Messieurs, qui connoissoient très
„ bien cette femme, & qui étoient
„ grands amis du fils & de la fille

„ du

» du Chevalier, tous deux en âge
» d'être mariez, & ausquels ils ju-
» geoient que ce mariage seroit fort
» préjudiciable, furent également con-
» traires, dans leur cœur, au dessein
» de ce bon homme. Le Chevalier
» ONLOW ayant donc commencé à
» parler, pour le desapprouver, quand
» il fut venu à l'endroit de son dis-
» cours, où il alloit faire le portrait
» de la femme, & la peindre de tou-
» tes ses couleurs, le Chevalier ASH-
» LEY voyant où il alloit, pour pré-
» venir tout inconvénient, demanda
» permission de l'interrompre, pour
» faire une petite question au Cheva-
» lier J. D. savoir, s'il n'étoit pas déja
» marié? Le bon homme, interdit à
» cette demande, répondit qu'oui,
» qu'il s'étoit effectivement marié le
» jour d'auparavant. Hé bien donc,
» repliqua le Chevalier ASHLEY, no-
» tre avis n'est plus nécessaire, je vous
» prie que nous ayons l'honneur de
» voir Madame, pour la féliciter; a-
» près quoi nous nous mettrons à ta-
» ble.

ble. Comme ils revenoient à *Lon-*
„ *dres* en carosse, *Je vous suis fort*
„ *obligé,* lui dit le Chevalier Onlow,
„ *de m'avoir empêché d'entrer dans*
„ *un discours, qu'on ne m'auroit ja-*
„ *mais pardonné, si j'eusse déclaré ou-*
„ *vertement ce que j'avois sur le bout*
„ *de la langue; mais pour le Cheva-*
„ *lier J. D. il me semble qu'il vous*
„ *devroit couper la gorge, pour la ques-*
„ *tion civile que vous lui avez faite.*
„ *Comment pouvoit-il vous venir dans*
„ *l'esprit de demander à un homme,*
„ *qui nous avoit invitez solemnelle-*
„ *ment pour savoir ce que nous avions*
„ *à lui conseiller sur son mariage; qui*
„ *nous avoit gravement nommé la*
„ *femme, & nous avoit laissé entrer sé-*
„ *rieusement dans la discussion de cet-*
„ *te affaire, comment, dis-je, avez-*
„ *vous pu vous aviser de lui deman-*
„ *der s'il n'étoit pas déja marié?* Con-
„ sidérant *la génie de l'homme,* répon-
„ dit le Chevalier Ashley, *& sa ma-*
„ *niére d'agir, j'ai soupçonné qu'ayant*
„ *fait une sottise, il souhaitoit de se*
D 3 „ *con-*

„ *couvrir de notre approbation.*

„ Quelque tems après le rétablisse-
„ ment du Roi Charles II, s'étant
„ trouvé à diner avec le Comte de
„ Southampton, chez le Chancelier
„ Hide, comme ils retournoient chez
„ eux, il dit au Comte de Southamp-
„ ton ; *Mademoiselle* Anne Hide,
„ *que nous venons de voir, est certai-*
„ *nement mariée avec* * *un des Frè-*
„ *res.* Le Comte, qui étoit ami du
„ Chancelier, traita cela de chimérique,
„ & lui demanda d'où lui pouvoit ve-
„ nir une si étrange pensée. *Assurez-*
„ *vous*, repliqua-t-il, *que la chose est*
„ *ainsi. Un secret respect, qu'on tâ-*
„ *choit de supprimer, paroissoit si vi-*
„ *siblement dans les regards, la voix,*
„ *& les manières de sa Mère qui pre-*
„ *noit soin de la servir, ou de lui of-*
„ *frir de chaque mets, qu'il est im-*
„ *possible que cela ne soit, comme je*
„ *vous le dis.* Le Comte de Sout-
„ HAMP-

* Charles II. ou le Duc d'York.

„ HAMPTON, qui avoit d'abord regar-
„ dé cette pensée, comme une imagi-
„ nation frivole, ne fut pas longtems
„ à être convaincu que * MILORD
„ ASHLEY n'avoit pas mal conjectu-
„ ré; car le Duc d'YORK avoua peu
„ de tems après publiquement son ma-
„ riage avec cette Dame, qui a donné
„ deux grandes Reines à l'Angleterre.
„ Je rapporterai encore un exemple
„ de sa grande pénétration dans une
„ occasion très considérable, où elle
„ lui fut fort utile à lui-même. Quel-
„ que tems après la mort de CROM-
„ WEL, l'armée ayant ôté le gouver-
„ nement des affaires à RICHARD fils
„ de CROMWEL, les Officiers Géné-
„ raux s'en emparérent eux-mêmes, &
„ commencérent à exercer cette auto-
„ rité, par un certain nombre d'entre
„ eux, établi par LAMBERT, qui avoit
„ le

* On le nommoit alors ainsi, parcequ'il avoit été créé Baron peu de tems après le rétablissement de CHARLES II. qui lui donna ensuite le titre de Comte de SHAFTESBURY.

» le plus de crédit dans l'armée, dont
» il avoit le principal commandement.
» Ils nommèrent ce nouvel établisse-
» ment *le Comité de Sureté*. Le Che-
» valier ASHLEY ayant tout sujet de
» craindre que cette usurpation, quoi-
» que couverte d'un prétexte & d'un
» titre spécieux, ne produisît enfin u-
» ne vraye tyrannie, il jugea que le
» premier pas qu'il falloit faire, pour
» rétablir l'ancienne forme du gouver-
» nement de la Nation, étoit de dissi-
» per ce nouvel établissement; ce qu'on
» ne pouvoit exécuter, sous aucun pré-
» texte légitime, que par l'autorité du
» * long Parlement. S'étant donc as-
» semblé secretement, avec le Cheva-
» lier † HASELRIG & quelques au-
» tres Membres, ils donnèrent diffé-
» rentes commissions au nom du Par-
                                    » le

* On appelloit ainsi le Parlement de 1641. qui commença & finit la guerre contre le Roi CHARLES I.

† Sir ARTHUR HASELRIG.

» lement, à l'un pour être Major Gé-
» néral des troupes autour de *Lon-*
» *dres*, à un autre pour l'être de cel-
» les de l'Ouest d'Angleterre, &c.
» & cela dans un tems qu'ils n'a-
» voient pas un seul soldat en leur
» disposition. Aussi avoit-il accou-
» tumé de dire en riant, qu'après a-
» voir reçu sa commission, son grand
» soin avoit été de trouver où il pour-
» roit la cacher. Avant cela, il s'é-
» toit assuré de la Ville de *Portſ-*
» *mouth*, car ayant rencontré un
» jour par hazard dans *Weſtmunſter-*
» *hall* le Colonel METHAN, Gouver-
» neur de cette place, l'un de ses an-
» ciens amis, il lui demanda, si sup-
» posé qu'il vînt à avoir besoin de
» *Portſmouth*, il voudroit bien le
» lui remettre entre les mains; le Co-
» lonel l'assura que cette place se-
» roit à sa dévotion, quand il vou-
» droit. Quoique ces négociations
» ne fissent pas partie de celles, qui
» étoient ménagées plus secrette-
» ment ; cependant comme elles
» don-

« donnèrent l'idée de quelques prépa-
» ratifs éloignez, la *Maison de Mal-*
» *ling ford*, où s'assembloit le *Comi-*
» *té de Sureté*, en prit l'allarme, de
» sorte que ces Messieurs commencè-
» rent à examiner avec tant d'appli-
» cation toutes les actions & les dé-
» marches qui pouvoient éclaircir leurs
» soupçons, qu'à la fin ils furent plei-
» nement persuadez qu'on machinoit
» quelque chose contre eux, & qu'on
» se préparoit en différens endroits à
» quelque soulévement. Comme ils
» connoissoient la vigueur & l'activi-
» té du Chevalier Ashley, & sa
» disposition à leur égard, ils soup-
» çonnèrent qu'il étoit un des arcbou-
» tans de cette affaire. Pour pénétrer
» donc avant qu'ils pourroient
» dans ce mystère, & pour s'assûrer
» de l'homme qu'ils appréhendoient
» le plus, ils le mandèrent à la *Mai-*
» *son de Walling ford*, où Fleet-
» wood l'examina sur les raisons
» qu'il avoit de soupçonner qu'il for-
» moit des desseins contre eux dans
» l'Ouest

VIE DU COMTE &c.

„ l'Ouest de l'Angleterre, qu'il y dis-
„ posoit le Peuple à un soulèvement,
„ & qu'il vouloit s'aller mettre à sa
„ tête. Il leur répondit qu'il ne se
„ croyoit nullement obligé de leur ren-
„ dre compte de ses actions, ni de s'en-
„ gager à eux par aucune promesse;
„ mais que pour leur faire voir com-
„ bien leurs soupçons étoient mal fon-
„ dez, il promettroit de ne pas sortir
„ de la ville, qu'il ne vînt le leur dé-
„ clarer auparavant. FLEETWOOD qui
„ savoit qu'on pouvoit l'en croire sur
„ sa parole, satisfait de sa promesse,
„ le laissa aller à cette condition. Com-
„ me l'on savoit que son bien étoit
„ dans l'Ouest de l'Angleterre, où il
„ avoit aussi le plus de crédit, on pré-
„ suma que c'étoit là son poste, &
„ que s'il se faisoit quelque mouve-
„ ment, il ne manqueroit pas d'y pa-
„ roître, parce que son plus grand cré-
„ dit étant en ce païs-là, on ne voyoit
„ personne qui pût y prendre sa pla-
„ ce, & y jouer son rôle. Mais ils
„ se trompèrent en cela, car ce nou-

„ veau

» veau parti ayant su qu'il auroit
» *Portsmouth*, le Chevalier HASEL-
» RIG se chargea d'abord de ce pos-
» te; & le Chevalier ASHLEY choi-
» sit de rester à *Londres*, parcequ'il
» avoit des machines à faire jouer
» dans l'armée logée dans cette ville,
» ou autour; & qu'il savoit que ce se-
» roit là le siége des grandes affaires
» & de certaines négociations, d'où
» dépendoit le succès de leur entre-
» prise. LAMBERT, l'un des prin-
» cipaux Directeurs des affaires dans
» l'assemblée de *Wallingford*, étoit
» absent, lorsque le Chevalier ASH-
» LEY y comparut, & il n'arriva
» qu'après que le Chevalier se fut re-
» tiré. Mais il n'eut pas plutot ap-
» pris qu'il avoit comparu dans l'as-
» semblée, & tout ce qui s'étoit passé,
» qu'il blâma FLEETWOOD de
» l'avoir laissé aller, & dit qu'on
» auroit dû s'assurer de sa person-
» ne; qu'il y avoit certainement
» quelque chose, en quoi ils avoient
» été trompez, & qu'ils ne devoient

» pas

« pas avoir laiffé échapper fi facile-
« ment un homme auffi actif & auffi
« dangereux que lui. LAMBERT
« avoit plus de pénétration & d'éten-
« due d'efprit que FLEETWOOD,
« & que tout le refte de ces gens-là.
« C'eft pourquoi connoiffant de quel-
« le importance il étoit, pour leur
« fureté, de faire avorter les projets
« d'un homme fi habile & fi vigilant,
« il réfolut de ne rien négliger pour
« fe rendre maitre de fa perfonne.

« Le Chevalier ASHLEY retour-
« nant un foir dans fon logis, au-
« près du *Coventgarden*, trouva un
« homme qui frappoit à fa porte. Il
« lui demanda à qui il en vouloit,
« cet homme répondit que c'étoit à
« lui-même; & là-deffus il entra en
« difcours avec lui. Le Chevalier
« ASHLEY l'écouta auffi longtems
« qu'il voulut, & lui rendit telle ré-
« ponfe qu'il jugea à propos; après
« quoi ils fe féparérent. L'étranger
« fortit de l'entrée du logis, où s'é-
« toit paffée leur conférence, dans
« la

„ la rue, & le Chevalier s'avança
„ vers le corps du logis; mais con-
„ jecturant, par ce que cet homme
„ venoit de lui conter, que ce n'é-
„ toit qu'un prétexte, & que dans le
„ fond il étoit envoyé pour quelque
„ autre chose il marcha, en le quit-
„ tant, vers le dedans du logis, com-
„ me s'il eût eu dessein d'y entrer;
„ mais dès que cet homme fut hors
„ de vue, il revint sur ses pas, &
„ alla dans la maison de son barbier,
„ qui logeoit tout auprès. Il n'y fut
„ pas plutot entré, & arrivé dans
„ une chambre du premier étage, que
„ sa porte fut environnée de mous-
„ quetaires; & en même tems, l'Of-
„ ficier accompagné d'autres gens en-
„ tra dans la Maison, pour se saisir
„ de sa personne. Comme on ne le
„ trouva point, on fouilla exactement
„ dans tous les coins & recoins du
„ logis, l'Officier ne cessant d'assurer
„ qu'il ne doutoit nullement qu'il ne
„ fût dans la maison; parcequ'il ve-
„ noit tout présentement de le quit-
„ ter,

„ ter, ce qui étoit vrai; car il n'a-
„ voit été qu'au coin de la rue, pour
„ aller chercher une compagnie de
„ soldats qu'il y avoit laissez hors de
„ vue, pendant qu'il étoit allé s'assu-
„ rer lui-même si le Gentilhomme
„ qu'il cherchoit étoit chez lui. Ne
„ doutant plus après cela de l'y trou-
„ ver, il étoit revenu avec ses soldats
„ pour s'en saisir. Mais le Chevalier
„ ASHLEY ayant pénétré au tra-
„ vers de ce qu'il venoit de lui dire,
„ lui donna le change. Dès lors il
„ fut obligé de pourvoir à sa sureté,
„ & de se tenir caché; mais ce ne fut
„ pas pour vivre retiré dans un coin,
„ les bas croisez. Du lieu de sa re-
„ traite il continua à attaquer les Of-
„ ficiers de *Wallingford*, & ne laissa
„ pas de leur faire sentir son crédit,
„ quoiqu'il ne se montrat point. Il
„ engagea plusieurs Compagnies de
„ leurs soldats à se rendre dans *Lin-*
„ *colns-Inne-Fields*, sans leurs Offi-
„ ciers, & de se mettre là sous le
„ commandement de certains Offi-
„ ciers

» ciers qu'il leur avoit assignez. La
» ville de *Londres* commença à re-
» prendre courage, & à faire con-
» noitre qu'elle n'avoit pas grand
» égard pour l'assemblée de *Walling-*
» *ford*. Le Chevalier ASHLEY ne
» cessa d'agir, qu'il n'eût formé un
» parti assez puissant & assez coura-
» geux, pour se déclarer ouvertement
» en faveur de l'ancien Parlement,
» comme le seul pouvoir légitime qui
» fût alors en Angleterre, & qui eût
» droit de prétendre au Gouverne-
» ment de l'Etat, & de s'en charger
» actuellement. *Portsmouth* ayant
» été mis entre les mains du Cheva-
» lier HASELRIG, & la ville de
» *Londres* faisant éclater son inclina-
» tion pour le Parlement, les Pro-
» vinces d'Angleterre se déclarèrent
» aussitôt du même côté; & leur
» concours donna un si grand avan-
» tage au nouveau parti, qu'on ré-
» habilita les Membres qui avoient
» été exclus du Parlement, dans les
» administrations précédentes. Ce
» fut

„ fut là la première démarche que le
„ Chevalier Ashley fit à décou-
„ vert, pour arracher le pouvoir de
„ gouverner l'Etat d'entre les mains
„ de l'armée ; qui regardant Ri-
„ chard, fils de Cromwel,
„ comme un homme indigne d'un
„ tel emploi, s'en étoit emparé com-
„ me je viens de le dire, & en avoit
„ donné la conduite à une assemblée
„ composée de ses propres Officiers.
„ Lambert, qui avoit le plus de
„ pouvoir & d'autorité dans l'armée,
„ l'avoit placée dans ce Commité,
„ jusqu'à ce qu'il eût disposé les cho-
„ ses de telle maniére, qu'il pût se
„ rendre seul maitre des affaires.
„ Mais le Chevalier Ashley trou-
„ va moyen de faire échouer tous ses
„ projets, dès que le Parlement fut
„ rétabli.

„ La première chose qu'il fit, fut
„ d'obtenir du Parlement, pour lui-
„ même & pour deux ou trois autres
„ Membres des plus considérables &
„ des plus populaires, une commis-
„ sion

» sion qui leur donnoit le pouvoir de
» commander toutes les troupes qui
» étoient en Angleterre ; mais qu'ils
» ne devoient exercer que conjointe-
» ment. Cela ne fut pas plutôt fait,
» qu'il les pria de se rendre dans un
» endroit, où il avoit fait assembler
» nombre de copistes, pour leur fai-
» re transcrire sur le champ quantité
» de copies d'une lettre, où ils dé-
» claroient qu'ayant plu à Dieu de
» rétablir le Parlement dans l'exerci-
» ce de son autorité, & que ce mê-
» me Parlement leur ayant donné
» commission de commander l'armée,
» ils ordonnoient à l'Officier auquel
» la lettre étoit adressée de se rendre
» incessamment en certain lieu, avec
» sa compagnie de Cavalerie, ou
» d'Infanterie, ou avec son Régi-
» ment. Ces lettres étoient adressées
» au principal Officier de chaque
» Corps, qui avoient leurs quartiers
» ensemble dans un certain endroit
» de l'Angleterre. Elles furent en-
» voyées cette même nuit par des
      » mes-

» messagers particuliers; desorte que
» plusieurs Officiers recevant un or-
» dre si exprès de marcher sur le
» champ, ils n'eurent pas le tems de
» s'assembler, & de concerter en-
» tr'eux ce qu'ils devoient faire.
» Comme ils n'apprenoient par là
» autre chose, si ce n'est que le Par-
» lement étoit rétabli, & que *Lon-*
» *dres*, *Portsmouth* & d'autres vil-
» les en Angleterre s'étoient décla-
» rées pour le Parlement, ils n'osé-
» rent pas desobéir ; mais tous, selon
» leurs différens ordres, se mirent
» en marche, les uns d'un côté & les
» autres d'un autre ; & par là cette
» armée, qui étoit l'unique soutien
» du *Comité de Sureté*, fut entiére-
» ment dissipée, & devint tout à fait
» inutile à l'assemblée de *Walling-*
» *ford*, qui se trouva ainsi sous la
» puissance du Parlement ; les mem-
» bres de cette assemblée étant au-
» tant de gens desarmez, dont il
» pouvoit disposer comme il vou-
» loit.

                           » Si

„ Si le Chevalier Ashley en
„ eût été cru auparavant, les choses
„ ne seroient peut-être jamais venues
„ à l'extrémité à laquelle on les por-
„ ta depuis. C'est une chose connue
„ que pendant que le Parlement de-
„ meura dans son entier, Denzil
„ Hollis y avoit le plus de cré-
„ dit. Il n'est pas moins certain qu'il
„ auroit pu se maintenir dans ce pos-
„ te, s'il eût voulu suivre l'avis du
„ Chevalier Ashley; mais il étoit
„ naturellement fier & inflexible, de
„ sorte que pour vouloir presser les
„ choses un peu trop rigoureusement,
„ il perdit tout.

„ Depuis le tems de leur réconci-
„ liation, dont j'ai déja parlé, ils
„ avoient été fort bons amis. Il arri-
„ va qu'un matin le Chevalier Ash-
„ ley allant au Parlement, s'arrê-
„ ta en passant chez Mr. Hollis,
„ pour le prendre avec lui, comme
„ il faisoit assez souvent. Il le trou-
„ va dans un grand emportement
„ contre Cromwel, qui avoit
„ alors

« alors le commandement de l'armée,
« & beaucoup de crédit parmi les
« troupes. On peut voir au long
« dans les écrits de ce tems-là, le
« juste sujet qu'on avoit de se plain-
« dre de Cromwel. Mr. Hollis
« étoit résolu, disoit-il, d'engager le
« Parlement à le punir. Le Cheva-
« lier Ashley fit tout ce qu'il put,
« pour le détourner de ce dessein,
« lui en faisant voir le danger; &
« ajoutant qu'il suffiroit d'écarter
« Cromwel, en lui donnant quel-
« que commandement en Irlande; ce
« que Cromwel seroit bien aise
« d'accepter, dans l'état qu'étoient
« les choses. Mais cela ne pouvoit
« point satisfaire le ressentiment de
« Mr. Hollis : & dès qu'il fut
« arrivé dans la Chambre, l'affaire
« fut mise sur le tapis, & l'on pro-
« posa que Cromwel & ses com-
« plices fussent punis. Cromwel,
« qui étoit présent, n'eut pas plutot
« entendu cela, que sortant de la
« Chambre à la dérobée, il monta à
« che-

» cheval, & alla se rendre aussitôt à
» l'armée, qui étoit, comme il m'en
» souvient, à *Triple-heath*. Là il
» l'informa de ce que le parti presby-
» térien faisoit dans la Chambre, &
» tourna la chose de telle maniére,
» qu'au lieu que l'armée étoit aupara-
» vant sous la puissance du Parle-
» ment, elle s'unit promptement sous
» CROMWEL; qui la mena aussi-
» tôt à *Londres*, lançant dans sa
» marche des menaces contre HOL-
» LIS & son parti : desorte que
» HOLLIS, STAPELTON &
» quelques autres Membres du Par-
» lément furent obligez de prendre
» la fuite, & par là le parti indépen-
» dant, dont CROMWEL étoit le
» Chef, devenant le plus fort, on
» *purgea* la Chambre, (c'étoit le ter-
» me dont on se servoit) & l'on mit
» dehors tout le parti presbytérien.
» Quelque tems après, CROMWEL
» rencontrant le Chevalier ASHLEY,
» lui dit; *Je vous suis obligé de la*
» *bonté que vous avez eue pour moi,*
» *car*

„ car à ce que j'ai appris, vous étiez
„ d'avis qu'on me laiſſât aller ſans
„ châtiment ; mais votre ami, Dieu
„ ſoit loué, ne fut pas aſſez ſage,
„ pour ſuivre votre ſentiment.

„ Pour revenir à ce qui ſe paſſa
„ dans la ſuite, après la mort de
„ CROMWEL & la démiſſion de ſon
„ Fils RICHARD, le Général MONK
„ venant d'Ecoſſe en Angleterre avec
„ une armée dont il avoit le com-
„ mandement, faiſoit de belles pro-
„ meſſes en approchant de *Londres*
„ à ce reſte de Parlement alors ſéant,
„ qu'on nommoit le * *Rump*, qui lui
„ avoit envoyé des Commiſſaires pour
„ l'accompagner. Lorſqu'il fut arrivé
„ à *Londres*, quoiqu'il ſe fût engagé
„ par de grandes promeſſes au Parle-
„ ment & au parti républicain, &
„ qu'il eût donné en même tems
„ des eſpérances aux Royaliſtes, il
„ CON-

* Ce mot ſignifie proprement en Anglois l'extrêmité de quelque choſe ; mais on l'employoit alors comme un terme burleſque pour déſigner ce reſte de Parlement, qui s'étoit chargé de l'adminiſtration des affaires.

« convint enfin avec l'Ambaſſadeur
« de France de ſe charger lui-même
« du Gouvernement ; ſur ce que
« l'Ambaſſadeur lui promit, au nom
« du Cardinal MAZARIN, du ſe-
« cours de France, pour le ſoutenir
« dans cette entrepriſe. Le traité fut
« conclu entre eux, fort avant dans
« la nuit ; mais ce ne fut pas ſi ſe-
« crettement, que la femme de
« MONK, qui s'étoit cachée der-
« riére une tapiſſerie, d'où elle
« pouvoit entendre tout ce qui ſe
« paſſoit, ne découvrît ce qui avoit
« été réſolu. Elle dépêcha ſur le
« champ ſon frere CLERGES,
« pour en faire part au Chevalier
« ASHLEY. Comme elle étoit fort
« zélée pour le rétabliſſement du
« Roi, elle avoit promis au Che-
« valier d'obſerver ſon mari, &
« de lui faire ſavoir de tems en
« tems comment les choſes al-
« loient. Sur cet avis, le Cheva-
« lier ASHLEY fit appeller le
« Con-

„ Conseil d'Etat, dont il étoit Mem-
„ bre; & dès qu'il fut assemblé, il de-
„ manda qu'on fît sortir les Clercs,
„ parcequ'il avoit une affaire de gran-
„ de importance à communiquer au
„ Conseil. Les portes du Conseil fu-
„ rent fermées à l'instant, & les clefs
„ mises sur la table. Il commença
„ alors à charger le Général Monk,
„ non ouvertement & par une accu-
„ sation directe, mais par des insinua-
„ tions obscures, en donnant à en-
„ tendre, en termes équivoques, qu'on
„ avoit sujet de le soupçonner de n'a-
„ gir pas sincérement, & de ne pas
„ exécuter ce qu'il avoit promis. Le
„ Chevalier ménagea la chose d'une
„ maniére si adroite, que Monk,
„ ayant fort bien compris sa pensée,
„ s'apperçut qu'il étoit découvert; de
„ sorte que se brouillant, dans la ré-
„ ponse qu'il voulut lui faire, le reste
„ du Conseil sentit qu'il y avoit quel-
„ que chose de réel dans ce qu'on lui
„ objectoit, quoiqu'on ne sût point
„ ce que c'étoit. Le Général Monk

E „ pro-

„ protesta néanmoins que ce qu'on ve-
„ noit d'insinuer contre lui, n'étoit fon-
„ dé que sur des soupçons frivoles;
„ qu'il étoit homme de parole, & for-
„ tement résolu de ne rien faire de con-
„ traire aux assurances qu'il avoit don-
„ nées; qu'il n'avoit aucun dessein se-
„ cret, qui pût faire de la peine au
„ Conseil; qu'il étoit prêt à lui don-
„ ner toute sorte de satisfaction. Le
„ Chevalier ASHLEY le prit au
„ mot; & faisant usage de ce que
„ que MONK avoit dit, au de là de
„ ce qu'il prétendoit lui-même, (car
„ dans le fonds il n'avoit en vue que
„ de se retirer du Conseil, à la fa-
„ veur de la protestation qu'il venoit
„ de faire) il lui dit que s'il avoit
„ parlé sincérement, il pouvoit lui-
„ même dissiper sur le champ toutes
„ sortes de scrupules; en ôtant dès ce
„ moment à certains Officiers de son
„ armée qu'il nomma leurs commis-
„ sions, & les donnant à ceux qu'on
„ lui nommeroit, & cela avant qu'il
„ sortît du Conseil. MONK n'avoit
„ pas

VIE DU COMTE &c.

„ pas naturellement l'esprit fort
„ prompt; il étoit coupable, & seul
„ parmi des gens, dont il ne savoit
„ quelles pourroient être les résolu-
„ tions; car ils avoient tous donné
„ dans le sentiment du Chevalier Ash-
„ ley, parcequ'ils s'étoient apper-
„ çus assez clairement que Monk
„ leur avoit voulu jouer quelque mé-
„ chant tour. Se voyant donc serré
„ de si près, & ne trouvant point
„ d'autre moyen de se tirer d'affaire,
„ il consentit à ce qu'on lui propo-
„ soit; & ainsi sur l'heure, avant qu'il
„ sortît du Conseil, une grande par-
„ tie des commissions de ses Officiers
„ furent changées; & entr'autres per-
„ sonnes qu'on leur substitua, le *
„ Chevalier Haley, qui étoit Mem-
„ bre du Conseil & présent, fut fait
„ Gouverneur de Dunkerque à la
„ place du † Chevalier Lockhart,
„ & partit incessamment pour en pren-
„ dre

---

* Sir Edoward Haley.
† Sir William Lockhart.

„ dre possession. Par ce moyen l'ar-
„ mée cessa de dépendre du Général
„ MONK, & fut mise entre les mains
„ de gens fort éloignez de le servir,
„ dans le dessein qu'il avoit formé.
„ L'Ambassadeur de France, qui la nuit
„ précédente avoit dépêché un courier
„ au Cardinal MAZARIN pour l'as-
„ surer positivement que les choses al-
„ loient comme il le desiroit, & qu'il
„ avoit fixé MONK dans la résolution
„ de se charger lui-même du Gouver-
„ nement, fut fort surpris de trouver
„ le lendemain que les choses pre-
„ noient un tour bien différent; &
„ la Cour de France fut si mécon-
„ tente de lui, qu'il fut rappellé
„ aussitôt, & disgracié, dont il mou-
„ rut de déplaisir peu de tems après.
„ Voilà ce qui donna le grand
„ branle au rétablissement du Roi
„ CHARLES II., dont le Chevalier
„ ASHLEY avoit formé le plan
„ longtems auparavant, & qu'il avoit
„ acheminé....

Ici

Ici finissent les Mémoires de Mr. LOCKE. Mais il vient de me tomber entre les mains une *lettre*, que le Comte de SHAFTESBURY écrivit lui-même au Roi CHARLES II., où l'on trouve de quoi suppléer en partie ce qui y manque. Elle fut écrite en 1681. de la Tour, où ce Prince l'avoit envoyé, sur de fausses accusations, dont il fut glorieusement justifié. On y verra ce que ce Mr. LOCKE n'a pas eu le tems de dire, & qui mérite d'être connu de la postérité. C'est que non seulement le Comte de SHAFTESBURY eut beaucoup de part au rétablissement de CHARLES II., mais qu'il s'y employa, sans avoir entretenu auparavant aucune correspondance avec ce Prince, ni fait aucune condition pour lui-même. Voici comme il s'en exprime dans cette lettre.

E 3 SIRE,

MEMOIRES SUR LA

SIRE,

„ *Dieu, qui est le Roi des Rois,*
„ *permit à* Job *d'entrer en dispute*
„ *avec lui, & de lui* * exposer sa
„ cause. *Accordez moi donc aussi,*
„ *grand Roi, la permission de plai-*
„ *der la mienne devant Votre Ma-*
„ *jesté, & non seulement de m'ap-*
„ *puyer sur mon innocence, mais mê-*
„ *me sur mes services à l'égard de Vo-*
„ *tre Majesté;* † *car mon intégrité*
„ *m'est précieuse; je prétens la main-*
„ *tenir & ne pas l'abandonner: mon*
„ *cœur ne me reprochera rien tant*
„ *que je vivrai.*

„ *J'ai eu l'honneur d'avoir été*
„ *l'un des principaux instrumens de*
„ *votre retablissement sur le trône,*
„ *& je ne m'y employai, que par un*
„ *principe de pieté & d'honneur. Ja-*
„ mais

---

* C'est l'expression de Job, *Ch.* XXIII. *vers.* 4. que Mylord Shaftesbury *a employée* à dessein.

C'est un passage de Job, *Chap.* XXVI. *vers.* 6.

„ mais je ne trahis (comme Votre
„ Majesté le sait) ni le parti, ni les
„ conseils dont j'étois. Je n'entretins
„ aucune correspondance avec Votre
„ Majesté, ni ne lui fis faire aucune
„ représentation secrette. Je ne tâ-
„ chai point d'obtenir, ni n'obtins en
„ effet aucunes conditions particu-
„ liéres pour moi-même, ni aucune
„ récompense, pour ce que j'avois
„ fait, ou que je pourrois faire. Dans
„ tout ce que je fis pour le service de
„ Votre Majesté, je fus uniquement
„ animé par le sentiment de ce que
„ je devois à Dieu, à la Nation An-
„ gloise, & aux justes Droits de
„ Votre Majesté.

„ Je reconnoissois la main de la
„ Providence, qui nous avoit fait
„ passer par diverses formes de gou-
„ vernement, & qui avoit mis le
„ pouvoir suprême entre les mains de
„ différentes sortes de gens; mais
„ qui n'avoit donné à aucun d'eux le
„ cœur d'en faire l'usage, qu'ils au-
„ roient dû. Ils ne pensérent tous
„ qu'à

» qu'à se remplir de butin, ils n'eurent
» point en vue le bien, ou le rétablis-
» sement assuré de la Nation ; ils
» travaillérent uniquement à étendre
» & à conserver leur propre autorité,
» & s'emparérent de ce même pou-
» voir, dont ils s'étoient si fort plaints
» eux-mêmes, & à l'occasion duquel
» une funeste & sanglante guerre s'é-
» toit élevée, & avoit continué si
» longtems dans les entrailles de cet-
» te Nation. Je voyois que les con-
» ducteurs des principaux partis de
» Religion, tant laïques qu'ecclé-
» siastiques, étoient tous prêts à sa-
» crifier les Droits & les Libertez
» du Peuple, & à introduire un
» pouvoir absolu ; pourvû que la ty-
» rannie fût mise entre les mains de
» ceux qui favorisoient leur Secte,
» & qu'ils pussent espérer de partager
» avec eux les avantages présens,
» sans songer à la postérité, ni se
» mettre aucunement en peine de l'a-
» venir. L'une des derniéres scénes
» de cette confusion fut, lorsque
» LAM-

„ Lambert *s'empara un matin du*
„ *Gouvernement par la force des ar-*
„ *mes*, & *chaſſa le Parlement* & *le*
„ *Conſeil d'Etat, à la place deſquels*
„ *il érigea le* Commité de ſureté, &c.

On a vu les ſuites de cette uſurpation, dans les Mémoires de Mr. Locke. Du reſte cette noble fermeté du Comte de Shaftesbury dans un tems que la Cour ne prétendoit pas moins que de lui faire perdre la tête, avoit déja paru lorſqu'il avoit été envoyé à la Tour en 1676. avec le Duc de Buckingham, le Comte de Salisbury, & Mylord Wharton, pour avoir défendu les Priviléges des Parlemens. Une lettre qu'il envoya alors au Duc d'York, & dont il reſte une copie écrite de ſa propre main, en eſt une bonne preuve. Elle eſt ſi curieuſe, par d'autres endroits, & ſi courte, que je croi pouvoir l'inférer ici, ſans craindre qu'on m'en blâme, après l'avoir lue.

MEMMIRES SUR LA

LETTRE

du Comte de SHAFTESBURY au Duc d'YORK.

„ J'avoue humblement que je n'ai
„ jamais cru que ma perſonne, ou mes
„ principes fuſſent agréables à Votre
„ ALTESSE ROYALE. Mais au
„ tems auquel j'ai été envoyé à la
„ Tour, je n'avois nulle raiſon d'at-
„ tendre que dans une telle conjonc-
„ ture vous ſeriez mon plus violent
„ ennemi. La réputation eſt la choſe à
„ laquelle de grands acteurs, qui pa-
„ roiſſent ſur le théatre de ce monde,
„ doivent le plus s'intéreſſer. Les
„ grands Princes ſont ces grands ac-
„ teurs, & nulle réputation ne leur eſt
„ plus importante que celle d'être cle-
„ mens, d'être les appuis des malheu-
„ reux, & les défenſeurs des anciennes
„ Loix & des Droits de leur Pays.
„ Je

„ *Je souhaite que ce caractére soit*
„ *l'apanage de Votre* ALTESSE
„ ROYALE, *& que je puisse*
„ *être un exemple, qui le fasse con-*
„ *noitre".*

ESSAI

Sur la nécessité d'expliquer les

EPITRES DE S. PAUL,

PAR S. PAUL MEME.

APrès le grand nombre d'explications que des Ecrivains distinguez nous ont données de l'une ou l'autre des Epitres de S. Paul, j'aurois lieu de craindre que l'entreprise de les expliquer ne parût aussi téméraire qu'inutile, si l'exemple de plusieurs personnes doctes & pieuses qui s'attachent encore tous les jours avec succès à ce genre de travail, ne me mettoit pas à couvert d'un pareil reproche. Cela seul, si jamais il arrivoit que cet ouvrage vînt à paroitre, suffit pour me servir d'apologie auprès du Pu-

Public. Par rapport à moi, il n'eſt pas beſoin que je me juſtifie à moi-même un deſſein que je n'ai formé que pour mon uſage, & qui étoit néceſſaire à mon inſtruction particuliére; car j'avoue ſans peine que j'ai trouvé divers endroits dans S. Paul, qui, quoique je fuſſe aſſez verſé dans la lecture de ſes Epitres, ainſi que dans celle des autres parties de l'Ecriture, ne m'ont pas peu embaraſſé. Autant les leçons de morale, par leſquelles cet Apôtre finit chaque Epitre, ſont claires & intelligibles, autant les dogmes y ſont obſcurs, & les raiſonnemens difficiles. A meſure que j'ai réfléchi ſur cette matiére, je m'en ſuis moins étonné, & pluſieurs ſources de cette obſcurité ſont d'abord venues ſe préſenter à mon eſprit.

La nature même du genre épiſtolaire oblige néceſſairement un Ecrivain à obmettre pluſieurs faits qui ſont connus de ceux à qu'il écrit, mais dont il faut que l'on inſtruiſe un étranger, ſi l'on veut qu'il comprenprenne quelque chose dans la lettre qu'on lui montre. Cette ignorance de certains faits produit souvent qu'un Tiers n'entend rien dans une lettre d'ailleurs bien écrite, & où il n'y a rien que de fort intelligible pour celui qui la reçoit. Ceux à qui S. Paul écrivoit, connoissoient si bien les matiéres dont il les entretenoit dans ses Epitres; ces matiéres étoient pour eux d'une si grande conséquence, qu'ils pouvoient infiniment mieux entrer dans les pensées de cet Apôtre, & appercevoir d'abord le but & la force de tous ses raisonnemens. Pour nous, que l'éloignement des tems empêche de bien savoir les circonstances qui ont porté S. Paul à écrire, & à qui la longueur des siécles ne laisse d'autre connoissance du génie & de la situation de ceux à qui il écrivoit, que celle qu'on peut tirer de ses Epitres mêmes; il n'est pas étrange que des choses qui sautoient aux yeux des personnes à qui ces Epitres étoient adressées, nous paroissent très obscures.

res. D'ailleurs, il paroit par bien des endroits que l'Apôtre répond à des lettres qu'on lui avoit envoyées, ou à des queſtions qui lui avoient été propoſées. Si ces lettres, ſi ces queſtions étoient venues juſqu'à nous, il y a beaucoup d'apparence qu'elles répandroient un grand jour ſur les Epitres de S. Paul, & qu'elles éclairciroient mieux les endroits qui y font alluſion, que toutes les ſavantes nottes des Commentateurs & des Critiques. A les eſtimer ce qu'elles valent, la plupart ne ſervent qu'à nous accabler de conjectures & de ſpéculations, qui loin d'attrapper le vrai ſens des Auteurs ſacrez, ne font d'ordinaire rien au ſujet.

Une autre raiſon de l'obſcurité des Epitres de S. Paul, raiſon au reſte qui n'eſt guéres moins conſidérable que la premiére, eſt la langue dans laquelle elles ſont écrites. Les mots en ſont grecs ; or non ſeulement la langue grecque eſt hors d'uſage depuis pluſieurs ſiécles, mais dans le tems même me qu'elle étoit au rang des langues vivantes, c'étoit celle d'un peuple vif, subtil & spirituel, grand amateur des nouveautez, partagé en diverses sectes, & entre des opinions auxquelles il appliquoit, avec une liberté excessive, les maniéres de parler les plus ordinaires. Cela ne fait cependant encore qu'une petite partie de l'obscurité que produit la langue originale des Epitres de S. Paul; & il y en a une autre source plus abondante mille fois que celle qui vient de la fécondité & de la licence de la langue grecque : c'est la construction. Les mots à la vérité sont grecs, mais l'idiome & le tour de phrase est hébraïque ou syriaque, au point que S. Paul employe souvent dans les verbes les conjugaisons hébraïques, & sur tout celle en *hiphil*, au lieu des conjugaisons grecques ; ce qui est porter la licence encore plus loin que les Grecs eux-mêmes ne l'ont jamais fait. Ce n'est pas tout, les matiéres qui font le sujet de ses Epitres sont si nouvelles, & les dogmes qu'elles contiennent

nent sont si fort au dessus des notions communes, que les termes les plus importans dont on s'est servi, y ont une signification toute différente de celles qu'on leur donne ordinairement: de sorte qu'on peut dire avec vérité que le Nouveau Testament est écrit dans une langue particuliére.

Nous n'avons parlé jusqu'ici que des causes d'obscurité qui sont communes à S. Paul avec les autres Auteurs des livres du Nouveau Testament. A celles là, il en faut ajouter d'autres qui lui sont propres, & qui ne conviennent qu'à lui. On s'apperçoit aisément par la lecture des Epitres de cet Apôtre, que c'étoit un homme d'une imagination extrêmement vive, d'un tempéramment tout de feu, d'une intelligence profonde dans les Ecritures du Vieux Testament, & tout rempli des dogmes du Nouveau. Ces qualitez naturelles & acquises lui suggéroient une grande abondance de matiéres sur les sujets qu'il avoit à traiter, & il semble que
pour

pour bien saisir sa façon d'écrire, il faut se le représenter en effet, comme obsédé, pour ainsi dire, d'une foule de pensées qui toutes s'efforcent de sortir, & s'empressent de couler de sa plume. Il n'est presque pas possible qu'un génie de cette trempe observe dans le choix de ses pensées cette circonspection, & dans leur arrangement cet ordre & cette méthode, d'où résulte une netteté sensible. C'est à cette impétuosité d'esprit, c'est à cette multitude d'idées, qu'on doit imputer les longues & fréquentes parenthèses que tout lecteur attentif observera facilement dans les Epitres de S. Paul. C'est par le même principe qu'il se détourne quelquefois de son chemin, & qu'il quitte le fil d'un raisonnement pour se livrer à une nouvelle pensée, où les paroles précédentes l'entraineront tout à coup: après avoir suffisamment développé cette idée nouvelle, il reprend son premier discours, & le poursuit sans avertir que la digression est finie. Ce qu'il y a
de

de plus fâcheux, eſt que l'endroit où il revient eſt d'ordinaire ſi éloigné, que ſi le lecteur ne l'a pas ſuivi avec toute l'attention imaginable, il ne s'en ſouvient déja plus. Enfin, il ne faut preſque pas une moindre attention pour découvrir toutes ces parties détachées des raiſonnemens de S. Paul, & enſuitte pour les réunir dans un point de vue qui en faſſe voir la connexion, & par quel rapport ces morceaux ſéparez de ſon diſcours forment pourtant un ſens ſuivi & font un tout bien lié.

Mais outre que l'abondance & la vivacité des penſées de cet Apôtre embaraſſent ſouvent ſes Epitres, obſcurciſſent ſa méthode, & peuvent dérober ſes ſentimens à un lecteur peu attentif ou précipité, le changement fréquent de perſonnage contribue encore à rendre ſon ſens douteux, & il trompe facilement ceux qui n'ont pas quelque fil pour ſe conduire dans ce labyrinthe. Par exemple, par le pronom *moi*, quelquefois c'eſt *lui-mê-*

même qu'il defigne; en d'autres endroits, il entend par là *un Chrétien particulier*, fouvent *un Juif*, ou enfin quelque autre homme que ce foit. Si ce pronom a tant d'acceptions différentes au fingulier, ce n'eft rien en comparaifon de l'étendue que l'Apôtre lui donne au pluriel. Quelquefois il ne marque que lui feul, quelquefois auffi il renferme encore ceux à qui fon Epitre eft adreffée; il y a des endroits où il comprend outre cela les autres Apôtres, les Prédicateurs de l'Evangile, tous les Chrétiens : il lui arrive même, lorfqu'il dit *nous*, d'entendre les Juifs, ou bien les *Gentils* convertis, ou quelque autre encore. Voila de quelle maniére S. Paul attribue à ce pronom des fens plus ou moins étendus felon les circonftances, ce qui pourtant change le fens de chaque paffage où il fe rencontre, & doit le faire expliquer différemment. J'ai voulu exprès épargner à mes lecteurs l'ennui que lui euffent apporté les

exem-

exemples que je pouvois aisément donner de tout ce que je viens de dire; si leurs propres réflexions ne leur en fournissent aucun, ils en trouveront assez dans la lecture de la paraphrase & des nottes que j'ai publiées.

J'ajoute à ces différentes difficultez, celle qui nait d'une coutume assez familiére à S. Paul. Quelquefois, au milieu même & dans le fort d'un argument, il fait entrer les objections qu'on peut lui faire, & les résout sans dire un seul mot qui donne à connoitre qu'un autre que lui a parlé. Il faut une attention bien suivie pour s'appercevoir de ces interruptions, & si le lecteur n'y prend pas garde, ou qu'il les perde tant soit peu de vue, il court risque de se tromper au sens de l'Apôtre, & de confondre toute la suite de son raisonnement.

En voila suffisamment sur les difficultez qui viennent du texte même des Épitres. Ce n'est pas qu'on ne pût y en ajouter quelques autres;
tel-

telles sont, par exemple, l'incertitude où nous sommes à l'égard de la personne à qui l'Apôtre s'adresse en certains endroits, & l'ignorance inévitable où nous nous trouvons des opinions & des coutumes auxquelles il a voulu faire allusion dans ses exhortations & dans ses censures. Mais les premiéres que nous avons indiquées sont les principales, & pourvû qu'on les ait toujours devant les yeux, elles aideront à nous découvrir les autres.

Passons à présent aux causes qu'on peut nommer extérieures. Elles n'ont pas peu augmenté la difficulté d'entendre les Epitres de S. Paul, & souvent elles nous empêchent d'en connoître le sens avec quelque certitude. En voici deux des plus importantes.

La premiére est la division en chapitres & en versets, telle que nous l'avons imaginée. De la maniére dont elle est faite, ces Epitres sont comme tronquées, & le sens en est si entrecoupé, si interrompu, que non seulement

ment le vulgaire lit ces versets comme si c'étoient autant d'aphorismes séparez, mais que bien des personnes, que leur pénétration & leurs lumières mettent au dessus du peuple, perdent beaucoup de la liaison & de la force des raisonmens, & par conséquent de la clarté qui en dépend. Notre esprit est naturellement si foible, il est si borné, que quand il s'agit de lui faire appercevoir toute la suite d'un discours, ce qui est l'unique moyen d'entrer dans le sens d'un auteur, & de tirer quelque instruction d'une lecture, on ne sauroit lui procurer trop de secours, ni lui présenter les objets avec trop de clarté : mais rien n'est plus opposé à cette méthode que la division en versets. Quand l'œil est choqué sans cesse par la rencontre de sentences, dont l'arrangement & l'indépendance où elles semblent être à l'égard l'une de l'autre, font autant de fragmens distincts, l'esprit ne peut qu'être embarassé à composer de tant de piéces différentes un discours uniforme & des raisonnenémens suivis. Cette opération est d'autant plus difficile, que nous avons reçu dès l'enfance de fâcheuses impressions à ce sujet, & que nous sommes accoutumez à les entendre citer comme des apophtegmes isolez, sans restriction, sans explication, sans attention au rapport qu'elles ont avec ce qui précede & ce qui suit.

Ces divisions ont produit un autre inconvénient, en introduisant l'habitude de lire les Epîtres de S. Paul par morceaux. On conviendra sans doute que ce seroit en général la plus mauvaise de toutes les méthodes, que de prétendre arriver à l'intelligence d'une lettre, en la lisant par lambeaux & par intervalles; principalement si les divisions étoient faites telles que celles que l'on a faites aux Epîtres de S. Paul. Il y a des Chapitres qui finissent au milieu d'un discours, quelquefois même au milieu d'une période. On ne peut s'étonner assez qu'on ait permis un abus qui embrouille si horriblement le sens de la Sainte Ecriture, & qui ébranle-
le

leroit également celui de tout autre livre. Si l'on s'avisoit d'imprimer & de traiter les Epitres de Ciceron comme l'on a fait celles de S. Paul, elles en seroient certainement plus obscures qu'elles ne le sont dans l'état où nous les avons; peut-être en deviendroient-elles inintelligibles, tout au moins la lecture auroit quelque chose de plus rebutant & de moins facile.

Quelque grand que soit cet abus, quelques ténébres qu'il répande sur l'intelligence de l'Ecriture, je ne doute pas que, si quelqu'un vouloit imprimer la Bible de la maniére qu'elle devroit l'être, & dont ses differentes parties ont été d'abord écrites, c'est-à-dire en discours suivis, les différentes Communions ne criassent à l'innovation & ne se plaignissent de ce changement comme d'une chose de dangereuse conséquence par rapport aux livres sacrez. A dire le vrai, ceux qui aux dépens du vrai sens des Ecritures s'obstinent à soutenir leurs opinions & le systême de leur parti

par

par des sons & des paroles pompeuses, n'auroient pas grand tort de se soulever, & de fomenter les criailleries ; car si l'on exposoit l'Ecriture aux yeux des Chrétiens dans son état naturel, dans toute sa force, avec cette liaison admirable de ses diverses parties, ce seroit fait d'eux & de leurs dogmes. Cette artillerie formidable de passages tronquez qui leur servent à se deffendre, & qui même les enhardissent à venir fondre sur les autres seroit bientot démontée, & il ne seroit plus si facile de jetter de la poudre aux yeux à l'aide de quelques petits mots de l'Ecriture qu'on cite, comme s'ils étoient détachez, & qu'ils ne fissent pas partie d'un tout, hors de propos & en les appliquant à des sujets auxquels ils n'ont pas le moindre rapport.

Mais dans l'état où sont les choses, les Controversistes n'ont rien à craindre, & quiconque en aura envie peut devenir à peu de frais un insigne *champion de la vérité*, c'est-à-dire des dogmes de la Communion dans la quelle le hazard,

zard, ou son intérêt particulier l'aura jetté. Il n'est question que de se munir de quelques textes de l'Ecriture, qui contiennent des mots ou des expressions un peu flexibles, comme il y en a effectivement dans tous les passages dont les termes sont généraux, obscurs, ou ambigus, & le systême qui les a déja consacrez à l'orthodoxie de son Eglises, les convertira à l'instant en autant d'argumens irrefragables. Voila le grand avantage qui résulte de l'Ecriture hachée ainsi en versets ou en sentences détachées, & dont l'usage fait bientôt autant d'aphorismes indépendans. Que si, au lieu de cette infame supercherie, on considéroit le passage que l'on cite comme faisant partie d'un discours continu & bien lié, & qu'on en déterminât le sens par sa liaison avec ce qui précéde & ce qui suit, ces hardis & zélez disputeurs jetteroient bientôt ces armes qu'ils ont le front d'appeller spirituelles, & dont le poids retombant sur eux les écraseroit & feroit voir toute leur foiblesse. Qu'il me soit per-

permis d'inférer ici un bon mot du savant & judicieux M. Selden. Un homme, *dit-il*, ,, a dix livres qu'il
,, compte par 1. 2. 3. 4. 5. 6. 7. 8.
,, 9. 10. n'entendant jamais par *quatre* que quatre unitez, par *cinq*
,, que cinq unitez, &c. le montant
,, n'étant jamais que de dix. Un au-
,, tre qui le regarde, ne prend pas
,, tous les nombres ensemble comme
,, le premier avoit fait, mais il en ti-
,, re un ici, un autre là, & là-dessus
,, conclut qu'il y a cinq livres dans un
,, sac, six dans un autre, & neuf dans
,, un autre, quoiqu'il n'y ait pourtant
,, en tout que dix livres. C'est pré-
,, cisément de cette derniére maniére
,, que nous agissons en expliquant l'E-
,, criture, nous en tirons des textes
,, par ci par là pour nous servir au be-
,, soin, au lieu que si nous les prenions
,, dans leur sens naturel, & que nous
,, fissions bien attention à ce qui précéde & à ce qui suit, nous n'y trou-
,, verions rien moins que ce que nous
,, avons cru y voir".

J'ai

ESSAI.

J'ai vu des Chrêtiens judicieux & modérez admirer comment il pouvoit se faire que des gens sans lettres, d'une capacité fort bornée, & du peuple même, mais qui d'ailleurs aimoient sincérement la Religion, sembloient entendre beaucoup mieux les Epitres de S. Paul que les autres livres du Nouveau Testament, lesquels à leur avis sont bien plus clairs & bien plus intelligibles. Ils avouoient en même tems que quelque attention qu'ils apportassent à la lecture de ces Epitres, ils en trouvoient l'obscurité presque insurmontable. En vain de leur propre aveu, ils s'efforçoient de suivre l'Apôtre dans les détours de ses raisonnemens, & de parvenir jusqu'au point de le pouvoir lire avec cette satisfaction qui se fait sentir lorsque l'on comprend la force des raisons d'un auteur qu'on étudie. Leur peu de succès les empêchoit de concevoir que des gens dont ils ne croyoient pas les yeux plus pénétrans que les leurs, entrevissent tant de cho-

F 3 ses

fes dans les Epitres de S. Paul. Mais la raison en étoit bien claire. Ces lecteurs Chrêtiens & timides n'y cherchoient & n'y vouloient point trouver d'autre sens que celui de S. Paul même, tandis que les autres plus clairvoyans y pouvoient découvrir tout ce qu'il leur plaisoit. Rien ne flatte plus l'imagination que des expressions flexibles, & des termes susceptibles de diverses significations, elle s'y proméne avec plaisir, elle y trouve son compte, & par ce moyen elle devient éclairée, orthodoxe, & se complait dans sa propre infaillibilité. Mais lorsque les pensées de l'Auteur se presentent sans aucune ambiguité, & que les mots étant confrontez avec ceux qui les avoisinent, & en recevant un sens fixe & déterminé, ne veulent plus se prêter à des sentimens de la vérité desquels on est convaincu d'avance, & qu'on veut deffendre à quelque prix que ce soit; c'est là de quoi les gens d'une orthodoxie confirmée ont de la peine à s'accommomoder. Peut-être aussi que, si l'on examinoit les choses à fond, il n'y auroit point de paradoxe à avancer qu'il y a moins de gens qui essayent leurs opinions sur la régle infaillible de l'Ecriture, qu'il n'y en a qui plient cette régle pour l'ajuster à leurs sentimens. Or c'est à quoi principalement ont servi la division de l'Ecriture en versets & la réduction qu'on en a faite autant qu'il étoit possible en aphorismes généraux & détachez. Voyons à présent l'autre source de l'obscurité & de la confusion, que les causes extérieures ont répandues sur les Epitres de S. Paul.

La version Angloise de ces Epitres a introduit depuis longtems dans notre langue & dans notre phraséologie les mots & les tours qui sont employez dans ces Epitres; ce qui se remarque principalement dans les matiéres de Religion. C'est alors sur tout que chaque particulier s'en sert familiérement, & croit les entendre. Mais il est à remarquer que si en se servant de ces expressions & de ces phrases, il y attache quelque idée distincte, c'est toujours relativement à son système & aux articles de foi ou aux explications de la société à laquelle il est uni. Ainsi toute sa science & toute l'intelligence qu'il a des passages de l'Ecriture, n'aboutit qu'a ceci; c'est ce qu'il sait ce qu'il dit lui-même, ce qui n'est pas peu de chose; mais cela même le met hors d'état de savoir ce que l'Apôtre a voulu dire. En effet l'Apôtre n'écrivoit pas selon le système de tel ou tel, & par conséquent le système de tel ou tel est inutile pour découvrir les sentimens de l'Apôtre. C'est cependant sur cette manière d'expliquer les Epitres de S. Paul que chaque secte se croit orthodoxe, & de quelle impénétrable obscurité ne doit ce pas être la source pour ceux qui se trouvant prévenus, viennent à tomber sur des passages qui contredisent les opinions que leur parti a adoptées comme les seules orthodoxes? C'est ce ce qui ne peut manquer d'arriver à toutes les sectes, si l'on en excepte une seule, quand il s'agit de quelque texte qui a rapport aux points qu'elles se disputent les unes aux autres.

Ce mal est si général, & si naturel, qu'il n'en faudroit pas davantage pour dégouter des Commentateurs, ceux mêmes qui sont accoutumez à les consulter & à les croire sur le vrai sens de l'Ecriture, & pour leur faire sentir combien peu de secours on en doit attendre. Mais les hommes se prêtent volontiers à l'illusion, & il semble qu'ils prennent plaisir à s'aveugler quand il s'agit d'interprétes, qui n'ont guéres d'autre mérite que celui d'expliquer l'Ecriture Sainte en faveur des dogmes que l'on a déja reçus comme orthodoxes. Ces Interprétes les examinent sur les livres saints, moins dans l'intention de s'éclaircir, que de tordre tous les passages qui paroitront les favoriser. Qu'on juge si de pareils guides sont fort capables de conduire à la vérité, & s'il est sage de préférer comme l'on fait ordinairement une foi implicite aux explications de ces Messieurs, à un examen sincére & impartial.

Il n'est pas possible qu'un texte des Epitres de S. Paul ait deux sens contraires. C'est cependant ce que sont contraints de trouver deux hommes qui ayant à prendre parti sur le sens de l'une ou de l'autre de ces Epitres, bâtissent sur les interprétations respectives de deux Commentateurs de Communions differentes. Il ne faut guéres d'autre preuve de cela que les Notes du Docteur Hammond & celles de Beze. Ce sont deux Commentateurs célébres du Nouveau Testament; tous les deux étoient hommes d'un grand esprit & de beaucoup de savoir, & au moins dans l'idée de leurs partisans ils étoient tous deux très versez dans l'Ecriture. Or Hammond & Beze sont opposez presque par tout, en sorte que
voi-

voila les grandes espérances des secours & des lumiéres que l'on peut tirer des Commentateurs & des Interprétes presque évanouies, & tant que les choses demeureront dans l'état où nous les voyons aujourd'hui, il est bien à craindre que ces sortes d'ouvrages ne soient pas d'un grand secours à ceux qui en auroient le plus de besoin, & qu'on ne se puisse pas assurer par là du véritable sens de l'Apôtre.

Car enfin ceux qui sentent le besoin qu'ils ont de secours, & qui voudroient en trouver dans les lumiéres des Expositeurs, sont de deux sortes. Les uns ne consultent que ceux qui jouissent d'une réputation d'orthodoxie qui n'a jamais été effleurée, évitant ceux qui différent dans les articles principaux de leur systême, comme des gens dangereux & dont le venin pourroit se communiquer: les autres puisent indifféremment dans les nottes de tous les Commentateurs, sans discernement, & sans réflexion.

Les premiers ne travaillent qu'à se confirmer dans leurs préjugez, & l'on voit d'un coup d'œil ce qu'il y a à attendre d'une pareille méthode pour l'intelligence des Epitres de S. Paul. Les derniers à la vérité agissent avec plus de bonne foi, mais avec aussi peu de fruit, à moins qu'ils, n'aient d'autres guidesque les interpretes dont ils se servent; ils cherchent du secours de tous les côtez, & ils ne refusent d'instruction de qui que ce soit qui pretend à les éclaircir; mais s'ils evitent par cette routel'écueil de donner aux passages de S. Paul un sens trop borné, & de les accommoder à leurs preventions, ils tombent dans l'extremité contraire, & au lieu de se confirmer dans le seul sens qu'ils entrevoient d'abord dans le texte, ils sont accablez de mille autre sens qu'ils rencontrent en chemin, & cette diversité d'interpretations qui les distrait fait qu'ils ne peuvent s'arrêter à aucune.

Voila des obstacles, dira-t-on, qui ren-

rendent le mal presque incurable; car à quoi faudra-t-il avoir recours s'il n'y a point de fond à faire sur les remarques & sur les interpretations de gens doctes & pieux ? Je reponds à cela qu'on ne doit pas prendre à la lettre ce que je viens de dire, ni s'imaginer que je regarde le travail de tant de sçavans sur l'Ecriture ou comme perdu ou comme peu profitable; il s'en faut bien; il peut être d'un grand usage & leurs lumieres d'un grand secours dès que nous aurons une regle par où nous puissions demêler parmi cette varieté infinie d'explications, quelle est celle qui approche le plus du sens de l'Apôtre même. Mais jusqu'à ce que nous aïons cette regle, il est clair par tout ce que j'ai dit ci devant, que la plûpart des explications ne servent qu'à nous faire trouver nôtre propre sens dans les paroles de S. Paul, ou qu'au moins elles ne nous conduisent pas à y en appercevoir un qui soit & fixe & certain.

On demandera sans doute où se trouve cette regle dont je parle, où est cette pierre de touche qui a la vertu de nous apprendre si le sens que nous donnons aux mots des Epitres de S. Paul, ou que les autres y ont donné, est precisement celui de l'Apôtre? Je ne vanterai pas la methode que je vais proposer & que j'ai suivie jusqu'à dire qu'elle nous rendra infaillibles dans l'explication du texte de S. Paul ; mais de quoi le lecteur peut être assuré, c'est qu'avant que je me fusse avisé de cette methode, les Epitres de S. Paul, telles qu'on les lit & qu'on les etudie ordinairement m'avoient toujours paru des parties très obscures de l'Ecriture Sainte ; que cette lecture me jettoit dans des embarras etranges, dont le plus grand venoit toutefois de l'incertitude où j'étois à la vuë des sens opposez que les interpretes donnent aux mêmes passages. Je laisse à juger si ce que j'ai fait peut contribuer à dissiper l'obscurité & à fixer l'incertititude; je me contenterai d'ajouter que si des Chrétiens judicieux & versez dans les saintes lettres & de sçavans Theologiens de l'Eglise Anglicane ne m'avoient pas assuré que mon travail leur avoit facilité l'intelligence des Epitres de S. Paul, & qu'il ne m'eussent pas engagé par des sollicitations reïterées à en faire part au public, je l'aurois gardé pour mon usage particulier, qui est le seul que j'aïe eu d'abord en vûë & pour lequel il m'a été d'une utilité à ne me pas laisser lieu de plaindre les peines qu'il m'avoit coutées.

Que si quelqu'un agrée cet essai au point de souhaiter savoir quelle route j'ai suivie pour eviter des écueils qui sont si frequens dans la lecture de ces Epitres, & qu'il y ait dans un exemple aussi médiocre que le mien quelque chose qui merite d'être imité, je en vais l'instruire. Il pourra juger par là si mes demarches ont été dirigées par la raison, & si je m'apm'appuïe fur des fondemens folides.

Après avoir eprouvé par une longue experience que la lecture du texte & des commentaires felon qu'on la fait ordinairement ne repondoit pas à mon attente, & étoit fort au deffous de ce que j'avois ofé m'en promettre, je commençai à foupçonner qu'en lifant fuivant la coutume un feul chapitre à la fois, & en confultant enfuite des Commentateurs fur quelques endroits difficiles qui m'intereffoient, ou par rapport à des fujets que je voulois approffondir, ou par rapport à des articles controverfez entre les Theologiens, je ne m'y prenois pas comme il falloit pour entrer dans le vrai fens de ces Epitres. Un peu de reflexion me fit d'abord fentir le deffaut de cette méthode. Si l'on m'écrivoit aujourd'huy une lettre de la longueur de l'Epitre aux Romains, qu'il s'y agît d'une matiere auffi epineufe, que le ftyle en fût auffi etranger & les expreffions auffi ambigues que celles de l'Apôl'Apôtre paroiſſent l'être, & qu'en ſuite je diſſaſſe cette lettre en quinze ou ſeize chapitres dont jè ferois la lecture à differentes repriſes, je courrois riſque de n'attrapper jamais bien diſtinctement la penſée de celui qui l'auroit écrite : le meilleur moïen d'y parvenir ſeroit d'en lire la lettre d'un bout à l'autre, de démêler ce qui en fait l'objet principal, quel en eſt le but, & au cas qu'elle renfermât pluſieurs matieres, de les diviſer, d'en bien fixer le commencement & la fin, & ſi une neceſſité abſolue demandoit que cette lettre fût partagée, de marquer les bornes de chaque partie & de les diſtinguer exactement les unes des autres.

Je conclus conformement à cette penſée que pour bien entendre une des Epitres de S. Paul, il falloit la parcourir toute entiere en une fois, obſerver le mieux qu'il ſeroit poſſible quel avoit été ſon deſſein en l'ecrivant, & developper par quelle voïe

il

il avoit voulu aller à son but. Une premiere lecture me donnoit quelques lumieres qu'une seconde augmentoit encore, c'est ainsi que je parvenois à l'entendre. Je ne quittois jamais une Epitre sans avoir compris un peu clairement dans quelle vûë l'Apôtre l'avoit écrite; les divisions du discours au moïen des quelles il avançoit vers son but, les argumens dont il se servoit, & enfin la disposition du tout.

Il ne faut pas se flatter d'en venir là par une ou deux lectures précipitées; elles doivent être repetées souvent, avec une grande attention à la suitte du discours & sans égard à la division en chapitres & en versets. Au contraire, il vaudroit mieux supposer que l'Epitre qu'on lit n'a qu'un seul objet, jusqu'à ce qu'une lecture reïterée vienne à decouvrir sans peine plusieurs matieres differentes, qui alors se developperont comme d'elles mêmes.

Mais il est besoin de tant de peine, d'une application si suivre, d'un discernement si exact pour découvrir la liai-

liaison des diverses parties d'un ouvrage obscur & abstrus; d'ailleurs cette decouverte mortifie si fort d'ordinaire nos prejugez & nos passions, qu'il ne faut pas s'étonner si les Epitres de S. Paul ont passé chez tant de gens pour des discours décousus, pleins d'un zele ardent, & etincellans de traits de lumiere & de pieté, plutôt que pour des raisonnemens graves, solides, bien soutenus, & dans lesquels ils regnât une agreable uniformité & un enchainement heureux de pensées.

Ces murmures qu'excitent les mauvaises intentions & la paresse des lecteurs ne me rebuterent pas; je continuai de lire & relire la même Epitre, & ne me lassai point que je n'eusse au moins apperçu ce qui paroissoit en faire l'objet véritable & la route que l'Apôtre avoit tenuë pour arriver à son but. Il me souvint que S. Paul avoit été miraculeusement appellé au Ministére de l'Evangile & déclaré vase d'élection; qu'il avoit reçu
la

la doctrine de l'Evangile de la main même de Dieu dans une revelation immediate, & qu'il avoit été choisi pour annoncer aux Payens cette nouvelle doctrine: il n'en falloit pas davantage pour persuader que ce n'avoit pas été un homme d'un esprit vague & superficiel, & qui ne sçût ni raisonner ni convaincre ceux à qu'il prechoit la verité. Dieu est trop sage pour ne pas proportionner mieux les moïens à la fin, & les instrumens dont il se sert à l'usage à quoi ils sont emploïez. S. Paul avoit un grand fonds d'érudition judaique qu'il avoit puisé aux piez de Gamaliel, & Dieu lui même n'avoit pas dedaigné ensuite de l'instruire dans la Religion & de lui reveles profondeurs du mystere de la dispensation de la Grace par J. C. Il avoit reçu la lumiere de l'Evangile de la source même & du Pere de toute lumiere, qui ne l'en eût pas pouvû si abondamment s'il y avoit eu lieu d'apprehender que tout ce grand fonds de science & de lumiere fût allé se perdre dans

dans un esprit embouillé & confus, & qui faute de methode dans l'arrangement des matieres, de clarté dans les pensées, de justesse & de précision dans le discours eût renoncée à l'avantage qu'il y a pour la verité d'être exposée d'une maniere forte & suivie.

On voit par les harangues qui nous restent de S. Paul dans les Actes des Apôtres, qu'il sçavoit aller à son but par des argumens convaincans & des raisonnemens bien poussez : il n'y mesle ni saillies ni digressions. Comment se resoudre à croire qu'un homme capable d'autant de justesse & de netteté qu'on en trouve dans dans ces harangues de S. Paul, n'ait pas toujours eu le soin d'écrire sans confusion, sans obscurité; & que tandis qu'il ne laisse rien à desirer pour la force, la methode & la clarté dans ses discours, aucune de ces qualitez ne se retrouve dans ses Epitres? Voici selon moi le nœud de cette contrarieté apparente. Les particularitez historiques qui accompagnent les harangues nous apprennent

nent quelle en fut l'occasion, & cela etant une fois connu, donne du jour à tout le reste, mais ce secours manque par rapport à ses Epitres. L'histoire des circonstances où il étoit en les écrivant, est ignorée; il ne reste point de monumens qui ait conservé le souvenir des actions, des interêts & des questions de ceux à qui il s'adresse. C'est de ses Epitres seules que nous en pouvons recueillir encore quelques traits; & sans une application plus qu'ordinaire & une attention opiniatre, on ne doit pas se flatter d'en venir à bout.

Puis donc que ces lettres sont le seul bon guide, après l'esprit de Dieu qui les a dictées, à qui nous puissions avoir confiance j'espere qu'on me permettra bien de dire qu'il faudroit faire les derniers efforts pour suivre le fil du discours & la trace des raisonnemens de S. Paul dans chacune de ses Epitres. On demêleroit ce qu'il s'est proposé dès l'entrée, & comment il a sçu mettre en œuvre avec
adres-

adreffe les diverfes circonftances qui pouvoient fervir à fon deffein Il feroit encore néceffaire de pefer fes conclufions, & d'examiner de quels principes & dans quel deffein il les a tirées. On ne fçauroit difconvenir que S. Paul ne foit un habile & fort raifonneur, qui fe foutient à merveille, qui fçait profiter de tout, & il me femble qu'en l'expliquant on ne devroit rien epargner pour faire voir que c'eft là fon caractere.

Quoique j'aie dit que S. Paul traite dans fes lettres d'objets importans, qu'il ne perd jamais de vûë & où il rapporte tout ce qu'il écrit, je ne pretends pas cependant qu'il reduife fes difcours à une methode etudiée, qu'il conduife fes lecteurs par des divifions exactes, ni que lorfqu'il entame une nouvelle matiere, il en avertiffe par des tours de Rhetorique & des tranfitions marquées. Ce n'étoit point là fon genie. Il n'a point emprunté des grecs les ornemens de leur éloquence, ni cherché à embellir fa doctrine en y mêlant

lant les idées de leur philosophie; il a entierement negligé *les paroles attraïantes de la sagesse mondaine*, ainsi qu'il le dit lui-même (1); par où il entend tous les préceptes des Rheteurs Grecs, au moien desquels cette nation étoit devenue la plus éloquence de l'univers. Mais quoique la politesse du style, la delicatesse du langage, la beauté de l'expression, le tour des périodes, l'artifice des transitions, la disposition des parties, & tels autres ornemens qui font qu'un discours s'insinue plus facilement dans l'esprit & saisit d'abord l'imagination, n'aient presque pas lieu dans les Epitres de S. Paul, il n'en est pas moins vrai de dire que de toutes parts elles etincellent des beautez, que produit cet enchainement de principes, de preuves & de conséquences qu'on admire dans la totalité de son discours, & dans la maniere directe dont il fait servir ces differentes parties à l'éclaircissement du su-

(1) I. *ad Corinth.* II. 4.

sujet qu'il a à traiter. Tel est, ce me semble, le caractere de S. Paul, & je ne fais aucun doute qu'après un mur examen le lecteur ne convienne de la ressemblance. Or si cela est, nous avons en main un fil, qui loin de nous égarer au travers des obscuritez apparentes & du labyrinthe imaginaire où les Chrêtiens errent depuis si longtems & dans des sentiers si opposez, nous conduira surement à l'intelligence du vrai sens de S. Paul.

On trouvera peut-être d'abord bien extraordinaire qu'on se soit avisé si tard d'une méthode aussi simple; mais l'étonnement cessera quand on fera reflexion à la paresse ordinaire de quelques lecteurs & aux prejugez du plus grand nombre. Les uns frappez de l'obscurité insurmontable que l'opinion commune dit être dans les Epitres de S. Paul, & qu'une lecture superficielle aura fait paroitre encore plus grande, n'ont pas eu le courage d'y chercher une suitte de discours qui aient un objet & qui y aillent par des raisonne-
G mens

mens forts & ferrez. Les autres n'ont osé par un respect mal entendu sonder la profondeur des écrits d'un homme ravi au troisieme ciel, comme si après ce ravissement il n'avoit plus été capable que de traits de lumiere plus propres à éblouir qu'à éclairer, & d'enthousiasmes de zele plus capables d'échauffer que d'instruire. Peut-être aussi que quelques personnes plus clairvoyantes qui entrevoioient le sens de S. Paul en examinant la liaison de ses principes, n'ont pas voulu penetrer plus loin, dans la crainte de trouver une opposition manifeste & irreconciliable entre leur système & les sentimens de l'Apôtre. Quelle qu'en soit la cause, la maniere d'approfondir le sens des Epitres de S. Paul que nous proposons n'a pas été jusqu'ici fort en usage, ou du moins n'y a-t-elle pas été autant que les avantages qui en resultent, l'en rendoient digne.

Car dès qu'on suppose que S. Paul étoit rempli des matieres qu'il traitoit,

toit, & c'est ce qu'on avouera sans peine puisque il en avoit reçu la connoissance d'en haut, dès que l'on convient qu'il étoit capable d'emploïer ces connoissances à la fin pour laquelle Dieu les lui avoit accordées, & qu'en consequence tous ses discours vont à cette fin qui n'est autre que l'instruction, la conviction & la conversion du prochain; est il possible de s'éloigner beaucoup du sens des argumens qu'il propose pour parvenir à ce but? Par tout où nous avons une juste idée de son dessein, dès là même que telle ou telle interpretation s'en écarte ou n'y fait rien, nous pouvons être assurez qu'elle ne represente pas fidelement sa pensée; au milieu de la multitude des sens qu'on donne souvent à un seul & même passage, cette regle peut nous conduire au plus raisonnable & quelquefois au plus vrai; car lorsqu'un Auteur sensé, grave, & mesuré raisonne sur un sujet, il nous est permis, sans qu'en cela il y ait aucune presomption, de prononcer avec confiance en certains cas, que furement cet Auteur n'a pas parlé ou écrit de telle ou telle maniere.

Ce n'eſt pas, quand je vante cette methode d'étudier les Epitres de S. Paul & les autres livres de l'Ecriture, que j'imagine qu'elle menera juſqu'à éclaircir tous les endroits difficiles, & à faire diſparoitre juſqu'au moindre doute. Je ſçai bien qu'il n'eſt pas poſſible que des expreſſions qui ont vieilli & ſont hors d'uſage, des opinions de l'Antiquité que nous ne connoiſſons point aſſez, des alluſions à des coutumes qui n'exiſtent plus, & diverſes circonſtances & pluſieurs details de partis que nous ignorons, ne laiſſent toujours des tenebres dans bien des paſſages qui n'avoient rien d'obſcur pour ceux à qui les Epitres de S. Paul étoient addreſſées. Mais enfin, cette maniere de les étudier nous procurera deux avantages conſiderables; nous ne laiſſerons pas d'aller aſſez loin dans l'intelligence de cet-

cette partie des Ecritures & d'y puiser de grandes lumieres pour notre propre instruction ; nous nous convaincrons en même tems que tout rend les Epitres dont nous parlons dignes de celui qui en est l'Auteur, & qu'il n'est pas moins admirable par la liaison des idées que par l'importance du but auquel elles se rapportent. Tant d'utilité suffit pour justifier le dessein que j'ai formé de prendre S. Paul pour mon interprète & pour mon guide dans l'étude de ses ouvrages.

Cet Apôtre fournit lui-même un autre secours qui peut nous aider beaucoup à pénétrer le vrai sens de ses Epitres. Un lecteur un peu attentif remarque sans peine que quelque rempli que fût le cœur de S. Paul de la doctrine de l'Evangile, il avoit eu soin de la digerer & de l'arranger dans son esprit. Lors donc qu'il écrivoit sur quelque matiere sa plume couloit de source ; on sent qu'il possedoit la revelation dans toute son éten-

étendue; il en avoit fait un corps bien lié & dont toutes les parties avoient entr'elles une harmonie admirable. On ne voit point qu'il soit incertain ou embarassé sur aucun point de doctrines, ses sentimens sont les mêmes dans toutes ses lettres, & autant il y a de varieté dans ses expressions, (Jamais Ecrivain ne s'étant moins gené dans le choix des mots) autant il regne d'uniformité dans ses principes. Regardons cette uniformité de principes comme une nouvelle clef; car si après avoir penetré le sens de chaque Epitre particuliere, selon la methode que j'ai marquée, nous voulons prendre la peine de comparer les divers endroits de ses Epitres où il traite la même matiere, nous ne pouvons gueres nous tromper ni entretenir de doutes sur ce qu'il a crû & enseigné touchant cet article de la Religion Chrêtienne. Je n'ignore pas qu'il est fort commun de trouver une foule de passages rassemblez pour la deffence d'une proposition favorite,

mais

mais dont le sens est si éloigné de l'intention de l'Auteur qui les fournit, qu'on ne sauroit dire si ceux qui ont recueilli avec tant de soin ce grand nombre de passages, en ont cherché l'explication, s'ils ont cru que cette recherche étoit inutile, ou si enfin il leur suffisoit d'avoir quelques sons pour l'avantage de leur cause. Cette conduite de quelques personnes me donnera lieu de faire une reflexion importante; c'est que les concordances verbales ne renvoïent pas toujours aux textes qui ont rapport les uns aux autres; en se fiant à de semblables recueils on court risque en bien des cas de s'en tenir à des preuves foibles & legeres, & ils ne sont propres qu'à confondre des passage de l'Ecriture qui n'ont aucune liaison, & par consequent leur usage se reduit souvent à embarasser le vrai sens des livres sacrez. Cet abus m'a engagé à insinuer qu'il faut comparer ensemble les endroits où la même matiere est traitée; les differentes parties de l'E-
cri-

criture s'éclairciroient ainsi mutuellement.

C'est sur ces principes & par ces regles qu'il seroit à souhaitter que l'on expliquât les Epitres de S. Paul. La providence a voulu qu'il en écrivît plusieurs; quoiqu'écrites en differentes occasions & souvent à diverses fins, elles ne regardent que les travaux de son Ministere, & sont partagées entre la morale & les dogmes de nôtre Sainte Religion. Qui ne voit que si nous voulions nous dépouiller des sentimens que nous nous sommes faits à nous mêmes ou que nous avons empruntez des autres, & nous attacher serieusement à comparer sans prevention ces épitres, nous reussirions à découvrir le vrai sysrême de S. Paul? Ce seroit sans doute une regle plus certaine pour l'interpretation des pensées particulieres de cet Apôtre ou il resteroit encore quelque obscurité, que non pas les confessions de foi, de quelque communion qui ait jamais été. Puisqu'enfin les articles que

ces

ces confessions de foi peuvent proposer ont beau nous être donnez par leurs fauteurs comme la pure parole de Dieu; il est visible qu'ils sont de l'invention des hommes, toujours faillibles dans leurs jugemens & dans leurs interpretations. D'ailleurs il paroit que c'est l'esprit de parti qui a dicté la plupart de ces articles, & qui les a accommodez à ce que la nécessité des tems & des conjonctures sembloit demander ou pour l'appui de la cause, ou pour la justification des personnes.

La philosophie des diverses communions est une autre source de beaucoup d'erreurs qui se sont glissées dans l'explication de l'Ecriture. Les Auteurs Chrêtiens qui vinrent immediatement après les Apôtres, apporterent à l'interpretation des livres du Vieux & du Nouveau Testament les idées philosophiques dont ils étoient prevenus. Dans les siécles où le Platonisme avoit le dessus, ceux qui passerent de cette secte au Christianisme firent dans leurs commentaires un melange perpetuel de la doctrine de Jesus Christ avec des opinions qu'ils avoient puisées autrefois dans les Écoles de Platon, & dont jamais ils ne s'étoient bien defaits. Dans la suitte Aristote eut la préference, & non seulement le Peripatetisme des ecoles gâta la philosophie, mais il infecta la Theologie de ses notions & de ses ergoteries, qui bientôt gagnerent jusqu'aux termes de l'Ecriture. Aujourd'huy même, nous n'avons que trop d'exemples de la hardiesse avec laquelle chacun explique la parole de Dieu par le systême Philosophique qu'il affectionne le plus. Ceux qui suivent la doctrine des tourbillons & de la matiere subtile en empruntent l'interpretation des quatre premiers versets du 5 chap. de la 2 aux Corinthiens ; sans qu'il y ait pourtant aucun fondement de croire que rien de pareil soit jamais entré dans l'esprit de cet Apôtre. Il est clair que la Revelation n'a pas été donnée aux hom-

hommes, dans le deſſein de leur apprendre la Philoſophie; mais qu'au contraire les expreſſions de l'Ecriture qui regardent les matieres Philoſophiques ont été accommodées au genie & aux notions communes du païs ou elles étoient en uſage, & du peuple qui s'en ſervoit ordinairement. Quant à la doctrine que les Apôtres enſeignent directement, elle n'a d'autre but que l'établiſſement du Royaume de Jeſus Chriſt ſur la terre, & le ſalut de nos ames; or il eſt certain qu'en cela leurs expreſſions ſont conformes aux idées que la revelation leur avoit inſpirées, ou qu'elles ſont une ſuitte néceſſaire de cette revelation. Ce ſeroit donc inutilement que nous nous efforcerions d'expliquer les paroles des Apôtres par les notions de notre Philoſophie, & par les opinions humaines qu'on debite dans les Ecoles; ſubſtituer nos penſées aux leurs n'eſt plus interprêter leurs écrits, c'eſt en compoſer de nouveaux dans leſquels ils auroient peut-être

être beaucoup de peine à retrouver quelques traces de leurs sentimens.

Si quelqu'un veut donc être au fait des pensées de S. Paul, qu'il s'attache à entendre tous ses termes dans le sens précisement que l'Apôtre les a employez, & non dans celui qu'y donnent les idées philosophiques de chaque particulier. Par exemple si quelqu'un entreprenoit d'expliquer les mots, *d'ame*, *d'esprit*, & de *corps*, qu'on trouve dans la I. aux Thessaloniciens, (1) par le definitions qui sont aujourd'huy généralement reçues; je craindrois fort qu'il ne s'éloignât de ce que l'Apôtre a voulu dire en cet endroit; & qu'il n'eût pas une idée fort claire de son sentiment. C'est cependant à quoi doivent tendre tous nos efforts dans la lecture de ses Epitres, ainsi que dans celle de tout autre auteur; jusqu'à ce que leurs expressions aient fait passer les mêmes idées dans nos esprits, qu'ils avoient en écrivant,

(1) Chap. 5. 23.

vant, nous ne devons point nous flatter de les bien entendre.

Dans la nouvelle division que j'ai faite du Texte, je me suis reglé autant que j'ai pû sur la diversité des matieres, mais dans un Ecrivain tel que S. Paul, il n'est pas toujours facile de découvrir bien précisement quand il passe d'un sujet à l'autre : tout rempli de son objet, il écrit avec un feu qui le met au dessus de l'ordre, & qui lui fait négliger ces divisions & ces repos étudiez qui s'observent avec tant d'exactitude par les disciples des Rheteurs. On voit qu'il a meprisé exprès & par gout tout ce qu'on peut emprunter de l'art, il n'est occupé que du sujet qu'il a à traiter, des moiens de l'éclaircir & des fondemens sur lesquels il doit l'appuïer. Cela fait qu'il passe rapidement d'une idée à l'autre, sans en avertir & sans developper les consequences de ses principes. De là vient qu'il est très rare de trouver dans ces Epitres aucune de ces transitions qui marquent le passage d'une matiere à une autre, & par consequent de pouvoir faire l'analyse de ses raisons, à moins que de décomposer, pour ainsi dire, tout son discours.

Je n'ai garde de pretendre que l'on me croïe infaillible à l'égard du sens que je donne à quelque passage dans ma paraphrase ou dans mes nottes; ce seroit vouloir m'eriger en Apôtre, presomption des plus ridicules dans tout homme qui n'a pas des miracles en main pour confirmer ce qu'il dit. J'ai cherché ce sens pour ma propre instruction avec tout le soin dont je suis capable & j'ai embrassé sans prevention celui qui m'a paru le meilleur. C'est ce que j'ai cru de mon devoir & même de mon intérêt dans une affaire qui est pour moi de la derniere consequence. S'il faut que je croïe par moi-même, il s'ensuit incontestablement qu'il faut aussi que j'entende par moi-même: autrement si je suis à l'aveugle l'interpretation que le Pape donne de l'Ecriture, &

que

que je n'examine pas s'il y conserve la doctrine de J. C., ce n'est plus à Jesus Christ que je crois, c'est au Pape, c'est sur son authorité que je me repose, c'est son sentiment que j'embrasse, & pour ce que Jesus Christ peut avoir dit, je ne le sçais ni ne parois me soucier de le savoir. Il en est de même lorsqu'il s'éleve quelque autre homme que ce soit sur le throne de J. C., & qu'il veut se faire écouter comme un interprête infaillible de sa parole. Que cet homme entende l'écriture aussi bien que qui que ce soit, à la bonne heure, je n'en suis pas moins obligé d'examiner moi-même si ce que j'ignore & que je ne saurai peut-être jamais suffit pour me justifier de m'être soumis à un homme, au lieu de ne me soumettre qu'à J. C., qui est de droit & qui seul doit être mon Seigneur & maitre. Le sacrilege n'est pas moins grand de recevoir un autre que lui pour Prophete, que pour Roy & pour grand prêtre.

Les mêmes raisons qui m'ont fait en-

entreprendre ce travail doivent empêcher qu'on ne me soupçonne de vouloir obliger les autres à s'en rapporter aveuglement à mes interpretations. J'ai accompagné le sens qui m'a paru le plus raisonnable & le plus naturel des raisons qui m'ont determiné à le suivre: mon travail sera utile à proportion que ces raisons porteront l'évidence & la conviction dans l'esprit de mes lecteurs; dès qu'elles n'auront plus ce caractere, je leur conseille de ne recevoir ni mon interpretation ni celle de qui que ce soit. Nous sommes tous, il est vrai, sujets à errer; il semble même que l'erreur ait infecté toute la nature humaine; il nous reste cependant encore une voïe de nous en garentir à un certain point. C'est de renoncer à l'esprit d'indifference, de prevention, de parti, de respect outré pour les hommes, de fonder l'esperance de notre salut sur les livres qui l'ont annoncé, de comparer les choses

spi-

spirituelles à des choses spirituelles ; c'est en un mot de chercher notre Religion où nous sommes surs de la trouver, quand nous nous y prendrons comme il faut pour la découvrir.

EXAMEN

DU SENTIMENT

DU P. MALLEBRANCHE,

Qu'on voit toutes choses en Dieu.

PArmi le grand nombre de belles pensées, de raisonnemens judicieux & de reflexions peu communes, dont le sçavant & ingenieux auteur de la *Recherche de la verité* nous a fait part, il avance *qu'on voit toutes choses en Dieu*; comme étant l'opinion la plus propre à expliquer la nature de nos idées, & la maniere dont elles se forment dans l'entendement. Le desir ardent que j'ai toujours eu de sortir de l'ignorance où je suis de bonne foi sur cette matiere, m'a fait croire que je devois

exa-

EXAMEN. 147

examiner si lorsque l'on considere avec attention cette nouvelle hypothese & qu'on en compare toutes les parties, elle pouvoit contribuer à dissiper les doutes, & satisfaire mieux à un lecteur qui ne veut pas se tromper lui-même, prendre des mots pour des choses, & s'imaginer qu'il entend ce qu'il n'entend pas.

Il y a une chose qui m'a frappé dès l'entrée même de l'ouvrage du P. Mallebranche: c'est qu'après avoir exposé toutes les manieres dont il croit qu'on peut expliquer ce que c'est que l'entendement humain; combien elles sont insuffisantes pour rendre quelque bonne raison de nos idées, & les difficultez auxquelles ces explications sont sujettes; il eleve tout à coup son nouveau systême *qu'on voit toutes choses en Dieu* sur la ruine des anciens systêmes; comme si le sien devoit être vrai, parceque les autres ne le sont pas, & qu'il est impossible d'en trouver un meilleur.

Mais

Mais ce n'eſt là qu'un argument *ad ignorantiam*, & qui perd toute ſa force dès que l'on vient à reflechir à quel point l'eſprit humain eſt foible & borné, qu'on eſt aſſez humble pour avouer qu'il y peut avoir bien des choſes que nous ne pouvons jamais eſperer de comprendre entierement, & pour convenir que Dieu n'eſt pas obligé ni d'aſſujettir ſes operations à notre maniere de concevoir, ni de les proportionner à la portée de notre entendement. Ainſi ce n'eſt point aſſez pour me guerir de mon ignorance qu'une nouvelle Hypotheſe vaille mieux que quatre ou cinq autres qu'on propoſe & qui ſont toutes defectueuſes, outre cela il faut qu'elle ſe ſoutienne par elle même, & qu'elle ne ſoit par auſſi inintelligible que celles que l'on rejette.

Mais venons au ſentiment même du P. Mallebranche : il dit (1) que
tou-

---
(1) *Rech. de la vérité* Liv. III. Chap 1.

toutes les choses que l'Ame apperçoit *lui doivent être presentes & intimement unies*, que ces choses sont ses propres sensations, ses imaginations, ses conceptions, lesquelles étant au dedans d'elle, l'empêchent d'avoir besoin d'idées pour se les representer. Quant aux choses qui sont hors de l'ame, nous ne pouvons les appercevoir que par le moïen des idées, supposé même que ces choses là ne puissent pas être intimement unies à l'ame. Le P. Mallebranche ajoute qu'étant possible que les choses spirituelles s'unissent à l'ame, il croit probable qu'elles se decouvrent effectivement à elle immediatement & sans le secours des idées : cependant il doute bientot de ce principe, parce qu'il pense qu'il n'y point de substance purement intelligible que celle de Dieu, & quoiqu'il puisse peut-être se faire que les Esprits s'unissent à nos entendemens, neanmoins nous n'en avons pas de certitude à present. Mais c'est principalement
des

des choses materielles dont il est ici question, elles ne peuvent en quelque façon que ce soit, selon l'auteur, s'unir à notre ame, parcequ'étant etendues & l'ame ne l'étant pas, il ne sçauroit y avoir de rapport entre elles.

Tel est, autant que je puis comprendre, le precis de la doctrine du P. Mallebranche au commencement de la II. Partie du III. Livre de *la Recherche de la vérité.* Il faut avouer qu'il y a là beaucoup d'expressions qui ne donnant point à mon esprit d'idées claires & distinctes, ne sont gueres que des sons & ne peuvent par consequent y porter la moindre lumiere. Qu'est-ce, par exemple, qu'*être intimement uni l'ame ?* Qu'est ce que l'union intime de deux esprits ? Car l'idée d'union intime étant empruntée des corps qui s'unissent, lorsque les parties de l'un penetre la surface de l'autre & en touche les parties intérieures, quelle idée veut-on que je me fasse de l'union de deux

EXAMEN. 151

deux êtres dont aucun n'a ni surface ni etendue! Et si on ne m'explique pas cette union par des idées claires, on ne m'apprend gueres mieux quelle est la nature des idées qui sont dans mon esprit, en me disant que je les vois en Dieu qui étant *intimement uni à mon ame* les lui represente, que si on disoit que ces idées sont produites dans nos esprits en consequence d'un ordre de Dieu, & à l'occasion de certains mouvemens de nos corps aux quels nos ames sont unies. Quelque imparfaite que soit cette derniere explication, elle est aussi bonne que celle qui ne m'instruit pas au moien d'idées claires & distinctes de la maniere dont se forment nos perceptions.

Mais il est certain, dit-on, que les choses materielles ne peuvent pas s'unir à nos ames. Mais nos corps, repondrons nous, ne sont-ils pas unis à nos ames? Oui; replique-t-on, *mais non pas de la façon qu'il seroit nécessaire afin qu'elle les apperçût.*

çût. Qu'on explique donc ce que c'est que cette union entre l'ame & le corps, que l'on montre en quoi consiste la difference entre l'union qui est ou qui n'est pas nécessaire à la perception, & alors on avouera que cette premiere difficulté ne subsiste plus.

Ce qui fait, au sentiment du P. Mallebranche, *que les choses materielles ne peuvent pas s'unir à nos ames*, comme il le faudroit *afin que l'Ame les apperçût*, c'est *que les choses materielles étant etendues, & l'Ame ne l'étant pas, il n'y a point de rapport entr'elles*. Si cette raison là prouve quelque chose, c'est seulement qu'un corps & une ame ne peuvent pas être unis l'un à l'autre, parce que le corps a une surface par où il peut être uni, & que l'Ame n'en a pas; mais on n'en sçauroit inferer qu'une ame unie à un corps comme le nôtre ne puisse avoir l'idée d'un triangle excitée en elle par le moien de ce corps, de même que par son union

union avec Dieu, avec lequel notre ame a aussi peu de rapport qu'il y en ait entre quelque creature que ce soit, materielle ou immaterielle ; il n'importe, elle voit en Dieu l'idée d'un triangle qui existe en Dieu ; car que nous voïons ce triangle en Dieu, ou bien que nous le voïons dans la matiere, il est impossible que nous le concevions sans étendue.

L'Auteur dit plus bas *qu'il n'y a point de substance purement intelligible que celle de Dieu.* Ici je me trouve encore enveloppé d'épaisses ténébres, n'aïant point du tout d'idée de *la substance de Dieu* & ne pouvant concevoir comment sa substance seroit plus intelligible que quelque autre substance que ce pût être Il y a encore une chose dans le fondement de l'hypothese du P. Mallebranche ; voici son raisonnement. Nous ne pouvons *appercevoir* que ce qui est *intimement uni à l'ame*, & la raison qui empêche de certaines choses, telles que sont les choses materielles, de pouvoir *être intimement unies à l'ame*, eſt *qu'il n'y a point de rapport entre l'ame & ces choſes*. Mais ſi cette raiſon étoit bonne, plus le rapport ſeroit grand entre l'ame & quelque autre être, plus l'ame ſeroit capable d'être intimement unie à cet être. Or je demande s'il y a un plus grand rapport entre Dieu qui eſt un être infini & l'ame ; ou entre des eſprits créés, finis & l'ame? Nonobſtant cela, l'Auteur ne fait pas ſcrupule d'avancer qu'il croit *qu'il n'y a point de ſubſtance purement intelligible que celle de Dieu*, & que pour les eſprits créés, *nous ne pouvons pas les connoitre entierement à préſent*. Si l'Auteur eſt en état de ſoutenir ces opinions au moïen de ſes principes de *rapport* & d'*union intime*, il n'y a rien à dire; ces principes ſerviront alors de quelque choſe pour éclaircir ſon hypotheſe; autrement tous ces grands mots d'*union intime* & de *rapport* ne ſont bons qu'à nous amuſer, & jamais ils ne ſçauroient nous inſtruire.

Le P. Mallebranche raſſemble encore

en peu de mots à la fin de ce chapitre les divers systêmes sur l'origine de nos idées, & il les compare avec celui qu'il voudroit bien établir. On verra dans les chapitres suivans si son hypothese est plus intelligible que les autres; mais avant que d'entamer cette discussion, j'observerai que le P. Mallebranche me paroit decider bien hardiment lorsqu'il dit *que nous ne saurions voir les objets que de l'une des manieres qu'il a rapportées*, assertion qui ne peut être fondée que sur cette bonne opinion de nos facultez, que Dieu ne peut diriger les operations des créatures, que d'une maniere qui nous soit concevable. Il est bien vrai que nous ne pouvons raisonner sur les objets qu'autant que nous les concevons, & que quand nous ne les concevons pas, le mieux est de laisser là les raisonnemens & d'avouer de bonne foi la foiblesse de l'entendement humain; mais de dire qu'il n'y a point d'autre maniére de concevoir ces objets, parceque nous n'en connoissons point d'autre, ce sont des

mots,

mots, qui me laissent dans mon ignorance. Qui sçait même si au cas que je vinsse à avancer qu'il est possible que Dieu ait fait nos ames & qu'il les ait unies à nos corps, de sorte qu'à l'occasion de certains mouvemens que les objets extérieurs excitent dans nos corps, l'ame reçoive certaines idées, ou certaines perceptions, quoique toujours d'une maniere qui nous est inconcevable, qui sçait si cette proposition ne paroitroit pas aussi vraie & aussi instructive que tout ce qu'on nous debite avec un si grand air de confiance?

Quoique la doctrine peripateticienne des *especes* ne me satisfasse point du tout, je crois néantmoins que les difficultez que forme le P. Mallebranche contre cette doctrine, ne sont pas plus difficiles à resoudre que celles dont sa propre hypothese est embarrassée. Mais comme je n'entreprends point de deffendre ce que je n'entends pas, & que je n'ai garde de préférer le docte jargon des Ecoles à ce qui me paroit jusqu'ici inintelligible dans le P. Mallebranche, je ne toucherai qu'à celles de ses objections qui semblent interesser quelque verité. Quoique je ne pense pas qu'aucune espece materielle porte avec soi la ressemblance des choses par un écoulement continuel des corps, & qu'elles en excitent par là la perception dans nos sens, je crois pourtant qu'on pourroit rendre raison à un certain point de la perception que nous avons des corps qui sont à quelque distance des notres, par le mouvement des petites parties materielles qui sortant continuellement de ces corps viennent ensuitte frapper les notres : dans le goût & dans le tact il y a un attouchement immediat. Le son s'explique fort bien par un mouvement ondoiant, qui se communique au *medium :* & les écoulemens des corps odorans rendent assez bien raison des odeurs. Aussi le P. Mallebranche ne fait-il ses objections que contre les *especes visibles* qu'il trouve les plus difficiles à expliquer, comme elles le font effectivement. Cependant dés que l'on tombe d'accord de la petitesse extrême des particules de la lumiere & de la vitesse extraordinaire de leur mouvement; que l'on considere combien les corps font poreux, ce que la comparaison de l'or, qui a aussi ses pores, avec l'air qui est le *medium* par le quel les raions de lumiere passent jusqu'à nos yeux, rend palpable; & enfin qu'on fait attention que d'un million de raions qui reflechissent de la superficie visible de queique corps, la millieme ou peut-etre la dixmillieme partie qui atteint l'œil, suffit pour mouvoir la retine au point d'exciter des idées dans notre ame, dès qu'on reflechit sur tout cela, les objections que l'on tire de l'impenetrabilité de la matiere & de ce que les raïons se froisseroient & se briseroient au travers du *medium* qui en est rempli ne sont plus si insurmontables que les l'avoient paru au premier coup d'œuil. Quant

à

à ce qu'ajoute le P. Mallebranche, que nous pouvons voir un très grand nombre d'objets d'un seul & même point, cela ne prouve nullement que les raions de lumiere ne puissent porter dans l'œuil les espéces ou apparences visibles des corps, car il s'en faut bien que la retine, ou le fonds de l'œuil, qui à l'egard de ces raions est le lieu de la vision, ne soit un seul point. Aussi n'est-il pas vrai, quoique l'œuil soit dans un seul endroit, que la vision se fasse dans un point, c'est-à-dire, que les rayons qui portent ces *Especes* visibles se rencontrent dans un point; car ils causent des sensations distinctes en frappant des parties distinctes de la retine, comme il est clair dans l'Optique; & la figure qu'ils y peignent doit être d'une grandeur considerable puisqu'elle occupe une aire dont le Diametre est du moins de trente secondes d'un Cercle qui a sa circonference dans la retine & son centre quelque part dans la Chrystalline. Un peu d'exd'experience en Optique suffit pour en convaincre quiconque considere qu'il y a peu d'yeux qui puissent voir un objet qui soit plus petit que trentes minutes d'un cercle dont l'œil est le centre. Tout homme qui reflêchit fur cette experience si extraordinaire en apparence, que de trois morceaux de papier qui sont attachez à une muraille à un demi pied ou à un pied l'un de l'autre, on ne voit que les deux exterieurs sans voir celui du milieu tant que l'œil demeure dans la même situation; avouera sans peine que la vision ne se fait pas dans un point, puisqu'il est clair que lorsqu'on regarde avec un œil, il y a toujours quelque partie entre les deux extremitez de l'aire que nous voyons, laquelle on ne voit pas dans le même instant qu'on en voit les extremitez, quoiqu'en regardant avec deux yeux nous ne nous en apperçevions pas, ou qu'en regardant avec un seulement, la vitesse du mouvement de la prunelle de l'œil lorsque nous la tournons vers

vers l'objet que nous voudrions voir plus diſtinctement, nous empêche d'y prendre garde.

Je crois en avoir dit aſſez pour faire comprendre comment les Eſpeces viſibles peuvent être portées dans l'œil par le moyen de rayons materiels, nonobſtant toutes les objections du P. Mallebranche contre les cauſes materielles, autant qu'elles regardent mon hypotheſe. Cependant lorſqu'une image ſe forme ainſi ſur la retine, la maniere dont elle ſe fait ne m'eſt pas moins inconcevable que quand on me dit que je la vois en Dieu. J'avoue franchement que je n'en comprens pas la maniere dans l'une ni dans l'autre hypotheſe ; il me paroit ſeulement plus difficile de concevoir une image diſtincte & viſible dans l'eſſence uniforme & immuable de Dieu, que dans la matiere qui eſt ſuſceptible de tant de modifications. Mais enfin de quelque maniere que je puiſſe voir, l'une & l'autre eſt au deſſus de ma portée.

Je crois comprendre les impreſſions que les rayons de lumiere font ſur la retine; on peut auſſi concevoir les mouvemens que ces impreſſions doivent faire ſur notre cerveau; & je ſuis perſuadé que ces mouvemens excitent des idées dans notre ame; mais comment tout cela ſe fait, c'eſt ce que je ne ſaurois comprendre: je ne ſaurois le rapporter qu'au bon plaiſir du tout puiſſant *dont les voyes ſont impenetrables*; & la choſe me paroit tout-à-fait auſſi intelligible quand on me dit, que ce ſont des idées que le mouvement des eſprits animaux produit en moi en conſequence d'une Loi établie de Dieu, que lorſqu'on me dit que je vois ces idées en Dieu. Qu'il y ait des idées dans mon ame, c'eſt de quoi je ne ſaurois douter, & de quelque maniere qu'elles y viennent, Dieu en eſt ſans contredit l'origine & la cauſe; mais encore un coup, la maniere dont je les ai, ou dont je les apperçois ſurpaſſe mon intelligence: quoiqu'il ſoit clair que

que le mouvement a part à leur production, & que le mouvement ainsi modifié a été ordonné pour en être la cause, ainsi qu'il paroit par la structure curieuse & admirable de l'œil qui est accommodée à toutes les regles de la Refraction & de la Dioptrique, afin que les objets visibles fussent peints exactement & regulierement dans le fond de l'œil.

Le changement que la distance & les verres optiques font à l'égard de la grandeur des objets visibles, est un autre argument dont le P. Mallebranche se sert contre les Especes. Il peut être bon contre des Especes telles que les Péripateticiens les expliquent, mais d'ailleurs si l'on l'examine de près, il se trouvera qu'on voit les figures & les grandeurs de choses dans le fonds de notre œil plutôt qu'en Dieu, puisque l'idée que nous avons des objets & de leurs grandeurs est toujours proportionnée à la grandeur de l'aire du fonds de l'œil qui est affecté par les rayons qui y peignent l'image; & on peut dire que nous sentons cette peinture dans la retine, de même que nous sentons la douleur dans le doigt lorsqu'il est piqué.

Lorsque nous regardons un Cube, dit plus bas l'Auteur, *nous en voyons tous les cotez égaux*. C'est en quoi je crois qu'il se trompe; & j'ai fait voir dans un autre endroit que l'idée que nous avons en voyant un solide regulier n'est pas la vraie idée de ce solide, mais une idée qui par la coutume (ainsi que par son nom) sert à exciter notre entendement à la former telle.

Quant à ce qu'il dit, qu'au moment qu'un objet est découvert, nous le pouvons voir à plusieurs millions de lieuës, je crois qu'on pourroit démontrer qu'il se trompe quant au fait; car on a trouvé par quelques observations faites sur les satellites de *Jupiter*, que la lumiere se repand successivement, & qu'il lui faut environ dix minutes pour venir du Soleil jusqu'à nous.

Par

EXAMEN.

Par tout ce que je viens de dire je crois qu'on pourra concevoir comment des causes materielles venant d'objets éloignez peuvent atteindre nos sens & y produire plusieurs mouvemens capables de produire nos idées, malgré tout ce que le P. Malebranche a dit dans son 2. Chapitre contre les Epéces materielles. J'avoue que ses Argumens sont bons contre ces Espéces de la maniere que les Péripateticiens les entendent; mais quoiqu'on ait dit que mes principes étoient conformes à la Philosophie d'Aristote, j'ai tâché d'ôter les difficultez dont on a chargé cette Philosophie, autant que mon opinion s'y trouvoit intéressée.

Le P. Mallebranche employe son troisieme Chapitre à refuter l'opinion de ceux *qui croyent que nos ames ont la puissance de produire les idées des choses auxquelles elles veulent penser, & qu'elles sont excitées à les produire par les impressions que les objets font sur le corps.* Un hom-

homme qui croit que les idées ne sont que des perceptions de l'ame qui sont annexées à certains mouvemens du corps par la volonté de Dieu, qui a ordonné que de tels mouvemens fussent toujours suivis de telles perceptions, quoique nous ignorions la maniere dont elles se produisent, un tel homme, dis-je, conçoit en effet que ces idées ou ces perceptions lorsqu'elles sont excitées, bongré malgré que nous en ayons, par les objets extérieurs, ne sont que des passions de l'ame; mais il croit d'ailleurs qu'il y entre de l'action aussi bien que de la passion lorsque l'ame refléchit sur ces idées, ou les rapelle dans sa mémoire. Nous aurons peut-être une autre occasion de considérer si l'ame a cette puissance dont on parle, ou non ; cependant c'est une puissance que l'Auteur ne lui refuse pas, puisque dans ce même Chapitre il dit *que quand nous concevons un quarré par pure intellection, nous pouvons encore l'imaginer, c'est-à-dire, l'ap-*
per-

percevoir en nous en traçant un image dans le cerveau. Ici donc il donne à l'ame la puissance de tracer des images dans le cerveau & de les appercevoir. Or c'est là pour moi un nouvelle source d'embarras dans son hypothese. Car si l'ame est unie au cerveau d'une maniere qu'elle puisse y tracer des images & les appercevoir, comment accordera-t-on cela avec ce qu'il avoit dit dans le premier Chapitre, *que les choses materielles ne peuvent certainement s'unir à notre ame de la maniere qui est nécessaire afin qu'elle les apperçoive.*

Quant à ce que les objets excitent des idées en nous par le moyen du mouvement, & que nous rapellons dans notre mémoire les idées que nous avons une fois eües; tout ce qu'on en a dit n'explique pas assez clairement la maniere dont cela se fait. Pour moi c'est en quoi j'avoue ingenuement mon ignorance, & je serois ravi de trouver dans mon

Au-

Auteur quelque chose qui m'éclairât; mais il y dans ses explications diverses difficultez qui m'arrêtent.

L'Esprit, dit-il, ne peut pas produire des idées, parcequ'elles sont des *être réels & spirituels*; c'est-à-dire, des substances; car c'est ainsi que porte la conclusion de ce paragraphe, où il semble qualifier d'absurde la pensée *qu'elles sont anéanties dès qu'elles ne sont plus présentes à l'esprit*. Et tout la suite de son argument nous porteroit à l'entendre ainsi, quoiqu'il ne me souvienne pas qu'il les ait appellées quelque part directement & en termes exprès, des *substances*.

J'observerai seulement ici combien il me paroit inconcevable qu'une substance spirituelle c'est-à-dire non étendue, puisse représenter à l'esprit une figure étendue, un Triangle, par exemple, de cotez inegaux, ou deux triangles de differentes grandeurs. D'ailleurs supposé même que je conçusse comment une substance non étendue
re-

EXAMEN. 169

representeroit une figure où seroit l'idée de cette figure, j'aurois toujours la même difficulté de concevoir comment mon ame la voit. Que cet être substantiel existe aussi certainement, & que la peinture en soit aussi distincte que l'on voudra, je le dis encore, la maniere dont je la vois ne m'en est pas moins incompréhensible. Quand même cette union intime dont il parle seroit aussi intelligible à l'égard de deux substances non étendues qu'elle l'est à l'égard de deux corps, elle ne s'étendroit pas à la perception, qui est quelque chose au dessus de l'union. Cependant l'Auteur *tombe d'accord* un peu plus bas qu'une idée *n'est pas une substance*; il affirme pourtant qu'*elle est une chose spirituelle*. Il faut donc que cette *chose spirituelle* soit ou une *substance spirituelle*, ou le mode d'une substance spirituelle, ou une relation, car au de là de ces trois je n'ai point d'idée de quoique ce soit. Si on me vient dire que c'est un Mode, il faut

que

que ce soit un Mode de la substance de Dieu; & outre qu'il me paroit fort étrange qu'on admette des Modes dans la simple essence de Dieu, quiconque me propose de tels Modes pour expliquer la nature de nos idées, me propose quelque chose de très inconcevable, comme le moyen de concevoir ce que je n'entens pas, & ainsi, à l'exception d'une nouvelle phrase, il ne m'apprend rien de nouveau; au contraire il me laisse dans les ténèbres autant qu'y peut-être un homme qui ne conçoit rien. En sorte que supposé tant qu'il vous plaira que les idées soient des choses réelles & spirituelles, si elles ne sont ni substances, ni Modes, quoi qu'elles puissent être, je n'en suis pas plus instruit de leur nature, que quand on me dit qu'elles sont des Perceptions, telles que je les trouve. Et j'en apelle à mon lecteur si cette hypothese lui paroitra digne d'être preferée pour sa clarté, puisqu'on l'explique par des êtres réels qui ne sont ni substances ni Modes. Dans

EXAMEN. 171

Dans le quatrieme Chapitre l'Auteur prouve, que nous ne voyons pas les objets par des idées qui soient créés avec nous; parceque les idées que nous avons d'une seule figure fort simple, par exemple d'un triangle, ne sont pas infinies, quoiqu'il y puisse avoir une infinité de triangles. Je ne m'arreterai pas à examiner ce que cela prouve; mais je ne saurois lui passer la raison qu'il en apporte, puisqu'elle est fondée dans son hypothese, la voici: c'est *que ce n'est pas faute d'idées ou que l'infini ne nous soit present, mais c'est seulement faute de capacité & d'étendue d'Esprit,* car, comme il le dit plus bas, *l'etendue de l'esprit est très limitée.* Avoir une étendue limitée, c'est avoir quelque étenduë, & cela ne quadre pas trop bien avec ce que le P. Mallebranche avoit avancé auparavant, *que l'ame n'est pas étendue.* Sur ce qu'il dit ici & en quelques autres endroits, on penseroit presque qu'il a cru que l'ame n'étant

qu'un

qu'une petite étendue, elle ne pourvoit pas recevoir à la fois toutes les idées que l'on peut imaginer dans un espace infini, parcequ'il n'y auroit qu'une petite partie de cet espace qui pourroit être appliquée à l'ame. Tirer une pareille induction de l'union intime de l'ame avec un être infini, & conclure que c'est au moyen de cette union qu'elle a ses idées, est une opinion qui nous conduit naturellement à des pensées bien grossieres & peu differentes de celles qu'auroit une paisanne d'une Barate * infinie, ou seroient gravées des figures de toute espece & de toute grandeur, & dont les differentes parties étant appliquées selon l'occasion au morceau de beurre, que l'on y a, y laisseroient la figure ou l'idée dont on auroit besoin pour l'heure. Je ne sai si quelqu'un s'aviseroit d'une telle explication de la nature de nos idées; pour moi j'avouë que je suis un peu embar-

* Baril couvert où l'on fait le beurre.

barrassé à concilier ce qu'on dit ici avec ce qu'on avoit dit plus haut de *l'union* dans un meilleur sens.

Mais, continue le P. Mallebranche, quand même nous aurions un magazin de toutes les idées qui sont nécessaires pour voir les objets, cela ne nous serviroit de rien ; car l'esprit ne pourroit pas se determiner sur le choix lorsqu'il faudroit se representer même un seul objet comme le soleil. On ne conçoit pas bien ce que l'Auteur entend ici par le soleil ; car puisque dans son hypothese, *on voit toutes choses en Dieu*, d'où sait-il qu'il existe dans le monde un être réel tel que le Soleil ? L'a-t-il jamais vu ? Point du tout ; mais de ce que le Soleil a été présent à ses yeux, il en a vû en Dieu l'idée que Dieu lui en a donnée ; pour le Soleil même, cela lui est impossible, parce que le Soleil ne peut pas être uni à son ame. D'où sait-il donc qu'il y a un Soleil, lequel il n'a jamais vu ? Et si Dieu agit toujours par
les

les voïes les plus simples, quel besoin y avoit-il qu'il fît un Soleil afin que nous en vissions l'idée en lui lorsqu'il lui plairoit de nous la representer, cela auroit pû se faire également, quoique jamais le Soleil n'eût existé?

L'Auteur dit encore, que Dieu ne produit pas actuellement en nous à tous momens autant de nouvelles idées que nous appercevons de choses differentes. Je n'examinerai pas à présent si cela est prouvé, il vaut mieux passer à ce qu'il ajoute qu'*il est nécessaire qu'en tous tems nous aïons actuellement dans nous-mêmes les idées de toutes choses.* Par conséquent, nous avons en tous tems les idées de tous les Triangles, ce que l'Auteur venoit de nier. Mais *nous les avons confusément.* Si nous voïons ces idées en Dieu, à moins qu'elles n'y soient confusément, je ne comprens pas que nous puissions les y voir en Dieu de cette maniere.

Dans le cinquieme Chapitre le P. Mallebranche prétend que *toutes choses*

ses sont en Dieu, même les plus materielles & les plus terrestres, mais d'une maniere toute spirituelle & que nous ne pouvons pas comprendre. Ici donc, de son propre aveu, nous ignorons également le sens de ces belles paroles *les choses materielles sont en Dieu d'une maniere toute spirituelle*; nous n'y entendons rien ni lui ni moi; *maniere spirituelle* ne sauroit même signifier que ceci, que *les choses materielles sont en Dieu immatériellement.* Ce sont là des manieres de parler que notre vanité a trouvées pour pallier notre ignorance, mais qui ne l'éclairent pas; *les choses materielles sont en Dieu* parce que *les idées en sont en Dieu, & ces idées que Dieu en a euës avant même que le monde fût créé, ne sont pas differentes de Dieu même.* Ces paroles si je ne me trompe, signifient ou peu s'en faut, non seulement qu'il y a de la varieté en Dieu, puisque nous voïons de la va-

rie-

PAGINATION DECALEE

rieté en ce qui *n'est pas different de Dieu;* mais aussi que les choses materielles sont Dieu, ou bien même qu'elles sont une partie de Dieu. Je suis bien éloigné de croire que ce soit là la pensée de l'Auteur, je crains pourtant & que lui & que tout autre qui entreprendra de pénétrer plus avant dans l'entendement de Dieu qu'il n'est capable de pénétrer dans le sien propre, ou qui voudra expliquer l'entendement humain par celui de Dieu, ne soit reduit à se servir d'expressions qui semblent autoriser à lui imputer des sentimens odieux.

Dans son sixieme Chapitre l'Auteur vient à une explication plus particuliere de son sentiment, & il commence par dire que les idées de tous les êtres sont en Dieu. A la bonne heure; Dieu a l'idée d'un Triangle, d'un cheval, d'une riviere de la même maniere que nous l'avons; car c'est là le seul sens qus l'on puisse donner à ces paroles de l'Auteur, *puisque nous voions les idées comme el-*

elles *sont en Dieu, & qu'ainsi les idées qui sont en Dieu sont les mêmes que nous avons.* Jusques là donc on nous donne à entendre que Dieu a les mêmes idées que nous; & cela nous apprend qu'il y a des idées, article dont on étoit déja convenu, & que personne ne nie; mais on ne nous dit pas ce que c'est que ces idées, ni quelle est leur nature.

Après avoir dit que les idées sont en Dieu, le P. Mallebranche ajoute que *nos ames peuvent les voir en Dieu.* Et pour preuve de cela il se sert de cette raison, *que Dieu est très étroitement uni à nos ames par sa présence, de sorte qu'on peut dire qu'il est le lieu des Esprits de même que les Espaces sont le lieu des corps.* J'avoue ingenument qu'il n'y a pas là un mot que j'entende. Car en quel sens peut-il dire que *les Espaces sont le lieu des corps*, lui qui croit que le corps & l'Espace ou l'étenduë ne sont qu'une seule & même chose; & lorsqu'il me parle ainsi,

I me

me développe-t-il mieux sa pensée que s'il me disoit *que des corps sont le lieu des corps*. La comparaison qu'il fait en parlant de Dieu & des Esprits, n'est gueres plus intelligible, car ces paroles *Dieu est le lieu des Esprits* sont ou purement métaphoriques & par conséquent n'ont aucun sens literal; ou s'ils en ont un, ils signifient que les Esprits se promenent de côté & d'autre & qu'ils ont leurs distances & leurs intervalles en Dieu de même que les corps dans l'Espace. Que l'Auteur nous fasse savoir dans lequel de ces deux sens on doit entendre ses paroles, & peut-être que l'on sera alors plus à portée de sentir de quel usage elles peuvent être pour nous expliquer la nature de nos idées. Mais que l'Auteur me permette en attendant sa reponse de lui demander si Dieu qui n'est pas moins present par tout où les corps se trouvent, n'est pas uni aussi étroitement aux corps qu'aux esprits? Neanmoins les corps ne voyent pas ces idées en Dieu.

Dieu. C'est pourquoi l'Auteur ajoute, *que l'Esprit peut voir en Dieu les ouvrages de Dieu, supposé que Dieu veuille lui decouvrir ce qu'il y a en lui qui les represente.* [C'est-à-dire les idées qui sont en lui]. L'union n'est donc pas la cause de cette vision, puisque même quoique l'ame soit unie à Dieu, elle ne peut pas voir les idées qui sont en Dieu jusqu'à ce que Dieu vueille bien les lui *decouvrir* Nous voila précisement revenus d'où nous sommes partis, sans en être plus avancez. J'ai des idées, je le sai; mais je voudrois savoir ce qu'elles sont; l'on me répond seulement que je *les vois en Dieu*; on m'apprend que c'est par mon *union intime* avec Dieu qui est présent par tout. Que si j'insiste, que les corps aussi sont intimement unis à Dieu, parcequ'il est présent par tout; & que d'ailleurs si cette *union intime* suffisoit, je verrois toutes les idées qui sont en Dieu; non pas, me replique-t-on, on ne verroit que celles que Dieu voudroit bien

nous

nous *découvrir*. Dites donc enfin en quoi confifte cette *découverte*, & ce qu'il fait de plus que de les reprefenter lorfqu'il les découvre, c'eft le feul moien d'expliquer la maniere dont nous les avons. Autrement, tout ce qui a été dit ne fe reduit qu'à ceci, c'eft que j'ai telles idées qu'il plait à Dieu de me donner, mais d'une maniere que je ne comprens pas; or voila precifément ce que j'en penfois déja moi-même, & ce n'étoit pas la peine de me mener par des routes fi pénibles & fi longues pour ne me pas faire avancer d'un pas.

Dans le Paragraphe fuivant le P. Mallebranche apelle les idées des *Etres*, des *Etres reprefentatifs*. Mais il ne nous dit pas fi ces *Etres* font des Subftances, des Modes, ou des Relations; ainfi quand on dit que ce font des êtres fpirituels, on nous aprend feulement qu'elles font quelque chofe de je ne fai quoi, & je le favois déjà.

Pour expliquer plus amplement cet-

EXAMEN

cette matiere l'Auteur ajoute ce qui suit. *Mais il faut bien remarquer qu'on ne peut pas conclure que les Esprits voyent l'Essence de Dieu, de ce qu'ils voyent toutes choses en Dieu. ----- Ce qu'ils voyent en Dieu est très imparfait, & Dieu est très parfait. Ils voyent de la matiere divisible, figurée, &c. & en Dieu il n'y a rien qui soit divisible ou figuré. Car Dieu est tout être, parce qu'il est infini & qu'il comprend tout; mais il n'est aucun être en particulier. Cependant ce que nous voyons n'est qu'un ou plusieurs êtres en particulier; & nous ne comprenons point cette simplicité parfaite de Dieu qui renferme tous les Etres. Outre qu'on peut dire, qu'on ne voit pas tant les idées des choses, que les choses mêmes que les idées representent. Car lorsqu'on voit un quarré, on ne dit pas qu'on voit l'idée de ce quarré, qui est unie à l'esprit, mais seulement le quarré qui est au dehors.* Je ne pretens pas être plus penetrant que les autres; mais si je n'ai pas l'esprit plus pesant qu'à l'ordinaire, ce Paragraphe montre que le P. Malebranche demeure court en sa matiere, & qu'il ne comprend pas trop bien lui-même ni ce que c'est que nous voyons en Dieu, ni comment nous le voyons. Dans son 4. Chapitre il dit en termes exprès, *qu'il est nécessaire qu'en tous tems nous ayons actuellement dans nous mêmes les idées de toutes choses*. Et dans ce même 6. Chapitre un peu plus bas, il dit, que *tous les êtres sont presens à notre esprit*; & que nous avons les idées générales antecedemment aux particulieres. Et Chap. 8. que *nous avons toujours l'idée générale de l'etre*. Et néanmoins il nous dit ici, que *ce que nous voyons n'est qu'un ou plusieurs êtres en particulier*. Et après toute la peine qu'il s'étoit donnée pour prouver qu'il n'est pas possible que nous voyons les choses mêmes, mais seulement leurs idées, il nous assure ici de tout le contraire, *re, qu'on ne voit pas tant les idées des choses, que les idées qui les representent.* Comment sortir de l'embarras ou l'on sent que le P. Mallebranche s'est jetté ? J'espere qu'il m'excusera si je ne voi pas plus clairement dans son hypothese qu'il y voit lui même.

Il nous dit encore dans ce même 6. Chapit. *que nous voyons tous les êtres, parce que Dieu veut que ce qui est lui qui les represente nous soit decouvert.* Ces mots nous aprennent bien qu'il y a des idées des choses en Dieu, & que nous voyons ces idées lorsqu'il plait à Dieu de nous les decouvrir. Mais l'Auteur nous instruit-il plus par là de la nature de nos idées ou de la maniere dont elles nous sont découvertes, que celui qui, sans pretendre savoir ce qu'elles sont ou comment elles se produisent, nous dit tout court, que les idées s'excitent dans nos Esprits lorsqu'il plait à Dieu de les y produire par des mouvemens qu'il a ordonnez pour
les

les exciter? Un autre argument dont il se sert pour prouver que *nous voyons toutes choses en Dieu* se trouve dans ces paroles: *Mais la plus forte de toutes les raisons, c'est la maniere dont l'esprit apperçoit toutes choses. Il est constant, & tout le monde le sait par experience, que lorsque nous voulons penser à quelque chose en particulier, nous jettons d'abord la vue sur tous les êtres, & nous nous appliquons ensuite à la consideration de l'objet auquel nous souhaitons de penser.* Cet argument n'a d'autre effet sur moi que de me faire douter davantage de la verité de cette Doctrine. Premierement, parce que cette raison qu'il appelle *la plus forte de toutes* est fondée sur une chose de fait que je trouve dementie par ma propre experience. Je n'observe pas que lorsque je veux penser à un Triangle, je pense premierement à tous les êtres; soit que l'on prenne ces mots *tous les êtres* dans leur sens propre, ou qu'on les prenne dans le

sens

sens très étendu d'*Etre* en general. Je ne crois pas que mes voisins de campagne le fassent non plus que moi, n'y qu'ils trouvent grande difficulté à penser à leur cheval estropié ou à leur bled qui est broui, s'ils n'ont parcouru tous les êtres qui existent avant que de *s'appliquer à la consideration de leur cheval*; ni qu'ils commencent à penser à l'*Etre* en general, c'est-à-dire, à l'être abstrait de toutes ses especes inferieures, avant que de se rappeller le souvenir de la mouche qui attaque leurs moutons ou de l'yvroie qui est dans leur bled. Au contraire je suis porté à croire que la plupart du genre humain ne pense que rarement ou bien ne pense jamais à l'être en general, c'est-à-dire, à l'être abstrait de toutes ses especes inferieures, & de ses individus. Je veux bien pourtant supposer pour un moment, qu'un Charretier & un lacquais qui rêvent, l'un à un remede pour son cheval qui est écorché, & l'autre à une excuse pour la faute qu'il a commise, se jettent premierement sur tous les êtres avant que de rencontrer ce qu'ils cherchent; que fait cela à la conclusion que l'Auteur en tire, *desorte que pouvant desirer de voir tous les êtres; il est certain que tous les êtres sont presens à notre esprit.* Cette presence de tous les êtres à notre esprit signifie que nous les voyons, ou elle ne signifie rien du tout; donc, nous voyons toujours actuellement tous les êtres. Je prends tous ceux qu'on voudra pour juges de la verité de cette proposition.

L'Auteur poursuit son Argument de cette maniere: *Or il est indubitable que nous ne saurions désirer de voir un objet particulier, que nous ne le voyons déja, quoique confusément & en general: de sorte que pouvant desirer de voir tous les êtres tantôt l'un & tantôt l'autre, il est certain que tous les êtres sont presens à nôtre esprit; & il semble que tous les êtres ne puissent être presens à nôtre esprit, que parceque Dieu lui est present, c'est-à-dire,*

ce-

celui qui renferme toutes choses dans la simplicité de son être. Je ne sçai si l'on blamera mon ignorance & mon manque de pénétration, mais j'avoue ingenuement que je ne saurois concevoir la liaison de ces argumens, & il me semble qu'un Auteur qui se seroit donné la torture pour s'exprimer obscurement, n'auroit pas pu réussir mieux que le P. Mallebranche a fait ici. *Nous pouvons desirer de voir tous les êtres tantôt l'un & tantôt l'autre, donc, nous voyons actuellement tous les êtres; parceque nous ne saurions desirer de voir un objet particulier, que nous ne le voyons déja confusement & en general.* Tout son discours a roulé jusqu'ici sur les idées: il nous a dit qu'elles sont des choses réelles, & que nous les voyons en Dieu; il falloit donc s'il vouloit que ces paroles prouvassent quelque chose pour lui, que son argument eût la forme qu'on va voir; *Nous pouvons desirer d'avoir toutes les idées, tantôt l'une & tantôt l'au-*

tre; par conséquent nous avons actuellement les idées; parce que nous ne saurions desirer d'avoir quelque idée particuliere, que nous ne l'ayons déja *confusément & en général*. Mais je ne conçois pas que par cette idée *particuliere, confuse, & générale* l'Auteur puisse entendre autre chose si non la capacité qui est en nous d'avoir des idées; & alors tout son argument reviendra à ceci, nous avons toutes les idées parce que nous sommes capables de les avoir toutes, ce qui ne conclut en quelque façon que ce soit que nous ayons déja actuellement les idées par le moyen de notre union à Dieu *qui les renferme toutes dans la simplicité de son être.* Je ne voi pas qu'il y ait ou qu'il puisse même y avoir d'autre sens dans les paroles précedentes que celui que je lui ait donné ; car ce que nous desirons de voir n'étant rien que ce que nous voyons déja (ou si c'étoit quelque autre chose, l'argument de l'Auteur perdroit toute sa force & ne prouveroit rien.)

&

& ce que nous défirons de voir étant, ainfi qu'on vient de nous dire, quelque chofe de particulier, *tantôt une chofe, tantôt une autre*, il faut que ce que nous voyons actuellement foit auffi quelque chofe de particulier. Or comment peut on voir en général une chofe qui eft particuliere! cela me paffe ; comment concevoir qu'un aveugle puiffe avoir l'idée particuliere de l'écarlate confufément & en général, puifqu'il n'a point cette idée du tout; néanmoins je ne doute non plus qu'il puiffe defirer d'avoir cette idée que je doute que je puiffe moi-même défirer avoir les idées des chofes que Dieu a preparées pour ceux qui l'aiment, quoiqu'elles foyent telles *que l'œil ne les a point vuës, ni l'oreille ouies, & qu'elles ne font point montées au cœur de l'homme*, chofes en un mot, dont je n'ai point encore d'idée. Celui qui defire de favoir quels animaux il y a dans *Jupiter*, ou quelles font les chofes que Dieu a preparées pour ceux qui l'aiment, fuppofe à la verité en foi-même qu'il y a quelque chose daus cette Planete, ou dans le séjour des bienheureux : mais si c'est là avoir des idées particulieres des choses qui sont dans ces lieux là, ou si cela suffit afin que nous voyons déja actuellement ces choses, il n'y a plus rien au monde que l'on puisse ignorer. Celui qui a vu une chose les a toutes vûës; aiant acquis l'idée générale de l'être: mais cela ne me persuade pas que nous voyons toutes choses *dans la simplicité de l'être de Dieu, qui les renferme toutes.* Car si toutes les idées que j'ai, sont des êtres réels en Dieu, ainsi que l'Auteur l'à dit, il est clair qu'elles doivent être autant d'êtres réels & distincts en Dieu ; & si nous les voyons en Dieu, il faut que nous les voyons telles qu'elles sont en Dieu, c'est-à-dire comme des êtres distincts & particuliers; par conséquent nous ne les verrons pas confusément & en général. D'ailleurs je ne comprens pas trop bien ce que c'est que voir confusément une idée quelle qu'elle soit. Ce que

que je vois, je le vois; & l'idée que je vois est distincte de toute autre idée qui n'est pas la même que cette premiere, outre cela, je les vois comme elles sont en Dieu, & telles qu'il me les découvre. Or je demande, ces idées sont elles en Dieu confusément? Ou Dieu me les decouvre-t-il confusément.

En second lieu, de ce que *nous voyons toutes choses, parce que nous pouvons desirer de voir toutes choses*, l'Auteur conclud, *qu'elles sont presentes à notre esprit;* & si elles sont presentes, *il lui semble qu'elles ne peuvent être presentes à l'esprit que parce que Dieu qui renferme toutes choses dans la simplicité de son être lui est present.* Tout cela me paroit se reduire à ceci; que nous voyons toutes choses, parceque toutes choses sont presentes à notre Esprit, & que Dieu, en qui elles sont, y est lui même present. Or ce raisonnement, quoiqu'il soit la baze sur quoi toute l'hypothese est bâtie, fait

nainaître d'abord une objection bien naturelle, c'est que si cela étoit, nous verrions toujours actuellement toutes choses; parce qu'en Dieu, qui est actuellement present à l'esprit, elles seroient aussi actuellement presentes à l'esprit. Pour ôter cette difficulté, l'Auteur dit, que nous voyons seulement les idées que Dieu veut bien *nous decouvrir*. C'est là une reponse à l'objection, il est vrai, mais cette reponse renverse entierement l'hypothese, & la rend aussi inutile & aussi inintelligible qu'aucune de celles qu'on venoit de rejetter à cause de leur insuffisance & de leur obscurité. L'Auteur prend à tâche de nous expliquer comment nous appercevons quelque chose, & nous dit, que c'est parce que nous en avons déja les idées presentes à notre esprit; car l'ame ne peut rien appercevoir qui soit éloigné d'elle: & ces idées, continue-t-il, ne sont presentes à notre esprit, que parce que Dieu, en qui elles sont, est present à notre esprit. Jusques-là il n'y rien à dire à son argument, il se soutient.

Mais

Mais ajouter, que cette presence ne suffit pas pour rendre ces idées visibles, qu'il faut que Dieu fasse encore quelque chose pour les decouvrir, c'est gâter tout, c'est me laisser dans des ténébres aussi épaisses que celles où j'étois d'abord. Enfin tout ce qui a été dit de la presence des idées à mon esprit ne me fait ni ne me fera jamais rien entendre à la maniere dont je les apperçois, jusqu'à ce qu'on m'ait expliqué ce que Dieu fait de plus que les representer à mon esprit lorsqu'il me les decouvre.

Je ne croi pas que quelqu'un nie, pour moi je ne crains par de l'affirmer, que les idées que nous avons, existent dans nos esprits par la volonté & par la puissance de Dieu, quoique d'une maniere que nous ne comprenons pas, ni ne saurions comprendre. *Dieu*, dit notre Auteur, *est étroitement uni à l'ame, & les idées des choses pas conséquent le font aussi.* Mais cette presence pourtant

tant ni cette union ne fuffifent pas pour faire en forte que l'ame les voye; il faut encore que Dieu les découvre, qu'il les reprefente. Que fait donc Dieu en les decouvrant ou en les reprefentant? De quelle maniere les reprefente-t-il? A cette difficulté on nous donne pour toute reponfe, que nous les voyons lorfqu'il plait à Dieu de les decouvrir; ce qui en d'autres mots veut dire feulement, que nous les avons lorfque nous les avons, & que c'eſt à Dieu que nous fommes redevables de ce que nous les avons: je ne penfois pas autrement au milieu même de mon ignorance. Je conçois fort bien, que les idées des figures & des couleurs font excitées en nous par les impreſſions que les objets exterieurs font fur nos fens lorfque le Soleil nous montre ou nous decouvre ces objets: mais la maniere dont le Soleil les decouvre ou dont fa lumiere les produit en nous; quel eſt le changement que cette lumiere caufe dans nos ames, ou comment

ment ce changement se fait; ce sont des mysteres pour moi : & il ne paroit pas par la maniere dont l'Auteur raisonne, qu'il sache mieux que moi ce que Dieu fait en nous decouvrant les idées, ou ce qu'il opere dans nos ames lorsqu'il les excite; puisque, de son propre aveu, la presence de ces idées à nos ames ne suffit pas pour nous les faire appercevoir.

Une autre chose encore qui me paroit tout à fait incomprehensible en cette matiere, est, comment la simplicité de l'être de Dieu peut renfermer une varieté d'êtres réels, de maniere que l'ame les y puisse voir distinctement l'un de l'autre; puisque, ainsi qu'on a dit Chap. 5. les idées qui sont en Dieu ne sont pas differentes de Dieu même. C'est parler ce semble d'une simplicité composée de varieté, chose que je trouve inconcevable. Quant à moi, je crois que Dieu est un être tout simple, qui par sa connoissance infinie, fait toutes

tes choses, & qu'il peut faire toutes choses par sa toute puissance: mais pour la maniere dont il les sait, ou dont il les fait, je ne suis pas plus en état de la comprendre, que de contenir l'Ocean dans le creux de ma main, ou de prendre l'univers dans mon poing. Les idées dit-on sont des êtres réels; si cela est, il est clair, que ces êtres réels sont distincts; car rien n'est plus certain qu'il y a des idées distinctes; & selon votre hypothese, elles sont en Dieu, & nous les voyons en Dieu. Elles sont donc actuellement distinctes en Dieu, autrement nous ne pourrions pas les y voir telles. Mais ces êtres réels & distincts qui sont en Dieu, sont ils des parties de Dieu, des modifications de Dieu, ou bien Dieu les renferme-t-il, ainsi que l'Espace renferme les corps? Car enfin je ne connois point d'autre façon de les concevoir qu'en Dieu de la maniere que nous les voyons. Dire qu'elles sont en Dieu eminemment *eminenter* n'a point d'autre
sens

sens si non, qu'elles ne sont pas réellement & actuellement visibles en Dieu : & si elles ne sont en Dieu qu'eminemment, & que nous ne les puissions voir qu'en Dieu; il s'ensuivra, que nous ne les saurions voir du tout qu'*eminemment:* ensorte que quoiqu'on ne puisse pas nier que Dieu voye & qu'il sache toutes choses; néanmoins quand on nous dit que nous voyons toutes choses en lui, ce n'est qu'une expression metaphorique qui sert à nous cacher notre ignorance en même tems qu'elle pretend nous expliquer la maniere dont nous avons notre connoissance; puisque *voir les choses en Dieu* n'a d'autre signification que celle ci, que nous les appercevons sans sçavoir comment.

L'Auteur ajoute plus bas, *Enfin je ne croi pas qu'on puisse bien rendre raison de la maniere dont l'esprit connoit plusieurs veritez abstraites & generales, que par la presence de celui qui peut éclairer l'esprit de mille façons differentes.* On ne peut pas nier

nier que Dieu ne puisse éclairer l'esprit de mille façons differentes ; & il est vrai aussi que toutes ces mille façons peuvent être telles que nous n'en puissions comprendre aucune. Mais ce n'est pas de quoi il est ici question : il ne s'agit que de sçavoir si quand on voit toutes choses en Dieu, cela nous fait mieux comprendre une seule de ces façons. Pour moi j'avoue que si cela m'étoit arrivé je saurois un gré infini à l'Auteur de ce que de ces mille façons differentes, il n'en restoit que neuf cens quatre vingt dix neuf auxquelles je ne comprenois rien, au lieu qu'à present il faut que je confesse mon ignorance à l'égard du millier entier.

Si ce que le P. Mallebranche dit dans le paragraphe suivant, prouve quelque chose, c'est que l'idée que nous avons de Dieu est Dieu même, puisque, comme il dit, elle est quelque chose d'incréé. Les idées que les hommes ont de Dieu sont si differentes, qu'il y auroit de l'extravagance ce à les confondre. Et il ne fert à rien de dire que tous les hommes auroient les mêmes idées de Dieu s'ils s'appliquoient également à le contempler. Car puisque l'Auteur avoit amené ce qu'il dit ici pour prouver que Dieu est prefent à l'efprit de tous les hommes & que par conféquent tous les hommes le voyent; cela doit nécessairement, ce femble, prouver auffi, que puisque Dieu eft immuablement le même, & que les hommes le voyent, il faut que tous les hommes le voyent le même.

Dans le paragraphe qui fuit, l'Auteur nous dit, que *nous avons l'idée de l'infini, même avant celle du fini.* Cela étant une chofe d'experience, chacun en pourra juger pour lui même; en mon particulier j'éprouve tout le contraire, ainfi fon argument n'aura gueres d'effet auprès de moi. C'eft auffi pourquoi je ne faurois admettre la conféquence qu'il en tire, *que l'efprit n'apperçoit aucune chofe, que dans l'idée qu'il a de l'infini.*

Je

Je ne saurois croire qu'un enfant ne puisse compter jusqu'à vingt, avoir l'idée d'un tranchoir quarré ou d'une assiette ronde, & des notions très-distinctes de deux & de trois, long-tems avant qu'il ait la moindre idée de l'infini.

Le dernier argument dont l'Auteur se sert pour prouver *que nous voyons toutes choses en Dieu*, & qui, selon lui, est une Demonstration, consiste dans ces paroles: *Dieu a fait toutes choses pour lui-même --- car si Dieu faisoit un esprit & lui donnoit pour idée, ou pour objet immediat de sa connoissance le Soleil, Dieu feroit ce semble cet esprit, & l'idée de cet esprit pour le Soleil, & non pas pour lui.* La consequence la plus naturelle de cet argument me paroit-être, que Dieu s'est donné lui-même pour l'idée, ou pour l'objet immediat de la connoissance de tous les esprits humains. Mais parce que cela se trouve contredit par l'experience, l'Auteur en a tiré une autre, *qu'il est*

est nécessaire que la lumiere que Dieu donne à l'esprit nous fasse connoitre quelque chose qui soit en lui, parce que *tout ce qui vient de Dieu ne peut être que pour Dieu.* Un Avare donc, & un Persan voyent également en Dieu l'un son argent, & l'autre le Soleil qu'il adore; & ainsi Dieu sera *l'objet immediat* de l'esprit de l'un & de l'autre. J'avoue que cette *Démonstration* est en pure perte pour moi; & je n'en saurois pénétrer la force, quelque vrai qu'il soit que toutes choses sont faites pour Dieu, c'est-à-dire, pour sa gloire; & qu'il veut être glorifié de tous les êtres raisonnables, même de ceux qui ne voudroient pas se servir de leurs facultez pour le connoitre.

Mais il s'explique dans le paragraphe qui suit. *Dieu ne peut donc faire un esprit pour connoitre ses ouvrages; si ce n'est que cet esprit voye en quelque façon Dieu, en voyant ses ouvrages.* En *quelque façon*, dit-on; mais c'est d'une telle façon, que si l'ame ne voyoit Dieu autrement que de cettte façon, elle ne sauroit absolument rien de Dieu, ni ne croiroit pas qu'il existât un tel être. Un enfant voit une chandelle dès qu'il est né, & avant qu'il puisse parler il voit la balle dont il se divertit: Dira-t-on qu'il *voit ces choses en Dieu*, dont il n'a pas encore la moindre idée? C'est aux autres à juger si de ce raisonnement on peut conclure que l'ame est faite pour Dieu, & si l'Auteur l'a bien appuyé. J'avoue que s'il n'y avoit point d'autre connoissance pour laquelle les êtres intelligens fussent faits que celle là; je ne vois pas que les hommes ne pussent être faits pour la connoissance de Dieu, sans le connoitre du tout, & que ceux même qui nient l'existence de Dieu ne fussent faits pour le connoitre. C'est pourquoi je ne suis gueres convaincu de la verité de ce que l'Auteur ajoute peu après, *que nous ne voyons aucune chose que par la connoissance naturelle que nous avons de Dieu*

Ce

EXAMEN.

Ce raisonnement là me paroit tout contraire à celui de l'Apôtre qui dit, *que les choses invisibles de Dieu---- se voyent comme à l'œil depuis la création du monde, étant envisagées dans ses ouvrages.* Car ces deux Propositions sont ensemble toutes contraires, que nous voyons le créateur dans ses créatures, ou par le moyen de ses créatures, & que nous voyons les créatures dans le Créateur. L'Apôtre commence par la connoissance des créatures, laquelle nous conduit naturellement à celle du Créateur, pourvû que nous nous servions de notre raison; notre Auteur, au contraire, debute par la connoissance de Dieu, & de là nous mene à celle des créatures.

Mais pour donner plus de force à son Argument il nous dit, *que toutes les idées que nous avons des Créatures ne sont que des limitations de l'idée du Créateur.* Lors donc que j'ai l'idée de la solidité de la matiere, par exemple, ou celle du mouvement des corps, quelle est l'idée de Dieu qui est limitée ou par l'une ou par l'autre de ces idées? Et quand je pense au nombre dix, je ne vois pas que cela limite ni même regarde aucunement l'idée de Dieu.

La Distinction de *sentiment* & d'*idée pure* dont l'Auteur se sert un peu plus bas, bien loin d'éclaircir sa Doctrine, ne fait à mon avis que l'embrouiller davantage. Voici ses paroles: *Quoique je dise que nous voyons en Dieu les choses materielles & sensibles, il faut bien prendre garde que je ne dis pas, que nous en ayons en Dieu les sentimens, mais seulement que c'est Dieu qui agit en nous; car Dieu connoit bien les choses sensibles, mais il ne les sent pas. Lorsque nous appercevons quelque chose de sensible, il se trouve dans notre perception sentiment & idée pure.* Si par *sentiment* qui est le mot dont l'Auteur se sert en François, il entend l'acte de sensation, ou l'operation de l'ame pendant qu'elle apperçoit, & par

par *idée pure*, l'objet immediat de cette perception, & c'est la définition qu'il avoit déja donnée d'une *idée* dans son 1. Chapitre, ce qu'il dit a quelque fondement, c'est-à-dire, supposé que les idées soyent des êtres réels, ou des substances. Mais alors je ne voi pas pourquoi on ne pourroit pas dire qu'on flaire une chose en Dieu, comme on dit qu'on voit une Rose en Dieu, car il faut ce semble que l'odeur de la Rose que nous flairons soit en Dieu, aussi bien que la figure ou la couleur de la Rose que nous voyons, est en Dieu. Mais cela ne paroit pas être sa pensée, & ne s'accorde pas bien avec ce qu'il dit touchant ces idées que vous voyons en Dieu, article que nous examinerons se on lieu. Que si par *sentiment* il entend quelque chose qui n'est ni acte de perception, ni idée qu'on apperçoive; j'avoue que je ne sais pas ce que c'est que *Sentiment*, & je n'en ai pas la moindre idée. Lorsque nous voyons & que nous flairons une violette, nous appercevons la figure, la couleur, & l'odeur de cette fleur. Qu'il me soit donc permis de demander ici, ces trois choses sont elles toutes des *idées pures*, ou sont elles des *Sentimens*? Si vous dites qu'elles sont des *idées*, alors, selon votre propre hypothese, elles sont toutes en Dieu; d'où il s'ensuivra nécessairement, que comme je vois la figure d'une Violette en Dieu, de même j'en vois aussi la couleur en Dieu, & j'en flaire l'odeur en Dieu. Mais ce sont là des manieres de parler que le P. Mallebranche n'admettra pas; & avec raison; car rien ne demontreroit plus fortement l'absurdité de sa Doctrine que s'il disoit que nous flairons une Violette, que nous goutons l'Absinthe & que nous sentons le froid en Dieu. Et néanmoins on ne trouve pas qu'il donne aucune raison pourquoi l'operation d'un de nos sens seroit plutôt appliquée à Dieu que celle d'un autre; car nous nous servons des autres sens aussi bien que

de

de nos yeux pour appercevoir les idées. Que si d'un autre côté la figure, la couleur, & l'odeur d'une fleur sont des *Sentimens*; il n'y en a pas une qui soit en Dieu; & par conséquent le systême de l'Auteur tombe en ruine. Mais si, en donnant encore un autre sens aux paroles de l'Auteur, on prend la figure d'une Violette pour une *idée*, & sa couleur & son odeur pour des *Sentimens* (& c'est ainsi que l'Auteur paroit avoir voulu qu'on l'entendît par la maniere dont il s'en est expliqué dans ses *Eclaircissemens*); j'avoue que je suis fort embarrassé à deviner par quelle regle la couleur pourpre d'une Violette, dont il me semble que j'ai une idée aussi claire pendant que j'écris ceci que de sa figure, ne seroit pas une idée, comme la figure de cette fleur en est une; d'autant plus que l'Auteur a dit dans son premier Chapitre où il traite de la nature des idées, *que par le mot* idée *il n'entend autre chose que ce qui est l'objet immediat*, *ou le plus proche de l'esprit, quand il apperçoit quelque chose.*

Le *Sentiment*, dit-il dans les mots suivans, *est une Modification de l'ame.* Le terme *Modification*, qui sert ici d'explication, ne me paroit gueres plus intelligible que celui qu'on veut expliquer. Je vois, par exemple, la couleur pourpre d'une Violette; &, selon notre Auteur, c'est-là un *Sentiment.* Mais je voudrois bien savoir ce que c'est que *Sentiment.* Il me repond, que c'est une *Modification de l'ame.* J'agrée pour le coup cette definition, mais voïons si elle me servira à comprendre quelque chose au sujet de mon ame: j'ai beau la tourner de tous les côtez; tout ce qu'elle me fait concevoir est que j'ai dans mon esprit l'idée de la couleur pourpre, idée que je n'avois pas encore; mais cela ne fait pas que je puisse comprendre que l'ame fasse ou qu'elle souffre autre chose si non qu'elle a tout simplement l'idée de la couleur pourpre; & ainsi le terme *Modification* ne m'apm'apprend rien que je ne sçusse déja, savoir, que j'ai à present l'idée de la couleur pourpre que je n'avois pas auparavant. Desorte que, quoiqu'on dise que les sensations sont des Modifications de l'ame; si ces modifications ne sont pas differentes de ces mêmes sensations, par exemple, de la couleur rouge ou du goût amer; il est clair que cette explication ne dit autre chose si ce n'est qu'une sensation, & que la sensation d'une couleur rouge ou d'un gout amer est la sensation de cette couleur & de ce goût: car si je n'ai point une autre idée en disant que telle chose est une Modification de l'ame, qu'en disant qu'elle est une sensation, les termes *Sensation* & *Modification* sont synonymes, & ne marquent évidemment que la même idée. Approfondissons un peu mieux cette Doctrine de la *Modification*. Les differens sentimens, sont des Modifications differentes de notre ame. L'esprit, ou l'ame qui apperçoit, est une substance simple, indivisible, & immaterielle. Or je vois à cette heure mon papier qui est blanc, & l'ancre qui eſt noire; j'entens une perſonne qui chante dans une autre chambre; je ſens la chaleur du feu auprès duquel je ſuis aſſis, je goute la pomme que je mange, & tout cela dans le même inſtant. Donnez donc tel ſens qu'il vous plaira à votre terme *Modification*, & je demande, eſt-il poſſible qu'une ſeule ſubſtance non étendue & indiviſible puiſſe avoir dans le même inſtant des Modifications non ſeulement differentes, mais incompatibles même & oppoſées, telles que le blanc & le noir? Ou faut il ſuppoſer des parties ſeparées dans une ſubſtance indiviſible, dont l'une ſera pour des idées blanches, une autres pour des noires, une troiſieme pour des rouges, & ainſi des autres ſenſations infinies que nous avons en differentes ſortes & en differens degrez? Nous les pouvons pourtant appercevoir toutes diſtinctement, & par conſequent elles ſont toutes autant d'idées diſtinctes; & quoiqu'il y en ait qui ſoient diametralement oppoſées, fées, comme la chaleur & le froid, nous les pouvons sentir en même tems. Jusqu'ici j'avois ignoré comment la sensation se faisoit en nous; on pretend que c'en est là une explication: mais puis-je dire de bonne foi que je suis plus scavant à cette heure que je ne l'étois? & si c'est là nous guerir de notre ignorance, le mal ne devoit-il pas être bien leger, puisqu'il n'a fallu que le charme de quelques chetives paroles; *probatum est*. Mais, encore un coup & pour parler serieusement, quoi que puisse signifier le mot *Modification*; lorsque je reflechis sur la figure de l'une des feuilles d'une Violette, n'y a-t-il pas là une nouvelle Modification de mon ame, aussi bien que lorsque je pense à sa couleur pourpre? Et mon ame ne fait-elle, ne souffre-t-elle rien de nouveau quand je vois cette figure en Dieu?

L'Idée de cette figure, dit-on, est en Dieu, soit. Mais elle peut-être en Dieu, sans que nous l'y voyons; l'Auteur en tombe d'accord. Dès le moment

ment donc que je la vois n'y a-t-il point de nouvelle modification dans mon ame, pour m'exprimer à votre maniere? S'il y en a, alors c'est aussi bien une modification de l'ame de voir une figure en Dieu, que d'avoir l'idée de la couleur pourpre; & ainsi cette distinction ne vaut rien. Si au contraire, lorsqu'on voit en Dieu une figure qu'on ne voyoit pas quelques minutes auparavant, il n'y a point de nouvelle Modification dans l'ame, s'il n'y a ni action ni passion de plus qu'il y avoit auparavant, quelle difference y a-t-il entre voir & ne voir pas? Les idées des figures, dit notre Auteur, sont en Dieu; elles en lui sont des êtres réels Dieu; & Dieu étant uni à l'esprit, elles sont aussi unies à l'esprit. Tout cela me paroit fort obscur & inconcevable, lors même que je l'examine de près. Mais quand il seroit aussi clair & aussi intelligible qu'on le voudroit supposer, cela ne fait rien à la grande difficulté touchant ce que nous voyons ces choses. Car après tout,
com-

comment est ce que nous les voyons? Les idées, dit-on, sont en Dieu, elles sont intimement unies à l'esprit, parce que Dieu est uni à l'esprit. Mais je ne les vois pourtant pas encore. Après donc tous ces preparatifs, qui selon vous même ne suffisent pas pour nous les faire voir, par quel moyen est ce que je les vois enfin? A cela on repond, que c'est *quand il plait à Dieu de nous les decouvrir.* Voila pour parler franchement, ce qui s'apelle faire de grands detours pour revenir au même lieu où l'on étoit; & toute cette docte carriere qu'on avoit si bien commencée ne nous mene enfin pas plus loin que ceci, que je vois, ou que j'apperçois, ou que j'ai des idées quand il plait à Dieu, & tout cela d'une maniere que je ne saurois comprendre. Mais c'est là justement ce que j'aurois dit moi-même, sans qu'il m'en coutât tous les mouvemens que le P. Mallebranche s'est donnez pour me l'apprendre.

Ce sentiment, dit-il dans les paroles qui suivent, *est une Modification de notre ame, & c'est Dieu qui la cause en nous: & il la peut causer quoiqu'il ne l'ait pas, parce qu'il voit dans l'idée qu'il a de notre ame, qu'elle en est capable.* L'Auteur, à ce qu'il me semble, veut marquer par là la difference qu'il y a entre les *sentimens* & les *idées* que nous avons; par exemple, les *figures* & les *nombres* sont des *idées*, & elles sont en Dieu; les *couleurs* & les *odeurs* &c. sont des *sentimens*, & ne sont pas des idées en Dieu. Mais quant à nous mêmes, je demande, pourquoi, lorsque je rapelle dans ma memoire une Violette, la couleur pourpre de cette fleur n'est pas une idée en moi, aussi bien que sa couleur est une idée? Dans la peinture donc qui se fait dans mon esprit de quelque chose visible, d'un païsage par exemple que j'ai vu, & qui est composé de couleur & de figure, la couleur n'est pas une idée, mais la figure en se-

sera une, & la couleur ne sera qu'un sentiment. A la verité il est permis à tout homme de donner tel sens qu'il trouve à propos aux termes dont il se sert. Mais si en même tems qu'il pretend instruire les autres, il se sert de deux mots où les autres se seroient contentez d'un, il sera obligé de donner quelque raison de cette Distinction. Pour moi, je trouve que la couleur d'un souci à laquelle je pense à present, est tout autant *l'objet immediat de mon esprit*, que sa figure, & par conséquent, selon la definition même de l'Auteur, cette couleur est une idée. 2. A l'égard de Dieu, je voudrois bien savoir si avant la création du monde, l'idée d'un souci entier & à l'égard de sa couleur & à l'égard de sa figure, n'existoit pas en Dieu? *Dieu*, dit l'Auteur, *peut causer ces sentimens en nous, parce qu'il voit dans l'idée qu'il a de notre ame, qu'elle en est capable.* Dieu, avant qu'il eût créé aucune ame, avoit d'avance tout ce dont

dont il la rendroit capable; Dieu résolut de créer tellement l'ame, qu'elle fût capable d'appercevoir la couleur aussi bien que la figure d'un souci; Dieu avoit donc l'idée de cette couleur dont il resolut de rendre l'ame capable; car autrement il l'auroit rendue capable (soit dit avec respect) d'une chose qu'il ne savoit pas lui-même. Et s'il savoit déja avant que l'ame fût créé ce dont elle seroit capable; il avoit aussi l'idée de ce qu'il savoit; car avant la création, il n'y avoit que Dieu, & les idées qu'il avoit. Il est vrai que la couleur d'un souci n'est pas actuellement en Dieu, non plus que sa figure: mais pour nous qui ne saurions considerer l'entendement de quelque autre être que ce soit, qu'autant qu'il est analogue au nôtre, tout ce que nous pouvons concevoir dans cette matiere, c'est que les idées de la figure, de la couleur, & de la situation des feuilles d'un souci existoient en Dieu avant qu'il eût créé cette fleur, de la même maniere qu'elles sont en nous lorsque nous pensons

sons à cette fleur pendant la nuit & sans la voir de nos yeux. C'est de la même façon que nous concevons que Dieu a l'idée d'une Violette, du goût du sucre, du son d'un Luth ou d'une Trompette, & du plaisir ou de la douleur qui accompagnent toutes ces sensations & telles autres qu'il avoit resolu que nous sentissions, quoiqu'il n'en ait jamais senti lui-même; tout comme nous avons les idées du goût d'une cerise en hyver, ou de la douleur d'une brûlure après qu'elle est passée. Voila ce semble ce que nous concevons des idées qui sont en Dieu; lesquelles doivent sans doute lui avoir representé distinctement tout ce qui devoit être dans le tems à venir, & par conséquent les couleurs, les odeurs, & les autres idées que les siennes devoient produire en nous. Je n'ose pas pretendre expliquer ce que sont ces idées en Dieu, ni determiner si elles sont des êtres réels ou non: mais je crois pouvoir dire, que l'idée de la
cou-

couleur d'un souci, & du mouvement d'une pierre, est un être réel en Dieu, tout autant que l'idée de la figure ou du nombre des feuilles de cette fleur le peut être.

Le Lecteur ne doit pas me blamer de ce que je me suis par tout servi du mot *Sentiment*: c'est le propre mot de l'Auteur, & je l'entens si peu que je ne savois pas comment le traduire dans une autre langue. Il conclud, *qu'il croit qu'il n'y a aucune vraisemblance dans toutes les autres manieres d'expliquer cette matiere, & que celle-ci*, qu'on voit toutes choses en Dieu, *paroitra plus que probable.* Je l'ai consideree avec tout le desinteressement & toute l'attention possible; mais de quelque côté que je l'envisage, elle me paroit aussi peu, même moins intelligible qu'aucune autre; & la recapitulation de sa doctrine qui suit ces dernieres paroles m'est tout à fait incomprehensible. *Ainsi nos ames dependent de Dieu en toutes façons. Car de même*

même que c'est lui qui leur fait sentir la douleur, le plaisir, & toutes les autres sensations, par l'union naturelle qu'il a mise entr'elles & nos corps, qui n'est autre que son decret & sa volonté générale; ainsi c'est lui qui par l'union naturelle qu'il a mise aussi entre la volonté de l'homme, & la representation des idées que renferme l'immensité de l'être divin, leur fait connoitre tout ce qu'elles connoissent, & cette union naturelle n'est aussi que sa volonté générale. Cette Phrase *l'union de nos volontez aux idées que renferme l'immensité de Dieu*, me paroit fort extraordinaire, & je ne vois gueres quel jour elle peut repandre sur sa doctrine. Elle me parut si inintelligible la premiere fois que je la lus, que je soupçonnai d'abord qu'il y avoit quelque faute d'impression dans l'Edition dont je me servois qui étoit l'in 4. imprimée à *Paris* 1678, ce qui me fit consulter celle in 8. imprimée aussi à *Paris*;
mais

mais je trouvai le mot volonté dans l'une & dans l'autre. L'immensité de l'être Divin, dit-on, renferme les idées auxquelles nos volontez sont unies. Mais ces idées n'étant que des idées de quantité, comme je le ferai voir dans la suite, ce que l'Auteur vient de dire semble emporter des notions assez grossieres sur ce sujet, ainsi que nous avons remarqué ci-dessus. Mais pour lui passer le reste, ce que j'observerai ici principalement, c'est que cette union de nos volontez aux idées qui sont renfermées dans l'immensité de Dieu, ne nous explique pas comment nous voyons ces idées. L'union de nos volontez aux idées, comme il parle ici, ou celle de nos ames à Dieu, dont il a parlé ailleurs, ne sont, dit-il, l'une & l'autre que la volonté de Dieu même, & après cette union, nous ne voyons les idées, que lorsqu'il plait à Dieu de nous les découvrir; c'est-à-dire, ce n'est que par la volonté de Dieu que nous avons les idées dans nos Esprits,

&

& tout cela se fait d'une maniere que nous ne saurions comprendre. Mais cela explique-t-il plus clairement la chose, que quand on dit, que nos ames sont unies à nos corps par la volonté de Dieu, & que les idées sont excitées dans nos ames par le mouvement de quelque partie de nos corps, par exemple, des nerfs & des esprits animaux, ce qui se fait aussi par la volonté de Dieu? Pourquoi cette derniere explication ne seroit elle pas aussi claire & aussi intelligible que l'autre? Dans l'une & dans l'autre on donne la volonté de Dieu pour cause de cette Union & de cette Perception; on reconnoit aussi dans l'une & dans l'autre que la maniere dont cette Perception se fait est incomprehensible. Selon le P. Mallebranche, Dieu decouvre quand il lui plaît des idées qui sont en Dieu à l'ame qui lui est unie, selon d'autres, Dieu decouvre les idées, ou produit des Perceptions dans l'ame qui est unie au corps, par le mouvement, en consequence de certaines loix que sa vo-
lon-

lonté a établies. Mais comment, cela se fait dans l'une ou dans l'autre hypothese, je suis tout à fait incapable de le comprendre; de sorte que je suis parfaitement d'accord avec l'Auteur sur sa conclusion *qu'il n'y a que Dieu qui nous puisse éclairer.* Cependant je doute fort que j'aye jamais quelque idée tant soit peu distincte de la maniere dont Dieu nous éclaire, jusqu'à ce que je connoisse bien plus & de Dieu & de nous mêmes, que nos ames ne sont capables de connoitre dans l'état de ténébres & d'ignorance où nous sommes en ce monde.

Dans le 7. Chapitre le P. Mallebranche nous marque quatre differentes manieres dont on peut connoitre les choses. *La premiere est de les connoitre par elles mêmes — & il n'y a que Dieu que nous connoissions de cette maniere*; & en voici la raison, c'est qu'il n'y a à present que Dieu seul qui penetre l'esprit, & qui s'y decouvre.

Premierement, je voudrois bien savoir ce que c'est que pénétrer une chose qui

qui n'a point d'étenduë. Ce sont là des manieres de parler qui étant empruntées des corps, ne signifient rien, & ne nous demontrent que notre propre ignorance. A ce que Dieu pénétre les esprits, il ajoute qu'il s'y découvre, comme si l'un étoit la cause de l'autre, & l'expliquoit. Mais tant que je ne saurois comprendre la pénétration d'une chose non étenduë, ce raisonnement sera en pure perte pour moi. Mais encore, Dieu pénétre nos esprits, & par là nous *le voyons d'une vue directe & immediate*, comme l'Auteur dit dans les paroles suivantes. Les idées de toutes choses qui sont en Dieu, dit l'Auteur dans un autre endroit, ne sont pas differentes de Dieu même. Et si nous voyons Dieu d'une vuë directe & immediate, parce qu'il pénétre nos esprits, nous avons une vuë directe & immediate de tout ce que nous voyons. Car nous ne voyons rien que Dieu, & des idées; il nous est même impossible de savoir qu'il y ait
au-

autre chose dans l'Univers. Puisque nous ne voyons ni ne pouvons voir que Dieu & les idées, comment saurions nous qu'il existât quelque autre chose, laquelle nous ne voyons ni ne pouvons voir ? Que si cette *Penetration* de nos ames signifie quelque chose, si c'est par le moyen de cette pénétration que nous avons une vuë directe & immediate de Dieu ; pourquoi n'avons nous pas cette *vuë directe & immediate* des autres Esprits, aussi bien que de Dieu ? Sur cela l'Auteur dit, qu'il n'y a que Dieu seul qui pénetre *à present* nos esprits. Le P. Mallebranche le dit, mais on ne voit pas pour quelle raison, si non que cela lui sert à son hypothese ; au reste il ne le prouve pas ni ne se soucie de le prouver, à moins qu'on ne prenne pour une preuve ce qu'il ajoute de la *vuë directe & immediate* que selon lui nous avons de Dieu. Mais quelle *vuë directe & immédiate* avons nous de Dieu, que nous n'ayons pas aussi d'un Cherubin ?

bin ? Les idées d'Existence, de Puissance, de Connoissance, de Bonté, de Durée, entrent dans l'idée complexe que nous nous faisons de l'un & de l'autre, avec cette difference seulement, qu'à l'égard de l'un, nous joignons l'idée d'*infini* à chaque idée simple qui entre dans la composition de l'idée complexe, & à l'égard de l'autre, celle du *fini*. Mais pourquoi aurions nous une *vuë* plus *directe*, plus *immediate* des idées de Puissance, de Connoissance, de Durée, quand nous les considerons en Dieu, que quand nous les considerons dans un Cherubin ? La vuë de ces idées me paroit être la même à l'égard de l'un & à l'égard de l'autre. Nous avons à la verité des preuves plus claires de l'existence de Dieu, que de celle d'un Cherubin; mais l'idée que nous avons dans nos esprits ou de Dieu ou d'un Cherubin, me paroit être une vuë également *directe & immediate*. Je pen-

pense au reste que c'est sur les idées que nous avons dans nos ames, que roule la Recherche de l'Auteur, & non pas sur l'existence réelle des choses dont nous avons les idées: ce sont deux choses bien differentes.*

Il n'y a que Dieu seul, dit l'Auteur dans le même paragraphe, *qui puisse éclairer nos esprits par sa propre substance.* Quand le P. Mallebranche m'aura appris ce que c'est que la *substance* de Dieu, & ce que c'est que d'être *éclairé par cette substance*, je serai peut-être en état de lui dire ma pensée: à present je me contente d'avouer mon ignorance sur cet article; car je ne trouve pas que les mots *substance* & *éclairer* aident beaucoup à m'en retirer.

On ne peut pas concevoir, continue-t-il, *que quelque chose de créé puisse representer l'infini.* Moi je ne puis

* Voyez l'*Essai* de Mr. *Locke*, l. II. c. 8. pag. 85. de la Traduction de Mr. *Coste*, Edition d'Amsterdam,

puis pas concevoir qu'il y ait dans quelque esprit fini acune idée positive qui renferme l'infini, jusqu'à le representer pleinement & clairement comme il est. Je ne trouve pas que l'infini soit positivement & pleinement representé à l'esprit de l'homme, ou que l'esprit de l'homme le renferme; il faudroit pourtant supposer, si l'argument de l'Auteur étoit bon, que la raison pourquoi Dieu éclaire nos esprits par sa propre substance, est qu'aucune chose créée n'est assez grande pour representer l'infini, ce qui fait que nous ne concevons l'infinité de Dieu, que parce que sa propre substance infinie est presente à nos esprits. Car si ce n'est pas là la force de son Argument, je ne vois pas qu'on y puisse entendre chose quelconque. Mais j'y marquerai deux ou trois choses qui me confondent. La premiere est qu'il appelle Dieu l'*Etre Universel*; ce qui doit signifier, ou que Dieu renferme tous les autres êtres, & n'est qu'un

L 2 ag-

aggregé de tout ce qui exiſte; & en ce ſens là, l'Univers peut être apellé l'*Etre Univerſel.* Ou bien, Dieu eſt l'*Etre* en général, ou, pour dire la même choſe, l'idée de l'Etre abſtraite de toutes les Diviſions inferieures de cette notion générale, & de toute exiſtence particuliere. Mais je ne puis pas concevoir que Dieu ſoit l'*Etre Univerſel* dans l'un, ou dans l'autre de ces ſens; puisque je ne ſaurois croire que les Créatures ſoyent ou une partie de Dieu, ou une eſpece de Dieu. La ſeconde choſe que j'ai à remarquer c'eſt, qu'il apelle les idées qui ſont en Dieu, des *Etres particuliers.* Je tombe d'accord que tout ce qui exiſte eſt particulier, cela ne ſe peut pas autrement. Mais ce qui n'eſt que particulier à l'égard de l'exiſtence, peut devenir univerſel dans la repréſentation; & c'eſt ce qui arrive ce ſemble à l'égard de tous les êtres univerſels que nous connoiſſons, ou que nous pouvons concevoir. Mais que ces *Etres Univerſels*, & ces *Etres par-*

particuliers signifient tout ce que l'on voudra; avec quelle ombre même de raison l'Auteur peut-il dire, que Dieu est un *Etre Universel*, & que les idées que nous voyons en Dieu sont des *Etres particuliers*, après avoir dit ailleurs, que les idées que nous voyons en Dieu, ne sont pas differentes de Dieu même? *Mais*, dit l'Auteur, *pour les êtres particuliers, il n'est pas difficile de concevoir qu'ils peuvent être representez par l'être infini, qui les renferme tous, & qui les renferme très spirituellement, & par conséquent très intelligiblement.* Pour moi, je trouve autant d'impossibilité, à ce qu'un être simple & infini, en qui il n'y a ni varieté, ni ombre de varieté, represente un être fini, que j'en trouve à ce qu'un être fini represente un être infini. Aussi ne vois je pas que *de ce que l'être infini renferme toutes choses spirituellement*, elles doivent être si fort *intelligibles*; puisque je n'entends pas ce que c'est que

que de renfermer spirituellement une chose materielle. De plus, je ne comprens que ces deux manieres dont il est possible que Dieu renferme quelque chose, savoir, ou comme un aggregé de plusieurs choses renferme tout ce qui entre dans sa composition; & en ce cas là, nous pourrions à la verité voir cette partie de Dieu qui seroit à la portée de nôtre vuë: mais cette maniere *de renfermer toutes choses* ne peut nullement convenir à Dieu, puisque supposer que les choses soient ainsi visibles en Dieu, c'est faire du monde materiel une partie de Dieu. Ou bien Dieu renferme toutes choses, comme ayant la puissance de produire toutes choses; & de cette maniere, Dieu renferme toutes choses en lui-même, il est vrai; mais non pas de la maniere qu'il faudroit pour faire ensorte que l'être de Dieu nous fût representatif de ces choses. Car alors son être nous étant representatif des effets de sa puissance, il devroit nécessairement nous re-

EXAMEN. 221

representer tout ce que Dieu est capable de produire. Or je ne trouve pas en mon particulier que cela soit.

En second lieu, *la seconde maniere de connoitre les choses*, nous dit-il, *est par leurs idées, c'est-à-dire, par quelque chose qui est differente des choses mêmes; & c'est ainsi que nous les connoissons, lorsqu'elles ne sont pas intelligibles par elles mêmes, soit parce qu'elles sont corporelles, soit parce qu'elles ne peuvent pas pénétrer l'esprit, ou s'y découvrir.* C'est là un raisonnement que je n'entens gueres. 1. Parce que je n'entens pas pourquoi une ligne ou un triangle ne seroit pas aussi *intelligible* que quelque autre chose que l'on pût nommer. Car le Lecteur doit toujours se souvenir que tout ce discours de l'Auteur roule sur notre perception, ou sur ce dont nous avons quelque idée ou quelque conception dans notre esprit. 2. Parce que je n'entens pas ce que c'est que de *pénétrer* un Esprit. De sorte que ce raisonnement ne fera aucun effet sur moi, jusqu'à ce qu'on m'ait éclairci les principes sur lesquels il est appuyé. Cependant l'Auteur en tire cette conclusion, *ainsi c'est en Dieu, & par leurs idées, que vous voyons les corps avec leurs proprietez; & c'est pour cela que la connoissance que nous en avons est très parfaite.* Je laisse aux autres à dire s'ils croient que c'est parce que nous voyons les idees des corps qui sont en Dieu, que nous voyons les corps mêmes; j'ai déja dit les raisons qui m'empêchent de le croire. Mais quant à la conséquence que l'Auteur en tire, je pense que peu de gens la trouveront juste, savoir, que nous connoissons très parfaitement les corps & leurs Proprietez. Qui est l'homme qui puisse dire qu'il entend parfaitement les proprietez ou du corps en géneral ou de quelque corps particulier ? Une des principales proprietez des corps, est d'avoir des parties liées ensemble; car par tout où il y a des corps, il

faut

faut qu'il y ait cohesion de parties: mais qui entend parfaitement cette cohesion ? Et à l'égard des corps particuliers, où est l'homme qui connoit parfaitement l'or ou l'aimant & toutes leurs proprietez ? Mais l'Auteur s'en explique de cette maniere : *Je veux dire, que l'idée que nous avons de l'étendue suffit pour nous faire connoître toutes les propriétez dont l'étendue est capable ; & que nous ne pouvons désirer d'avoir une idée plus distincte & plus feconde de l'étendue, des figures, & des mouvemens que celle que Dieu nous en donne.* Voila ce semble une preuve bien étrange, que *nous voyons les corps & leurs propriétez en Dieu*, & que nous les *connoissons parfaitement*, parce que Dieu nous donne des idées distinctes & fecondes de l'étendue, des figures, & des mouvemens; & ce que l'Auteur ajoute que Dieu *nous en donne des idées aussi distinctes, & aussi fecondes*, que nous les pouvons *souhaitter*, porteroit presque à soupçonner qu'il pense tout autrement qu'il ne s'exprime.

Effectivement s'il croyoit que nous voyons ces idées en Dieu, il devroit aussi croire que nous les voyons telles qu'elles sont réellement en elles mêmes; de sorte qu'on ne pourroit plus dire que Dieu nous les donne aussi *distinctes* que nous pouvons desirer. On se confirme dans ce soupçon lorsqu'il les apelle *fecondes*: car sur ce que nous voyons les idées des figures en Dieu, & que nous n'en saurions voir que celles qui sont en Dieu; s'en suit-il qu'on les peut apeller *fecondes*, mot qui ne se dit que d'une chose qui est capable d'en produire une autre? A la verité une telle expression me paroit ne venir que de cette pensée où est l'Auteur, que dès que j'ai une fois l'idée de l'étenduë, je puis me former des idées des figures & des telles que bon me semblera. En cela je suis de son sentiment, ainsi que l'on peut voir dans le Chap. 13. du Livre de mon *Essai*; mais c'est un sentiment qui ne peut nullement venir de la supposition, que nous voyons ces figures en Dieu; car les idées ne se produisent pas les unes

unes les autres en Dieu, mais elles s'y trouvent, pour ainſi dire, en original, telles & en tel nombre qu'il plait à Dieu de nous les faire voir. Mais notre deſir de les voir, dira-t-on, eſt la cauſe occaſionelle de ce que Dieu nous les fait voir ? ſoit. Cela fait-il que quelque idée ſoit *feconde*, ou quelle produiſe d'autres idées, pendant que Dieu la decouvre ? Et que notre deſir en ſoit la cauſe occaſionelle, quelqu'un peut-il aſſurer que cela ſoit réellement vrai ? Nous deſirons, l'Auteur ou moi, de voir un Angle qui ſoit en grandeur immediatement au-deſſus d'un Angle droit. Dieu a-t-il jamais fait voir à lui ou à moi un tel Angle en conſequence de ce deſir ? Perſonne ne niera que Dieu ne connoiſſe, & qu'il n'ait en lui-même l'idée d'un tel Angle; mais que Dieu l'ait jamais montré à qui que ce ſoit, quelque fortement qu'il l'eût deſiré, c'eſt de quoi il eſt bien permis de douter. Quoiqu'il en ſoit, comment pourra-t-il faire que nous ayons une connoiſſance parfaite des corps

& de leurs propriétez, pendant que bien des gens n'ont pas les mêmes idées du corps; & pour ne pas aller plus loin, l'Auteur & moi par exemple. Le P. Mallebranche croit que l'Etenduë toute seule fait le corps; & moi, que l'Etenduë seule ne suffit pas, mais qu'à l'Etenduë il faut ajouter encore la solidité. Voila donc un de nous qui a une connoissance fausse & imparfaite des corps & de leurs propriétez. Si les corps ne consistent qu'en Etenduë toute seule, je ne conçois pas comment ils peuvent se mouvoir & se froisser, ni ce qui peut constituer des surfaces differentes dans un Espace simple & uniforme. Je puis bien concevoir qu'une chose étenduë & solide soit mobile; mais si je voyois clairement en Dieu les corps & leurs proprietez, il faudroit aussi que je visse en Dieu l'idée de la solidité: or c'est ce que l'Auteur n'admet pas, ainsi qu'il paroit par ce qu'il a dit sur ce sujet dans ses *Eclaircissemens*. Mais, continue-t-il, *comme les idées des choses qui sont en Dieu, renferment*

ment toutes leurs proprietez, qui en voit les idées, en peut voir successivement toutes les proprietez. A l'égard de nos idées mêmes, il me paroit tout à fait indifferent que nous les voyons en Dieu, ou que nous les ayons de quelque autre maniere. Chaque idée que nous avons, de quelque part qu'elle vienne, renferme toutes les proprietez qu'elle a; & ces proprietez ne sont autre chose que la relation ou les rapports qu'elle a à d'autres idées, rapports qui sont toujours les mêmes. Ce que l'Auteur dit de leurs *proprietez*, que *nous les pouvons voir successivement*, est toujours également vrai, soit que nous voyons les idées en Dieu, ou que nous les voyons ailleurs. Ceux qui s'appliquent comme ils doivent à la considéraion de leurs idées, peuvent venir successivement à la connoissance de quelques-unes de leurs propriétez; mais que l'on puisse *connoitre toutes leurs proprietez*, c'est plus il me semble que ne prouve la raison que l'Auteur ajoute, *que quand on voit les choses comme el-*
L 7 *les*

les sont en Dieu, on les voit toujours d'une maniere très parfaite. On voit en Dieu l'idée d'un triangle par exemple ou d'un cercle; s'ensuit-il de là qu'on puisse connoitre toutes les proprietez ou de l'une ou de l'autre de ce figures? Il ajoute que *cette maniere de voir les choses seroit infiniment parfaite, si l'esprit qui les voit étoit infini.* Je ne comprens pas la distinction qu'il fait ici entre une maniere *très parfaite*, & celle qui est *infiniment parfaite.* Mais, ajoute-t-il encore, *ce qui manque à la connoissance que nous avons de l'Etendue, de la Figure & du Mouvement, n'est point une faute de l'idée qui la represente, mais de notre esprit qui la considere.* Si par *idée* on entend ici l'objet réel de notre connoissance, je conviens sans peine que le manque de connoissance que nous trouvons en nous mêmes, est un defaut de notre esprit, & non pas des choses. Mais si par *idée* il faut entendre la per-

EXAMEN.

ception ou la représentation des choses dans l'esprit, l'expérience de ce que je trouve en moi-même, me force d'avouer qu'elle est très imparfaite & très défectueuse. Lors par exemple que je desire d'appercevoir ce que c'est que la substance d'un corps ou d'un Esprit, les idées m'en manquent d'abord. Enfin, je ne vois rien dans tout ce paragraphe qui fasse le moins du monde pour la doctrine *qu'on voit toutes choses en Dieu.*

La troisieme maniere de connoître les choses est par conscience, ou sentiment intérieur, & c'est ainsi que nous connoissons nos propres ames; c'est aussi pour cela que la connoissance que nous en avons est imparfaite; nous ne savons de notre ame que ce que nous sentons se passer en nous. Cet aveu de l'Auteur me ramene, malgré moi, à cette origine de toutes nos idées où mes méditations m'avoient conduit, lorsque j'écrivis mon Livre, savoir, la sensation & la reflexion.

flexion *. C'est pourquoi je demanderai à tout homme qui est du sentiment du P. Mallebranche, 1. Si Dieu n'avoit pas l'idée de mon ame, ou de quelque autre ame humaine, avant qu'il l'eût créée ? 2. Si cette idée que Dieu en avoit, n'étoit pas un être réel en Dieu ? Ces deux choses m'étant accordées, je demande encore pourquoi mon ame qui est intimement unie à Dieu ne voit pas l'idée d'une ame humaine qui est en Dieu, aussi bien que l'idée d'un triangle qui est en Dieu ? Et quelle autre raison peut-on donner de ce que Dieu nous montre l'idée d'un triangle, & non pas celle d'une ame, si ce n'est, que Dieu nous aïant donné une sensation exterieure pour appercevoir un triangle, sans nous en donner une pour appercevoir une ame, il nous a donné seulement une sensation intérieure par laquelle nous pouvons nous appercevoir de ses operations ? Qu'on lise

* Voyez l. II. c. 1.

lise le reste de ce paragraphe & les deux ou trois suivans, & on verra si tout ce que l'Auteur a dit, nous mene plus loin qu'où mon ignorance s'étoit arrêté.

Cela [c'est-à-dire, *l'ignorance où nous sommes au sujet de nos ames*] *peut servir*, dit notre Auteur, *à prouver, que les idées, qui nous representent quelque chose hors de nous, ne sont point des modifications de notre ame. Car si l'ame voyoit toutes choses en considerant ses propres modifications, elle devroit connoitre plus clairement son essence ou sa nature que celle des corps, & toutes les sensations ou modifications dont elle est capable, que les figures ou modifications dont les corps sont capables. Cependant elle ne connoit point qu'elle soit capable d'une telle sensation par la vue qu'elle a d'elle même en consultant son idée, mais seulement par experience : au lieu qu'elle connoit que l'étendue est capable d'un nombre infini de figures par l'idée*

l'idée qu'elle a de l'étendue. Il y a même de certaines sensations comme les couleurs & les sons, que la plupart des hommes ne peuvent reconnoître si elles sont ou ne sont pas des modifications de l'ame; & il n'y a point de figures que tous les hommes, par l'idée qu'ils ont de l'étendue, ne reconnoissent être des Modifications des corps. Ce paragraphe donc doit prouver, *que les idées qui nous representent quelque chose qui est hors de nous, ne sont pas des Modifications de notre ame*; mais au lieu de cela, il semble prouver que la figure est une Modification de l'espace, plutôt que de notre ame. Car si le but de son argument eût été de prouver *que les idées qui nous representent quelque chose hors de nous, ne sont pas des Modifications de notre ame*; il n'auroit pas dû mettre en opposition ces deux choses, que l'esprit ne connoit pas toutes les Modifications dont il est capable lui-même, & que l'esprit connoit les figures dont l'es-
pa-

pace est capable. Au contraire voici en ce cas quelle auroit dû être l'antithese; l'esprit connoit qu'il est capable d'appercevoir la figure & le mouvement, sans aucune Modification de lui-même, & l'esprit connoit qu'il n'est pas capable d'appercevoir le son ou la couleur, sans quelque Modification de lui-même. Je pense à present à la figure, à la couleur, & à la dureté d'un diamant que j'ai vu il y a quelque tems; je voudrois bien savoir comment mon ame connoit alors que c'est une Modification de l'ame que de penser à sa couleur ou à sa dureté, ou bien d'en avoir l'idée; mais que de penser à sa figure, ou d'en avoir l'idée!, n'est pas une Modification de l'ame. Il est sûr qu'il se fait quelque alteration dans mon esprit quand je pense à la figure à laquelle je ne pensois pas auparavant, aussi bien que quand je pense à une couleur que je ne voyois pas auparavant. Mais, quant à l'une, dira-t-on, vous la voyez en Dieu, pour l'autre

tre c'est une Modification de votre ame. Supposé que je voye l'une en Dieu, n'arrive-t-il point d'alteration dans mon ame, de ce que je vois à present une chose que je ne voyois pas auparavant? Et cette alteration peut-elle être apellée une Modification ou non? Car quand on dit que voir une couleur ou entendre un son est une Modification de l'ame, qu'est ce que cela signifie qu'un changement de l'esprit & un passage de la non perception à la perception de cette couleur ou de ce son? De même, lorsque l'esprit voit un triangle qu'il ne voyoit pas auparavant, n'est ce pas là également un changement de l'ame & un passage de la non vision à la vision de ce triangle, soit que nous le voyons en Dieu ou non? Pourquoi l'un ne seroit-il pas une Modification aussi bien que l'autre. Ou, pour mieux dire encore, de quelle utilité nous peut être ce mot *Modification*? Ce n'est qu'un son qu'on a introduit sans aucune nouvelle idée.

Car

Car mon esprit lorsqu'il voit quelque couleur ou quelque figure, est changé, je le sai bien, & il passe de la non perception à la perception de cette couleur ou de cette figure; mais lorsque pour m'expliquer cela, on me dit que telle ou telle de ces perceptions est une modification de l'ame, cela me fait-il concevoir autre chose sinon, que mon ame vient d'avoir une perception qu'elle n'avoit pas auparavant? N'est-ce pas ce que je savois avant qu'on se fût servi du mot *Modification*; & l'introduction de ce terme m'en apprend elle plus que je n'en savois déja?

Une chose que je ne saurois m'empêcher de remarquer en passant, c'est qu'il dit *que l'ame connoit par l'idée qu'elle a de l'étendue, que l'étendue est capable d'un nombre infini de figures*; ce qui est vrai: & peu après, *qu'il n'y a point de figures que les hommes, par l'idée qu'ils ont de l'étendue, ne reconnoissent être des Modifications des corps.* On pourroit

roit s'étonner que l'Auteur n'ait pas dit des *Modifications de l'étendue*, plutôt que *Modifications des corps*, puisque celles là font découvertes par l'idée de l'étendue. Mais la verité ne souffroit pas une telle expression. Car il est certain que dans l'espace pur ou l'étendue qui n'est pas terminée, il n'y a nulle distinction de figures, quoiqu'il y en ait dans les corps, qui sont distincts & terminés: parce que l'espace simple ou l'étendue étant en elle même uniforme, inseparable, & immobile, elle n'admet aucune Modification ni distinction de figures. Mais elle est *capable*, dit-on, & de quoi ? De corps de toutes sortes de figures & de toutes sortes de grandeurs, sans lesquels il n'y a aucune distinction de figures dans l'espace. Les corps, qui sont solides, separables, terminés, & mobiles, ont toutes sortes de figures; & il n'y a que les corps qui les ayent: de sorte que les figures sont proprement des *Modifications des corps*; car l'espace pur

pur n'eſt ni ne peut être terminé nulle part; & qu'il y ait des corps, ou qu'il n'y en ait pas, il eſt toujours uniformement continu. Ce que l'Auteur vient de dire ſi clairement, acheve de me convaincre, que les corps & l'étendue ſont deux choſes differentes; quoique ſa doctrine ſoit fondée à bien des égards ſur ce qu'il ne ſont qu'une ſeule & même choſe.

Le paragraphe qui ſuit ſert à nous faire voir la difference qu'il y a entre les *idées* & les *ſentimens*, qui conſiſte en ceci; *que les ſentimens ne ſont pas attachés aux mots*; de ſorte que *ſi quelqu'un n'avoit jamais vû de couleur ni ſenti de chaleur, on ne pourroit lui faire connoitre ces ſenſations par toutes les Definitions qu'on lui en donneroit*. Cela eſt vrai à l'égard de ce qu'il apelle *ſentimens*; mais il ne l'eſt pas moins à l'égard de ce qu'il apelle *idées*. Montrez-moi un homme qui n'ait pas acquis par l'experience, c'eſt-à-dire, par la vuë ou par le toucher, l'idée de l'eſ-

pa-

pace ou du mouvement; & je n'aurai pas plus de peine à faire comprendre par des paroles à un homme qui n'aura jamais senti la chaleur, ce que c'est que la chaleur, qu'à faire concevoir par des paroles ce que c'est que l'espace ou le mouvement, à celui qui ne les a pas apperçus par le moyen de ses sens. La raison qui nous porte à croire que les idées de l'étendue & celles qui y ont du rapport, nous viennent de quelque autre source que les autres idées, c'est que nos propres corps étant étendus, nous ne pouvons nous empêcher d'observer la distinction de parties qui est en nous mêmes; & tout ce qui sert à la conservation de notre vie, nous étant apliqué par le mouvement, il est impossible de trouver quelqu'un qui n'en ait acquis les idées par l'experience, & qui n'ait ensuite appris par l'usage de la parole, les mots qui désignent ces idées, & qui par l'accoutumance les excitent dans son esprit. Ainsi que les noms de chaleur

&

& de plaisir, excitent dans l'esprit de ceux qui les ont sentis par l'expérience, les idées auxquelles l'usage les annexés. Je ne dis pas cela comme si les Mots ou les Definitions pouvoient nous donner ou nous faire revenir dans l'esprit l'une plutôt que l'autre de ces idées que j'apelle *idées simples*. Ces Mots peuvent seulement exciter par l'usage ces idées, dans l'esprit de ceux qui les ayant déja acquises par l'experience, savent que l'usage a annexé à ces idées certains sons, comme des signes auxquels on les pourra reconnoître.

La quatrieme maniere de connoitre les choses, est par conjecture; & ce n'est qu'ainsi que nous connoissons les ames des autres hommes, & les intelligences pures. C'est-à-dire, nous ne les connoissons point du tout; mais nous croyons seulement qu'il est probable que de tels êtres existent *in rerum natura*. Cela me paroit hors d'œuvre, & l'Auteur semble s'écarter de son sujet, qui à mon avis,

avis, étoit d'examiner quelles sont les idées que nous avons, & d'où nous les avons. Desorte qu'il ne s'agit plus de sçavoir si les ames des hommes ou les intelligences pures existent actuellement quelque part; mais quelles idées nous avons de ces êtres, & d'où les idées nous en viennent. Car lorsqu'il dit que nous ne connoissons les Anges, ni *en eux-mêmes*, ni *par leurs idées*, ni *par conscience*; le mot *Ange* que signifie-t-il dans cet endroit là? Quelle idée donne-t-il à l'Auteur? N'est ce qu'un signe qui n'a point d'idée, ou un pur son sans aucune signification marquée? Celui qui lira ce septieme Chapitre avec attention, trouvera que nous ne poussons les idées simples qu'aussi loin precisément que va notre experience; & qu'au de là nous ne connoissons rien non pas même les idées qui sont en nous mêmes, si ce n'est, qu'elles sont des perceptions de notre esprit, excitées d'une maniere qui nous est cachée.

Dans

EXAMEN

Dans les *Eclaircissemens* sur la nature des idées pag. 535. de l'Edition in-quarto, l'Auteur dit une chose que je n'entens pas bien, savoir, *qu'il est certain que les idées des choses sont immuables*. Car comment puis je savoir que la peinture d'une chose ressemble à cette chose, tandis que je n'ai jamais vû la chose même ? Si ces mots ne signifient pas que les idées sont des representations vraies & immuables des objets qu'elles nous representent, je ne vois pas à quoi ils peuvent servir. Car enfin si ce n'en est pas là le sens, ce sera donc celui-ci, que l'idée que j'ai eue une fois, sera invariablement la même, tant qu'elle reviendra la même dans ma memoire, & dès qu'une autre idée differente se presentera, la premiere ne sera pas cette derniere. Ainsi par exemple tant que l'idée d'un cheval, ou d'un centaure, revient dans l'esprit, ce sera invariablement l'idée de ces animaux ; ce qui en d'autres mots dit seulement, que la même idée sera toujours la même idée. Mais qu'aucune de ces idées soit la vraie representation de quelque chose qui existe, c'est ce que, sur les principes de l'Auteur, ni lui ni aucun autre homme du monde ne peut savoir.

A l'égard de cette *raison universelle, qui éclaire tout homme, & à laquelle tous les hommes participent*, dont l'Auteur parle au même endroit de ses *Eclaircissemens*; elle n'est autre chose, à mon avis, que la puissance qu'ont tous les hommes de comparer leurs differentes idées ensemble, & de trouver par le moyen de cette comparaison, les relations qu'il y a entr'elles. De sorte que si deux êtres intelligens, dont l'un seroit à un bout du Monde & l'autre à l'autre bout, consideroient les nombres 2 fois 2, & 4, l'un & l'autre de ces êtres ne manqueroit pas de les trouver égaux, c'est-à-dire, qu'ils sont le même nombre. Ces relations à la verité sont *infinies*, & Dieu qui connoit toutes choses, en connoit aussi les relations,
&

& ainsi sa connoissance est infinie. Mais les hommes ne sont capables de decouvrir plus ou moins de ces relations, qu'autant qu'ils apliquent leurs esprits à considerer certaines sortes d'idées, pour trouver des idées mediates au moyen desquelles on puisse voir la relation qu'il y a entre ces idées qui ne peuvent pas être comparées immediatement. Mais alors je ne comprens pas ce que l'Auteur entend par cette *raison infinie* que les hommes consultent. S'il veut dire que les hommes considerent une partie de ces relations des choses, qui sont infinies, cela est très vrai; mais dans ce sens là *raison infinie* seroit une expression fort impropre, & j'ai de la peine à penser qu'un Auteur tel que le P. Mallebranche s'en servît pour ne signifier que cela. Que s'il veut dire, comme il le dit effectivement pag. 536. que cette raison universelle & infinie à laquelle les hommes participent, & qu'ils consultent, est la Raison de Dieu même, je n'en puis nullement convenir. 1. Parce qu'il me semble qu'on ne peut pas dire en quelque sens que ce soit que Dieu raisonne; car il voit toutes choses d'un seul coup d'œil. La Raison est bien éloignée d'une telle intuition: elle n'est qu'un progrès lent & pénible dans la connoissance des choses, qui demande que l'on compare une idée avec une seconde, cette seconde avec une troisieme, celle-ci avec une quatrieme &c. pour trouver enfin la Relation qu'il y a entre la premiere & la derniere, & que l'on cherche des idées mediates qui nous puissent découvrir la relation que nous desirons de trouver, que nous trouvons quelquefois, & que quelquefois aussi nous ne trouvons pas. Cette voye si pénible, si incertaine, si bornée, de trouver la verité, n'est donc propre qu'aux hommes c'est-à-dire à des entendemens finis, & ne peut nullement être supposée en Dieu. C'est donc en Dieu entendement ou connoissance. Mais 2. si le P. Malle-

bran-

branche entend que nous consultons son entendement, c'est de quoi je ne saurois convenir non plus. Dieu m'a donné mon propre entendement, & je serois presomptueux si je supposois que j'apperçois quelque chose par l'entendement divin, que je vois avec ses yeux, ou que je participe à sa connoissance. Je croi plus possible que je voye avec les yeux, ou que j'apperçoive avec l'entendement des autres hommes, qu'avec celui de Dieu; puisqu'il y a quelque proportion entre mon entendement & celui d'un autre homme, & qu'il n'y en a aucune entre l'entendement de Dieu & le mien. Que si enfin cette *raison infinie* que nous consultons, ne signifie que ces relations infinies & immuables des choses entr'elles, dont nous decouvrons quelques-unes avec assez de peine, ce que l'Auteur a dit est vrai, mais je ne vois pas qu'il fasse beaucoup à sa Doctrine *qu'on voit toutes choses en Dieu*, & *que si nous ne voyons pas toutes choses par l'union naturelle de nos esprits avec la raison universelle & infinie, nous n'aurions pas la liberté de penser à toutes choses*; ainsi qu'il s'en exprime pag. 538. Pour éclaircir encore davantage cette *raison* universelle, ou cet *ordre*, comme il l'apelle p. 539. l'Auteur nous dit; *qu'il est certain que Dieu renferme en lui-même d'une maniere intelligible les perfections de tous les êtres qu'il a créés, ou qu'il peut créer.* D'une maniere qui soit intelligible à Dieu même, d'accord; mais qui soit intelligible à nous qui sommes des hommes, c'est ce que je ne trouve pas: à moins que par *renfermer en lui-même les perfections de toutes les créatures*, on n'entende qu'il n'y a aucune perfection dans quelque créature que ce soit, qui ne soit plus grande en Dieu, ou bien, qu'il y a en Dieu un plus grand degré de perfection, que ne seroit l'aggregé de toutes les perfections de toutes les créatures mises ensemble. Et quand même ce que

l'Au-

l'Auteur ajoute immediatement après, que *c'est par ces perfections intelligibles que Dieu connoit l'essence de toutes choses*, seroit vrai ; il ne s'ensuivroit-il pas de là, ni de quelque autre chose que l'Auteur ait encore dite, que ces *perfections de Dieu* qui renferment les perfections de toutes les créatures, soient les *objets immediats* de l'esprit de l'homme, ni même qu'elles soyent l'objet de l'esprit de l'homme de maniere que l'homme puisse voir dans ces perfections les essences des créatures. Car je demande, dans quelle perfection de Dieu est ce qu'on voit les essences d'un cheval ou d'un ane, d'un serpent ou d'un pigeon, de la cigue ou du persil ? Pour moi j'avoue que je ne vois pas l'essence d'une seule de ces choses dans aucune des perfections de Dieu dont j'ai quelque idée ; car en effet je n'en vois l'essence en nul sens, ni ne comprens pas en quoi elle consiste. C'est pourquoi je ne comprens pas non plus la force de cette
con-

conclusion de l'Auteur, *donc les idées ou les perfections qui sont en Dieu, lesquelles nous representent ce qui est hors de Dieu, sont absolument necessaires & immuables.* Que les perfections qui sont en Dieu soient necessaires & immuables, j'en tombe facilement d'accord. Mais que les idées qui sont intelligibles à Dieu, ou qui sont dans l'entendement de Dieu, (car c'est ainsi qu'il faut que nous en parlions puisque nos conceptions touchant la Divinité sont à la maniere des hommes) nous soyent visibles, ou que les perfections qui sont en Dieu nous representent les essences des choses qui sont hors de Dieu; c'est ce qui est tout à fait inconcevable. Pour moi l'essence de la matiere, autant que je la comprens, consiste en l'étenduë, la solidité, la divisibilité, & la mobilité : mais en quelle perfection de Dieu vois-je cette essence? Selon d'autres, comme qui diroit notre Auteur même, l'essence du corps est peut-être toute autre cho-

chose; & quand il nous aura appris, ce que c'est selon lui que l'essence du corps, il faudra considerer en quelle perfection de Dieu il la voit. Qu'elle soit, par exemple, l'étenduë seule: l'idée donc que Dieu avoit de l'essence du corps avant que le corps fut créé, étoit l'idée de l'étenduë toute pure; lors donc que Dieu créa le corps, il créa l'étenduë, & alors l'espace, qui n'existoit pas encore, commença d'exister. Voila ce que je ne saurois comprendre. Mais encore un coup, nous voyons dans les perfections de Dieu les essences nécessaires & immuables des choses. L'Auteur donc voit en Dieu une essence du corps, & moi j'en vois une autre: laquelle des deux est cette essence nécessaire & immuable du corps qui est renfermée dans les perfections de Dieu? Est-ce celle que le P. Malebranche voit; est-ce celle que je vois moi-même? Ou, pour mieux dire, comment savons-nous, comment même pouvons-nous savoir qu'il existe dans le monde une chose telle que le corps ? Car nous ne voyons que les idées qui sont en Dieu; pour le corps même, nous ne le voyons pas, ni ne le pouvons voir. Comment saurions nous donc que le corps existe, vû que nous ne le pouvons pas appercevoir par le moyen de nos sens, moyen unique que nous ayons de connoitre que quelque chose de corporel existe? Mais, dit-on, sur ce que les corps sont présens à notre esprit, Dieu nous en fait voir les idées en lui-même. Cela est avancé *gratis* & sans fondement, & on suppose la chose même dont il est question. Car je demande qu'on me prouve, que les corps sont actuellement présens. Je vois le Soleil, par exemple, & un cheval; non, repond l'Auteur, cela est impossible, ils ne peuvent pas être vûs, parce qu'étant des corps, ils ne peuvent pas être unis à l'esprit, ni lui être présens. Mais le Soleil étant levé, & le cheval étant approché à une distance convenable, & les deux corps étant ain-

ainsi presens à nos yeux, Dieu vous en montre les idées en lui-même. Moi, je dis que Dieu m'en montre les idées sans que de tels corps soyent du tout presens à mes yeux. Car lorsque je crois voir une étoile à quelque distance de moi, étoile pourtant que je ne vois pas réellement, & dont je n'ai que l'idée que Dieu m'en montre; je voudrois bien qu'on me fît voir pourquoi cette étoile existe à un million de millions de lieuës de moi lorsque je la croi voir de mes yeux, plutôt que lorsque je la croi voir en songe. Et, pour me servir d'un autre exemple, jusqu'à ce qu'on m'ait prouvé qu'il y a actuellement à présent dans ma chambre une chandelle à la lumiere de laquelle j'écris ceci; on aura beau dire, qu'à l'occasion de la presence de cette chandelle je vois en Dieu l'idée de sa flame pyramidale: ce sera toujours une petition de principe. Pour me convaincre que c'est à l'occasion de la presence d'une chandelle que Dieu me découvre l'idée de cette chandelle, il faut de toute necessité commencer par me prouver que cette chandelle est actuellement presente. Or, c'est ce qui ne se prouvera jamais par les principes de l'Auteur.

De plus, *nous voyons dans les perfections de Dieu les essences necessaires & immuables des choses. L'eau, une Rose, & un Lion, ont chacun leurs essences distinctes non seulement entr'eux, mais de toutes les autres choses.* Je voudrois donc savoir ce que sont ces essences distinctes, car pour moi je n'en vois aucune, ni en Dieu ni hors de Dieu : dans laquelle des perfections de Dieu est-ce que nous en voyons chaque essence particuliere?

A la pag. 504. on trouve ces paroles : *Il est évident que les perfections qui sont en Dieu, lesquelles representent les êtres créés ou possibles, ne sont pas toutes égales, en tant que representatives de ces êtres; que celles, par exemple, qui representent les corps, ne sont pas si viables*

bles que celles qui representent les esprits; & qu'entre celles-là mêmes qui ne representent que des corps ou que des esprits, il y en a de plus parfaites les unes que les autres à l'infini. Cela se conçoit clairement & sans peine, quoiqu'on trouve beaucoup de difficulté à accorder la simplicité de l'être divin avec cette varieté d'idées intelligibles qu'il renferme dans sa sagesse. Cette difficulté me paroît insurmontable, il y a même grande apparence qu'elle le sera toujours jusqu'à ce que j'aye trouvé le secret de faire que la simplicité & la varieté soient une seule & même chose. Et cette difficulté embarrassera toujours une Doctrine qui suppose que les perfections de Dieu nous representent tout ce que nous appercevons des créatures. Car en ce cas là il faudroit qu'il y eût une varieté presque infinie de ces perfections, & qu'elles fussent toutes aussi distinctes que le sont les idées qui nous representent les créatures. Cela pa-

paroit supposer que Dieu renferme en lui même toutes les idées distinctes de toutes les créatures, & qu'il les renferme de maniere qu'elles peuvent être vuës l'une après l'autre. Mais malgré tout ce qu'on a dit de l'abstraction, de telles conceptions ne me paroissent gueres moins grossieres que celles qu'on auroit des ébauches de tous les tableaux qu'un peintre auroit jamais faits, & qu'il garderoit dans son cabinet, pour les y laisser voir l'un après l'autre, dans le tems & de la maniere qu'il le trouveroit à propos. Ainsi tant que les pensées abstraites ne produisent rien de plus instructif que tout ce système, je n'aurai aucun regret de rester enveloppé dans mon ignorance, qui sans tant de subtilité me conduit à ce petit nombre de principes. Dieu est un être tout simple, qui par sa connoissance infinie sait tout ce qui est possible, & qui par sa toute-puissance fait tout ce qui est possible. Mais comment le sait-il, comment le fait-il,

c'est

EXAMEN.

c'est ce que je ne conçois pas. Les manieres dont il connoît, & celles dont il crée, sont également incomprehensibles; & si elles ne l'étoient pas, je ne pourrois pas croire qu'il fût Dieu, ni que sa connoissance fût plus parfaite que la mienne. C'est à quoi il semble que le P. Mallebranche revienne enfin, lorsqu'il parle de la variété d'idées intelligibles que Dieu renferme dans sa sagesse; car par là parce qu'il mettre cette variété d'idées dans l'esprit ou dans les pensées de Dieu, si j'ose m'exprimer ainsi, (ce qui, pour le dire en passant, augmente la difficulté de concevoir comment nous les pouvons voir) & non pas, comme il avoit fait ci-dessus, dans l'être de Dieu où elles sont visibles comme autant de choses distinctes.

LET-

LETTRES DIVERSES DE Mr. LOCKE ET DE Mr. DE LIMBORCH,

Contenant quelques Remarques sur deux livres intitulez, le Christianisme Raisonnable & Essai concernant l'Entendement Humain.

I. LETTRE

De Mr. de Limborch à Mr. Locke.

MONSIEUR. *A Amsterdam le 8 d'......
MDCXCVII.*

JE vous écrivis dans le mois de Mars précédent assez au long. Depuis ce tems-là je me suis trouvé dans la compagnie de quelques personnes de la la premiere distinction où la conversation, qui fut très variée, tomba sur l'ouvrage dont je vous ai mandé autrefois, ce que je pensois; il n'y eut qu'une voix & tout le monde le loua beaucoup. Un seul parut n'être pas absolument satisfait du titre; il dit qu'il est trop foible par rapport à l'importance de la matière qui en est l'objet; en cela, ajouta-t-il, cet Auteur ne ressemble gueres à la plûpart des Ecrivains, qui ont coutume de donner des titres pompeux à des livres très mediocres, lui au contraire, a donné un titre simple à un très bon livre, mais quoique cette grande modestie soit d'autant plus digne d'éloge qu'elle est plus rare, il auroit pourtant été mieux que le titre eût repondu en quelque sorte à la beauté de l'ouvrage, & excité la curiosité du lecteur. Un autre, c'est celui qui vous a recommandé il y a quelque tems notre ami M. Sladus, ce qui s'il vous plaît demeurera entre nous, reprit qu'il avoit lu déja deux fois le Traité du Chris-

Christianisme Raisonnable, qu'il en avoit été charmé, que l'Auteur avoit prouvé très solidement ce qu'il semble avoir eu principalement en vûë, à sçavoir quel étoit le véritable objet de la Religion Chrétienne, & qu'enfin il n'y avoit qu'une seule chose qui lui eut fait de la peine. Voici ce que c'est, Monsieur. Il n'auroit pas voulu que dès le commencement du livre on eût rejetté & combattu le sentiment ordinaire sur le péché originel, parce que cela étoit inutile au dessein principal de l'Auteur, & qu'il est à craindre que ceux qui ont là dessus une opinion differente de la sienne, ne soient rebutez de son debut, ne se previennent contre lui & ne lisent plus avec tout le sang froid nécessaire la suitte de son ouvrage. Il eut mieux valu s'insinuer d'abord dans leur esprit, & les rendre ainsi capable de faire usage de leur jugement dans l'examen d'un sentiment, vrai en lui même, mais moins conforme à la façon ordinaire de penser du

com-

commun de Theologiens, qui veulent toujours ajouter aux dogmes de la Religion quelque chose qui distingue & qui separe leur communion de toutes les autres. Le moïen de faire revenir ces gens là de leur erreur est plutôt de gagner leur bienveillance que de les effaroucher par l'assertion d'un dogme qu'ils n'approuvent pas. Je vous marque avec franchise ce que ces Messieurs reprirent dans le Traité du Christianisme raisonnable. De là on passa à d'autres matieres, & l'on parla des argumens qui pouvoient servir à prouver d'une maniere solide l'unité de Dieu. Une personne de consideration protesta qu'elle en cherchoit de demonstratifs pour établir que l'être éternel, très parfait & existant par lui-même devoit être unique, & qu'il manquoit quelque chose à ceux qu'avoit emploïez Grotius dans le I. livre de son Traité de la Religion Chrétienne. Il ajouta qu'il avoit oui dire qu'on traduisoit en François votre Traité de l'entendement

ment humain, qu'il avoit une grande confiance en vos lumieres, & qu'il lui tardoit beaucoup que cette version fut achevée. Il me demanda ensuite si vous y étiez entré dans les preuves de l'unité d'un être existant de soi-même. A quoi je fus contraint de repondre que l'ignorance de la langue Angloise ne m'aïant pas permis de voir votre Essai, je ne sçavois pas si vous y traitiez cette matiere. Là-dessus il me pria serieusement de vous écrire & de vous recommander si vous aviez obmis cette importante question de faire une addition à votre ouvrage où vous appuyassiez l'unité d'un être independant sur des raisons fortes & solides. Il est évident disoit-il, que cela est ainsi; mais enfin j'en voudrois voir ce qu'on appelle une demonstration. Il y a trois jours qu'il envoya pour s'informer si j'avois écrit, & si vous m'aviez honoré d'une reponse. Je ne crois pas que l'envie qu'il m'avoit marqué de sçavoir votre sentiment fût

fût si vive; mais puisqu'il a cette affaire si fort à cœur, je sens bien que je ne dois pas différer davantage à vous écrire. Aïez donc la bonté, Monsieur, si vos affaires vous le permettent, de me marquer ce que vous pensez & de tourner vôtre lettre de façon, que je la lui puisse communiquer, & qu'il ne puisse appercevoir en aucune sorte que je vous ai parlé de lui. Qu'il paroisse seulement qu'aiant entendu d'habiles gens disputer sur cette matiere, & l'un d'eux qui vous estime infiniment aïant temoigné souhaitter sçavoir quelles sont vos idées & que vous les developpassiez dans l'Essai concernant l'entendement humain ; je vous ai fait part de cette conversation. Vous voyez, Monsieur avec quelle franchise j'agis avec vous & ce que j'ose me promettre de vôtre amitié.

J'ai fait depuis peu un petit voïage à la Haye, & j'ai eu l'honneur d'y saluer Mylord Comte de Pembroke. Je causai une heure entiere avec lui, &
mê-

même sur des matieres de Religion, & je ne vous diſſimulerai point que je ne fus pas peu ſurpris de trouver tant de connoiſſances de ce genre dans un homme de ſon rang. Sa converſation me plût ſi fort que je croiois n'avoir été avec lui qu'une demi-heure, & je m'apperçus en ſortant que ma viſite avoit duré plus d'une heure entiere. Je ſouhaitte pour le bonheur de l'Angleterre qu'il vive longtems & pour l'avantage des Lettres que vous jouiſſiez d'une ſanté qui vous permette d'achever les beaux ouvrages que vous meditez. Je ſalue Madame Masham * & ſuis &c.

* Fille du fameux Mr Cudworth & amie de Mr. Locke. Voiez ſa vie à la tête de la de ce dernier traduction de l'Eſſai ſur l'entendement humain par Mr. Coſte.

II LET-

II LETTRE

De Mr. Locke à Mr. de Limborch *.

MONSIEUR.

SI mon nom est venu à la connoissance de ces habiles gens avec qui vous vous entretenez quelquefois, & s'ils daignent parler de mes écrits dans les conversations que vous avez avec eux, c'est une faveur dont je vous suis entiérement redevable. La bonne opinion que vous avez d'une personne que vous voulez bien honorer de votre amitié, les a prevenus en ma faveur. Je souhaiterois que mon Essai concernant l'Entendement fût écrit dans une langue que ces excellens hommes pussent entendre, car par le jugement exact & sincere qu'ils porteroient de mon ouvrage je pourrois compter surement sur ce qu'il y a de vray ou de faux, & sur ce qu'il y peut avoir

de

* Cette Lettre a été écrite originairement en François par Mr. Locke jusqu'à l'apostille exclusivement, qui est Latine.

de tolerable. Il y a sept ans que ce livre a été publié. La premiere & la seconde Edition ont eu le bonheur d'être generalement bien reçues : mais la derniere n'a pas eu le même avantage. Après un silence de cinq ou six années on commence d'y découvrir je ne sçai quelles fautes dont on ne s'étoit point apperçu auparavant ; & ce qu'il y a de singulier, on pretend trouver matiere à des controverses de Religion dans cet ouvrage, où je n'ai eu dessein de traiter que des questions de pure speculation philosophique. J'avois resolu de faire quelques additions, dont j'ai déja composé quelques-unes qui sont assez amples, & qui auroient pû paroitre en leur place dans la quatrieme Edition que le Libraire se dispose à faire ; & j'aurois volontiers satisfait à votre desir ou au desir d'aucun de vos amis en y inserant les preuves de l'unité de Dieu qui se presentent à mon esprit. Car je suis enclin à croire que l'unité de Dieu peut être aussi evidemdemment démontrée que son existence, & qu'elle peut être établie sur des preuves qui ne laisseroient aucun sujet d'en douter. Mais j'aime la paix, & il y a des gens dans le monde qui aiment si fort les criailleries & les vaines contestations, que je doute si je dois leur fournir de nouveaux sujets de dispute.

Les remarques que vous me dites que d'habiles gens ont faites sur le *Christianisme Raisonnable* sont sans doute fort justes, & il est vrai que plusieurs lecteurs ont été choquez de certaines pensées qu'on voit au commencement de ce livre, lesquelles ne s'accordent pas tout à fait avec des doctrines communément reçues. Mais sur cela je suis obligé de renvoier ces Messieurs aux deux deffenses que l'Auteur a faites de son ouvrage ; car aïant publié ce petit livre, comme il le dit lui-même, principalement afin de convaincre ceux qui doutent de la Religion Chrétienne, il semble qu'il a été conduit à traiter ces matieres malgré lui, car pour rendre son livre utile aux Deistes, il ne pouvoit point se taire entierement sur ces Articles; auxquels ils s'aheurtent dès qu'il veulent entrer dans l'examen de la Religion Chrêtienne. Je suis, Monsieur &c.

A Londres du 29 d'Octobre
MDCXCVII.

P. S.

Ne soyez pas surpris, Monsieur, si je reponds en François à votre Lettre Latine du VIII. de ce mois, & rejettez en s'il vous plaît la faute sur des affaires sans nombre qui ne me laissent aucun loisir, & sur ce que j'ai perdu l'habitude d'écrire couramment en Latin. J'ai compris par votre lettre que ma reponse devoit être communiquée à quelques personnes & il m'a paru peu seant d'exposer la negligence de mon stile à leur critique, car il y auroit lieu de craindre que les deffauts que votre bonté & votre amitié

mitié pour moi vous font excuser, ne trouvassent pas également grace auprès des autres lecteurs, & qu'ils n'en fussent rebutez ou tout au moins embarrassez. Voila, Monsieur, ce qui m'a déterminé à écrire d'abord en Anglois & à la hâte ce que j'avois à vous dire, & je l'ai fait ensuitte traduire en François par un homme de cette nation. Depuis que l'Evêque de Worchester m'a attaqué & l'on peut bien dire, de propos deliberé, le haut clergé est merveilleusement dechainé contre mon livre, & cette Dissertation qu'on a tant louée d'abord se trouve aujourd'huy, par une étrange métamorphose, remplie d'erreurs, ou contient au moins d'une maniere cachée les fondemens de toutes les erreurs, ceux même du pyrrhonisme; & les personnes pieuses ne sçauroient emploïer leurs soins plus utilement qu'à découvrir un venin si subtilement préparé. Pour venir à ce qui regarde l'unité de Dieu, je conviens, Monsieur, que les preuves de Grotius ne
font

font pas entierement satisfaisantes. Mais croïez vous qu'il y ait quelqu'un qui étant persuadé de l'existence de Dieu, puisse douter de son unité ? Pour moi je ne l'ai jamais révoquée en doute; cependant les reflexions que j'ai eu occasion de faire sur cette matiere m'ont convaincu qu'elle dependoit de pensées plus relevées que ne le sont celles que l'on a communement, & je crois que pour prouver philosophiquement & même physiquement l'unité de Dieu, il faut s'y prendre tout autrement que ne fait la foule des Philosophes. Cela, Monsieur, n'est que pour vous.

III LETTRE

De Mr. de Limborch à Mr. Locke.

MONSIEUR.

Votre Lettre du xxix d'Octobre dernier m'a été rendue, & j'en ai fait part aussitôt au Seigneur dont les
in-

instances reiterées m'avoient engagé à vous écrire. Pour moi, je trouve la question que l'on vous fait si évidente, que je ne crois pas qu'un homme qui est dans son bon sens puisse former là dessus le moindre doute. En effet la notion de la divinité renferme nécessairement l'unité, & comment cette unité pourroit-elle convenir à plusieurs Dieux? Aussi ne conçois-je point que quelqu'un qui reflechit avec un peu d'attention à ce que le mot de *Dieu* signifie, puisse jamais en soutenir la pluralité. Cependant comme nous voions que les Payens sont tombez dans cette erreur, & qu'il seroit inutile de leur opposer des passages de l'Ecriture de laquelle ils ne reconnoissent point l'autorité; il faut chercher dans nos lumieres naturelles des raisons propres à les convaincre. C'est ce que demande la personne en faveur de laquelle je me suis adressé à vous: Elle voudroit des argumens forts & solides qui demonstrassent qu'un être independant

& parfait doit être unique, persuadée que quand une fois ce principe aura été incontestablement établi, rien de si aisé que d'en deduire nos devoirs tant envers Dieu qu'envers le prochain. Ce Seigneur qui croit que Descartes a supposé & non prouvé cet attribut, a inventé une nouvelle demonstration, mais elle lui paroit trop subtile & l'esperance que vous lui donnez dans votre lettre de pouvoir en trouver une qui satisfasse de tout point, augmente en lui le desir de votre reponse. Il est faché des chicanes qu'on vous fait mal à propos, cependant comme il semble que vous craigniez en écrivant publiquement sur cette matiere de donner lieu, quoique contre votre intention, à de nouvelles querelles & à de nouveaux soupçons, il vous prie de lui mander en particulier votre sentiment, & s'engage volontiers au secret. Il n'a point du tout dessein de rendre publique votre lettre, il ne la souhaitte que pour son instruction,

pour

pour s'affermir dans la verité; enfin elle ne fera communiquée qu'à lui, à deux autres de mes intimes amis qui étoient prefens à notre converfation, & peut-être à M. le Clerc, fi vous m'en accordez la permiffion, car il n'a aucune connoiffance de tout ceci. Confiderez, s'il vous plait, Monfieur, que la grace que je vous demande obligera fenfiblement un homme de diftinction & que cette complaifance ne fçauroit vous compromettre, puisque votre écrit ne fera que pour des amis fideles & à qui même je n'en confierai jamais l'original. Authorifez moi à cela en me le recommandant fortement. Je ferois bien mortifié d'être caufe que vous vous rendiffiez plus fufpect au haut clergé de jetter des principes de Pyrrhonifme; je fçai trop que ces Meffieurs ne louent & ne blament que fur des impreffions étrangeres, & votre lettre m'a rappellé une des plus jolies fictions de l'Utopie de Thomas Morus. Il raconte que Raphael Hythlodée

lodée aïant parlé très doctement devant l'Archevêque de Cantorbery sur l'administration de la republique, un certain jurisconsulte branla la tête & fit la grimace en signe de mécontentement, ce qui fit que les autres auditeurs mepriserent ce qu'avoit dit Hythlodée; mais ce ne fut pas pour longtems, car l'Archevêque aïant témoigné que ces maximes lui plaisoient beaucoup, cette même assemblée qui ne les approuvoit pas un instant auparavant, revint sur l'heure & ne trouva plus d'expressions assez energiques pour marquer son admiration. Il est arrivé quelque chose de semblable à votre Traité. Lorsqu'il parut il y a six ans il fut reçû avec un applaudissement general; mais parce qu'aujourd'huy un Prelat d'une grande reputation s'éleve contre, bien des gens jugent qu'il fourmille d'erreurs, & qu'il y a des semences de pyrrhonisme; & c'est ainsi que le commun des theologiens a coutume de juger, par les yeux d'autrui, jamais par les siens.

Par

Par bonheur que votre lettre ne sera pas exposée à la critique de semblables personnages. Le pretexte que vous emploiez pour ne point écrire en Latin me couvre de confusion, & quel jugement devez vous faire de mes lettres dont le style comparé à celui des votres est detestable ? Croiez moi, Monsieur, celles même que vous écrivez le plus à la hâte sont non seulement pures & correctes, mais legeres, élegantes, & si vous n'en étes pas content, il m'est aisé de juger de ce que vous pensez des miennes. Cependant la confiance que j'ai en votre amitié me fait passer volontiers sur cette reflexion, je laisse couler librement toute ce qui se presente à ma plume, persuadé que votre bonté vous empeche de prendre garde de si près à mes deffauts. Si cependant vous continuez à vous servir de cette excuse, je vous avoue que j'en deviendrai plus timide à vous écrire. Ne la mettez donc plus en œuvre pour vous dispenser de nous re-

repondre; celle de vos importantes occupations est la seule que nous puissions recevoir, & nous vous prions de ne vous point incommoder. Vos lettres seront toujours bien reçues de quoi qu'elles traitent & quelque long-tems que vous les fassiez attendre; toutefois en nous en honorant au plutôt, vous nous obligerez doublement. M. le Clerc m'a remis la semaine passée votre Traité de l'Education des enfans traduit en Flamand; je vous remercie de ce beau present. Il est entre les mains de ma Femme & de ma Fille qui le lisent avec soin. Dès qu'elles l'auront achevé, je le lirai d'un bout à l'autre, ce que je leur ai recommandé de faire. Elles vous saluent, Monsieur, & moi je suis &c.

IV LETTRE

Du même au même.

A Amsterdam du 1 d'Avril
MDCXCVIII.

MONSIEUR.

LA sçavante lettre que m'avez fait l'honneur de m'écrire le 21. de Fevrier m'a été rendue le 21. de Mars. Je vous en ai déjà donné avis par un billet que mon fils devoit lui-même remettre en vos mains. Depuis nous l'avons reluë attentivement Mr. le Clerc & moi, mais quoique nous convenions l'un & l'autre que vous avez établi par des argumens incontestables l'unité de l'essence divine, & que votre raisonnement ses hors de prise, cependant, Monsieur, je n'ai pas cru devoir communiquer votre lettre que vous ne vous fussiez expliqué plus clairement. Je crains bien que pour n'avoir pas specifié avec assez de précision ce que le Seigneur dont il s'agit auroit desiré, je ne sois cause en partie de tout le mal. Il reconnoit, autant que je l'ai pû concevoir par ses discours, qu'il est évident qu'un être seul gouverne le monde; mais il cherche un argument qui prouve qu'un Etre dont l'existence est nécessaire doit être unique, & même il voudroit que cet argument eût pour base l'existence d'un pareil Etre, & qu'on pût conclure *à priori*, comme on parle dans les Ecoles & non *à posteriori* de la nature de cette existence nécessaire, qu'elle ne sçauroit convenir à plusieurs. Car, ajoutoit-il, j'ai avancé autrefois en discourant là-dessus avec diverses personnes que quand même il y auroit, outre le Dieu dont nous dependons, un Etre pareil, cet Etre n'auroit aucun rapport avec nous, & qu'il nous suffiroit toujours d'adorer Dieu & de l'aimer de tout notre cœur. Mais la question est de sçavoir s'il peut y avoir un tel Etre existant nécessairement, outre Dieu dont nous dependons

dons & dont l'existence est nécessaire. C'est là-dessus que si vous avez quelque chose à ajouter j'attendrai votre reponse; en attendant je garderai precieusement les premieres lettres sans les montrer à qui que ce soit. Adieu, Monsieur, & s'il y a eu par ma faute quelque mal entendu dans cette affaire, je vous prie de vouloir bien me le pardonner. Je suis &c.

V LETTRE

De Mr. Locke à Mr. de Limborch.

A Oates du 2. d'Avril
MDCXCVIII.

MONSIEUR.

LA question que vous m'avez proposée, vient de la part d'une personne d'un genie si vaste & d'une si profonde capacité, que je suis confus de l'honneur qu'il me fait de déferer si fort à mon jugement dans une
oc-

occasion où il lui seroit plus avantageux & plus sûr de s'en rapporter à lui-même. Je ne sçai quelle opinion vous avez pû lui donner de moi, seduit par l'amitié que vous me portez; mais une chose dont je suis fort assuré, c'est que si je ne consultois que ma propre reputation, j'éviterois d'exposer mes foibles pensées devant une personne d'un si grand jugement, & que je ne me hazarderois pas à regarder cet article comme une question à prouver: bien des gens étant peut-être d'avis qu'il vaut mieux le recevoir en qualité de maxime, parce que selon eux il est mieux établi sur les fondemens ordinaires, que si l'on tâchoit de l'expliquer par des spéculations & des raisonnemens auxquels tout le monde n'est pas accoutumé. Mais je sçai que la personne, par qui je crois que la question vous a été proposée, a l'esprit autrement tourné. Sa candeur & sa probité égalent sa science & ses autres grandes qualitez. S'il ne trouve pas mes

rai-

raisons assez claires & assez convainquantes, il ne sera pas pour cela porté aussitôt à condamner mon intention, ni à mal juger de moi sous pretexte que mes preuves ne sont pas aussi bonnes qu'il auroit souhaitté. Enfin moins il trouvera de satisfaction dans mes raisonnemens, plus il sera obligé de me pardonner, parce que, quelque convaincu que je sois de ma foiblesse, je n'ai pas laissé d'obéir à ses ordres. J'écris donc simplement parceque vous le voulez l'un & l'autre, & je veux bien que vous fassiez voir s'il vous plait ma lettre à cet excellent homme, & aux autres personnes qui se trouvent de votre conference. Mais c'est aux conditions suivantes. La premiere, que ces Messieurs me promettront de m'apprendre librement & sincerement leurs pensées sur ce que je dis; la seconde que vous jetterez cette lettre au feu, quand je vous prierai de le faire. A quoi je serois bien aise que vous eussiez la bonté d'ajouter
vous

même une troisieme condition; c'eſt que ces Meſſieurs me feront l'honneur de me communiquer les raiſons ſur les quelles ils établiſſent eux-mêmes l'unité de Dien.

La queſtion dont vous me parlez ſe reduit à ceci, *comment l'unité de Dieu peut être prouvée*, ou en d'autres termes, *comment on peut prouver qu'il n'y a qu'un Dieu*.

Pour reſoudre cette queſtion, il eſt néceſſaire de ſçavoir, avant que de venir aux preuves de l'unité de Dieu, ce qu'on entend par le mot de Dieu. L'idée ordinaire, & à ce que je crois, la véritable idée qu'ont de Dieu ceux qui reconnoiſſent ſon exiſtence, c'eſt qu'il eſt *un Etre infini, éternel, incorporel & tout parfait*. Or cette idée une fois reconnue, il me ſemble fort aiſé d'en deduire l'unité de Dieu. En effet un Etre qui eſt tout parfait, & pour ainſi dire, parfaitement parfait, ne peut-être qu'unique, parce qu'un Etre tout parfait ne ſçauroit manquer d'aucun des attributs, perfecfections & degrez de perfections qu'il lui importe plus de posseder que d'en être privé. Car autrement il s'en faudroit d'autant qu'il ne fût entiérement parfait. Par exemple, avoir plus de pouvoir est une plus grande perfection que d'en avoir moins, & avoir tout pouvoir, ce qui est être tout puissant, c'est une plus grande perfection que de ne l'avoir pas tout. Cela posé, deux Etres tout puissans sont incompatibles; parce que l'on est obligé de supposer que l'un doit vouloir nécessairement ce que l'autre veut, & en ce cas là l'un des deux dont la volonté est nécessairement determinée par la volonté de l'autre, n'est pas libre, & n'a pas par consequent cette perfection là; car il est mieux d'être libre, que d'être soumis à la volonté d'un autre. Que s'ils ne sont pas tous deux reduits à la nécessité de vouloir toujours la même chose, alors l'un peut vouloir faire ce que l'autre ne voudroit pas qui fût fait; au quel cas la volonté de l'un prévaudra sur la volonté de l'autre, & ain-

ainsi celui des deux dont la puissance ne sçauroit seconder la volonté, n'est pas tout puissant; car il ne peut pas faire autant que l'autre. Donc l'un des deux n'est pas tout puissant. Donc il n'y a ni ne sçauroit y avoir deux tout puissans & par conséquent deux Dieux.

Par la même idée de perfection nous venons à connoitre que Dieu est *omniscient*. Or dans la supposition de deux Etres distincts qui ont un pouvoir & une volonté distincte, c'est une imperfection de ne pouvoir pas cacher ses pensées à l'autre. Mais si l'un des deux cache ses pensées à l'autre, cet autre n'est pas *omniscient*, car non seulement il ne connoit pas tout ce qui peut être connu, mais il connoit pas même ce qu'un autre connoit.

On peut dire la même chose de la toute presence de Dieu: il vaut mieux qu'il soit par tout dans l'étendue infinie de l'espace, que d'être exclus de quelque partie de l'espace, car s'il est exclus de quelque endroit, il ne peut pas y operer, ni sçavoir ce qu'on y y fait, & par conséquent il n'est ni tout puissant, ni *omniscient*.

Que si pour aneantir les raisonnemens que je viens de faire, on dit que les deux Dieux qu'on suppose, ou les deux cens mille, (car par la même raison qu'il peut y en avoir deux, il y en peut avoir deux millions, parce qu'on n'a plus aucun moyen d'en limiter le nombre) si l'on oppose, dis-je, que plusieurs Dieux ont une parfaite toute puissance qui soit exactement la même, qu'ils ont aussi la même connoissance, la même volonté & qu'ils existent également dans le même lieu, c'est seulement multiplier le même Etre, mais dans le fonds & dans la verité de la chose, on ne fait que reduire une pluralité supposée à une veritable unité. Car de supposer deux êtres intelligens, qui connoissent, veulent & font incessamment la même chose & qui n'ont pas une existence separée, c'est supposer en paroles une pluralité, mais poser effectivement une simple uni-

unité; car être inséparablement uni par l'entendement, par la volonté, par l'action, & par le lieu, c'est être autant uni qu'un Etre intelligent peut être uni à lui-même; & par conséquent supposer que là, où il y a une telle union, il peut y avoir deux Etres, c'est supposer une division sans division, & une chose divisée d'avec elle-même.

Je me suis hazardé à vous écrire mes reflexions sur ce sujet, comme elles se sont presentées à mon esprit, sans les ranger dans un certain ordre qui pourroit servir peut-être à les mettre dans un plus grand jour si on leur donnoit un peu plus d'étenduë. Mais ceci doit paroitre devant des personnes d'une si grande pénétration, que ce seroit les amuser inutilement que de développer davantage mes pensées. Telles qu'elles sont je vous prie de m'en écrire votre opinion & celle de ces Messieurs, afin que selon le jugement que vous en ferez, je puisse, pour ma propre satisfaction les examiner de nouveau,

&

& leur donner plus de force, ce que ma mauvaife fanté & le peu de loifir qui me refte, ne me permettent pas de faire prefentement; ou bien les abandonner tout-à-fait comme ne pouvant être d'aucun ufage. Je fuis &c.

VI LETTRE

De Mr. de Limborch à Mr. Locke.

A Amfterdam le 16. de May
MDCXCVIII.

MONSIEUR.

VOus verrez par cette lettre que j'ai reçû votre derniere. Je courus auffitôt la lire à la perfonne pour qui elle étoit, mais comme elle étoit alors extrêmement occupée, elle voulut choifir un tems plus commode pour la relire avec plus de foin & en conferer auffi au long que le demandoit l'importance de la matiere. Son impatience ne lui a pas permis de differer longtems, & l'on vint il y a quelques jours me chercher de fa

sa part, j'y allai & nous relumes votre lettre. En supposant la definition que vous donnez de Dieu, il ne trouve rien à redire à vos argumens, car il est clair qu'un Etre souverainement parfait, ou ce qui revient au même, qui renferme en soi toutes les perfections, doit être unique; mais il voudroit une preuve de cette unité qui ne fût pas prise de la definition même de Dieu & qui au contraire conduisît à cette definition. Voici la methode dont il souhaitteroit qu'on se servît pour former cette demonstration. ◆ I. Il y a un Etre éternel, independant, existant nécessairement par sa nature, & qui se suffit à soi-même. II. Un tel Etre est un & il ne sçauroit y en avoir plusieurs. III. Cet Etre parcequ'il est unique, comprend en soi toutes les perfections & cet Etre est Dieu. Le Seigneur dont il est question convient que vous avez très bien prouvé dans votre Traité de l'Entendement humain la premiere de ces trois propositions, &
que

que les raisons que vous emploiez sont si conformes à celles qu'il avoit emploiées lui-même dans sa Demonstration, que votre raisonnement represente on ne peut pas mieux toutes ses pensées; c'est ce qui lui fait souhaitter avec d'autant plus d'ardeur de vous voir prouver la seconde, parcequ'après cela il n'y a plus de difficulté, & que la troisieme suit tout naturellement des deux premieres. C'est cette seconde qui l'embarasse, & il dit que tant les Theologiens que les Philosophes, Descartes lui-même, la supposent sans la prouver. Je ne doute pas, Monsieur, qu'il ne me découvre à la fin ce qu'il pense sur cette matiere, mais je me trompe, ou il n'en viendra là, que quand il aura vû ce que vous pensez vous même, & comparé vos idées avec les siennes. Pour moi, je crois qu'on pourroit douter s'il ne change point l'ordre des propositions, si celle qu'il met au troisieme rang ne devroit pas être au second, & celle qu'il met au second au troisieme. Je m'exm'explique. Quand on a prouvé qu'il y a un Etre éternel, independant, qui se suffit à lui-même, ne faudroit-il pas passer à dire que cet Etre renferme toutes les perfections, parce qu'il n'est pas possible qu'il en manque aucune à un Etre éternel, independant & qui se suffit, & conclure de là qu'il est un. A la vérité, on oppose à cette methode la difficulté suivante. Nous savons qu'il y *a deux natures dont l'essence est differente*, je me sers des termes de ceux qui la font, la pensée & l'étenduë. Or en supposant qu'il y a une pensée éternelle, independante & dont je depends, ne pourroit-on pas dire aussi qu'il y a une étenduë, ou une matiere éternelle, qui se suffit à elle même & qui à son tour est independante de la pensée éternelle. Il ne s'ensuivroit cependant en aucune sorte de cette supposition d'une matiere éternelle & independante, qu'elle fût douée de toutes les perfections; & voila pourquoi il semble qu'il faut prouver que l'être éter-

éternel & independant est un, avant que de pouvoir prouver qu'aucune perfection ne lui manque.

Mais quand la preuve de cette seconde proposition, c'est-à-dire qu'un Etre independant doit être unique, quand dis-je la preuve seroit impossible, cela ne fait rien à la Religion & ne diminue point l'obligation de n'adorer que cet Etre. La raison en est que je depends tout entier de l'Etre qui m'a produit, que ne je suis redevable qu'à lui seul, que je dois l'aimer de tout mon cœur, de toute mon ame, & obeir avec une soumission parfaite à tous ses commandemens. Que s'il y a un autre Etre que celui là, comme je ne depends point de lui, il ne me regarde en rien, & comme il ne peut exercer sur moi aucun pouvoir, nous n'avons ensemble aucune relation. Bien plus, il pourroit se faire que ces deux Etres ne se connussent pas, & que mutuellement l'un ne pût exercer son action sur l'autre; car puisque l'Etre dont il s'agit se suffit à lui-même, il ne peut par la proximité ou l'éloignement d'un autre être acquerir de nouvelles perfections ou perdre celles qu'il a, autrement il ne se suffiroit pas à lui même. Ainsi quoiqu'on vît avec plaisir demontrer évidemment qu'un Etre independant doit être unique, cependant si cette demonstration évidente n'est pas possible, la necessité & la perfection de la Religion n'en restent pas moins dans leur entier, puisqu'il n'en est pas moins vrai que je ne depends que d'un Etre seul. Voilà Monsieur, autant que j'ai pû entrer dans la pensée de ce Seigneur, un precis exact de la conversation que nous avons eue ensemble, voici à present mes propres reflexions.

Je n'ai pas vû la suitte du raisonnement dont vous vous servez dans votre Traité concernant l'Entendement Humain. Je ne doute pas neantmoins que vous n'aiez mis dans le plus beau jour qu'il y a un Etre dont vous dependez, lequel est éternel & se suffit

fit à lui-même; la preuve de cette verité eſt claire & aiſée: mais ſi vous avez prouvé que vous ne dependez que d'un Etre & qu'il implique contradiction que vous dependiez de pluſieurs c'eſt ce que j'ignore, & qu'il me ſemble que notre homme cherche. Son raiſonnement conclut bien que je depends d'un ſeul Etre, mais je ne vois pas qu'on ſoit en droit d'en inferer que je ne depends que d'un ſeul; l'un & l'autre eſt pourtant de la premiere propoſition, car on trouve dans la ſeconde qu'il n'y a point d'autre Etre éternel que celui dont je depends. Il paroit donc que l'on ſuppoſe également ici que je depends d'un ſeul Etre, du moins n'ai-je pas oui dire qu'on l'ait juſqu'ici prouvé bien diſtinctement, & c'étoit neantmoins par où il falloit commencer, & ce qu'il eût été néceſſaire de prouver, avant que de paſſer à la preuve de la premiere propoſition. Il falloit auſſi examiner ſi la droite raiſon permettoit de ſuppoſer une matiere

éter-

éternelle & se suffisant à soi-même: car enfin tout Etre éternel & qui se suffit est nécessairement parfait, ce qu'on ne sauroit dire de la matiere, laquelle est une substance passive & destituée de vie & de mouvement.

Tel est le genre de demonstration que ce Seigneur a voulu que je vous marquasse qu'il desiroit. Il me charge en même tems de vous saluer de sa part, & de vous remercier de la peine que vous avez bien voulu prendre pour lui; votre mauvaise santé lui fait de la peine, il vous la souhaitte meilleure, & vous exhorte pourtant à ne vous point fatiguer par une trop forte contention d'esprit, qu'elle ne soit bien raffermie. Alors, si vous voulez bien lui écrire votre sentiment sur la seconde proposition, il vous sera sensiblement obligé. Vous étes à present au fait de ses idées & c'est à vous de voir ce que vous avez à lui recrire. Je n'ai plus qu'un mot à ajouter; c'est qu'il ne m'a point demandé de copie de votre let-

lettre, & qu'il s'est soumis de bonne grace à la condition que vous aviez stipulée. J'étois resolu au cas qu'il m'en eût parlé de la lui refuser avec politesse ; mais en galant homme il ne m'a point exposé n'y ne s'est exposé lui-même au desagrement d'un refus. Je finis, Monsieur, en vous assurant que je suis &c.

VII LETTRE

De Mr. Locke à Mr. de Limborch.
A Oates le 21 de May
MDCXCVIII.

MONSIEUR.

SI ma santé ne me permettoit pas de satisfaire commodement à l'envie que j'ai de remplir les ordres de ce grand homme qui reçoit si favorablement mes reflexions, toutes mediocres qu'elles sont, il est pourtant vrai que je ne sçaurois la sacrifier pour une meilleure occasion que celle qui me porte à examiner le sujet où il m'a engagé & qui me fournit le moyen

yen de lui faire voir combien je suis prêt à lui obéir. Mais je ne pretends pas qu'en cette rencontre il me soit obligé d'un tel sacrifice; car si je ne hazarde point ma reputation auprès de lui, je suis fort persuadé que ma santé ne sera point interessée par ce que je vais écrire. Aiant affaire à un homme qui raisonne si nettement, & qui a si bien approfondi cette matiere, je n'aurai pas besoin de parler beaucoup pour me faire entendre, son extrême penetration lui fera sentir d'abord le fondement de la preuve que je vais proposer, de sorte que sans qu'il soit nécessaire que je m'engage dans de longues discussions, il pourra juger si elle est bien ou mal fondée.

Je ne puis m'empêcher de remarquer l'exactitude de son jugement par rapport à l'ordre qu'il a donné à ses propositions, & il est vrai, comme il la fort bien observé qu'en mettant la troisieme à la place de la seconde, les Theologiens, les Philosophes & Des-

car-

cartes lui-même supposent l'unité de Dieu sans la prouver.

Si par la question qui me fut d'abord proposée, j'eusse compris comme je fais presentement quel étoit le but de cet habile homme, je n'aurois pas envoyé la reponse que j'ai envoyée, mais une beaucoup plus courte & plus conforme à l'ordre de la nature & de la raison, où chaque chose paroit dans son meilleur jour.

Je croi que quiconque reflêchira sur soi-même, connoitra évidemment sans en pouvoir douter le moins du monde, qu'il y auſſi un Etre infini. Or je dis qu'il ne peut y avoir qu'un Etre infini, & que cet Etre infini doit être aussi l'Etre éternel, parce que ce qui est infini doit avoir été infini de toute éternité, car aucune addition faite dans le tems, ne sçauroit rendre une chose infinie, si elle ne l'est pas en elle-même & par elle-même & de toute éternité. Telle étant la nature de l'infini, qu'on n'en peut rien oter, & qu'on n'y peut rien ajou-

ajouter. D'où il s'ensuit qne l'infini ne sçauroit être separé en plus d'un, n'y être qu'un.

C'est-là selon moi une preuve *à priori* que l'Etre éternel, independant, n'est qu'un ; & si nous y joignons l'idée de toutes les perfections possibles, nous avons alors l'idée d'un Dieu éternel, infini, *omniscient* & tout puissant &c.

Si ce raisonnement s'accorde avec les notions de l'excellent homme qui doit le voir, j'en serai extrêmement satisfait. Et s'il ne s'en accommode pas, je regarderai comme une grande faveur s'il veut bien me communiquer sa preuve que je tiendrai secrette, ou que je communiquerai comme venant de sa part, selon qu'il le jugera à propos. Je vous prie de l'assurer de mes très-humbles respects. Je suis &c.

VIII LET-

VIII LETTRE

De Mr. de Limborch à Mr. Locke.

A Amsterdam le 1 de Juillet
MDCXCVIII.

MONSIEUR,

J'Ai communiqué la derniere lettre que vous m'avez fait l'honneur de m'écrire à la personne qu'elle regardoit. Elle a été fort sensible au nouveau travail que l'envie de satisfaire sa curiosité vous a porté à entreprendre, mais elle n'est point encore contente de votre preuve. Sa methode est de prouver I. Qu'il y a un Etre qui existe par lui-même & qui se suffit; ensuitte que cet Etre est unique & enfin qu'il renferme en lui toutes les perfections imaginables & par consequent qu'il est Dieu. Vous au contraire, Monsieur, vous supposez premierement qu'il est évident à tout homme qui reflêchit avec quelque sorte d'attention, qu'il y a un Etre infini, à qui on ne peut ni rien ajouter ni rien oter; ce qui est, dans l'idée de votre adversaire supposer qu'il y a un Etre souverainement parfait, & prouver la seconde these par une pure supposition de la troisieme, au lieu qu'avant que d'avoir droit d'affirmer celle-ci, il auroit fallu prouver celle-là. C'est ce qui est cause que je vous ai prié de considerer s'il ne seroit pas à propos de changer l'ordre qu'il donne à ces trois propositions, & si celle qu'il met la troisieme ne devroit pas être la seconde. A la verité pour que le raisonnement fût concluant il ne faudroit pas la supposer, mais en tirer la preuve du premier chef; ou si l'on adoptoit sa methode, il conviendroit d'établir d'abord que de l'existence d'un Etre éternel & qui se suffit à soi-même, on doit conclure qu'il est unique, & ensuitte qu'il est infini, c'est-à-dire infiniment parfait. Il ne m'a pas encore communiqué sa demonstration

tion & je commence à douter qu'il me la communique jamais. Ce qui vous arrête le retient aussi. Il apprehende la critique injuste des Theologiens, qui ont la bonne coutume de peindre avec les couleurs les plus affreuses & de taxer du nom odieux d'heresie, tout ce qui s'écarte le moins du monde des sentimens du vulgaire. J'essaierai pourtant, Monsieur, dans la longue conference que nous devons avoir ensemble, s'il ne seroit pas possible de lui faire dire de bouche, ce qu'il me paroit avoir une grande repugnance à donner par écrit. Je suis &c.

IX LETTRE

De Mr. de Limborch à Mr. Locke.

A Amsterdam le 12 de Septembre
MDCXCVIII.

MONSIEUR.

Depuis la derniere conversation dont je vous ai rendu compte, je n'ai pas eu occasion de revoir

Monsieur *** il a eu quelques petits accez de fievre, mais en recompense nous nous fommes entretenus un de ses amis & moi, qui ne goute point le syſtéme qu'il propoſe & dans lequel il établit qu'en ſuppoſant la penſée & l'étendue exiſtentes par elles mêmes, l'une n'auroit aucune connoiſſance de l'autre. A la verité, me dit cet ami, l'étendue n'auroit aucune connoiſſance de la penſée, mais il ne ſeroit pas poſſible que la penſée n'eût aucune connoiſſance de l'étendue; par ce que la penſée exiſtant par elle-même & ſe ſuffiſant, elle eſt infinie, & doit néceſſairement en vertu de *ſon infinité* avoir connoiſſance de l'étendue. Je lui repondis que ſon ami ne vouloit pas qu'on prouvât que toutes les perfections poſſibles conviennent à un Etre exiſtant par lui-même & qui ſe ſuffit, avant que d'avoir prouvé qu'un pareil Etre eſt unique, il ajouta qu'on devoit néceſſairement affirmer que cet Etre eſt infini, mais de ſa nature; que la penſée au contraitraire a simplement une science infinie & la matiere une étendue infinie, & encore si elle existe par elle-même. Comme cela ne me satisfaisoit pas, je repris que sur cet aveu on pourroit prouver que tous les perfections doivent être attribuées à la pensée & à l'étendue, puisque que quand on accorde une fois l'infinité, on est obligé d'accorder tout ce sans quoi l'infinité ne sçauroit se concevoir. Il ne nia pas cela & il me parut qu'il restoit enfin d'accord avec moi qu'on cherchoit inutilement une preuve de l'unité de Dieu par la méthode où son ami s'étoit jetté, mais qu'il falloit arranger les propositions de maniere que la seconde devînt la troisieme. Pour moi, Monsieur, je croirois volontiers que M. ** s'est proposé cette methode de prouver l'unité de Dieu comme la meilleure, & que ne pouvant y parvenir de luimême par cette voïe, il essaïe si les autres ne reussiront pas mieux que lui. J'ai bien de la peine à le croire, &

il

il me semble bien difficile d'établir qu'un Etre qui existe par la nécessité de sa nature ne peut être qu'un, avant que d'avoir prouvé qu'il a toutes les perfections qui accompagnent un Etre existant par la necessité de sa nature. Si M. a quelque chose de meilleur sur cette matiere, il feroit bien d'en faire part au public.

Le Professeur Van der Weeyen a publié depuis peu un petit Traité au devant du quel il a mis une preface virulente, où il tâche de refuter l'explication que Mr. le Clerc a donnée du commencement de l'Evangile selon S. Jean. Il n'y a ni bonne foi, ni bon sens dans cet ouvrage. Il s'y éleve à la fin contre moi, mais en peu de mots, sur ce que j'ai dit dans ma Theologie Chrêtienne que Mr. Burman avoit copié Spinoza au sujet de la toute puissance de Dieu (1). Van der Weeyen n'en disconvient pas; mais il nie que Mr. Burman fût

(1) Dans sa Synopsis Theologica.

fût Spinozifte; & c'eſt de quoi je ne l'ai jamais accuſé. Mr. le Clerc ni moi ne repondrons pas à un Ecrivain auſſi miſerable. J'ai chargé il y a quelque tems N. N. d'une lettre pour vous, mais il eſt encore à Rotterdam. C'eſt un homme habile & de bonnes mœurs; & ſachant bien que vous n'avez pas d'averſion pour un homme, préciſement par ce qu'il ne penſe pas comme vous ſur la Religion, je ne me ſuis point fait une peine de vous adreſſer celui-ci. Il vous apprendra les nouvelles de ce pays. J'ai vû cette ſemaine Mr. Guenelon qui m'a ſalué & fait des excuſes de votre part ſur ce que vous étes en reſte avec moi d'une reponſe. Surement, Monſieur, vos lettres ne font toujours un vrai plaiſir, & elles m'en font davantage à meſure qu'elles ſont plus frequentes; mais cependant je ne pretends point vous gêner, ni ne ſuis un creancier aſſez dur pour exiger que vous quittiez des occupations plus utiles pour m'écrire; auſſi n'attribuai-je point votre ſilence

à

à oubli, mais aux affaires dont je sçai que vous étes accablé. Mr. Guenelon m'a appris en même tems que vous vous disposiez à faire un voïage en France vers l'hyver, & il nous fait esperer que vous repasserez en Angleterre par la Hollande. Je souhaitte de tout mon cœur que ce projet s'exécute, s'il peut servir au retablissement de votre santé, & qu'il me procure la satisfaction de vous revoir après une si longue absence, de vous embrasser, & peutêtre de vous dire un dernier adieu. Je suis &c.

X LETTRE

De Mr. Locke à Mr. de Limborch.

MONSIEUR.

FAites moi, s'il vous plait, la grace de voir de ma part M. *** & de lui dire que je le prie instamment de me communiquer sa preuve de l'existence d'un Etre existant par soi-meme me & qui se suffit, puisque celle que j'ai envoïée ne lui paroit pas satisfaisante. Je ne voudrois pas me tromper moi-même en m'appuyant sur des raisons fausses ou foibles, & il ne doit pas refuser de m'instruire avec franchise, s'il en connoit de plus fermes & de plus solides. Au cas qu'il demande que tout cela reste entre nous, aïez la bonté, Monsieur, de repondre de moi & de ma discretion ; j'en ferai usage pour l'Edition du Traité concernant l'Entendement Humain laquelle est bien avancée, & le ferai de la maniere qu'il trouvera la plus convenable, c'est-à-dire, soit en lui en faisant honneur s'il veut, soit en supprimant son nom, s'il le juge plus à propos.

Je n'entens pas la façon de parler Cartesienne que j'ai trouvée dans votre lettre. Qu'est-ce qu'une *pensée infinie?* En verité, je ne saurois me persuader qu'il y ait une pensée qui existe de soi-même, mais bien une chose ou une substance pensante, de laquelle

le on peut affirmer qu'elle est finie ou infinie. Ceux qui aiment à s'exprimer autrement, me paroissent affecter de ne se pas faire entendre, ou renfermer sous cette expression quelque idée suspecte ; tout au moins comme elle favorise une hypothese qui n'est pas fort saine, ils semblent vouloir envelopper d'épaisses tenebres des sentimens qu'ils n'osent mettre au grand jour.

Ce que vous m'avez mandé du Professeur Van der Weeyen ne me surprend pas. Ces sortes de gens ont ils d'autres procedez ? Sont-ils capables d'en avoir ? Vous faites parfaitement bien Mr. le Clerc & vous de mepriser de semblables adversaires. J'attens avec impatience & votre lettre & la personne à qui vous l'avez confiée. Il m'est dejà cher sur votre recommandation, j'ai toujours crû qu'il falloit aimer & respecter les gens de bien. Que les autres excusent s'ils veulent mes erreurs ; pour moi qui connois mon ignorance & ma
foi-

foiblesse, la difference des sentimens ne me portera jamais à déclarer la guerre à qui que ce soit. Je fais profession d'être Chrêtien Evangelique & non *Papiste*.

Vous serez peut-être curieux, Monsieur, de sçavoir quelle idée j'attache à ces mots. La voici. Je partage en deux classes ceux qui font profession du Christianisme, en Evangeliques & en *Papistes*. Ceux-ci s'arrogent en consequence de l'infaillibilité qu'ils s'attribuent, un empire despotique sur les consciences. Mais les premiers n'aiant pour objet que la verité, cherchent seulement à s'en convaincre & n'emploient pour la persuader aux autres que des raisons fortes & solides. Compatissant aux erreurs de leur prochain, aiant toujours devant les yeux leur propre imbecillité, ils excusent dans les autres & demandent que l'on excuse en eux-mêmes la fragilité & l'ignorance humaine.

L'Hyver qui en s'augmentant devient

vient plus contraire à ma poitrine me chassera bientôt de la ville, d'où ma toux & mon asthme m'avertissent que je devrois déjà être parti L'envie que j'ai depuis longtems d'aller en France est bien rallentie, & je ne sçais pas encore si ce projet s'executera. En quelque endroit que je sois, Monsieur, comptez que j'y serai entierement devoué à votre service.

XI LETTRE

De Mr. de Limborch à Mr. Locke.

MONSIEUR.

C'Est ma mauvaise santé qui est cause que je n'ai pas encore eu l'honneur de repondre à votre derniere lettre. Une petite fievre m'a tenu quelques semaines, il s'y est joint ensuitte une colique violente, enfin graces à Dieu, je suis retabli & ai repris mes occupations ordinaires.

Je ne conçois pas mieux que vous, Mon-

Monsieur, l'expression Cartesienne dont je vous avois parlé, car je ne sçais ce que c'est qu'une pensée existante par elle même, mais bien une substance pensante ; cependant pour oter tout sujet de plainte à ces Messieurs, & pour qu'ils ne pussent pas reprocher qu'on exposoit mal leur sentiment, j'ai crû à propos de me servir de leurs propres termes. Quand je parle de moi-même, je n'ai pas accoutumé d'employer de pareilles expressions.

Vos reflexions sur les Chrêtiens Evangeliques & *Papistes* me paroissent vraies & sont excellentes. Je crois seulement qu'au lieu de faire deux classes, il vaudroit mieux dire qu'il se trouve dans toutes les communions du Christianisme des particuliers de l'un & de l'autre genre. Effectivement je ne puis me persuader qu'il y ait aucune communion assez corrompue pour n'avoir pas dans son sein ce que vous appellez des Chrêtiens Evangeliques. Sans doute te quoique le corps de l'Eglife Romaine faffe profeffion de Tyrannie, il s'y en trouve cependant de cette efpece, qui defapprouvent en fecret toute contrainte qui s'exerce fur les confciences, & qui fe feroient un grand fcrupule de juger ceux qui penfent differemment fur divers articles de la Religion. Il faut avouer auffi que quoique la communion Evangelique faffe au contraire profeffion de charité, on ne fauroit dire que tous les membres en foient fi parfaitement regenérez, qu'il n'y en ait quelques-uns qui oubliant leurs principes, favorifent dans leur ame la perfecution & voudroient oter aux autres la liberté de penfer dont ils font jaloux pour eux-mêmes. C'eft ainfi que dans notre fiecle la zizanie croitra toujours avec le bon grain. Quant à moi j'aime & je cheris comme freres tous ceux qui ont cet efprit de paix, de quelque communion qu'ils foient d'ailleurs. Mais cependant quoique je confidere les *Papiftes* comme membres

bres du même Christianisme que moi, je les regarde comme n'en aiant que le nom, & le peu de charité qui est la marque à quoi Jesus Christ veut qu'on reconnoisse ses disciples, m'empêche de les mettre au rang des membres de son corps mystique.

On doit remettre au libraire Churchill un pacquet, qu'il aura soin de vous envoïer; vous y trouverez, Monsieur, une Histoire de l'inquisition avec une lettre pour M. Cudworth-Masham, & trois exemplaires de ma deffense contre Jean Vander Weeyen, dont l'un vous est destiné, le second est pour Mr. Cudworth & le troisieme pour Mr. Coste. Mon adversaire se dit Reformé, vous jugerez par vous même quel nom il merite. J'ai obeï, en écrivant contre cet Auteur, aux exhortations de mes amis, mais enfin m'en voila quitte, je destine mes momens à de meilleures occupations & je ne crois pas que de pareilles discussions aient le pouvoir de m'en détourner dans la suite. Au res-

reste, Monsieur, pour que vous conceviez d'abord à quoi a rapport ce que je dis des espaces imaginaires au de là des Poles, je transcrirai quelques lignes d'un certain ouvrage de Mr. Vander Weeyen, où il reproche à Mr. Spanheim son ignorance dans la Geographie, lui qui est si neuf dans cette science qu'il ne sçait pas la difference qu'il y a entre les degrez de longitude & de latitude. Voici ses propres paroles. (*) *Enfin, Lecteur, si vous voulez rire, lisez la p. 298. de la Dissertation Historique. Vous y verrez qu'il (Spanheim) etend la longitude de l'Amerique au de là de* 180 *degrez, pour en placer peut-être une partie dans les espaces imaginaires; car jusqu'ici les Geographes n'ont pas mis plus de* 180 *degrez d'un pole à l'autre. Ainsi en plaçant l'Amerique au de là des poles, on ne saura plus où mettre les*

par-

(*) *Spanheim. Epist. ad amicum & nobilem Animadv.* p. 72 & seqq.

parties des terres arctiques & antarctiques. Que l'on juge, ajoute Mr. Vander Weeyen, des bevues que doit commettre Spanheim en traitant des mathematiques, puisqu'il lui en échappe de si lourdes dans une matiere beaucoup plus aisée. Un de ses amis l'aiant averti, il fit un carton, mais par malheur il étoit trop tard, le livre étoit repandu dans toute la Hollande, & se vendoit déjà dans les boutiques. Voila, Monsieur, l'habile homme avec le quel j'ai affaire. Je souhaite que le sejour de la campagne vous rende plus supportables les incommoditez de cet hyver. Je suis &c. *

* C'est ici la derniere lettre où il est parlé des preuves de l'unité de Dieu, il y a seulement un mot dans une des lettres que nous ne traduisons pas lequel nous apprend comment finit cette petite contestation. Comme vous ne me dites plus rien du Seigneur à qui j'ai communiqué mes idées, sur l'unité de Dieu je ne doute point que votre ami n'ait rencontré juste, en disant qu'il cherche une demonstration qu'il n'y a pas, quoiqu'il se vante d'en avoir une, & peut-être qu'il la cherchera inutilement, & qu'elle n'est pas même trouvable. L'Editeur des lettres de Mr. Locke remarque qu'il est étonnant que ce Philosophe, ce Seigneur & Mr. de Limborch eussent oublié que Spinoza avoit traité cette question. Epist. 34. 41. & dans Op. posthuma.

P 2 XII LET-

XII LETTRE

De Mr. de Limborch à Mr. Locke.

A Amsterdam le 20de Juillet
MDCC.

MONSIEUR.

IL y a quelque tems que j'ai reçu de votre part le Traité de l'Entendement humain traduit en françois. Je vous rends de très humbles actions de graces pour ce beau present; à la verité il ne m'a pas encore été possible d'en profiter, mais je destine à cela le loisir de mes vacances qui sont prochaines. J'ai choisi exprès ce tems-là, où je suis plus libre, pour le lire avec plus d'utilité, car attendu l'importance de la matiere & autant que je le puis conjecturer par la table des Chapitres, cet ouvrage veut être lû tout de suitte, sans interruption & avec une très grande attention. J'ai lû dans quelques-unes de nos gazettes &
Mr.

Mr. le Clerc me l'a confirmé par vos propres lettres, que votre âge qui s'augmente & votre santé qui diminue vous avoient porté à donner la démission de l'emploi qui vous avoit été confié, il y a quelques années. Bien loin de desapprouver cette demarche, je ne sçaurois m'empêcher de vous dire que je la trouve très louable. Vous derobez les dernieres années de votre vie à des occupations honêtes à la verité, mais qui enfin ne regardent que ce monde, pour les donner au repos, aux études, à la meditation des choses de Dieu. Je vous felicite de tout mon cœur de la tranquilité dont vous allez jouir, & prie le Seigneur qu'il comble votre vieillesse des dons qui conduisent à la vraïe felicité. Je souhaitte encore que vous regagniez du côté de la penetration & de la vigueur de l'esprit, ce que vous perdrez desormais du côté des forces du corps.

On a enfin publié *la Pieté des Burmans*. C'est le titre que les fils

du defunt Professeur d'Utrecht ont donné à un ouvrage, où ils deffendent contre moi la memoire de leur pere. Ce livre est d'une grosseur épouvantable, plein d'invectives & de déclamations outrageantes. Ces Messieurs m'en ont fait presenter un exemplaire par M. Crucius leur frere uterin & deputé de la ville de Leyde au college de l'Amirauté. Je l'ai lû avec un dégout affreux, & s'il ne m'eût pas regardé personnellement, il m'auroit été impossible de le lire en entier. Ils n'oublient rien pour prouver que j'ai accusé leur pere de Spinozisme & pour l'en justifier. Sur tout, on voit bien qu'ils sont outrez de ce que je lui ai imputé d'avoir eu l'imprudence de suivre Spinoza & de l'avoir suivi sans discernement. Ses fils au contraire soutiennent que leur deffunt pere en a apporté beaucoup dans ce qu'il a emprunté de ce Philosophe, qu'il n'en a même emprunté que quelques opinions Cartesiennes, & qu'en effet dans le
li-

livre dont il s'agit, Spinoza n'a ni soutenu ouvertement ni insinué avec adresse, la doctrine qui l'a rendu si justement odieux, mais qu'il y defend seulement le pur Cartesianisme. Cependant, j'ai bien de la peine à croire que les disciples de Descartes adoptassent les quatre propositions suivantes. 1. Toute la nature n'est qu'un Etre 2. La possibilité & la contingence ne sont pas des affections des choses, mais des deffauts de notre entendement. 3. Si les hommes comprenoient bien clairement l'ordre entier de la nature, ils trouveroient que toutes choses sont aussi nécessaires que les demonstrations mathematiques. 4. Ce n'est pas sans fondement qu'on revoque en doute la puissance extraordinaire par laquelle Dieu fait des miracles. Ces quatre principes se trouvent en propres paroles dans le livre de Spinoza dont mes adversaires entreprennent l'Apologie, & ils badinent beaucoup sur le paralelle que j'ai fait entre les termes de ce Philosophe

& ceux de leur pere: ils ont beau faire, je les defie d'y montrer la moindre mauvaise foi. Je ne repondrai point à ce livre que sa grosseur empêche & & d'acheter, & delire, & je me contenterai d'appliquer à ces Ecrivains & à moi ce que Martial a dit autrefois en cas pareil:

Versiculos in me narratur scribere Cinna,
Non scribit, cujus carmina nemo legit.

D'ailleurs, je ne ferois que repeter ce que j'ai dit dans ma deffense contre Vander Weeyen, elle suffit pour ceux qui l'ont lue, & je ne ferois pas plus avancé avec ceux qui ne la veulent pas lire, quand je mettrois dix Apologies au jour. Adieu, Monsieur, je suis &c.

XIII LETTRE

De Mr. de Limborch à Mr. Locke.

A Amsterdam le 30. *d'Octobre*
MDCC.

MONSIEUR.

JE vous ai écrit deux fois pendant cet Eté, & j'espere que mes lettres vous auront été rendues; je serois faché qu'elles se fussent egarées. Je vous envoye à present la vie d'Episcopius, que j'ai mise autrefois en Flamand à la tête de quelques-uns de ses sermons que je publiai, & dont je vous envoiai alors un exemplaire. Aujourd'huy que cet ouvrage reparoit dans une autre langue, je vous en adresse deux, l'un pour le fils de Madame Masham & l'autre que je vous prie de vouloir bien garder pour vous. Vous y verrez quelques traits des persecutions qui se sont élevées en Hollande, pays qui pourtant est l'azile de la liberté, & vous jugerez par là de ce que doivent avoir eu à souffrir dans des pays moins heureux les particuliers qui ont confessé librement la verité, ou même les corps d'Eglise qui ont voulu se souftraire à l'esclavage. Plût-à-Dieu que tous les hommes detestassent également cet esprit de Tyrannie. Pour nous, Monsieur, comptez que ce n'est pas aux conseils moderez des Theologiens, mais à la prudence & à la douceur des magistrats que nous sommes redevables du repos dont nous jouissons, & si ces Messieurs ne moderoient pas le zele enflammé des Ecclesiastiques, je crois que nous gemirions sous un joug, tout aussi insupportable que celui qui accabloit nos ancêtres.

J'ai déja lû avec beaucoup de plaisir une grande partie de votre sçavant Traité, tout m'en plait infiniment; mais comme je suis moins accoutumé à la langue Françoise qu'à la langue Latine, je ne puis pas aller bien vite, & soit pour entendre

la

la force de chaque terme, soit pour entrer bien distinctement dans votre pensée, souvent il me faut relire le même endroit trois ou quatre fois de suitte. La netteté de vos idées & la force de vos raisons me dedommagent amplement de la peine que j'ai à vous suivre. Quand je serai à la fin du livre, je reviendrai sur mes pas & relirai le Chap. XXI. *de la Puissance* qui traite de la volonté de l'homme & de la liberté qu'il a de vouloir. Il y a des choses toutes neuves & qui demandent de l'attention. Alors, Monsieur, je vous marquerai franchement ce que j'en pense. Tout ce que j'ai vû jusqu'ici m'a plu de façon, que je suis le plus trompé du monde ou il y aura très peu de chose en quoi je m'éloigne de vos sentimens. Je suis &c

XIV LETTRE
De Mr. de Limborch à Mr. Locke.

A Amsterdam le 18 Fevrier
MDCCI.

MONSIEUR,

UNe de vos lettres que Mr. Guenelon m'a communiquée ces jours ci, m'a appris que votre asthme vous livroit actuellement de rudes assauts. Je ne saurois vous exprimer avec quelle peine je vous vois une si mauvaise santé, & les vœux sinceres que je fais pour qu'elle puisse se retablir. Une autre chose que j'ai vû dans cette lettre & qui m'a extrèment étonné, est que vous n'en avez pas reçû plus de deux des miennes, quoique j'en aïe écrit trois; la derniere est du mois d'Octobre dernier, j'y avois joint deux exemplaires de la traduction Latine de la vie d'Episcopie, l'un pour vous, Monsieur, l'autre pour M. Masham, avec une let-

lettre qui lui étoit adreſſée. Tout cela étoit dans un pacquet où j'avois mis deux autres exemplaires de mon ouvrage, l'un pour l'Évêque de Salisbury, & l'autre pour celui de Bath & Weels, & je ne doutois nullement que le tout ne fût arrivé à bon port. La lettre que j'avois eu l'honneur de vous écrire eſt ce que je regrette davantage. Je vous y marquois que j'avois lû une partie de votre Traité concernant l'entendement humain & qu'il me plaiſoit beaucoup. Depuis ce tems là, j'ai vû un de mes amis qui en avoit lu auſſi les premiers chapitres, lequel m'a dit avoir vû des Carteſiens qui paroiſſoient très mecontens de deux de vos principes & qui ſont les miens, ſçavoir qu'il n'y a point d'idées innées & que l'ame n'eſt pas une ſimple penſée. Mais peut-on attendre autre choſe des ſectateurs de ce Philoſophe ? En recompenſe, j'ai vû quelques autres perſonnes donner de grands éloges à votre Traité, & ce qui eſt l'approbation la

moins

moins suspecte, se déclarer pour les sentimens que vous y avez avancez. En mon particulier, Monsieur, j'en ai commencé la lecture avec une satisfaction infinie, & je n'en trouve pas moins à mesure que j'avance: il n'y a pour moi qu'un petit desagrement. C'est que n'entendant pas le François à fonds, il se rencontre quelquefois des phrases dont je ne sens pas d'abord toute la force, principalement dans une matiere aussi épineuse & aussi subtile, de sorte que pour m'assurer de votre pensée il y a des endroits sur lesquels je suis obligé de revenir à plusieurs reprises. Rien ne me seroit plus agreable que de voir ce bel ouvrage traduit en Latin, je l'entendrois mieux, & peut-être que j'entrerois avec vous dans quelque examen de ce que vous dites sur la liberté de vouloir qui est dans l'homme. Je suis très content de ce que vous dites là-dessus, & vous repandez un grand jour sur des termes equivoques & obscurs qui n'ont que trop embrouillé

cet-

cette matiere; mais enfin, je crains de n'avoir pas bien pris votre pensée. Je relirai le chapitre entier, & s'il y a alors quelque chose qui m'arête encore, je vous exposerai avec candeur mes difficultez; persuadé qu'au moien d'une explication nette & precise, vous aurez bientôt dissipé mes ténébres. Il est vrai que mes chagrins viennent souvent m'interrompre au milieu de mes études & de mes meditations; mais il faut espérer que Dieu y mettra fin. Cependant j'ai cru qu'un travail honête & qui ne seroit pas inutile étoit le meilleur expedient que je pusse mettre en œuvre pour me distraire de toutes pensées affligeantes, & dans ce dessein j'ai commencé un Commentaire sur les Actes des Apôtres, mais d'un goût nouveau. Grotius & quelques autres ont épuisé les recherches de critique & je n'ai rien à ajouter à ce qu'ils ont fait là-dessus; ainsi j'abandonne cette partie, & prends une route toute differente. Elle consiste à tirer de l'hi-
stoi-

stoire des Apôtres, de diverses circonstances de leurs vies, & sur-tout de leurs discours, de quoi prouver la divinité & la verité de la Religion Chrêtienne, & la methode dont ils se servoient pour l'établir contre les Juifs. Voila à quoi je m'attacherai principalement, & tout ce qui n'aura pas rapport à cette vûë tiendra peu de place dans mon Commentaire. Il est aisé de prevoir que ceux à qui cette methode de disputer contre les Juifs n'est pas agreable, desapprouveront mon travail, mais il ne faut s'embarasser que de faire valoir la verité, & il vaut mieux prendre pour guides les Apôtres, que des hommes trop complaisans pour leurs propre prejugez. Je sui &c.

XV LETTRE

De Mr. Locke à Mr. de Limborch.

A Oates le 22. de Février
MDCCI.

MONSIEUR.

Vos dernieres lettres me font une preuve nouvelle & certaine de la solidité de votre amitié pour moi; mon silence sur les trois, que j'avois reçues auparavant, ne vous a pas rebuté de m'écrire comme à l'ordinaire, vous ne m'en faites aucun reproche, enfin je vois que vous m'excusez, & qu'il seroit inutile que pour obtenir de vous un pardon que vous m'avez dejà accordé, je vous fisse la peinture de l'état foible & chancelant dans lequel je vis depuis quelque tems. La perte ou simplement le retard de vos penultiémes lettres m'afflige d'autant plus que je m'imagine qu'aïant lû le Traité de l'Entendement humain

lors-

lorsque vous les écrivites, vous me marquiez votre sentiment sur cet ouvrage. Je suis surpris que ce que j'y dis de la liberté de l'homme à vouloir, vous cause le moindre embarras. J'avois jugé à propos d'omettre cette matiere dans la premiere Edition, mais ensuitte il m'a fallu rendre aux instances de mes amis, quoique je leur representasse que ce sujet étant neuf & bien subtil, il étoit à craindre que les lecteurs accoutumez à des raisonnemens differens ne meprisassent ou même ne condamnassent mes idées, comme des paradoxes de novateur, ou des erreurs d'heterodoxe obstiné. Je n'ai pas été trompé, Monsieur, dans ces conjectures, puisque cet endroit est celui de tout mon ouvrage sur lequel mes amis & mes connoissances m'ont demandé les plus amples éclaircissemens. Il est vrai qu'aucun de ceux à qui j'ai eu le loisir de m'expliquer & d'exposer la matiere avec ordre & pied à pied, n'a paru s'en retourner avec

la

la moindre difficulté, ce que je pense être plutôt un effet de la verité de mes sentimens que de mon adresse à les exposer. Que si vous continuez à trouver par la seconde lecture que vous me promettez de faire, quelque chose qui vous paroisse digne d'être objecté, faites-le, je vous en conjure, rien ne me sera plus agreable que de devoir à une main amie la connoissance de mes erreurs; car enfin ce n'est ni par amour de la vaine gloire, ni pour des preventions qu'il faut combattre, c'est pour la deffense de la verité, & comme nous n'avons pas d'autre but ni vous ni moi, je suis très persuadé que cette petite & amiable dispute finira par nous reunir dans les mêmes sentimens.

Je suis charmé que vous aiez formé le dessein d'un Commentaire sur les Actes des Apôtres & resolu de ne vous en pas tenir à des observations de critique & à l'écorce. Il me paroit que la fin & l'esprit de la Religion Chré-

Chrétienne ne font nulle part si bien marquez que dans cette histoire. Car enfin y a-t-il rien qui soit aussi propre à nous découvrir le vrai sens des Evangiles que ces premieres predications des Apôtres qui ont fait gouter la foi de Christ aux Juifs & aux infideles?

Pour venir aux choses dont vous me parlez dans vos penultiémes, je vous dirai, Monsieur, que je loue beaucoup le parti que vous prenez de de ne pas repondre à *la pieté des Burmans*. Il faut mepriser absolument les injures de ces sortes de chicaneurs.

Nos presses ne produisent que quelques libelles politiques & Theologiques. Je ne sçai à quoi tout cela aboutira. Je vois bien la tempête qui nous menace, mais je ne vois pas quelle en peut être l'issuë. En mon particulier, Monsieur, je ne pense plus qu'au repos, & me contente de faire des vœux, pour que le Seigneur conserve la liberté des Eglises reformées & de l'Europe. Je suis &c.

XVI LETTRE

De Mr. de Limborch à Mr. Locke.

MONSIEUR.

ON vient de donner dans la Province d'Overyssel un exemple horrible de severité en matiere de Religion. Un certain Ministre Memnonite étoit suspect depuis quinze ans de Socinianisme, & les Ministres de la communion dominante l'avoient denoncé sur ce pied-là aux Etats de cette Province. Une accusation semblable le fit suspendre de toutes fonctions du Ministere, ce qui priva son troupeau pendant environ deux ans de tout exercice public. Le procez aiant duré longtems sans que les Ministres pussent prouver ce qu'ils avoient avancé, il fut rendu à son Eglise; tout ce qu'on fit fut de lui enjoindre en même tems & sous peine de pu-

punition arbitraire, de rien enseigner qui ressentît cette heresie. Cependant il y a environ trois ans que ce Ministre s'avisa de mettre au jour un mechant petit livret, pour procurer la reunion de toutes les sectes Chrétiennes, même avec les Sociniens; & non seulement il avança avec imprudence beaucoup de choses en leur faveur, mais il alla jusqu'à laisser échaper des railleries assez piquantes contre les Ecclesiastiques. S'ils eussent meprisé ce livre, il n'en seroit plus question & à peine eût-il trouvé des lecteurs dans sa nouveauté. Mais vous sçavez bien, Monsieur, que la gent devote prend feu aisément; le pauvre Ministre en fit bientôt une triste experience. Les deputez de la classe de Volleaho le denoncerent au Drossard du lieu & demanderent dans leur requête que cet homme qui non content d'enseigner de vive voix, en public & en particulier les erreurs des Sociniens, les avoit encore repandues par écrit, & assaisonnées d'horribles blasphémes & d'i-

d'ironies punissables, fût obligé de rendre compte de sa conduitte & de ses écrits devant le prochain synode, qu'il se retractât & se repentît, que son livre fût brulé, & supprimé dans la Province, que tous les frais que la classe pourroit faire à cette occasion fussent remboursez par le coupable, & qu'il subît en sa personne la peine qu'on jugeroit à propos de lui infliger. Sur cette requête, le Drossard renvoïa effectivement le Ministre au synode, qui lui presenta d'abord cinq articles à signer, par les quels il eût reconnu qu'il avoit publié son livre contre l'ordre des Etats de la Province, qu'il se repentoit de sa desobéïssance, qu'il supprimeroit tous les exemplaires de son livre &c. Mais quelques instances que lui pussent faire les Ministres du Synode, & ils en firent de très fortes, il resta ferme, & ne voulut rien souscrire. On a pretendu depuis que tout cela n'étoit qu'un piege, & qu'ils ne souhaittoient si ardemment cette signature, qu'a-
fin

fin de pouvoir le soumettre par sa propre confession, à cette peine arbitraire, sous le benefice de la quelle il avoit été renvoié le premiere fois. Cela se passa au milieu de l'esté de l'année 1699. Au mois de Janvier suivant le Drossart envoia cet homme en prison, où après avoir été neuf à dix mois, le juge le condamna malgré sa pauvreté, & sans égard à la longueur & à la severité des peines qu'il avoit dejà souffertes, à une amande de cent ducatons, qui font environ trente livres Sterlings de votre monnoie. La sentence portoit qu'il ne seroit point relaché que cette somme n'eût été préalablement paiée. Comme il étoit hors d'état de le faire, on le jetta dans un cachot noir & puant, on le mit au pain & à l'eau, & après l'avoir laissé languir dans cet état pendant une quinzaine entiere, enfin au mois de Novembre dernier on lui deffendit de réparndre d'avantage les erreurs contenues dans son livre, sous peine d'être banni sans autre forme

forme de procez & mis au carcan. Et voila comment on lui rendit la liberté. Ce malheureux est à present dans la derniere misere; & l'on a vendu tous ses meubles qui n'ont pas suffi pour payer l'amende, à quoi il étoit condamné.

Je n'ai garde d'excuser son imprudence, mais je ne puis m'empêcher non plus de detester tant de rigueur, quand je vois principalement dans le dispositif de la sentence qu'elle est fondée sur les loix du Code. C'est ainsi que nous nous retrouverons insensiblement sujets à un tribunal aussi terrible que celui de l'Inquisition.

J'ai relu, Monsieur, avec attention le Chap. XXI. du II. Livre de votre Traité concernant l'Entendement Humain, j'ai pesé tous les mots & toutes les phrases que vous emploiez dans une matiére tant agitée, & je m'imagine avoir enfin compris votre pensée dont je ne suis point éloigné. Vous avez raison de soutenir §. VI. que l'entendement & la volonté ne sont pas deux facultez réellement distinctes de l'ame, mais que c'est l'ame elle même qui entend & veut; d'où vous concluez que c'est très mal à propos qu'on dit que la volonté est libre, au lieu de dire que c'est l'homme. Je ne suis pas moins content de la maniere dont vous definissez la liberté. Mais quand vous dites §. XXIV. que la liberté consiste dans le pouvoir d'agir & de n'agir pas, & en cela seul, je pense que vous ne restraignez pas cette maxime aux actions exterieures, mais que vous l'étendez également aux actions interieures, c'est-à-dire à nos pensées, puisque celles-ci ne dependent pas moins de nous que les premieres, & cela me paroit conforme à ce que vous enseignez vous même dans la suitte de ce chapitre. Après cela vous entrez dans ce qu'il y a de plus difficile & vous demandez ce que c'est qui meut l'homme à faire telle ou telle action. Pour moi, Monsieur, voici comme je l'ai compris jusqu'ici

Le

Le bien agreable ou le plaisir est ce qui attire l'homme, le contraire, c'est-à-dire le mal ou la douleur, est ce qui l'éloigne; de sorte que tout ce qu'il veut il l'envisage comme un bien, & tout ce qu'il fuit ou qu'il hait lui paroit un mal. Je sais bien, Monsieur, que loin de nier ce principe vous y insistez §. XLI. & suiv. Mais pour montrer plus distinctement comment il se fait que le plaisir ou la douleur meuvent l'homme, vous enseignez §. XXIX & suiv. que sa volonté est déterminée par l'inquiétude qu'il éprouve soit qu'il ressente de la douleur, soit qu'il ne jouisse pas du plaisir dans lequel il fait consister sa felicité en tout ou partie; que tant qu'il est dans cet état de plaisir, il ne cherche point à le changer; mais que dès qu'il cesse d'y être, l'inquiétude causée par l'un de ces deux motifs l'oblige de chercher à en sortir. En cela je suis volontiers de votre avis, aussi bien que dans la consequence que vous en tirez, que quoi-

que

que la vûë du bien excite en nous des desirs, il ne s'ensuit pas que la vûë d'un plus grand bien excite nécessairement de plus grands desirs. Rien n'est plus vrai & vous le prouvez à merveille. De là, Monsieur, vous concluez que la liberté de l'homme consiste en ce qu'il peut suspendre l'accomplissement de quelque desir que ce soit, & qu'il a une pleine liberté de les considerer l'un après l'autre, d'en examiner l'objet de toutes les faces, & enfin de les comparer ensemble avant que de se déterminer à agir. Je conviens encore de cela avec vous. Enfin, toutes ces reflexions vous conduisent à ceci: que *l'indifference* qui ne peut pas être déterminée par le dernier jugement que l'homme porte du bien & du mal, jugement dont il paroit qu'un choix fixe devroit être la suitte, est la plus grande imperfection que puisse avoir une nature intelligente. Voila ce qui m'a un peu arrêté. Je trouve souvent ce mot d'*indifference* emploïé par les Remontrans

trans lorsqu'ils traitent de la liberté, mais nous n'entendons point par là que supposé ce dernier jugement en quoi consiste proprement l'acte de volition, l'homme reste indifferent à se servir du pouvoir d'agir qui est en lui & que ce pouvoir n'est pas déterminé par sa volonté; au contraire, nous pensons qu'avant ce decret de la volonté, il est libre de choisir tel parti qu'il veut & qu'il n'est encore déterminé à aucun; mais que ce decret de la volonté, ou ce qui est le même, cet acte de vouloir étant une fois intervenu, cette indifference cesse & le pouvoir qu'il a d'agir ou de n'agir pas est déterminé à l'un ou à l'autre. Là-dessus encore je pense que nous sommes d'accord ensemble, & si ce sont-là, comme je le crois, vos idées sur la liberté, je n'ai point d'objections à faire. Loin de là je reconnois que vous m'avez appris qu'on pouvoit s'expliquer sur cette matiere plus clairement & se servir de termes & de phrases moins équivoques qu'on ne

l'a fait jufqu'ici. Au cas cependant que je me trompaffe, que je ne fuffe pas bien entré dans votre penfée, ou que j'euffe obmis quelque chofe d'effentiel, faites moi la grace de m'en avertir. Je ne voudrois pas vous attribuer un fentiment qui eſt le mien, pour ne vous avoir pas bien entendu. Si au contraire, il y a quelque petite difference entre nous, ce que j'ignore, je fouhaiterois bien que vous me donnaffiez quelques legers éclairciffemens propres à la faire ceffer. Je ne fuis pas étonné que plufieurs perfonnes vous en aient demandé fur tout ce Chapitre. Il traité d'une matiere fort embrouillée & fur laquelle les Theologiens & les Philofophes font extrêmement partagez. Selon moi Epifcopius eſt le premier qui dans fon Traité du libre arbitre & dans fes ouvrages contre Cameron ait commencé à la développer, & à montrer contre l'opinion généralement foutenue dans les Ecoles que l'Entendement
&

& la volonté n'étoient pas deux facultez réellement distinctes de l'Ame, mais que c'étoit l'Ame elle-même qui entendoit & qui vouloit. Quoique vous employez l'une & l'autre des expressions differentes, je crois pourtant que vous étes d'accord au fonds. Je ne sçaurois vous dire assez combien d'excellentes choses j'ai appris dans votre ouvrage; la seconde lecture que j'en fais me les y decouvre de façon que j'ai resolu d'en entreprendre une troisieme. Je suis &c.

XVII LETTRE

De Mr. Locke à Mr. de Limborch.

A Oates le 21. de May
MDCCI.

MONSIEUR.

JE regarde comme un grand honneur que vous estimiez assez mes ouvrages, pour employer à les lire des momens aussi précieux que le sont les votres; & c'est pour moi une gran-

de consolation qu'ils ne deplaisent pas à une personne qui aime autant la verité que vous l'aimez. Non certainement, Monsieur, lorsque je dis Liv. II. Chap. XXI. §. XXIV. que la liberté consiste dans le pouvoir d'agir & de n'agir pas, je ne restrains point ce pouvoir aux actions exterieures comme il est aisé de s'en convaincre par les §. 8. & 38. & par divers autres endroits du même Chapitre. Ainsi donc voila déjà une chose de quoi nous restons d'accord. Mais lorsque vous ajoutez que *tout ce que l'homme veut, il le considere comme agreable*, je crains que vous ne confondiez la *volonté* avec le *desir*; ce qui arrive à presque tous ceux qui traitent cette matiere, au grand dommage si non de la verité tout au moins de la clarté. J'avoue bien que le *desir* est porté à l'agreable, mais la *volonté* n'est portée qu'à nos actions, c'en est le terme; mais comme elle n'agit ordinairement que quand le *desir* la détermine, c'est ce qui fait
qu'on

qu'on les prend ordinairement pour un seul & même acte, quoiqu'au fonds ils soient entierement differens. V. les §. 30. 40. Et en effet, le *desir* est une passion excitée par un bien absent, & la volition est un acte de la volonté qui exerce l'empire de l'Ame sur les puissances operatives de l'homme. Il est de si grande consequence de bien distinguer ces deux facultez de l'ame, à sçavoir celle qui appéte quelque chose, & celle qui détermine à agir ou qui y force, que sans cela il n'est pas possible de parler de la volonté avec quelque sorte de clarté; & cela me fait esperer que vous ne prendrez pas en mauvaise part que je vous aïe arrêté sur cette façon de parler, qui au reste n'empêche pas que vous ne pensiez sur le fonds de cette question, tout comme je pense moi-même. Quant à l'usage du mot *d'indifference*, il n'est pas bien surprenant que je ne me sois pas rencontré avec vos Theologiens, puisque je ne me suis attaché au sentiment de personne en particulier, & que je n'ai point consulté de livres pour faire le mien, me contentant d'exposer le plus nettement que je l'ai pû ce qu'une meditation serieuse de mon sujet m'a fourni. Pourvû donc que nous convenions des choses, ne nous embarrassons pas trop des termes; quoique pour dire librement ce que je pense, cette *indifference* antecedente de l'homme par laquelle on suppose qu'avant le decret ou la détermination de la volonté il est libre de choisir entre les parties opposées, ne me paroit appartenir en aucune sorte à la question de la liberté; cette liberté consistant uniquement dans le pouvoir d'agir ou de n'agir pas suivant que la volonté se détermine. Ainsi disputer si l'homme, avant le dernier acte par lequel l'entendement juge, a la liberté de se déterminer entre deux partis opposez, c'est s'embarasser ce me semble ou d'une chose de neant ou d'une chose impossible. Car enfin qui demandera,

dera, & à quoi serviroit-il se demander? si l'homme peut se determiner entre deux partis opposez, lorsqu'il ne lui est pas possible de se determiner: or avant le jugement de l'entendement, n'est-il pas dans cette situation? C'est donc faire une question bien hors d'œuvre que de demander si l'homme est maitre de choisir entre deux partis opposez, dans un état où il ne peut choisir ni l'un ni l'autre; & ainsi toutes les disputes qui roulent sur le pouvoir de se determiner avant le jugement de l'entendement, me paroissent n'avoir pas le moindre rapport à la question de la liberté, qu'on ne peut ni qu'on ne doit point supposer dans un cas, où il est clair que l'homme ne peut pas agir comme un agent libre, la liberté consistant, comme je l'ai déjà dit, dans le pouvoir d'agir ou de n'agir pas consequemment & conformement à la détermination de la volonté. Mais voila ce qui arrive ordinairement dans toutes les disputes du monde. La vivacité des combattans & les préjugez de parti repandent des ténébres sur les matieres les plus claires, & on ne cherche ordinairement qu'à se tendre des pieges les uns aux autres. Vous voïez, Monsieur, comme j'en use librement avec vous; j'espere que vous en userez du même avec moi; car cherchant également la vérité, il nous est bien indifferent qu'elle se trouve dans votre sentiment ou dans le mien; il ne s'agit que de sçavoir où elle est effectivement, pour s'y tenir. Si vous rencontrez en parcourant mon ouvrage quelque autre endroit dont les idées ou les expressions ne vous satisfassent pas, vous ne pouvez m'obliger plus sensiblement qu'en me l'indiquant. Je suis &c.

XVIII LETTRE

Du Même au Même.

A Oates le 1 de Juin MDCCI.

MONSIEUR,

LE même soir du jour que je vous avois écrit le matin, je reçus votre lettre du 27 Mai dernier. J'ai lû avec beaucoup de satisfaction votre vie d'Episcopius. Les faits qui y entrent me déplaisent autant que la forme que vous y donnez m'agrée. En verité, je suis sensiblement mortifié de voir par là que les Reformez se conduisent à peu près comme ces Catholiques Romains, dont ils se plaignent avec tant d'amertume, & que l'inquisition qui ne s'est établie chez les premiers qu'insensiblement & par degrez, a presque été du premier coup chez les autres au plus haut degré. Je ne sçais si Dieu ne chatie-

ra pas ces inimitiez & ces persecutions que les sectes Protestantes exercent les unes envers les autres, mais le dissensions ambitieuses des Theologiens & leur envie demesurée de dominer sur les consciences pourroit bien livrer toutes les communions reformées à l'ennemi commun, & elles les mettent dans un danger évident d'en être accablé. Dieu veuille les garantir de ce malheur, & ne pas punir par une persecution Catholique des gens si portez eux mêmes aux plus violentes persecutions. Il y a une chose, Monsieur, que j'ai cherché inutilement dans votre ouvrage, à sçavoir les cinq Articles des Remontrans dont vous parlez si souvent; soit que vous ne les y ayiez pas mis en effet, soit que le lisant à la hâte ils m'aient échapé. Faites moi la grace de m'indiquer où il se trouvent; car il me semble qu'ils doivent repandre un grand jour sur toute l'Histoire du Remontrantisme. Il y a bien de l'apparence que je relirai cette vie d'E-
pis-

piscopius que je vous remercie de m'avoir donnée. Je suis &c.

XIX. LETTRE

De Mr. de Limboreh à Mr. Locke.

A Amsterdam le 10de Juillet
MDCCI.

MONSIEUR.

JE me felicite de ce que ma vie d'Episcopius n'a pas deplu à un aussi excellent juge que vous l'êtes. J'ai passé sans doute plusieurs choses dont les étrangers ne sont pas bien informez, parce que j'écrivois principalement pour mes compatriotes de qui elles sont connues; mais je ne pensois pas qu'il y eût personne qui ignorât ce que c'est que les cinq Articles qui donnérent lieu aux decisions du Synode de Dordrecht. Je les ai exposées en abrégé en expliquant les sentimens d'Arminius; que si vous les voulez lire tout au long, vous les trouverez, Monsieur, dans la *Remontran-*

trance présentée en 1610 aux *Etats de Hollande*, & insérées à la page 274 des Lettres que j'ai publiées, sous le titre d'*Epistolæ præstantium virorum* & dans l'*Histoire Angloise des cinq Articles* de Pierre Heylin pag. 50. En cas que l'on reimprime jamais cette vie d'Episcopius, j'y pourrai ajouter ces cinq Articles, quelques autres pieces à quoi Episcopius a eu part, & divers traits, qui le regardent lui & sa famille, & tout cela ne sera pas inutile à ceux qui voudront sçavoir nôtre histoire un peu à fonds. Le vieux Brandt l'a continuée jusqu'à l'année 1623. & il y décrit exactement la persecution violente qui s'éleva contre nous cette année-la. Cette suite n'a pas encore vû le jour & les Ecclesiastiques en craignent si fort la publication qu'un Synode de la Province de Hollande chargea il y a quelque tems ses Deputez de veiller à ce qu'elle ne s'imprimât pas; ces Messieurs voudroient bien que tous ces Mysteres d'iniquité restassent en-
se-

sevelis. Plut à Dieu que M. Brandt eût poussé son histoire jusqu'en 1632. que la persecution fut presque éteinte, & qu'on ne nous deffendit plus l'exercice public de notre Religion. Cette lecture confirmeroit la verité de ce qu'à dit autrefois un certain Moine: (1) *Que la marmite des reformez n'avoit pas bouilli aussi longtems que celle de leurs adversaires, mais qu'on voioit bien à la façon dont ils s'y prenoient qu'avant que de la laisser refroidir quand elle auroit été une fois bien échauffée, ils la deffendroient par les mêmes voyes qu'ils reprochoient aux Ecclesiastiques Romains.* Cette lettre est du dernier Mars 1577.

J'ai lû, relu, & examiné avec la derniere attention ce que vous dites de la liberté, & je ne vois plus entre vous & nous cette conformité que j'avois crû appercevoir en lisant votre
Cha-

---

(1) Rapporté par Marnix *Cent.* 2. *Epist.* 51 *Epist. select. à Belgis vel ad Belgas scriptarum.*

Chapitre de la puissance. Puisque nous n'avons en vûë l'un & l'autre que la verité, j'espere que vous ne trouverez pas mauvais que je fixe un peu plus précisément le sens des termes dont je me suis servi, & si vous m'en indiquez de plus propres je m'en servirai volontier; car, Monsieur, j'aime sur tout la clarté, & je ne crois pas qu'il y ait rien qu'on doive éviter avec plus de soin dans toutes sortes de recherches que l'ambiguité. Vous pensez que nous avons tort de dire que l'homme veut l'agreable, & que c'est là un desir & non un acte de la volonté; que le desir est porté vers un bien absent, & que la volition est un acte de la volonté ou de l'ame qui exerce son empire sur les puissances operatives de l'homme. Je reconnois avec vous cette difference, & je consens de donner pour plus de clarté une signification propre à chacune de ces expressions. Mais que s'en suit-il! s'il vous plait; nous voulons deux choses, la fin & les moiens qui

qui conduisent à cette fin. Nous desirons plusieurs choses que nous ne voulons point; y aiant comme vous sçavez deux sortes de desirs, l'un complet, l'autre incomplet, de même qu'il y a un plaisir complet & l'autre qui ne l'est point. C'est celui que les scholastiques nomment dans leur jargon barbare une simple *velléité*, c'est-à-dire, non pas proprement ce qu'un homme veut, mais ce qu'il voudroit. Il est d'une personne prudente de choisir entre plusieurs choses desirables & de se proposer pour fin de ses actions celle qui est la plus parfaite & qui a toutes les qualitez qui peuvent la rendre plus desirable; mais le choix ne se fait pas sans une determination de la volonté par laquelle l'homme juge bon ce qu'il juge preferable à tout le reste & qu'il se propose comme la fin de ses actions. C'est dans ce sens que j'ai toujours crû qu'on pouvoit dire que la volonté de l'homme, se portoit au bien & qu'elle l'envisageoit toujours comme

agrea-

agreable. Que s'il vous paroit que l'action par laquelle nous sommes portez à ce bien, est appellée improprement volonté, & qu'on doit l'appeller desir parce qu'il est porté vers un bien absent, je ne disputerai pas avec vous sur un terme, dès que nous ferons d'accord sur le fonds. Pour éviter toute équivoque, disons donc que le desir est porté vers le bien, & que la volonté dirige les actions; mais gardons nous bien de confondre les diverses sortes de desirs, & distinguons les complets des incomplets, c'est-à-dire des velleitez. Si vous avez quelque mot plus propre à oter de nos discours toute obscurité & toute ambiguité, je l'adopterai volontiers.

Quant au terme *d'indifference* il est certain que les Remontrans en ont fait un assez frequent usage dans cette matiere; mais comptez, Monsieur, que nous n'y sommes pas si fort attachez que nous ne soions prêts à l'abandonner si l'on nous en offre un

plus

plus commode : cela nous feroit d'autant moins de peine que les Cartesiens l'emploient dans un sens different du notre. Parmi eux *l'indifference* est une incertitude du jugement, quand l'ame frappée de la force egale qui paroit dans chaque raison, est incertaine de ce à quoi elle doit s'en tenir. Parmi nous *l'indifference* est cette force qui est dans l'ame lorsqu'aiant tout ce qui est requis pour agir, elle peut agir ou n'agir pas. Mais dans les controverses sur la liberté, je remarque qu'on se joue souvent avec des termes ou équivoques en eux-mêmes, ou qu'on rend tels en les detournant de leur vraie signification. Il seroit à souhaitter que tout le monde attachât les mêmes idées aux mêmes termes ; & ce seroit le meilleur moien de couper cours à bien des disputes inutiles. Puisque cependant nous nous trouvons dans le cas, & que nous ne pouvons pas convenir dans la signification des mots, il faut, Monsieur, que

que chacun de nous explique quel sens il donne à ceux dont il se sert. De plus, je vois bien que nous ne nous accordons pas mieux sur le fonds de la question. Vous dites: *Cette indifference antecedente de l'homme par lequel on suppose qu'avant le decret ou la determination de la volonté, il est libre de choisir entre les partis opposez, ne me paroit appartenir en aucune sorte à la question de la liberté; cette liberté consistant uniquement dans le pouvoir d'agir ou de n'agir pas selon que la volonté se determine.* Pour moi, je pense tout au contraire que la liberté consiste uniquement dans le pouvoir par lequel l'homme peut determiner ou ne pas determiner l'action de sa volonté; & si l'homme n'a pas dequoi être libre avant cette determination, je ne conçois point d'état où l'on puisse dire qu'il l'est. Car enfin la volonté est la maitresse de nos actions, elles ne dependent que d'elle, & si sa determination n'est pas libre, il n'y a plus de de liberté dans nos actions, parce que nos actions suivent necessairement la determination de la volonté. Aussi ai je bien de la peine à concevoir ce que vous entendez, en disant que l'homme ne sçauroit absolument se determiner avant le dernier jugement de l'entendement; mais avant que je puisse vous developper, Monsieur, tout ce que je pense, aiez la bonté de m'expliquer plus précisement ce que vous entendez par ce *dernier jugement de l'Entendement*, de crainte que l'obscurité de cette expression ne laisse trop d'obscurité dans notre discours. D'ordinaire on entend par là l'acte par lequel l'Entendement détermine ce qu'il a à faire, & on l'appelle *le dernier jugement pratique de l'Entendement*: mais ce jugement n'est pas tant un acte de l'Entendement que de la volonté, ou tout au moins, c'est un acte mixte, à la perfection du quel la volonté doit concourir. Pour le jugement qui est un simple acte de l'Entendement, il se borne à ju-

juger de ce qu'il faut faire ou ne faire pas, & s'il va plus loin, alors il intervient un acte de la volonté. Bien des gens ne distinguent pas assez ces deux choses. A present, Monsieur, voici quel est mon sentiment. Lorsque l'homme agit conformement à la droite raison, il veut toujours ce que l'Entendement juge devoir être fait: ce n'est pas qu'il ne puisse agir contre la raison & determiner sa volonté à prendre un parti qui y soit contraire; bien plus, avant que l'Entendement ait jugé par un examen exact des motifs de ce qu'il doit ou ne doit pas faire, il peut se livrer à un mouvement brutal qui le portera à faire, non ce que dicte la raison, mais ce que conseille la concupiscence. Et si l'on refuse à l'homme ce pouvoir de se determiner ou de ne se determiner pas, & de suspendre ses actions, je ne sçaurois concevoir en quoi on fait consister la liberté. J'ai crû d'abord que c'étoit là votre sentiment, & je m'appuyois sur ce que vous dites

tes §. XCVIII. où on lit en propres paroles que *l'Ame qui a le pouvoir de suspendre l'accomplissement de quelque desir que ce soit, ainsi que l'experience en convaint, a par consequent la liberté de les considerer successivement l'un après l'autre, d'en examiner les objets, de les régarder sous toutes les faces qu'ils peuvent avoir, de les comparer ensemble & qu'en cela consiste la liberté.* Ensuite, Monsieur, vous établissez la source des vices & des erreurs en ce que *nous precipitons notre jugement, determinons trop vîte notre volonté, & nous mettons à agir avant que d'avoir bien examiné ce qu'il nous convient de faire.* Tout cela & d'autres choses que vous ajoutez me semblent très vraies ; mais comment les accorder avec les expressions de votre lettre qui porte en termes exprès que *l'homme ne peut se determiner en aucune sorte avant le jugement de l'Entendement.* Peut-être, Monsieur, que je n'ai pas pris comme il faut votre pensée, c'est pour quoi

quoi je vous conjure de me dire, si cela ne vous est point trop incommode, de quelle maniere des idées qui paroissent si opposées, peuvent subsister ensemble, & de m'expliquer plus nettement ce que je n'ai pas encore pû comprendre. Je ne suis point, graces à Dieu, si attaché à une opinion, à une phrase, à un mot que je ne soit prêt à changer dès que l'on me montrera quelque chose de meilleur ; car je ne cherche que la verité, & la decouvrir est le plus beau de tous les triomphes.

Ma lettre étoit achevée lorsqu'on m'a remis la version Latine de votre Traité de l'Entendement humain. Je vous en rends de très humbles actions de graces ; j'ai resolu de la lire d'un bout à l'autre, en la comparant avec la belle Traduction Françoise, laquelle sans doute y repandra beaucoup de jour. Dès que cette lecture sera finie, je vous manderai mon sentiment, non que cela soit fort nécessaire, mais parce que je vous dois cette complaisance. Au reste, autant que

que je l'ai pû comprendre par ce que j'ai vû de votre ouvrage en François, je crois que vous pouvez me compter au nombre des partisans de votre système; tout au plus, il se trouvera peut-être quelque idée particuliere qui m'arrêtera & alors je vous prierai de vouloir m'éclaircir. En attendant, je prie Dieu, Monsieur, qu'il vous conserve la vie & la santé, dont vous vous servez si avantageusement pour le bien des lettres, & suis &c.

XX LETTRE

De Mr. Locke à Mr. de Limborch.

A Oates le 12 d'Août
MDCCI.

MONSIEUR.

JE suis bien de votre avis sur le soin que l'on doit avoir de depouiller les termes dont on se sert de toute équivoque & de toute obscurité: mais permettez-moi d'ajouter que ceux-mêmes qui y vont de la meilleure foi ne font pas toujours les maitres de le faire. Les idées qui se presentent à l'esprit & principalement à l'esprit des personnes qui cherchent la verité avec attention, sont en plus grand nombre qu'il n'y a de mots pour les rendre dans quelque langue que ce soit. De là vient que ceux qui ne sçavent pas inventer autant de termes qu'il leur en faudroit pour exprimer les idées nouvelles qui leur sont venues, se trouvent souvent dans l'obligation d'emploïer le même mot à representer des idées toutes differentes, ce qui arrive surtout lorsque ces idées ont quelque rapport. Telle est la source de l'obscurité & de l'ambiguité d'un discours, où l'on veut user d'une certaine précision, & ce qui embarasse souvent & les Auteurs & les lecteurs. J'ai proposé plusieurs remedes à ce mal (1) dont le meilleur

me

---

(1) Liv. III. Chap. IX. *de l'Essai concernant l'Entend. Humain.*

me paroit être, de ramasser avec soin toutes les idées simples qui entrent dans la composition de toutes les idées complexes dont le nom nous est connu, & d'attacher invariablement le même sens aux mots qui nous representent ces idées complexes Par exemple dans le sujet dont il s'agit entre nous, si le mot *volonté* signifie le pouvoir qui est dans l'homme de commencer, de suspendre, ou d'éviter quelque action de l'esprit ou du corps, ainsi que je m'en suis expliqué (1) & que vous en convenez vous-même, si c'est là l'idée qu'on attache à ce mot *volonté* & qu'on l'ait toujours presente quand on parle de la volonté, il est très certain que la volonté se termine à nos actions, qu'elle ne peut s'étendre à autre chose, & être portée vers un bien éloigné & absent. Alors, Monsieur, si vous prétendez que la volonté est portée au bien comme à sa fin, vous vous écartez de l'idée que

(1) *Voi. Sup.* liv. II. Chap. XXI. §. V.

que nous avons donnée à ce mot, vous y en fubſtituez une autre, d'où il arrive qu'en parlant tous deux de la volonté, vous parlez d'une choſe & moi d'une autre, & nous ne pouvons rien conclure juſqu'à ce que vous aïez expoſé l'idée dont le mot de *volonté* eſt chez vous le ſigne repreſentatif.

La diſtinction que vous apportez *de deſir complet & incomplet* ou de *volonté complette & incomplette* ne me paroit rien faire pour vous. Car ſoit qu'il y ait un *deſir incomplet* ou une *volonté incomplette*, de quoi je doute très fort, il n'en eſt pas plus vrai que la volonté eſt portée vers le bien. Je dis, Monſieur, que je doute qu'il y puiſſe avoir une *volonté incomplette*, la *volonté* ſe prenant ici, ſi je ne me trompe, pour *un acte de volonté*, c'eſt-à-dire pour une *volition*. Voici ſur quoi je me fonde. Je reconnois à la verité une volition inefficace, telle que l'a un paralytique qui voudroit remuer la main; c'eſt là, je l'avoue, une volition inutile &
in-

inefficace, mais elle n'est pas incomplete; car l'acte de la volonté est aussi complet en ce cas qu'il l'étoit lorsque la main obéissoit autrefois à la volition. De même, le desir de quelque bien proposé, mais qu'on neglige de poursuivre à cause d'un bien incomparablement plus grand, ne sçauroit passer pour un *desir incomplet*, pour une *volonté incomplette* ; c'est un desir complet, mort en naissant, & qui ne va point jusqu'à nous faire vouloir les actions qui auroient été nécessaires pour obtenir le bien au quel se portoit ce desir momentané : on ne peut pas non plus appeller *volonté incomplette*, celle où il n'y a pas même de volition, quoiqu'il plaise aux scholastiques de dire qu'il y a une *velleïté*. Que si ce desir momentané va jusqu'à nous exciter à vouloir quelque action, alors ce n'est plus une *volonté incomplette*, mais un acte *complet de la volonté*, quand même cet acte seroit sans effet ; parce que le desir qui provient du bien qu'on qu'on se proposoit venant à cesser, on cesseroit de faire ce qui restoit pour l'obtenir. Dans ces sortes d'actions & autres pareilles les mouvemens de l'ame sont si prompts & si liez les uns aux autres, qu'il n'est pas fort surprenant que l'on confonde souvent ensemble, ce qu'un peu plus d'attention feroit distinguer parfaitement. Voulez vous, Monsieur, que je pousse jusqu'au bout la sincerité sur cette matiere? L'homme est porté au bien absent, c'est-à-dire à sa fin. De plusieurs biens qui se presentent à son esprit, il en choisit un comme sa fin à poursuivre, il le choisit volontairement, & ainsi sa volonté est portée à ces actes de l'Entendement par lequel il s'en propose un pour sa fin preferablement aux autres, & elle est limitée à cette action, de même qu'elle l'est à un calcul lorsqu'elle veut compter, ou au mouvement lorsqu'elle veut marcher. J'avoue qu'à cause du choix volontaire de ce bien, comme de sa fin, on dit très communement que la volonlonté est portée vers ce bien, ou vers cette fin ; mais je vous fais juge, Monsieur, si c'est là sçavoir la proprieté des termes & parler avec toute l'exactitude qui convient à des Philosophes.

La suitte de votre lettre est une nouvelle preuve de l'empire que la coutume exerce sur nous dans l'emploi des mots. Nous avons beau faire, elle nous domine sans même que nous nous en appercevions. Vous étiez d'accord avec moi dans vôtre premiere lettre que les actions appartiennent aux agens ou substances & non aux puissances ou facultez. A present revenant à la façon ordinaire de parler, vous dites *que la volonté est la maitresse de nos actions & qu'elle les dirigé à son gré*, & autres choses pareilles, qui font que nous ne convenons plus ensemble. Ne vous imaginez point, Monsieur, que cette remarque vienne de trop de delicatesse, & que je la porte jusqu'à ne vouloir pas souffrir qu'on emploïe en aucun cas ces sortes d'expressions. Pourvû qu'on y donne un bon sens. L'usage n'en est pas blamable en conversation; mais s'en servir dans les discussions Philosophiques comme de preuves fondamentales, c'est s'exposer à être trompé: il faut alors rejetter toutes les expressions metaphoriques, & rendre les idées de chaque chose par des mots propres & non figurez. En voici, Monsieur, un exemple: *dire que la volonté est la maitresse de nos actions & qu'elle les dirige à son gré*, & conclure de ces paroles *que si la volonté n'est pas libre, il n'y a point de liberté dans l'homme*, c'est ce me semble former un mauvais raisonnement, dont la source est dans un expression metaphorique. Selon moi, *la liberté est le pouvoir qu'à l'homme d'agir ou de n'agir pas à sa volonté*, c'est-à-dire, que s'il peut, que s'il veut agir, ou au contraire, s'il peut s'abstenir d'agir lorsqu'il le veut, en ce cas seul il est libre. Et que ce soit-là la vraie notion de la liberté, c'est ce que je crois avoir prouvé dans les §. VIII. & suivans.

J'ajou-

J'ajoute que j'ai eu raison d'en conclure §. XIV. que la volonté n'étoit point libre, & qu'ainsi ce n'est pas à tort que j'ai dit que *l'indifference qui precede le decret de la volonté* n'appartient en aucune sorte à la question de la liberté : car enfin la liberté n'étant autre chose que le pouvoir qui est dans l'homme de faire l'action qu'il veut faire, ou de s'abstenir de celle dont il se veut abstenir, que fait, je vous prie, cette indifference antecedente à la liberté, qui est le pouvoir ou d'agir ou de n'agir pas consequemment à la determination de la volonté.

Mais puisque cette question de l'*indifference antecedente* dans laquelle vous faites consister la liberté, se presente ici, permettez moi de l'examiner un peu. Vous definissez, Monsieur, cette indifference *le pouvoir qu'a l'ame posé tout ce qui est requis pour agir ou n'agir pas* : mais je vous prie de me dire si l'entendement, le jugement ou la pensée sont une de ces choses requises pour agir.

1. Si vous dites qu'oui, alors votre indifference antecedente quoiqu'imaginée & introduite pour assurer la liberté de la volonté, ne fera jamais que la volonté soit libre, parce que, comme je l'ai dit, quelque action étant une fois presentée à l'entendement, la volonté n'est plus dans un état où elle puisse agir ou ne pas agir, ce qui est pourtant le caractere de la liberté; loin de là, elle est dans un état où elle doit agir necessairement, & ne peut pas s'empêcher d'agir, c'est-à-dire de vouloir ou de rejetter cette action. Bien plus, dans la circonstance que nous venons de marquer, la volonté n'est point du tout indifferente à l'un & à l'autre des partis qui sont opposez, c'est-à-dire, à agir ou à n'agir pas; car elle s'est déja décidée par le jugement precedent de l'entendement à l'un des deux; c'est à sçavoir à faire ou à obmettre cette action.

2. Que si au contraire vous dites que l'entendement, le jugement ou pensée ne sont pas *une des choses requises*

ſes pour agir, voïez, je vous prie, ſi au lieu de faire de l'homme un agent libre, vous n'en faites pas un agent aveugle ; & ſi vous ne le privez pas de l'entendement, ſans lequel elle ne peut ſubſiſter, ni même être ſuppoſée ; car elle ne peut convenir aux ſubſtances deſtituées de penſée ou d'entendement. Jugez donc s'il eſt à propos d'établir la liberté dans un état qui exclut la penſée & qui rend une pierre auſſi capable de liberté que l'homme lui-même, & ſi cette indifference qui en écartant la penſée ne laiſſe plus de lieu à la liberté dans le ſujet qui eſt privé de cette penſée, appartient le moins du monde à la queſtion de la liberté.

Tous ces principes me paroiſſent ſe deduire naturellement de la notion de la liberté que j'ai expoſée plus au long §. 8, 13. Cependant, Monſieur, peut-être que le ſens que vous attachez au mot de liberté feroit diſparoitre toutes les difficultez, & c'eſt ce qui m'oblige à vous demander comment vous définissez ce terme, afin que cet équivoque d'un même nom, sous lequel nous entendons differentes choses, ne nous fasse pas disputer plus longtems sans que nous en retirions aucun profit.

Il me paroit évident par tout ce que j'ai dit ci-dessus, que la liberté de l'homme ne consiste point dans l'indifference, mais dans le pouvoir d'agir ou de n'agir pas, ainsi qu'il veut. Un exemple achevera d'éclaircir cette matiere. Un homme aime le vin, il juge qu'il lui est utile, sa volonté le porte à en boire; il n'y a point là d'indifference, & cependant cette action est tellement libre, qu'il pouvoit en changeant de volonté ne la pas faire. Un autre homme n'aime ni ne hait le vin, & ne le croit ni bon ni mauvais pour sa santé : supposons dans cet homme là quelque indifference que vous voudrez, s'il se trouve dans une prison où l'usage du vin soit interdit, il n'en boira point volontairement, mais cette te action, c'est-à-dire cette abstinence de vin qui est volontaire, n'est pas libre; parce que cet homme auroit beau changer de volonté, il ne pourroit pas toutefois dans la circonstance boire du vin. Vous voyez donc, Monsieur, que l'indifference peut subsister sans liberté & la liberté sans indifference & une action être volontaire sans indifference & sans liberté. Ces choses me paroissent toutes simples & nous meneroient peut-être plus loin par un chemin encore plus court, si la subtilité de l'Ecole si fertile en facultez, en distinctions & en autres idées specieuses ne repandoit pas souvent une docte obscurité sur ce qu'il y a de plus clair & de plus sensible.

Vous ajoutez que la liberté consiste dans le *pouvoir en consequence du quel l'homme peut determiner l'action de la volonté.* Si par determiner ou ne pas determiner l'action de la volonté, vous entendez *vouloir ou ne vouloir pas*, je ne sçaurois

rois convenir que ce soit en cela que la liberté consiste; en effet toute action proposée à l'entendement produit nécessairement une volition; il faut nécessairement que l'homme la veuille ou qu'il s'en abstienne; & quelque legere, quelque prompte que soit la pensée qui précéde, il suit toujours un acte de la volonté par lequel l'action presentée à l'esprit est ou choisie ou rejettée; & ainsi dès qu'il y a une pensée la volonté ne sçauroit ne se pas determiner à agir, c'est-à-dire, à vouloir l'existence ou la non existence de l'action qui a été proposée à l'entendement. Que si *le pouvoir de determiner ou de ne pas determiner l'action de la volonté* signifie chez vous la puissance de vouloir temerairement, ou sans pensée precedente, ou contre le jugement de l'Entendement, comme vous semblez l'insinuer par ces paroles; *si la volonté n'est pas libre*, & encore lorsque vous parlez *d'un mouvement violent*, ce n'est point non plus en cette te puissance que la liberté peut consister. J'ai déjà eu l'honneur de vous le dire, Monsieur, la liberté suppose la pensée, & où il n'y a point de pensée, il ne sçauroit y avoir de liberté : de sorte que la liberté ne sçauroit jamais consister dans la puissance de determiner l'action de la volonté, contre le jugement de l'Entendement, parce que cette puissance n'existe pas. Car enfin l'action de vouloir tantôt une chose & tantôt une autre est une suite du jugement de l'entendement, par le quel l'homme juge que ceci ou cela est meilleur selon l'occurence. Il me semble qu'à present il est bien facile de concevoir ce que je veux dire quand je soutiens que l'homme ne peut pas se determiner avant le dernier jugement de l'entendement ; & cette maxime se concilie sans difficulté avec l'endroit du XLVII. §. que vous citez, & où je parle de la *suspension de l'accomplissement* de quelque desir que ce soit : pourvû cependant que l'on ne per-

perde pas de vûë cet autre principe que quelque jugement de l'entendement précéde toujours chaque volition, & que ce jugement là qui précéde immediatement la volition ou l'acte de vouloir, eft alors le dernier jugement de l'entendement. Je crois que la fource de votre erreur eft en ce que vous femblez confondre le dernier jugement de l'entendement avec un jugement mûr & droit: au moins c'eft ainfi que j'explique ces paroles: *que l'entendement juge de ce qu'il convient de faire après un examen ferieux*: mais ce n'eft point là le dernier jugement dont je parle; c'eft de celui qui dans toute volition précéde immediatement la volition même, & qui eft le dernier jugement foit qu'il foit le fruit d'une mure deliberation, ou l'effet d'un foudain caprice. Qu'il foit raifonnable ou non, c'eft lui qui determine également la volonté.

J'efpere, Monfieur, que fi j'ai reuffi dans cette Lettre à developper

mes

mes idées, vous ne trouverez plus entre nous une si grande différence de sentimens que vous l'avez crû d'abord: au moins suis-je bien certain que ne cherchant l'un & l'autre que la verité, nous ne pouvons pas longtems penser sur le fonds des choses d'une maniere opposée, quoiqne nos expressions ne soient pas les mêmes. Mais il est aisé, quand on ne s'arrête pas à l'écorce, de dissiper les nuages que la diversité des termes fait élever & qui est la source la plus ordinaire des disputes qui naissent entre ceux qui aiment plus sincerement la verité.

Voilà, Monsieur, ce que vous m'avez demandé, une longue lettre où je vous exposasse mes sentimens. Pardonnez, s'il vous plaît, les frequentes citations de mon propre ouvrage, je ne l'ai fait que pour abreger & vous eviter la peine de relire en manuscrit ce que vous aviez déjà vû imprimé.

Je finis en vous avertissant que si
les

les deux traductions de l'Essai concernant l'Entendement se trouvent differentes, il faut me juger sur la Françoise que le Traducteur m'a luë, & où je lui ai fait reformer les endroits qu'il n'avoit pas bien rendus. Pour la Latine, ma santé & mes affaires ne m'ont pas encore laissé le loisir de l'examiner. Je suis &c.

P. S.

Après que j'ai eu écrit cette lettre, il m'est venu en pensée d'ajouter quelque leger éclaircissement dans mon Essai sur la nature de *l'indifference* en quoi consiste la liberté. Cette addition est en faveur des personnes si prevenues pour cette *indifference* qu'elles ne croient pas qu'on puisse s'en passer en traitant de la liberté. Voici donc ce que j'infere après le §. LXXI. j'ai écrit cette addition en Anglois, M. Coste l'a traduite en François, & si elle est à votre gré, vous pouvez la mettre dans l'exemplaire de la Traduction

tion Françoise à la place que je vous ai indiquée.

Liv. II. Chap. XXI. §. 71. après les mots, *par son propre jugement*, ajoutez ce qui suit. (*)

Je sçais que certaines gens font consister la liberté dans une certaine indifference *de l'homme antecedente à la determination de sa* volonté. *Je souhaiterois que ceux qui font tant de fonds sur cette* indifference antecedente *comme ils parlent, nous eussent dit nettement si cette indifference qu'ils supposent, precede la pensée & le jugement de l'entendement aussi bien que le decret de la volonté; car il est bien mal-aisé de la placer entre ces deux termes, je veux dire immediatement après le jugement de l'Entendement, & devant la determination de la volonté, parce*

(*) Quoique cette addition ait été inferée à sa place dans les dernieres Editions de l'Essai concernant l'Entendement, nous n'avons pas cru qu'il nous fût permis de la retrancher de ce Recueil, où il servira à éclaircir encore mieux le commerce de Mr. Locke avec Mr. de Limborch.

ce que la determination de la volonté suit immediatement le jugement de l'entendement : & d'ailleurs placer la liberté dans une indifference qui précéde la pensée & le jugement de l'entendement, c'est, ce me semble, faire consister la liberté dans un état de ténébres où nous ne pouvons ni voir ni dire ce que c'est : c'est du moins la placer dans un sujet incapable de liberté, nul agent n'étant jugé capable de liberté, qu'en consequence de la pensée & du jugement qu'on reconnoit en lui. Comme je ne suis pas delicat en matiere d'expressions, je consens à dire avec ceux qui aiment à parler ainsi, que la liberté est placée dans l'indifference ; mais c'est dans une sorte d'indifference qui reste après le jugement de l'entendement, & même après la determination de la volonté : ce qui n'est pas une indifference de l'homme, car après que l'homme a une fois jugé ce qu'il est meilleur de faire ou de ne pas faire, il n'est plus
in-

indifferent, mais une indifference des puissances actives ou operatives de l'homme, lesquelles demeurant tout autant capables d'agir ou de ne pas agir après qu'avant le decret de la volonté, sont dans un état qu'on peut appeller, si l'on veut, indifference: & aussi loin que s'étend cette indifference, jusques-là l'homme est libre, & pas au delà. Par exemple, j'ai la puissance de mouvoir ma main, ou de la laisser en repos ; cette faculté operative est indifferente au mouvement & au repos de ma main, je suis donc libre à cet égard. Ma volonté vient à determiner cette puissance operative au repos, je suis encore libre, parce que l'indifference de cette puissance operative qui est en moi d'agir ou de ne pas agir, est justement telle qu'elle étoit auparavant, comme il paroit si la volonté veut en faire l'épreuve en ordonnant le contraire. Mais si pendant que ma main est en repos, elle vient à être saisie d'une sou-

da-

daine paralyſie, l'indifference de cette puiſſance operative eſt detruite, & ma liberté avec elle : je n'ai plus de liberté à cet égard, mais je ſuis dans la néceſſité de laiſſer ma main en repos. D'un autre côté ſi ma main eſt miſe en mouvement par une convulſion, l'indifference de cette faculté operative s'évanouit; & en ce cas là ma liberté eſt detruite; car je me trouve dans la néceſſité de laiſſer mouvoir ma main. J'ai ajouté ceci pour faire voir dans qu'elle ſorte d'indifference il me paroit que la liberté conſiſte préciſement, & qu'elle ne peut conſiſter dans aucune autre réelle ou imaginaire.

XXI LETTRE

De Mr. de Limborch à Mr. Locke.

A Amsterdam le 11. *d'Octobre*
MDCCI.

MONSIEUR.

JE vous remercie de la peine que vous avez prise à mon occasion, & de la bonté que vous avez euë de m'expliquer très-au-long vos sentimens dans votre derniere lettre. Je l'ai luë, reluë, examinée avec attention; plus j'y reflêchis, plus je suis persuadé que nous ne differons pas tant dans les choses, que dans la maniere de les exprimer, & que souvent nous attachons aux mêmes termes des idées bien differentes, comme quelquefois nous attachons à des termes bien differens les mêmes idées. Je vous aurois bien repondu d'abord, mais j'ai crû devoir achever auparavant la lecture de votre Essai. Après
l'avoir

l'avoir fait & avoir exactement comparé cet ouvrage avec votre lettre, je persiste dans ma premiere pensée & demeure convaincu que la difference qui paroit être entre nous roule moins sur le fonds même du sujet, que sur la differente façon de l'expliquer, & pour tout dire, sur des mots. Mais comme vous me semblez n'avoir pas attrapé par tout le veritable sens de mes paroles, & pour reduire à un petit nombre d'articles ce qu'il paroit y rester de diversité dans nos sentimens, je crois, Monsieur, qu'il ne sera pas inutile 1. de fixer le plus nettement qu'il sera possible la signification des termes & des phrases que j'ai emploïez : 2. d'exposer mon sentiment de la maniere la plus claire & la moins sujette à équivoque qu'il sera possible : & enfin d'examiner en quoi nous nous accordons déja, en quoi nous ne nous accordons pas, & si cette difference est réelle ou ne consiste que dans des mots, dans des tours & dans une methode differente
d'envi-

d'envisager la matiere que nous travaillons à aprofondir. C'est là, si je ne me trompe, le meilleur moien de se reunir bientôt, & de decouvrir la verité pour gens qui la cherchent de bonne foi.

J'admets avec vous que le mot de *volonté* signifie *le pouvoir que l'homme a de commencer, de suspendre ou d'éviter quelque action du corps ou de l'esprit*; & je ne m'écarterai point de cette signification. Je distingue aussi de la volonté, ce desir par lequel nous sommes portez vers un bien absent, & je n'envelopperai jamais ce desir dans la notion de la volonté; je reconnois qu'il ne faut point les confondre, & qu'en le faisant, je me suis expliqué avec peu d'exactitude; mais quand j'ai dit que la volonté se portoit aussi vers sa fin, ç'a été dans le même sens que vous dites dans votre lettre, *que de plusieurs biens non subordonnez qui se presentent en même tems à l'entendement, l'homme peut en negligeant tous les autres,*

s'en

s'en proposer un comme sa fin, comme un bien qu'il doit poursuivre, & qu'il le fait volontairement. Ce choix est donc une action de la volonté; l'homme en le faisant est porté par son desir vers le bien qu'il choisit, & il dirige par sa volonté les actions qui paroissent plus capables de lui procurer ce bien qu'il desire. J'entends par le mot de *liberté* le pouvoir que l'homme a sur ses propres actions; c'est-à-dire le pouvoir par lequel tout ce qui est requis pour agir étant posé, il peut agir ou n'agir pas; car celui qui n'est pas maître de ses actions, ou ce qui est la même chose, qui ne peut pas faire ce qu'il veut, ne sçauroit jamais passer pour être libre. Et je crois que cela s'étend sans exception à toutes les actions de l'homme, tant aux actions interieures de l'esprit, qu'aux actions exterieures du corps; en sorte que l'action de la volonté, qui est une action interieure de l'esprit, soit libre. Ainsi, Monsieur, quand j'ai dit que

que la volonté est la maitresse de nos actions, je n'ai pretendu autre chose, si ce n'est que nos actions exterieures sont dirigées par notre volition, de sorte que nous faisons ce que nous voulons & ne faisons pas ce que nous ne voulons pas, à moins que la force ne s'en mêle ou qu'il n'y ait quelque deffense qui nous en detourne; l'un & l'autre detruisant la liberté. J'ai également déclaré que je croïois que l'ame concevoit & vouloit immediatement & sans le secours d'aucunes facultez intermediaires : par consequent toutes les fois que je me sers des mots d'entendement & de volonté, c'est simplement pour signifier cette puissance ou cette faculté de l'ame même par laquelle elle produit l'action de concevoir & de vouloir, action que l'ame produit immediatement : je suis fort trompé ou vous ne refuserez pas d'admettre ce mot dans ce sens là.

Il ne me reste plus, Monsieur, qu'à vous parler de *l'indifference* & je com-

commence par vous avertir que ce terme n'est point de notre façon c'est-à-dire que nous ne l'avons ni inventé, ni adopté de maniere à le regarder comme essentiel dans l'explication de la liberté. Loin de là, nous avons été longtems sans nous en servir, & nous la definissions d'empire que l'homme a sur ses actions. Dans la suitte aïant eu affaire contre ces Theologiens qui pretendent que l'entendement & la volonté distinctes de l'ame, sont deux facultez réellement distinguées entr'elles dont l'une connoit sans vouloir & l'autre veut sans connoitre, nous combattimes ce sentiment, en disant que cette distinction detruisoit la liberté, ou reduisoit les actions des hommes à des actions animales & irraisonnables. Car ou la volonté est determinée par l'entendement, de sorte qu'elle veut ce qu'il lui prescrit, & alors c'est une action nécessaire, comme le sont toutes celles de l'entendement; ou la volonté n'est pas determiminée par l'entendement, mais elle se determine elle-même; & alors c'est une action animale & irraisonnable comme le sont toutes celles de la volonté dès qu'on suppose qu'elle ne connoit pas, mais seulement qu'elle veut. Pour parer la force de cet argument, nos adversaires repondirent que la source de la liberté étoit dans l'entendement, parce que c'est dans l'entendement qu'est cette indifference par laquelle il peut appercevoir tout objet qui lui est offert, & en juger: mais les notres peu satisfaits de cette défaite repliquerent que ce n'étoit là qu'une indifference passive, telle qu'est l'œil, qui peut voir tous les objets qui se trouvent à sa rencontre, & en recevoir les images, sans que pour cela personne dise que l'œil est libre, puisqu'il ne sçauroit s'empêcher de voir ce dont la vûë lui est presentée: de même que l'entendement ne sçauroit ne pas appercevoir ce qui lui est proposé avec clarté, ou ne pas douter de ce dont il voit des raisons égales. Que si l'on veut mettre absolument la liberté dans l'indiference, il faut que ce soit dans l'indiference active par laquelle l'homme a l'empire sur son action; & ç'a été pour éviter toute équivoque dans les disputes que nous avons avec d'autres Theologiens qui emploïent aussi ce terme *d'indifference*, que nous avons ajouté celui *d'active*, & dit que la liberté consistoit dans cette indiference active & qu'elle residoit dans la volonté. Je ne nierai pas cependant, Monsieur, que quelques uns des Theologiens de notre communion n'aient usé quelquefois de ce mot *d'indifference* comme d'un mot dont l'usage est fort commode, quand on le prend dans le sens que nous y donnons, & que joint à la phrase qui précéde il ne signifie que l'empire de l'homme sur ses propres actions. Rien n'est plus clair que tout cela par la definition même de l'indifference que j'ai donnée dans une autre lettre, en disant que c'est cette puissance qui est

est dans l'homme, en supposant tout ce qui est requis pour agir, d'agir & de n'agir pas. Or entre ces choses requises pour agir, je mets sur tout le jugement de l'entendement, qui doit préceder, car autrement l'action de la volonté seroit une action purement irraisonnable. Au reste lors que je dis que l'homme peut agir ou ne pas agir, je n'entends point qu'il puisse agir & n'agir pas en même tems, ou rester sans agir ou ne pas agir, sans vouloir ou ne pas vouloir ; cela seroit contradictoire : je ne veux dire autre chose, si ce n'est que ce pouvoir n'est determiné ni à l'un ni à l'autre, & qu'ainsi il peut choisir entre deux choses contraires celle qui lui plaira davantage; bien plus lorsqu'il s'est déjà determiné à agir, il peut suspendre son action, & même ensuite prendre le parti opposé à celui qu'il avoit pris d'abord : ce qui revient à ceci, qu'il a un véritable empire sur ses actions, & que dès qu'il ne l'a plus, il n'est plus libre. Cela, Monsieur, est con-
for-

forme à l'exemple que vous apportez vous même d'un homme qui s'abstient volontairement de boire du vin dans une prison, quoiqu'il ne s'en abstienne pas librement, puisqu'il n'a pas la faculté d'en boire; ou d'un autre qui demeure volontairement dans une prison, quoiqu'il n'y demeure pas librement, puisqu'il n'a pas la faculté d'en sortir; mais il n'en est pas ainsi des actions interieures lesquelles s'accomplissent dans l'esprit; elles sont libres pourvû que la libre determination de la volonté s'y trouve. Par exemple, celui qui dans la prison convoite la femme de son prochain, qui prend plaisir à cette sale pensée & aime à l'entretenir dans son cœur, convoite librement & pêche, quoique cette convoitise n'ait aucun effet, parce que pour consommer le mal, l'adultére exterieur n'est pas nécessaire.

Quant au mot de *penchant aveugle*, je n'ai jamais entendu par là une action de la volonté sans pensée antecedente. L'homme ne sçauroit être con-

conçu de cette manière: j'ai simplement voulu designer par là une action précipitée & faite avant un examen serieux, comme nous voïons que plusieurs personnes emportées par une passion violente, se determinent à agir avant que d'avoir suffisamment consideré toutes les circonstances de l'action qu'ils veulent & les motifs qui les y doivent porter ou qui doivent les en détourner. J'attribue donc cette liberté à l'homme, que quand une action lui est presentée, il peut ou précipiter son jugement ou examiner avec soin toutes les circonstances de cette action, & ainsi agir à son gré, ou par un penchant aveugle & qui prévienne toute deliberation, ou après de longues & mures reflexions. Ce sont là de ces choses d'experience, dont je crois que tout le monde éprouve la verité. Il ne faut pas obmettre non plus, Monsieur, que je n'entends point par *indifference*, un état où l'homme soit dans un parfait équilibre & n'incline pas davantage d'un côté que de l'autre,

tre, car par rapport aux actions morales un tel état d'indifference ne se trouve point. A proportion que la violence des passions, & la force des habitudes nous donnent plus ou moins de penchant au vice & à la vertu, nous sommes plus portez à choisir entre deux partis; mais pour cela nous ne sortons pas de l'état où l'on a le pouvoir de se determiner & dans lequel, quoique l'attrait soit plus grand d'un côté, on ne perd point son empire sur ses actions & l'on peut même se determiner en faveur du parti qui plait le moins. Mais parce que le mot *d'indifference* peut être pris dans la premiere signification, & causer ainsi quelque amphibologie, je consens de ne le pas emploier.

Je ne confonds point le *dernier jugement de l'entendement*, avec un jugement mur & droit; mais je distingue deux sortes de *derniers jugemens*, dont l'un est porté avec attention & est judicieux, & l'autre est porté avec precipitation & se trouve mauvais:

vais: c'est ce dernier que j'ai appellé un *penchant aveugle*, parce qu'en effet, il tient plus de la *concupiscence de la chair* que des lumieres de la raison. L'un & l'autre cependant doit être appellé dernier jugement, lorsqu'il précéde immediatement le decret de la volonté, & il n'y a point d'autre jugement intermediaire entre deux.

Après avoir expliqué, Monsieur, les termes dont je me sers, je vais à present vous exposer mon sentiment avec le plus de clarté & de netteté qu'il sera possible. Je le renferme dans les propositions suivantes.

1. L'Homme est un agent libre & en consequence de l'empire qu'il a sur ses actions, il peut les faire ou ne les pas faire.

2. L'Entendement & la volonté ne sont pas deux facultez réellement distinctes de l'ame, n'y distinguées mutuellement l'une de l'autre: mais l'ame par son essence entend & veut immediatement.

3. L'Hom-

3. L'Homme ne veut ou ne fait rien qu'il n'y soit porté ou par le desir d'un bien, ou par le sentiment d'un mal qui lui cause la privation d'un bien desiré.

4. L'Acte de l'Entendement par lequel l'homme porte un jugement de son action, précéde l'acte de la volonté.

5. Ce jugement est ou prudent & fait après avoir balancé murement les raisons pour & contre, ou précipité & dicté plutôt par la passion que par la raison.

6. Ce jugement, en tant qu'il est un simple acte de l'Entendement, ne va pas plus loin qu'à persuader, cela doit être choisi, ou il est à propos de choisir ceci : il est à propos de rejetter cela : ou bien entre plusieurs choses qui doivent être choisies, celle-ci merite mieux, celle là merite moins de l'être, entre plusieurs choses qui doivent être évitées, celle-ci doit l'être plus, celle-là doit l'être moins.

7. Le jugement par lequel l'homme

me refout de faire une telle chose, est la volitition elle-même ; ou tout au moins, c'est un acte mixte de l'entendement & de la volonté, à la consommation du quel le decret de la volonté concourt.

8. L'Acte d'entendre, entant qu'il est un simple acte de l'entendement, est nécessaire & il a pour fondement les motifs que l'homme a conçus.

9. L'Acte de vouloir est libre, l'homme a sur lui un empire entier, aussi bien que sur la faculté de le produire ou de ne le pas produire. S'il y a donc quelque liberté dans le jugement, elle vient non de l'acte d'entendre, mais de l'acte de vouloir.

10. La liberté des actions interieures auxquelles l'esprit seul a part consiste dans la determination libre de l'esprit, qui le rend maitre de produire ou d'empêcher l'action de la volonté: mais quant à la liberté des actions exterieures, à la consommation des quelles les parties exterieures de l'homme doivent concourir, il faut également qu'il

qu'il puisse faire ce qu'il veut, ou obmettre, c'est-à-dire, ne pas faire ce qu'il ne veut pas, en un mot, l'usage libre & non empêché de ces parties extérieures.

Tels sont, Monsieur, mes sentimens: voïons à l'heure qu'il est en quoi nous sommes d'accord & quels sont les chefs sur les quels il reste encore quelque difference entre nous. Lorsque je compare votre lettre avec le Chap. XXI. du liv. II. de votre Essai, il me semble pouvoir dire que nous convenons sur les cinq premieres propositions. Par rapport à la derniere c'est aussi la même chose, à cela près que vous faites peut-être consister la liberté dans le pouvoir de faire ce que nous voulons & de ne pas faire ce que nous ne voulons pas, au lieu que j'étends ce pouvoir à la determination même de la volonté, ou à l'acte de la volition. J'en dirai un mot plus bas. J'embrasse aussi avec joie ce que vous dites dans votre lettre que l'homme est porté vers

le

le bien absent, c'est-à-dire vers sa fin, & que de plusieurs biens non subordonnez qui sont presens à l'entendement, l'homme en negligeant tous les autres, s'en propose un comme sa fin, c'est-à dire, comme un bien dont il doit poursuivre la jouissance. Tout cela, il le fait volontairement; de sorte que la volonté est portée vers cet acte de l'entendement par lequel il se propose un bien comme sa fin, à l'exclusion de tout autre bien; elle se termine à cette action; & le desir de la fin produit cet acte de la volonté. Jusqu'ici nous voila d'accord, il reste à voir jusqu'à quel point nous le sommes sur quelques autres articles & en quoi nous ne le sommes point du tout.

Premierement, nous ne paroissons pas convenir dans la definition de la liberté; car vous dites *la liberté est le pouvoir d'agir ou de n'agir pas, à sa volonté.* Cette definition me semble restraindre la liberté à bien peu de chose, car dès qu'on l'admet,

cetcertes on ne peut plus dire que la volonté soit libre, de même que si l'on definit l'ame, une pensée, on ne peut plus dire que l'ame soit jamais sans pensée. Je dis plus, si votre definition de la liberté est juste, il pourroit se faire que la liberté subsistât avec une souveraine necessité, ainsi que je le ferai voir tout-à-l'heure. Pour moi je pense que la liberté consiste dans l'empire que l'homme a sur toutes ses actions, & qu'elle s'étend non seulement sur les actions qu'il fait au gré de sa volonté, mais sur l'acte même de vouloir, sur sa volition.

Quant à la sixieme & à la septieme propositions, je ne sçai, Monsieur, jusqu'à quel point nous nous accordons, ou nous differons; je l'ai déjà observé dans ma lettre precedente, mais vous étes resté dans le silence sur cet article, ce qui me laisse aussi incertain qu'auparavant; il me paroit évident que l'homme determine son jugement parce qu'il veut acquiescer aux raisons qu'il a pensées; & qu'il le suspend parce qu'il n'y veut pas encore acquiescer, mais qu'il veut les examiner plus exactement, & les balancer s'il y en a plusieurs, avant que de prendre un parti definitif; je conclus de là que la determination du dernier jugement par lequel l'homme veut ce qu'il doit choisir ou faire, est en partie, si elle ne l'est en tout, un acte de la volonté.

Je ne suis pas moins incertain si nous convenons de la huitieme proposition par laquelle j'établis que tout acte de l'Entendement, en tant que simple acte de l'Entendement, est nécessaire. Vous semblez l'affirmer en termes précis. (*) Pour que vous puissiez, Monsieur, me repondre plus positivement, je vais m'expliquer avec toute la clarté dont je suis capable. J'observe que les objets que l'Entendement connoit sont des veritez ou purement

spe-

_____
(*) Liv. IV. Chap. XIII. §. 2. & Chap. XX. §. 16.

speculatives ou pratiques. A l'égard des veritez speculatives, l'acte de l'Entendement est entierement nécessaire. En effet à la vûë d'une verité évidente, l'Entendement est nécessité à y donner son consentement, c'est-à-dire, que l'homme la connoit & qu'il s'y rend. Sur de simples vraisemblances, il se contente de croire par provision. Sur des raisons d'une égale force il doute & tous ces actes de l'entendement sont fondez sur le poids des raisons que l'homme connoit. Pour les veritez pratiques, l'acte de l'Entendement, entant que simple acte de l'Entendement & qu'il n'y intervient point d'acte de la volonté, il est aussi nécessaire; car à proportion du degré de force qu'ont les raisons que l'Entendement a examinées, il juge de ce qui est le plus convenable & de ce qui l'est moins; de ce qu'il est plus avantageux de faire ou de ne pas faire. A la verité ce jugement dirige la volonté, mais il ne la determine pas tout seul; il n'a que la voie voïe de persuasion, à la quelle la volonté est maitresse de ne pas obéir, ou ce qui revient au même, malgré la quelle l'homme peut vouloir toute autre chose. La determination vient donc de la volonté; c'est par elle que l'on resout ce qu'on doit faire : or ou cette determination se fait suivant la persuasion de l'Entendement, & alors elle est raisonnable; ou elle se fait contre, & dans ce cas elle est deraisonnable, comme provenant d'une affection dereglée, & non de la persuasion de l'Entendement; quelquefois aussi cette determination est imprudente & temeraire, de sorte qu'elle prévient l'acte reflêchi de l'Entendement. Et voila, Monsieur, en quoi y a peut-être entre nous quelque difference : car vous dites que *l'homme n'a pas le pouvoir de déterminer l'action de sa volonté contre le jugement de l'entendement ; l'action de vouloir ceci ou cela suivant toujours le jugement de l'entendement par lequel l'homme juge que ceci ou cela est*

est meilleur. Vous paroissez dire la même chose sur la fin du même Chapitre §. 71. Cependant quand je compare ces paroles avec cette definition de la volonté, que vous donnez dans votre lettre, c'est à sçavoir: *qu'elle est le pouvoir qu'a l'homme de commencer, de suspendre ou d'éviter toute action quelconque de son esprit & de son corps*, & avec ce que vous dites dans le §. 47. du Chap. XXI. je doute qu'il y ait une grande difference de sentimens entre nous, & s'il y en a, qu'elle ne soit pas plutôt dans la maniere de nous expliquer, que dans le fonds même des choses. Il semble effectivement que vous reconnoissiez dans cet endroit que le jugement n'est pas tout à fait sans liberté, car vous dites qu'il *est libre à l'entendement de considerer les objets de ses desirs, de les penetrer, d'examiner soigneusement s'ils ne font point pancher la balance, & que c'est en cela que consiste la liberté:* bientôt après vous

vous ajoutez *que le pouvoir de détourner la volonté de tel ou tel désir nous a été accordé & que ce pouvoir vous paroit la source de toute la liberté.* Ces principes ne prouvent-ils pas que la liberté se trouve aussi dans la formation des jugemens de l'Entendement humain, & même que c'est de là qu'il faut tirer l'origine de la liberté. Pour moi je me crois en droit de conclure de votre explication, que la liberté ne consiste pas seulement dans le pouvoir de faire ce que nous voulons, mais que l'homme est libre & fait réellement usage de sa liberté avant le decret de sa volonté, & même avant le jugement qu'il porte d'une action abandonnée à son examen. L'unique difficulté capable de nous partager est de sçavoir si le dernier jugement par lequel on resout ce qu'il convient mieux de faire, ou de ne pas faire, est acte simple de l'entendement, ou si la volonté y concourt aussi, je veux dire si ce qu'il y a de libre dans le jugement par lequel l'action de l'homme est

est determinée reste dans l'entendement ou bien dans la volonté. Supposé que ce soit là sur quoi roule la difference de nos sentimens, je crois qu'il ne sera pas difficile de les concilier; car bien qu'il me semble clair que la liberté reside dans l'action de la volonté, & qu'il n'y a rien de libre qui ne soit aussi volontaire, cependant en reconnoissant l'un & l'autre comme nous faisons que l'Entendement & la volonté ne sont point deux facultez distinctes de l'Ame & distinguées entr'elles, mais que l'homme ou l'ame connoit & veut immediatement par sa propre essence, nous sommes presque de même avis, puisque nous reconnoissons par là que le dernier jugement de l'homme est determiné librement: car enfin quand un homme a le pouvoir de faire ou de ne pas faire ce que la determination libre de son dernier jugement lui dicte, il jouit d'une pleine liberté. Il reste à examiner si ce jugement que l'homme forme avec liberté & qui determimine ses actions est un acte de l'Entendement ou bien de la volonté. Que ce soit celui des deux qu'on voudra la difficulté se reduit à décider laquelle des deux explications s'accorde le mieux avec l'exactitude Philosophique ; car l'une & l'autre est la même au fonds & ne sçauroit donner lieu à une dispute serieuse. Si nous soutenons au contraire que toute action de l'Entendement est nécessaire, & que le dernier jugement pratique est un simple acte de l'Entendement, lequel determine ensuite la volonté, je ne vois pas comment l'homme pourra rester libre. Car toutes les actions sont determinées par la volonté, à moins que nous ne soions empêchez de faire ce que nous voulons ou contraints de faire ce que nous ne voulons pas, la deffense & la force, comme vous le remarquez fort bien, étant opposées à la liberté, & faisant toujours ce que nous voulons tandis que nous sommes libres. Mais si la volonté est determinée par l'Entendement & que

l'ac-

l'action de l'Entendement soit nécessaire, tout ce qui s'ensuit le sera: car la Volonté le sera par l'Entendement, les actions par la Volonté, & ainsi l'homme & toutes ses actions seront soumises à une vraie nécessité. Vous trouverez sans doute, Monsieur, que j'ai été bien diffus, mais aiant envie de bien developper mes idées, il ne m'étoit pas possible d'être plus court: si je ne suis pas bien entré dans votre pensée, ou que je l'aie prise de travers, vous me ferez plaisir de m'en avertir ; je ne cherche qu'à connoitre la verité, & à présent que j'ai expliqué si amplement ce que je pense, vous pouvez m'indiquer en peu de mots, ce que vous n'aurez pas approuvé. Enfin, Monsieur, pour connoitre encore mieux l'opinion des Remontrans, lisez s'il vous plait le petit Traité d'Episcopius sur le libre arbitre (1) & une de ses lettres, qui est la DLV des *Epitres Ecclesiastiques &*
Théo-

_____
(1) Tom. I. part. II. *Operum* p. 198.

Théologiques. Aux petits objections près que je vous ai faites, tout le reste de votre livre m'a infiniment plu, & j'y ai appris un très grand nombre de bonnes choses. Je suis resolu d'en entreprendre une nouvelle lecture; il est certain que la Traduction Françoise de Mr. Coste est bien au dessus de la Traduction Latine, & j'y ai recours lorsque celle-ci est obscure, par la faute du Traducteur ou de l'imprimeur. L'Errata qui étoit joint à votre lettre est-il destiné à mon usage particulier ou à l'impression? L'Addition qui regarde *l'indifference* me fait croire que vous n'entendez pas bien notre sentiment sur cette matiere, & c'est ce qui m'a determiné à m'y arrêter plus longtems que je n'aurois fait. Je finis en vous assurant &c.

XXII LETTRE

De Mr. Locke à Mr. de Limborch.

MONSIEUR.

J'Ai lu & relu vôtre lettre du 11. d'Octobre dernier, auſſi bien que le Traité d'Epiſcopius ſur le libre arbitre ainſi que vous me l'aviez conſeillé. Je ne preſume pas aſſez de moi pour m'ériger en cenſeur des ouvrages de ces grands hommes : je vous avouerai pourtant que j'ai trouvé de certaines choſes & dans ce livre & dans vôtre lettre, que je vous prierois de m'expliquer ſi nous étions en preſence ; ayant de la peine à concevoir comment elles peuvent s'accorder enſemble & avec la verité. Que ſi je voulois ſuivre les difficultez que divers Auteurs ont formées & les examiner toutes, cette lettre deviendroit bientôt un gros livre. D'ailleurs je ne me pique point du tout de refuter les opinions d'autrui, que j'ignorois en écrivant, & dont

dont je n'ai affecté ni d'embrasser ni d'éviter les sentimens. Je me contente d'examiner si mes pensées sont conformes à la verité des choses que j'ai intention d'éclaircir. C'est peut-être là ce qui fait qu'aïant plus consulté mes propres reflexions que les écrits des autres, je ne me sers pas de beaucoup de termes & de façons de parler qui sont ordinaires à ceux qui ont travaillé sur la même matiere. Je demande quelque indulgence à cet égard, & vous prie de n'en point faire d'application à Episcopius, homme très subtil, dont la memoire est chez moi en veneration & que je n'ai cité ici que parce qu'à votre persuasion j'ai lû son Traité du libre arbitre, où vous m'avez assez fait entendre que je trouverois vos veritables sentimens.

Pardonnez moi, s'il vous plaît, Monsieur, ce long preambule: j'en avois besoin pour ne paroitre pas mepriser trop insolemment les écrits de ceux qui sont entrez avant moi dans la même carriere, & pour me justifier de

ce que peut-être je ne donne pas affez à leur autorité. Comme rien ne
conviendroit moins à la médiocrité
de mes talens, rien graces à Dieu n'eft
plus éloigné de mon caractere; j'avoue
bien que les grands noms m'en im-
pofent peu, mais ce n'eft que parceque je m'attache uniquement à la verité & que je la fuis jufqu'où elle
veut me mener. Jugez fi avec ces fentimens je ne vous remercie pas de bon
cœur de ce que vous vous efforcez de
me faire rentrer dans fes voyes dans les
endroits où je vous parois m'en être
écarté.

La premiere & la principale chofe que
vous reprenez dans votre derniere lettre, eft ma definition de la liberté, que
vous trouvez trop reftrainte. Lorsque
vous m'aurez donné la votre, je verrai fi elle eft plus étendue que celle
que vous pouvez voir aux §. VIII.
& du XXI Chap. de mon Effai.
Car ce que vous dites que *la liberté eft l'empire qu'a l'homme fur fes
actions* ne fignifie autre chofe fi ce
n'eft

n'est que l'homme a sur ses actions l'empire qu'il a sur ses actions, ce qui revient à ceci, que la liberté est la liberté que l'homme a sur ses actions; d'où il pourroit arriver que l'homme seroit sans liberté. En effet, Monsieur, vous sçavez qu'il y a des gens qui l'assurent & qui soumettent l'homme à un destin inevitable. Que si vous me repondez que vous supposez que l'homme a l'empire sur ses actions, & que c'est en cela que consiste la liberté, alors je demande ce que c'est que cet empire, soutenant que de quelque façon qu'on prenne ce mot, dans le sens propre ou au figuré, il est tout au moins aussi obscur, s'il ne l'est pas davantage, que le mot de liberté même, & n'a pas un moindre besoin d'être defini. C'est ainsi que j'embarasserai toujours un homme en l'interrogeant jusqu'à ce qu'il soit enfin parvenu aux idées simples qui donnent une juste notion de la liberté.

Votre lettre me confirme dans ce que j'ai toujours pensé de la force de la coutume qui domine malgré qu'on en ait & maitrise les plus attentifs. Vous avouez & de bonne foi, Monsieur, que la volonté est une faculté de l'ame & que les facultez ne sont pas des agens, & cependant, pour passer le reste sous silence, vous objectez *que si l'on admet une fois ma definition de la liberté, on ne peut plus dire que la volonté soit libre.* Et qui en doute? la liberté ne pouvant convenir qu'à un *agent* & la volonté n'en étant pas un, la liberté ne sçauroit convenir à la volonté. Je sçais que vous pouvez vous deffendre par l'exemple d'Episcopius, qui après avoir rejetté au commencement de son ouvrage les operations des facultez, y retombe à tout moment en se servant de rapports qui supposent que les facultez sont des agens. Permettez moi de vous avertir en ami que si vous ne prenez garde à cette contradiction, vous vous donnerez beaucoup de peine & vous jetterez dans des embarras dont vous ne sortirez pas aisément. J'ai

J'ai crû, Monsieur, que pour satisfaire à vos autres difficultez, sans donner trop d'étenduë à cette reponse; il n'y avoit rien de plus convenable que d'inserer par ci par là dans ce XXI. Chap. des additions qui expliquassent si clairement ce que j'avois peut-être laissé d'obscur ou d'embarassé, que tout lecteur, qui se souviendroit de ce qui précéde, ne pût deformais être arrêté sur mes veritables sentimens. J'espere que quand vous les aurez lues & comparées avec le reste du Chapitre, ce qui peut vous faire encore quelque peine se dissipera aisement. Si cependant il reste quelque chose qui vous paroisse embrouillé ou faux, aiez la bonté de me le marquer, afin que je puisse mettre la verité dans tout son jour par de nouveaux éclaircissemens, ou bien revenir à des opinions plus saines. Je suis &c.

XXIII LETTRE

De Mr. de Limborch à Mr. Locke.

A Amsterdam le 3 de Janvier
MDCCII.

MONSIEUR,

LOrsque je vous ai conseillé la lecture d'Episcopius je n'ai point eu intention de me servir de son autorité contre vous; personne n'est plus convaincu que moi, que dans une recherche sincere de la verité, tous les argumens qu'on tire de l'autorité humaine sont d'une petite valeur, & qu'il ne faut s'arrêter qu'aux raisons qui la prouvent solidement: moi-même, quoique sur le libre arbitre je me declare en faveur du sentiment d'Episcopius, je suis si fort éloigné de me soumettre en aveugle à divers articles qui peuvent être sujets à quelques difficultez, le fonds de son système demeurant dans son entier, que je ne voudrois même pas m'astreindre

dre à n'emploier que les tours de phrase & les manieres de parler dont il s'est servi. Mon dessein n'a donc été en vous indiquant l'ouvrage d'Episcopius que de prouver que nous avons renoncé depuis longtems à soutenir que l'ame agit par le moïen de facultez intermediaires; & que nous croions avec vous qu'elle connoit & qu'elle veut immediatement par elle même; ce qui confirmoit ce que j'avois eu l'honneur de vous dire, que quand nous usons, suivant l'usage, des mots d'Entendement & de Volonté, nous n'entendons point par là des facultez réellement distinctes de l'ame, mais les actes d'entendre & de vouloir que l'ame produit de soi-même. C'est ce que j'avois déjà remarqué en peu de paroles liv. II. Chap. XXIII. §. I. II. de ma *Théologie Chrêtienne*. Ainsi, Monsieur, si une ancienne habitude m'a fait dire par inadvertance, que la volonté est libre, je vous prie de croire que c'est tout comme si j'avois dit que
l'action

l'action de vouloir est libre, ou ce qui est la même chose, que l'homme est libre en produisant cette action; c'est pourquoi à la place de ces paroles, *il est certain qu'en admettant votre definition de la liberté, la volonté n'est point libre*, substituez, s'il vous plaît, *il est certain que l'action de la volonté n'est point libre, ou bien que l'homme ne veut point librement*. Au reste je vous remercie sincerement de m'avoir fait remarquer l'expression imprudente dont je me servois, j'y prendrai garde dans la suitte, je me precautionnerai contre la tyrannie de l'habitude, & éviterai autant qu'il sera possible toute obscurité & toute équivoque dans les termes.

J'ai defini la liberté *l'empire que l'homme a sur ses actions*: mais puisque ce mot *d'empire* vous paroit avoir lui-même besoin d'être defini, je dirai plus simplement que la liberté est la faculté qui est dans l'homme de produire ou non ses actions,

&

& que celui qui ne peut pas l'un & l'autre n'est pas libre. Or par *action* j'entends *toute action* quelconque, les actions même interieures de l'Entendement & de la volonté. Que si l'homme n'est pas doué de la faculté de produire ou de ne pas produire quelque action que ce soit, mais qu'il puisse seulement l'un des deux, les actions ne sont plus libres. Comme je lui attribue cette faculté par rapport aux actions de la volonté, j'ai crû pouvoir dire que ces actions étoient libres, & que quand l'homme étoit destitué de cette faculté, il ne vouloit ni ne pouvoit vouloir librement.

Mais plût-à-Dieu que nous fussions à portée de traiter cette matiere de vive voix & que je pusse recevoir de votre bouche des éclaircissemens complets sur les choses qui m'embarassent, & vous expliquer mes termes & mes idées avec la derniere précision ; je ne doute pas que cette question ne fût bientôt terminée. A present malgré toutes vos nouvelles explications, je ne
sçais

sçais si vous croiez que le jugement après lequel l'homme n'a plus la liberté de ne pas vouloir est un pur acte de l'entendement & si cet acte est ou libre ou nécessaire. Au cas que vous reconnoissiez que l'homme est libre en le produisant, je ne vois pas que sur le fonds du sujet, il y ait la moindre diversité de sentimens entre nous. Mais, comme je l'ai déjà dit, cette matiere demanderoit à être traitée en presence. Puisque notre âge à l'un & à l'autre ne nous permet pas d'esperer un pareil bonheur, je conserverai précieusement ce que vous m'avez écrit & y aurai recours dans l'occasion, & pour m'instruire & pour éviter les expressions capables d'induire les autres en erreur. Ma femme & ma fille vous saluent & nous vous souhaittons tous beaucoup de santé. Je suis, &c.

FIN.

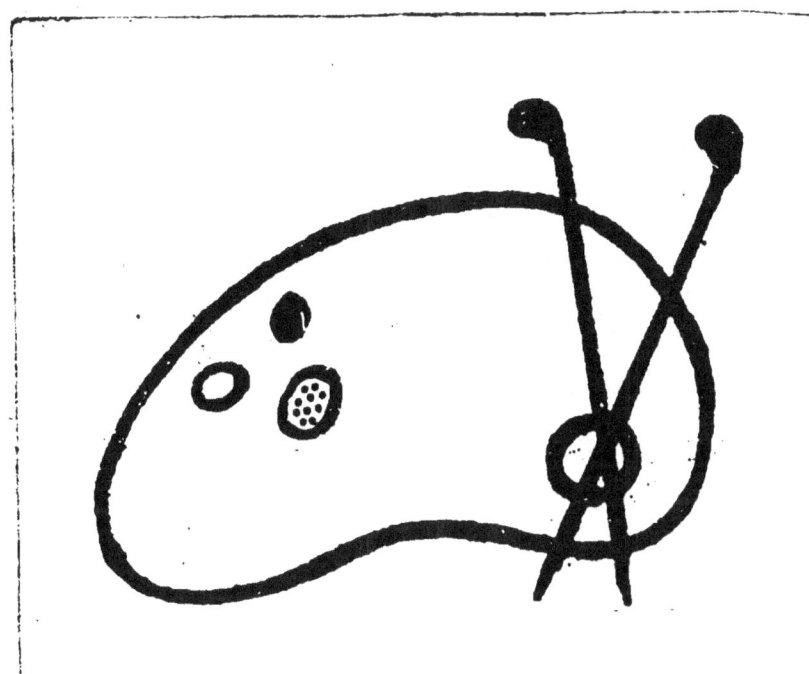

Original en couleur

NF Z 43-120-B

BIBLIOTHÈQUE NATIONALE

CHÂTEAU
de
SABLÉ
1988

www.ingramcontent.com/pod-product-compliance
Lightning Source LLC
Chambersburg PA
CBHW070857300426
44113CB00008B/872